고사성어랑
일촌 맺기

고사성어랑 일촌 맺기

초판 1쇄 발행 2007년 2월 25일
개정판 9쇄 발행 2014년 5월 10일
전면 개정판 1쇄 발행 2016년 6월 15일
전면 개정판 8쇄 발행 2024년 9월 10일

지은이　　기획집단 MOIM
그린이　　신동민
펴낸이　　이영선

편집　　이일규 김선정 김문정 김종훈 이민재 이현정
디자인　　김회량 위수연
독자본부　　김일신 손미경 정혜영 김연수 김민수 박정래 김인환

펴낸곳 서해문집 | 출판등록 1989년 3월 16일(제406-2005-000047호)
주소 경기도 파주시 광인사길 217(파주출판도시)
전화 (031)955-7470 | 팩스 (031)955-7469
홈페이지 www.booksea.co.kr | 이메일 shmj21@hanmail.net

ⓒ 기획집단 MOIM, 2016
ISBN　978-89-7483-309-1　03710

이 도서의 국립중앙도서관 출판예정도서목록(CIP)은 서지정보유통지원시스템 홈페이지(http://seoji.nl.go.kr)와 국가자료공동목록시스템(http://www.nl.go.kr/kolisnet)에서 이용하실 수 있습니다.(CIP제어번호: CIP2009000806)

이 책은 2007년 2월 출간한《고사성어랑 일촌 맺기》전면 개정판입니다.
내용을 일부 정리하고 판형을 바꿔 만들었습니다.

한자 타고 논술 넘어 교양까지

고사성어_랑
일촌 맺기

기획집단 MOIM 구성 | **신동민** 그림

서해문집

같으면서도 전혀 새로운 고사성어

오래전에 출간한 《고사성어랑 일촌맺기》는 그 무렵 다른 책들이 가나다순으로 고사성어를 배치해서 사용자보다 저자에게 편리한 구성이던 것과는 달리 주제별, 소재별, 유사·반대표현별, 유래별 등으로 구분·편집하여 큰 환영을 받았습니다.

그러나 이 책이 환영받은 것보다 더 기쁜 일은, 그 후로 출간된 고사성어 관련 도서들이 대부분 《고사성어랑 일촌맺기》와 같은 방식으로 편집·구성되어 독자들에게 더 많은 편의성을 제공했다는 사실입니다. 책을 만드는 사람으로서 제가 시행한 방식이 독자들에게 더 많은 편리를 제공하는 것 이상의 즐거운 일은 없으니까요.

그로부터 꽤나 긴 세월이 지났습니다. 이제 《고사성어랑 일촌맺기》는 다시 한 번 독자 여러분을 위해 변신을 꾀하려 합니다. 우리는 오랜 시간 고민한 끝에 다음 세 가지 기준에 따라 새로운 책을 출간하게 되었습니다.

첫째, 두툼한 책보다 가지고 다니기 편리한 책.

둘째, 누구나 읽을 수 있는 합리적인 가격을 책정해 도서정가제로 인해 어려움을 겪는 독자 여러분의 부담을 덜어드릴 수 있는 책.
셋째, 별로 쓰이지 않는 고사성어를 경쟁적으로 수록한 무거운 책들과 다르게 우리 언어생활에 꼭 필요한, 자주 접하지만 알쏭달쏭한, 다양한 시험에서 유용하게 사용 가능한 필수 고사성어 중심으로 이루어진 책.

초등학생부터 대학생까지, 나아가 모든 시민이 고사성어를 통해 우리 조상들의 문명과 문화의 배경을 알고, 다양한 언어생활을 향유하며, 사회적 의사소통에서 뛰어난 성과를 거두시길 비는 마음이 오롯이 담긴 이 작은 책이, 여러분에게 새로운 즐거움을 드릴 수 있기를 진심으로 바랍니다.

2016년 5월
기획집단 모임

한자 타고
논술 넘어 교양까지
한꺼번에

고사성어가 갈수록 중요해지는 것은 모두가 아실 것입니다. 사실 고사성어는 그 표현력의 다양함뿐만 아니라 동양 고전과 지혜가 응축되어 들어가 있는 동양 정신의 보물섬이라고 할 수 있습니다. 그런 까닭에 최근 논술이나 수능 그리고 기업의 입사시험 등에서 빼놓을 수 없는 분야가 되었습니다.

지금도 시중에는 수많은 고사성어 책이 판매되고 있습니다. 그 가운데는 매우 뛰어난 책들도 있지요. 그런데도 왜 이 책《고사성어랑 일촌 맺기》가 태어났을까요?

이 책을 집필하고 출간하게 된 데는 그럴 만한 이유가 있습니다.

첫째, 고사성어들 사이의 연관성에 따라 집필한 전혀 새로운 책입니다. 고사성어가 우리 생활 속에서 제대로 활용되기 위해서는 고사성어들 사이의 유사점과 차이점을 알아야 합니다. 그러니까 일석이조一石二鳥와 일거양득一擧兩得, 비조鼻祖와 원조元祖, 타산지석他山之石과 반면교사反面教師가 어떻게 같고 어떻게 다른지 알아야 하는 것이죠. 그뿐인가요? 충신忠臣을 표현하는 모든 고사성어를 한꺼번에 보고 이해하는 것은 표현력과 이해력을 높이는 데 필수적입니다.

이 책은 비슷한 의미를 갖는 고사성어들의 꼬리를 따라가도록 되어 있습니다. 따라서 처음부터 읽어 가다 보면 세상 모든 고사성어 사이의 연관성을 즐겁게 이해하게 됩니다. 물론 각종 시험에 나오는 유사한 고사성어 찾기도 저절로 해결되고요.

둘째, 고사성어뿐만 아니라 사자성어와 관용어까지 두루 포함하여 1500여 항목을 수록하였습니다.

논술이나 교양, 각종 시험 등을 위해서는 고사성어뿐만 아니라 사자성어, 관용어 등 다양한 표현을 이해하고 두루 사용할 줄 알아야 합니다. 이 책은 그러한 독자들의 바람을 완전히 충족시키기 위해 현재 시중에 출간된 고사성어 책 가운데 가장 많은 항목을 수록했다고 자부합니다.

물론 분야별로 정리가 잘되어 있어 읽기에 지겨울 까닭도 없지요. 또한 설명문은 얼마나 친절하고 재미있는지 한번 읽어보시면 아실 것입니다.

셋째, 이 시대는 한자와 고전의 시대입니다.
한자와 고전은 이제 논술과 수능 나아가 기업 입사 시험과 각종 자격시험에 이르는 모든 과정에 필수가 되었습니다.
이 책에는 교과서와 참고서에 나오는 수많은 고전 지문들이 고사성어와의 연관성 속에서 수록되었습니다. 〈정석가〉, 〈상춘곡〉은 물론 중국 한시에서부터 조선시대 사설시조에 이르는 다양한 지문들이 그 안에 녹아든 고사성어와 함께 나옵니다. 그러니 고전 공부와 한자 공부, 고사성어 공부와 수능 공부가 동시에 해결되지 않을 수 없습니다.

그 외에도 촌철살인寸鐵殺人의 의미를 갖는 일러스트 300여 컷을 곳

곳에 배치해 읽는 재미를 더해 주었고, 이 책에 나오는 모든 표현을 사전식으로 편집하여 뒤편에 수록하였습니다. 그 부분만으로도 훌륭한 고사성어 사전이 되는 셈이지요.

이제 우리 모두 고사성어를 쉽고 재미있게 배웁시다!

차례

전면 개정판을 내며 •4

들어가는 글 •6

신나는 고사성어 여행 ①

01 동물을 알면 뜻도 통하느니 •14

02 이런 사람도 있고 저런 사람도 있네 •74

03 신하라면 신하다워야 한다 •96

04 웃는 모습도 가지가지 •112

05 이 풍진 세상, 어찌 헤쳐 나가나 •116

06 어려울수록 이겨 나가야 한다 •124

07 잊어서는 안 되는 것들 •141

08 반대말끼리 모이면 어떻게 될까 •147

09 인류 역사는 전쟁의 연속이지 •179

10 세상 이치가 그런 거야 •202

11 화의 근원이자 복의 원천인 말, 조심합시다 •210

12 천변만화하는 자연, 그 모습을 찾아서 •232

13 죽음도 갈라놓지 못하는 게 우정 •267

14 옛 사람들은 여성을 어떻게 생각했을까 •278

15 세상살이에 필요한 계책도 가지가지 •283

16 인생은 한낱 꿈이런가 •294

17 내 마음이 어떤지 살펴봅시다 •300

18 천재와 바보 사이는 종이 한 장 차이 •307

19 부모님 살아생전에 효도해야지 •314

20 우리 속담이 그대로 사자성어로! •319

21 반복에 반복을 거듭하면 •330

22 있음과 없음이 함께한다면 •346

23 불교 또한 사자성어의 보고 •353

24 시간은 기다려 주지 않고 세월은 돌이킬 수 없다 •362

25 벼슬과 명성, 바늘 가는 데 실 가는구나 •373

26 하루라도 건너뛰면 입에 가시가 돋는다 •385

27 네 가지 개념이 뭉쳤다 •398

28 비슷한 뜻끼리 모아라! •407

29 귀신이 산다! •413

30 부부관계가 복잡하다 •417

31 태평성대가 있으면 가혹한 시대도 있느니 •422

이 글자가 궁금하다 二

01 家 집 가 •432

02 金 쇠 금, 성 김 •442

03 多 많을 다 •447

04 天 하늘 천 •453

05 自 ~에서부터 자, 스스로 자 •458

06 大 큰 대 •463

07 一 한 일 •469

08 九 아홉 구 •476

09 百 일백 백 •484

10 千 일천 천 •488

11 不 아니 불 •495

출전에 따른 고사성어 三

01 사기 史記 •506

02 유교와 공자 •565

03 삼국지 三國志 •596

04 노자와 장자 •608

고사성어 찾아보기 •613

신나는 고사성어 여행

동물을
알면
뜻도
통하느니

^양 ^호 ^유 ^환
養虎遺患 기를 양, 범 호, 전할 유, 근심 환

호랑이 새끼를 길러 근심을 남겨 놓음.

삼척동자도 다 아는 표현이죠. 현재는 사소해 보이고 특별한 위협이 되지 않지만 미래에는 큰 위협이 될 존재를 키운다는 표현입니다. 그래서 옛날 반역죄인에 대해서는 후환을 없애기 위해 삼족三族(부모, 형제, 처자 또는 부계, 모계, 처계)을 멸했다지요? 반역자의 자식이 호랑이 새끼가 될까 봐 말입니다.

三人成虎 <small>석 삼, 사람 인, 이룰 성, 범 호</small>

세 사람이 호랑이를 만듦.

즉, 거짓된 말도 여러 번 되풀이하면 참인 것처럼 여겨짐.

《한비자》〈내저설內儲說〉편에 나오는 이야기인데, 무슨 뜻일까요?

중국 전국시대(기원전 403~221)에 위魏나라 대신 방공이 조趙나라에 인질로 가는 태자를 수행하게 되었습니다. 그러자 떠나면서 방공은 왕에게 이렇게 말했죠.

"한 사람이 달려와 '시장에 호랑이가 나타났다'고 외치면 임금께서는 믿으시겠습니까?"

왕이 말했습니다.

"당연히 믿지 않지."

이에 방공이 다시 말했습니다.

"그렇다면 두 사람이 나타나서 함께 '시장에 호랑이가 나타났다'고 외치면 믿으시겠습니까?"

"그래도 믿지 않지."

방공이 다시 말했습니다.

"다시 세 사람이 와서 이구동성異口同聲(p149)으로 '시장에 호랑이가 나타났다'고 외치면 그래도 믿지 않으시겠습니까?"

그러자 왕이 대답했죠.

"그렇다면 믿을 수밖에 없겠지."

이 말을 들은 방공이 말했습니다.

"시장에 호랑이가 나타날 리가 없음은 세상 사람이 다 아는 사실입니다. 그렇지만 세 사람이 한 목소리로 호랑이가 나타났다고 하면 호랑이는 나타난 것입니다. 지금 제가 태자를 모시고 가려는 조나라 수도 한단은 위나라 시장과는 비교도 할 수 없을 만큼 먼 곳입니다. 게다가 제가 조정을 비운 사이 저에 대해 이런저런 말을 할 사람은 셋 정도에 머물지 않을 것입니다. 모쪼록 임금께서는 잘 판단하시기 바랍니다."

왕은 고개를 끄덕이며 걱정 말라는 답변을 하였습니다.

그러나 한참이 지난 후 방공이 귀국하자 위왕은 측근들의 말에 현혹되어
방공을 만나 보려고도 하지 않았고, 결국 방공은 조정에 복귀하지
못했습니다.

이로부터 아무리 거짓이라고 하더라도 여러 번 반복
하다 보면 그렇게 될 수밖에 없
음을 가리키는 표현이 되
었습니다.
여럿이 모여 생사람 잡
는 말이 또 있습니다.

曾參殺人 ^{증 삼 살 인} 일찍 증, 석 삼, 죽일 살, 사람 인

증삼이 살인했다는 거짓말도 여러 사람이 나서면 참말이 됨.
즉, 여러 사람이 무고誣告하면 거짓도 참인 것처럼 여겨짐.

공자의 제자 가운데 증삼曾參이란 어진 사람이 있었습니다. 그의 집안은
무척 빈한해 어머니가 베틀을 돌리며 살아가고 있었지요.

그런데 어느 날 한 이웃집 사람이 들이닥쳐 "증삼이 사람을 죽였답니다.
어서 피하십시오"라고 했습니다. 그렇지만 어머니는 "우리 아들이 그럴
리 없습니다" 하며 태연히 베틀을 돌렸지요. 잠시 후 다른 사람이 또 와서
"당신 아들이 사람을 죽였다오"라고 했습니다. 어머니는 역시 "그럴
리가 없소" 하며 여전히 베틀을 돌렸습니다. 이윽고 또 한 사람이 달려와
"증삼이 사람을 죽였답니다"라고 하자 어머니는 즉시 일어나 베틀을

자르고 담을 넘어 도망갔다고 합니다. 이로부터 증삼살인 曾參殺人은
삼인성호 三人成虎(p15)와 같은 뜻을 갖게 되었습니다.

호　랑　지　심

虎狼之心 범 호, 이리 랑, 조사 지, 마음 심

호랑이와 이리처럼 사납고 잔인한 마음.

역사적으로 호랑지심을 가진 인물 가운데 대표적인 이는 중국을 최초
로 통일한 진시황(기원전 259~210)으로 알려져 있죠. 그는 마음만 사납
고 잔인한 게 아니라 일을 대함에 있어서도 결코 물러서지 않고 최선을
다해 이루고야 마는 사람이었습니다. 그러니 드넓은 중국을 통일할 수
있었겠죠.
이리가 나온 김에 이리에 대한 표현을 더 살펴보겠습니다.

낭　자　야　심

狼子野心 이리 랑, 자식 자, 들 야, 마음 심

이리 새끼의 야수와 같은 성질.
즉, 흉측한 마음과 모반하는 성질은 길들인다
해도 고치기 힘듦.

신의라고는 찾아보기 힘든 상대를 가리킬 때 쓰는 표현입니다. 죽어 가는 이리 새끼를 거두어 온 정성을 다해서 길러 놓으니까 후에 주인을 잡아먹는 이리라면 그에게서 신의를 찾는 것은 연목구어緣木求魚(p164)나 마찬가지죠.

狼狽不堪

낭 패 불 감

이리 낭, 이리 패, 아니 불, 견딜 감

진퇴유곡(p119), **진퇴양난**(p118)

이러지도 저러지도 못 하는 어려운 처지에 놓임.

'낭패를 보다'라는 말은 일상생활에서 자주 쓰는 표현이죠. 어떤 일을 하다가 크게 실패하거나 뜻대로 되지 않아 어려운 처지에 놓인 경우에 씁니다.

'낭狼'과 '패狽'는 모두 전설상의 동물인데 낭狼은 태어날 때부터 뒷다리가 아주 짧은 대신 성질이 포악하고 지략은 부족했죠. 반대로 패狽는 앞다리가 짧은 대신 유순하면서도 지략이 뛰어났습니다. 따라서 낭과 패는 함께 다녀야만 제 역할을 다할 수 있었지요. 그러나 서로 제 고집을 부리면 어떤 일도 제대로 될 리 없으니, 그런 경우 낭과 패가 함께 어려운 처지에 놓인다는 의미를 갖게 된 것입니다.

騎虎之勢

기 호 지 세

말탈 기, 범 호, 조사 지, 기세 세

범에 올라탄 기세.
즉, 이미 시작한 일이라 도중에 그만둘 수 없는 상황.

그 뜻으로만 보면 용감한 모습을 나타낸다고 생각하기 쉽지만, 그렇지

않습니다. 호랑이 등에 올라
타면 도중에 내리는 순간
호랑이 밥이 되고 말죠.
그래서 중도에 그만둘 수
는 없고 끝을 내야만 할
형세를 가리킬 때 쓰는 표
현입니다.
이와 비슷한 표현이 또 있습니다.

其勢兩難 그 기, 세력 세, 두 량, 어려울 난

기세가 이럴 수도 없고 저럴 수도 없음.

이러지도 저러지도 못 하는 것은 기호지세騎虎之勢와 비슷하군요.
이번에는 호랑이가 여우와 함께 나타났습니다.

狐假虎威 여우 호, 빌릴 가, 범 호, 위엄 위

여우가 호랑이의 위엄을 빌려 세도를 부리는 모습.

초나라 선왕宣王 때의 일입니다. 언젠가 선왕이 말했습니다.
"내 듣자하니, 북방 오랑캐들이 우리 나라 재상 소해휼을 두려워하고
있다는데 그게 사실인가?"
그러자 대신 강을이 말했습니다.
"북방 오랑캐들이 어찌 한 나라의 재상에 불과한 소해휼을

두려워하겠습니까? 여우가 호랑이에게 잡힌 적이 있었습니다. 그러자 여우가 호랑이에게 말했습니다. '나는 하늘의 명을 받고 파견되어 온 사신으로 백수의 제왕에 임명되었다. 그런데도 네가 나를 잡아먹는다면 이는 천제天帝의 명을 어기는 것이 될 것이다.

내 말이 믿어지지 않는다면 내가 앞장설 테니 너는 뒤를 따라오며 모든 짐승들이 나를 두려워하는 것을 확인하라.' 이 말을 들은 호랑이는 여우를 앞장세우고 그 뒤를 따라갔습니다. 그러자 과연 여우가 눈에 띄기만 하면 모든 짐승들이 달아나는 것이었습니다. 앞장선 여우 때문이 아니라 뒤에 오는 자신 때문인지를 호랑이 자신도 몰랐던 겁니다. 지금 초나라는 그 땅이 사방 오천 리에 백만의 군사를 거느리고 있습니다. 오랑캐들이 두려워하는 것은 재상 소해휼이 아니라 그 뒤에 있는 대왕의 나라임은 두말할 필요도 없습니다. 어찌 여우를 호랑이에 비할 수 있겠습니까?"

우리 속담에 '대신집 송아지 백정 무서운 줄 모른다'라는 게 있는데, 이 송아지가 호가호위하고 있군요. 또한 '사또 덕에 나팔 분다', '포숫집 강아지 범 무서운 줄 모른다'라는 속담도 있는데, 우리 조상님들도 호가호위하는 경우가 많았나 보죠? 이런 의미를 가진 속담이 여럿인 걸 보니.

首丘初心
수 구 초 심

머리 수, 언덕 구, 처음 초, 마음 심

여우가 죽을 때 머리를 제가 살던 굴을 향해 돌린다는 내용으로,
죽음을 앞두고 고향을 그리워하는 마음을 나타냄.

여우 하니까 생각나는 표현입니다. 글자에는 여우가 나오지 않지만, 그
말의 유래에는 여우가 있는데,《예기》에 나오는 고사입니다.

주나라 건국에 큰 역할을 담당한 강태공이 그 공을 인정받아 주 무왕으
로부터 제齊 땅에 봉해지니 제나라는 이때부터 제후국이 됩니다. 제나
라를 강대국으로 키운 강태공은 어느 날 자신의 목숨이 얼마 남지 않았
음을 깨닫게 되자, 마치 여우가 죽을 때 제가 살던 굴을 향해 머리를 돌
리듯 주나라로 돌아갑니다. 이 행동을 인仁이라 여긴 사람들이《예기》
에 이 사실을 기록하였습니다.

우리 속담에 '범도 죽을 때면 제 굴에 가서 죽는다'라는 말이 있는데,
바로 이 뜻이군요.

虎視眈眈
호 시 탐 탐

범 호, 볼 시, 노려볼 탐, 노려볼 탐

호랑이가 먹을 기회를 노리고 있음.

호랑이가 즐길 만한 게 먹
는 것 말고 뭐가 또 있겠습
니까? 먹잇감을 공격하기
위해 틈을 노리는 모습을
가리킵니다.
호랑이 눈과 관련된 표현은
또 있습니다.

虎視牛行
호 시 우 행
범 호, 볼 시, 소 우, 갈 행

호랑이의 눈빛을 간직한 채 소 걸음으로 감.

눈은 늘 예리하게 유지하면서도 행동은 소처럼 착실하고 끈기 있게 하는 모습.

고려시대의 유명한 승려 가운데 보조국사 지눌知訥 스님(1158~1210)이 계시죠. 고려 불교의 중흥을 가져왔을 뿐 아니라 그분의 가르침은 지금까지 우리 불교계에 큰 영향을 미치고 있습니다. 이 분의 부도가 순천 송광사에 있는데, 거기에는 '스님께서는 늘 우행호시牛行虎視 하면서 힘든 일과 울력에 앞장서셨다'라고 적혀 있습니다. 부도는 '사리나 유골을 봉안한 탑'이고, 울력은 '여러 사람이 힘을 합하여 하는 일'입니다.

결국 이 말은 예리한 눈을 간직한 채 행동은 소처럼 착실하고 끈기 있게 나아간다는 뜻이군요.

暴虎馮河
포 호 빙 하
해칠 포, 범 호, 탈 빙, 강 하

당랑거철(p63)

맨손으로 호랑이를 잡고, 황하를 타고 건너려는 무모함.

무모한 행동 또는 어떤 것도 두려워하지 않는 만용을 가리킬 때 쓰는 표현이죠.

《논어》에 나오는 이야기입니다.

> 공자의 제자 가운데 가장 가난한 안회顔回였지만 공자는 그를 자신만큼이나 아꼈습니다. 그래서 언젠가 안회에게 이런 말을 하였지요.
> "제후에게 등용되면 그 뜻을 행하고, 버림을 받으면 그 뜻을 감추어 둘 수

있는 자는 오직 나와 너뿐일 것이다."

그러자 제자 자로가 물었습니다.

"그렇다면 삼군을 이끌고 전쟁에 임할 때는 누구와 함께 가시겠습니까?"

이에 공자가 대답했지요.

"맨손으로 범을 공격하고 황하를 무작정 건너려는 자는 죽어도 후회조차 하지 않을 것이니 나는 그런 자와는 함께하지 않겠다."

자신의 힘을 과시하고 싶었던 자로가 샘이 나서 한마디 했다가 본전도 못 찾고 말았군요.

이 표현에는 주의해야 할 글자가 두 개 있습니다. 첫째는 포暴. 포暴는 두 가지 음으로 발음합니다.

| 暴 | 사나울 포 | 포악暴惡, 횡포橫暴, 자포자기自暴自棄 |
| | 쬘 폭 | 폭풍暴風, 폭력暴力, 폭설暴雪 |

뜻에 따라 두 가지로 발음하는데, 실제로는 그런 것도 아닙니다. 폭군 暴君, 폭동暴動처럼 사납다는 뜻으로 쓰일 때도 '폭'으로 발음합니다. 또 하나는 빙馮인데, 이는 '풍'과 '빙'으로 읽습니다. 사람의 성을 뜻할 때는 '풍'으로 읽고, '타다, 오르다'란 뜻으로는 '빙'이라 읽습니다. 여기 서는 '타다'라는 뜻이므로 '빙'으로 읽지요.

그럼 포暴가 쓰인 표현 하나 더 알아볼까요.

自暴自棄 스스로 자, 사나울 포, 스스로 자, 버릴 기

절망에 빠져 자기 자신을 학대하며 돌아보지 않음.

여기서는 포暴가 '해친다'라는 뜻으로 쓰였군요. 그래서 자포자기는 자
신을 스스로 해치고 버린다는 뜻입니다.

화 호 유 구

畵虎類狗 그릴 화, 범 호, 닮을 류, 개 구

호랑이를 그리려다 개를 그린 꼴이 됨.

자신의 능력에 어울리지 않게 너무 큰 욕심을 부리면 결국 우스운 결과
만 가져온다는 뜻이죠. 화룡유구畵龍類狗도 같은 뜻입니다.
이와 비슷한 표현이 또 있습니다.

태 산 명 동 서 일 필

泰山鳴動鼠一匹 클 태, 메 산, 울 명, 움직일 동, 쥐 서, 한 일, 필 필

태산이 큰 소리를 내며 흔들리더니 쥐 한 마리가 태어남.
즉, 요란하게 시작했지만 결과는 매우 사소한 모양을 가리킴.

세상에서 가장 크다는 태산이 흔들리니 사람들은 기대 반 걱정 반이었죠. 그런데 산을 뚫고 나온 것이 고작 쥐 한 마리라니!

龍頭蛇尾
용 두 사 미

용 룡, 머리 두, 뱀 사, 꼬리 미

용의 머리에 뱀의 꼬리.
즉, 시작은 거창하나 마무리는 흐지부지함을 이름.

용을 그리는 줄 알았는데 꼬리를 보니 뱀이군요. 아니면 연못 속에서 용이 나타나는 줄 알고 눈을 크게 뜨고 기다렸는데 꼬리를 보니 물뱀? 출발은 거창하지만 그 결과는 볼품없이 되는 것을 가리킵니다.
그렇다면 결과가 아름다울 때 쓰는 표현은 없을까요?

有終之美
유 종 지 미

있을 유, 끝낼 종, 조사 지, 아름다울 미

시작한 일의 끝맺음을 잘하여 좋은 결과를 거둠.

일을 시작하는 것보다 더 중요한 것이 끝맺음을 잘하는 것이죠. 그렇게 좋은 결과를 맺을 때 쓰는 표현입니다. 생활 속에서는 '유종의 미를 거두자'라는 투로 자주 쓰이죠. 용두사미龍頭蛇尾와는 사뭇 다르네요.
자! 그럼 이번엔 진짜 용을 살펴볼까요.

畵龍點睛 그림 화, 용 룡, 점 점, 눈동자 정

용을 그리고 마지막으로 눈동자를 찍어 넣다.

즉, 일의 마무리를 완벽하게 끝냄.

가장 핵심이 되는 부분을 마무리함으로써 일을 완벽하게 마친다는 뜻
을 갖습니다.

중국 남북조시대南北朝時代(420~589: 5세기 전반에서 6세기 후반에 이르는
시기로 중국 대륙이 남북으로 분열되어 각기 왕조가 바뀌면서 흥망하던 시대.
남조南朝는 동진東晉의 뒤를 이어 한족漢族이 세운 송宋·제齊·양梁·진陳으로
이어지고, 북조는 선비족이 세운 북위北魏가 동위·서위로 분열되고, 다시
북제·북주로 이어졌다가 수隋가 계승하여 천하를 통일한 시기) 양나라에
장승요라는 인물이 있었습니다. 장군과 태수 등의 벼슬을 지낸 그는 이후
사직하고 오직 그림만을 그리고 있었습니다. 그러던 어느 날 안락사란
절에서 절 벽면에 용을 그려달라는 부탁을 받았습니다.
장승요가 붓을 든 후 시간이 갈수록 하늘로 솟아오르려는 용들의 모습이
선명하게 드러났습니다. 사람들은 그 솜씨에 감탄을 아끼지 않았지요.
그런데 이상한 일이었습니다. 그림이
완성된 후에도 용의 눈이 없었던
것입니다. 이상하게 여긴
사람들이 그에게 물었습니다.
그러자 장승요는 이렇게
대답했습니다.
"눈을 그려 넣으면 용은
하늘로 날아가 버릴 것이오."
그러나 사람들은 믿지 않았고
용의 눈을 그려 넣을 것을
재촉했습니다. 결국 장승요는 그

가운데 한 마리의 용에 눈을 그려 넣었습니다. 그러자 이게 웬일입니까? 갑자기 벽면을 박차고 솟아오른 용 한 마리가 구름을 타더니 하늘로 날아가는 것이었습니다. 깜짝 놀란 사람들이 정신을 차린 후 벽을 바라보자 날아간 용의 자리는 빈 공간으로 남아 있는 반면 눈을 그려 넣지 않은 다른 용들의 그림은 그대로 남아 있었습니다. 이때부터 중요한 일의 마지막 마무리를 해 넣는 것을 화룡점정畵龍點睛이라 부르게 되었지요.

그렇다면 점 가운데 최고의 점은 무엇일까요?

落點 <small>낙 점</small> 떨어질 락, 점 점

여러 후보 가운데 마땅한 대상을 선택함.

지금은 뜻이 변하여 여러 사람 가운데 가장 적절한 인물을 선정한다는 뜻을 갖고 있지요. 그런데 이 말이 조선시대에 2품 이상의 벼슬아치를 뽑을 때, 이조吏曹나 병조兵曹에서 올린 유능한 인재 셋 가운데 임금이 뽑을 대상자 이름 위에 점을 찍던 일을 가리킨다는 사실을 기억하는 분은 썩 많지 않을 것입니다. 그러니 조선시대에 낙점을 받는 것은 곧 벼슬길에 나아가는 것이요, 관리로서 탄탄대로坦坦大路(p340)를 걷게 되는 것이었죠. 그러니 낙점보다 더 소중한 점이 어디 있겠어요?
그런데 낙점이 떨어지기 전에 전제조건이 있어요. 하마평에 올라야 하거든요.

下馬評 <small>아래 하, 말 마, 평할 평</small>

관직의 이동이나 승진 등이 행해지는 경우 그 후보자에 대해 세상에 떠도는 소문.

요즘도 장관이나 총리 같은 고위 관리가 임명될 무렵이 되면 각 언론에 하마평이 무성하게 오르내리죠. 하마평이란 새롭게 관직에 오를 후보들에 대한 세간의 평을 가리키는 말입니다. 그런데 그 말이 재미있습니다. 예전에는 궁 앞에 모든 관리들이 말에서 내려야 한다는 글귀가 새겨져 있는 하마비下馬碑가 있었습니다. 군주가 머무는 곳이니 말에서 내려야 한다는 뜻이었죠. 이곳에서 관리들이 내려 궁으로 들어가고 나면 남은 마부들끼리 쑥덕공론을 시작했습니다. "이번에는 ○○○나리가 판서가 된다네그려", "예끼 이 사람아! 이번에는 우리 나리 차례야" 등등. 이렇게 하마비 앞에서 이루어진 세평이라고 해서 하마평이란 말이 생겨났습니다.

다음에는 정말 무섭고도 용감한 용을 살펴보겠습니다.

獨眼龍 <small>홀로 독, 눈 안, 용 룡</small>

눈이 하나밖에 없는 용.
애꾸눈의 영웅을 일컫는 말.

중국 당나라(618~907)의 장수 이극용이란 자는 애꾸눈에 오랑캐인 돌궐족 출신인데, 유명한 황소의 난(당나라 말기인 875년에서 884년에 걸쳐 일어

난 농민 반란으로 지도자가 황소라는 인물이다)을 토벌하는 데 큰 공을 세웠습니다. 이때부터 그에게는 독안룡이라는 명칭이 따르게 되었습니다.

그런데 용도 알고 보면 물고기가 변한 겁니다.

魚變成龍 물고기 어, 변할 변, 될 성, 용 룡

대기만성 (p463)

물고기가 변하여 용이 됨. 변변치 못한 인물이 자라서 크게 됨.

물론 모든 물고기가 용이 되는 것은 아닙니다. 사람이라고 해서 모든 사람이 사람답게 행동하는 것은 아니듯이 말이죠. 열심히 그리고 끈기 있게 노력하는 물고기만이 용이 될 수 있습니다.

이번에는 가축家畜들을 한꺼번에 살펴보겠습니다. 가축은 집에서 키우는 짐승입니다.

鷄口牛後 닭 계, 입 구, 소 우, 뒤 후

닭의 머리가 될지언정 소의 꼬리는 되지 마라.

이 표현은 글자만 보면 닭의 머리가 되라는 건지 소의 꼬리가 되라는 건지 알 수가 없죠. 그래서 이런 고사성어는 그 표현이 나오게 된 배경을 살펴보아야 정확한 뜻을 알 수 있습니다.

《사기》에 나오는 이야기죠.

전국시대에 유명한 전략가 소진은 합종책을 편 것으로 유명합니다.

합종책이란 당시 초강대국인 진秦나라에 대항해 나머지 6개의 주요 제후국(연, 초, 제, 한, 위, 조)이 연합하여 대항해야 한다는 책략입니다. 이때

소진은 제후국 군주들을 설득하기 위해 이
표현을 사용했습니다.

"당신들 모두 한 나라의 왕인데 왜
진나라에 항복하여 소의 꼬리가
되려고 하십니까? 닭의 머리가 되는
방편이 있는데도 말입니다."

반면에 소진의 친구 장의가 주장한 것은
연횡책인데, 이는 제후국들이 모두 진나라
와 연합해야 한다는 것으로, 말이 연합이지 사실상 항복하라는 것이었
습니다. 결국 합종책이 와해된 후 천하는 진나라에 의해 통일되었죠.

鷄肋 _{닭 계, 갈비 륵}

닭의 갈비. 즉, 버리기에는 아깝지만 쓸 곳도 없는 물건.

요즘에는 ○○닭갈비라는 음식점도 많이 있어서 좀 헷갈리기는 하는데
요, 사실 닭의 갈비는 소갈비나 돼지갈비에 비해 먹을 것이 없습니다.
그래서 이런 표현이 생겨났지요. 《후한서》에 실린 이야기입니다.

유비가 한중 땅을 점령하고 있을 무렵 조조가 유비 공략에
나섰습니다. 그러나 이 싸움은 수월치 않았고 조조의 군대는 오히려
궁지에 몰려 군량미가 고갈되고 병사들이 동요하기 시작했지요.
진퇴유곡進退維谷(p119)에 빠진 조조는 고민에 고민을 거듭하다가,
어느 날 문득 진중에 '계륵'이라는 암호를 내립니다. 그러자 주부 벼슬을
지내던 양수라는 이가 짐을 싸며 귀환할 준비를 시작합니다. 이에

주위 사람들이 묻지요. "어찌하여 짐을 싸는 것이오?" 그러자 양수가 대답합니다. "닭의 갈비는 먹을 것은 없으나 버리려 하면 아까운 것이오. 황제께서 이 말을 쓰신 것은 한중 땅을 계륵에 비유한 것이니 곧 철수를 명령하실 것이오."

양수의 예측은 적중하였고, 조조가 철군을 명령한 것은 당연지사當然之事(p301)였습니다. 우리 속담에도 '나 먹자니 싫고 개 주자니 아깝다'라는 표현이 있는데 바로 계륵 같은 것을 보고 할 말이군요.

鷄卵有骨 _{계 란 유 골} 닭 계, 알 란, 있을 유, 뼈 골

계란 속에 뼈가 들어 있음. 일이 안 되는 사람은 좋은 기회를 맞아도 뜻밖의 불운을 당해 수포로 돌아감.

계란유골과 비슷한 뜻을 가진 우리 속담이 '안 되는 놈은 뒤로 넘어져도 코가 깨진다'라는 말입니다. 아니 뒤로 넘어지는데 어떻게 앞에 있는 코가 깨진단 말이지? 그러니까 안 되는 놈이죠.

鷄鳴狗盜 _{계 명 구 도} 닭 계, 울 명, 개 구, 훔칠 도

닭의 울음소리와 개 도둑.
하잘것없는 재주도 쓸 곳이 있음.

닭의 울음소리를 잘 흉내 내는 사람과 개 도둑을 가리키는 것으로, 하잘것없는 재주도 다 쓸 곳이 있다는 말입니다. '굼벵이도 구르는 재주가 있다'라는 우리 속담과 비슷하군요. 굼벵이는 매미의 애벌레입니다.

그 외에 비겁하게 남을 속이는 하찮은
재주를 가리키기도 하지요.
전국시대에는 임금에 준하는 권력과
부를 소유하고 수많은 유세객과 선
비를 모아 영향력을 행사하던 공자
公子(왕의 친족)가 넷 있었는데, 이들
을 전국사공자戰國四公子라고 합니
다. 제齊나라 맹상군, 초楚나라 춘신
군, 위魏나라 신릉군, 조趙나라 평원군이
그들이죠.

계명구도는 그중 맹상군과 관련된 고사성어입니다. 《사기》에 나오죠.

맹상군은 출신과 신분에 관계없이 자신을 찾아오는 인물이라면 누구라도
받아들였습니다. 그리하여 그가 개 도둑 출신과 닭 울음소리를 잘 내는
식객食客까지 받아들이자 다른 식객들은 눈살을 찌푸렸습니다. 그렇지만
맹상군은 아랑곳하지 않았지요. 그 무렵 강대국인 진秦 소왕이 맹상군을
초청했습니다. 말이 초청이지 소환이나 마찬가지였지요. 이에 맹상군은
여러 식객들과 함께 진나라에 가게 되었습니다. 그러나 진나라에 머문 지
오래되었지만 맹상군 일행은 풀려나지 못했습니다. 결국 위기의식을 느낀
맹상군 일행은 탈출하기 위해 꾀를 냈고, 소왕의 애첩에게 뇌물을 주고
소왕을 설득하고자 했습니다. 그러자 애첩은 여우 가죽으로 만든 귀한
호백구란 옷을 요구했지요. 그러나 맹상군이 진나라에 올 때 가지고 온 그
옷은 이미 소왕에게 선물로 바친 후였습니다. 그러자 개 도둑 출신 식객이
말했습니다. "제가 그 호백구를 훔쳐 오겠습니다." 그날 밤 그는 소왕의
침전으로 들어 호백구를 훔쳐 왔고, 맹상군은 그 옷을 애첩에게 바친 후
겨우 탈출할 수 있었습니다.
한편 애첩의 도움을 받아 탈출한 맹상군 일행은 한시바삐 진나라를

벗어나기 위해 국경으로 향했습니다. 그러나 그들이 국경에 도착했을 무렵은 아직 동이 트기 전이었습니다. 당연히 국경 관문은 열리지 않았고, 맹상군 일행은 조바심을 내며 관문이 열리기를 기다렸습니다. 뒤에서는 진나라 군사가 쫓아오고 문은 열리지 않는 그때, 식객 하나가 닭 울음소리를 내었습니다. 그러자 동네 닭들이 이에 호응이라도 하듯 모두 울어댔고, 이 소리를 들은 경비병들은 날이 샜다고 여겨 관문을 열었습니다. 결국 맹상군 일행은 진나라를 벗어나 목숨을 구할 수 있었지요.

割鷄焉用牛刀 ^{할 계 언 용 우 도}

나눌 할, 닭 계, 어찌 언, 쓸 용, 소 우, 칼 도

닭을 자르는 데 어찌 소 잡는 칼을 쓰겠는가.

닭을 요리하는 데 소 잡는 칼을 쓸 수는 없겠지요. 그래서 사소한 일에 거창한 수단을 동원하는 모습이나, 어울리지 않는 행동을 할 때 씁니다.

공자의 제자 자유가 무성이란 작은 마을을 다스릴 때의 일입니다. 자유는 공자의 가르침에 따라 마을을 예악禮樂으로 다스렸지요. 그 무렵 공자가 무성을 찾게 되었는데, 마을 곳곳에서 거문고 소리가 들려왔습니다. 이에 공자가 웃으며 말했습니다.

"닭을 잡는 데 어찌 소 잡는 칼을 쓰겠는가?"

이 말을 들은 자유가 대답했지요.

"'군자가 도를 배우면 사람을 사랑하고, 소인이 도를 익히면 부리기 쉽다'고 하셨습니다." 이 말을 들은 공자가 다시 말했습니다.

"자유의 말이 옳다. 내가 한 말은 농담일 뿐이다."

글쎄, 공자가 한 치밖에 되지 않는 마을을 다스리면서 나라를 다스리듯 한 제자 자유를 비웃은 것인지, 아니면 너무 작은 마을을 다스리기에는 아까운 제자의 재능을 비유적으로 표현한 것인지는 모르지만 여하튼 자유는 상처를 받은 듯합니다.

이와 비슷한 표현으로 이런 것도 있습니다.

見蚊拔劍 _{견 문 발 검} 볼 견, 모기 문, 뺄 발, 칼 검

모기를 보고 칼을 빼어 든다. 사소한 일에 과도한 대응을 하는 모습.

모기를 보고 옆구리에 찬 칼을 뺀다? 참으로 웃기지요. 풍차를 보고 창을 빼어 든 돈키호테가 생각나는군요. 그래서 별 거 아닌 일에 과도한 대응을 할 때 쓰는 표현입니다. 이런 경우 사용하는 속담이 있는데요, '도끼 들고 나물 캐러 간다', '쥐구멍 막자고 대들보 들이민다'와 같은 표현입니다. 사소한 일에 너무 대단한 것을 동원하고 있군요. 그런 까닭에 우둔한 사람을 가리킬 때 쓰기도 한답니다.

그렇다면 세상에서 작은 칼을 가장 잘 다루던 사람은 누구일까요?

庖丁解牛 _{포 정 해 우} 요리사 포, 장정 정, 풀 해, 소 우

포정이 소를 바르듯 함.
즉, 어떤 일에 뛰어난 솜씨를 일컬음.

포정은 역사적으로 유명한 요리사를 가리키는데, 사실은 요리사라는 보통명사로 볼 수 있습니다. 중국 전국시대 양나라에 살던 포정이라는 인물이 대단히 소를 잘 발랐답니다. 그래서 포정이 소를 바르듯 뛰어난 솜씨를 일컬어 이런 표현을 쓰게 되었죠. 《장자》에 나오는 이야기입니다.

포정이 문혜군이란 군주 앞에서 소를 잡고 있었습니다. 소를 다루는 솜씨가 노랫소리처럼 운율에 맞는 모습을 보던 문혜군이 탄복하여 말했습니다.

"정말 대단하구나. 어떻게 이런 경지에까지 오를 수 있었느냐?"

그러자 포정이 대답했지요.

"저는 손끝의 재주를 이용해 소를 다루지 않고 도를 통해 소를 발라냅니다. 처음에는 제 눈에도 소가 들어와 손길이 어쩔 줄 몰랐습니다만 3년이 지나자 소의 모습이 사라지기 시작했습니다. 그리고 지금은 마음으로 소를 대할 뿐 눈으로 보지 않습니다. 따라서 저는 정신만으로 소를 다룹니다. 소의 가죽과 고기, 살과 뼈 사이에 난 틈과 빈 곳을 이용해 칼을 다루면 쉽게 다룰 수 있습니다. 솜씨가 뛰어난 소잡이는 1년에 칼을 한 번씩 바꿉니다. 이는 칼로 살을 자르기 때문입니다. 보통 소잡이는 한 달에 한 번 칼을 바꿉니다. 힘을 들여 소의 뼈를 다루기 때문입니다. 그러나 저는 19년 동안 수많은 소를 다루었지만 칼날은 막 간 것과 같습니다. 이는 뼈마디에 난 틈에 매우 가는 칼날을 넣기 때문에

칼날이 닳을 까닭이 없는 것입니다. 물론 저도 근육과 뼈가 엉긴 곳을 다룰 때는 조심스럽게 다룹니다."

이 말을 들은 문혜군이 감탄하며 말했습니다.

"놀랍구나. 나 또한 포정의 말에 양생의 도를 터득했도다."

소가 나온 김에 소와 관련된 표현 하나 더 알아봅시다.

矯角殺牛 고칠 교, 뿔 각, 죽일 살, 소 우

소의 뿔을 고치려다 오히려 소를 죽임.
작은 결점을 고치려다 오히려 큰 손해를 입음.

소의 뿔이 예쁘지 않아 가지런히 하려고 뿔을 강제로 교정해 주다 오히려 소를 죽이고 마는 모습입니다. '빈대 잡으려다 초가삼간 다 태운다'라는 속담과 비슷하군요.

群鷄一鶴 무리 군, 닭 계, 한 일, 학 학

닭 무리 속의 한 마리 학.
수많은 무리 가운데 놓인 뛰어난 존재를 가리킴.

무리 가운데 단연 빼어난 존재를 가리킬 때 쓰는 표현이죠. 이런 의미를 갖는 표현은 많은데, 출중出衆, 발군拔群, 절륜絶倫, 압권壓卷 등이 그것입니다.

닭이 들으면 썩 기분 좋은 표현은 아니겠군요. 그러니 닭 앞에서는 비슷한 뜻의 다음 표현을 씁시다.

白眉
백미

흰 백, 눈썹 미

흰 눈썹을 가진 인물이란 뜻으로, 여럿 가운데 가장 뛰어난 인물이나 빼어난 작품.

《삼국지》에 나오는 제갈공명의 친구 마량은 다섯 형제의 장남이었습니다. 다섯 형제 모두 대단히 뛰어난 인물들이지만 그 가운데서도 흰 눈썹을 가진 마량이 가장 뛰어났지요. 그래서 이때부터 뛰어난 존재를 가리켜 백미라고 부르게 되었습니다.

학이 나온 김에 머리를 빼고 있는 학 한 마리 살펴볼까요.

鶴首苦待
학 수 고 대

학 학, 머리 수, 쓸 고, 기다릴 대

학처럼 머리를 빼고 안타깝게 기다리는 모습.

학의 머리는 길게 뻗어 높은 곳을 바라보고 있죠. 그래서 누군가 또는 무엇인가를 목이 빠지게 기다리는 모습을 이렇게 표현합니다.

우리 속담에는 '7년 대한大旱에 비 바라듯 한다'라는 말이 있는데, 7년 동안 크게 가물었으니 비를 바라는 마음이 어떻겠습니까? 이보다 더 재미있는 속담으로 '굿에 간 어미 기다리듯 한다'라는 게 있는데, 얼마

나 배가 고팠으면 굿하는 집에 가서 굿 하고 남은 떡 가지고 올 엄마를 눈이 빠지도록 기다리겠습니까?

大旱慈雨
대 한 자 우

큰 대, 가물 한, 자비로울 자, 비 우

큰 가뭄 끝에 내리는 고마운 비.

학수고대鶴首苦待(p37) 끝에 내리는 비군요. 오랜 가뭄 끝에 만나는 단비란 뜻의 구한봉감우久旱逢甘雨(p140)와 비슷합니다.
이번에는 인간과 가장 친숙한 동물 개와 관련된 표현을 살펴보겠습니다.

犬馬之勞
견 마 지 로

개 견, 말 마, 조사 지, 힘쓸 로

주인을 위해 최선을 다하는 개와 말의 노력.
즉, 자신의 노력을 낮추어 일컫는 표현.

윗사람을 위해 최선을 다하는 자신의 노력을 낮추어 가리킬 때 씁니다.
이처럼 말이지요.
"보잘것없는 능력이지만 견마지로를 다하겠습니다. 믿어 주십시오."
한편 개를 나타내는 글자로는 견犬과 구狗, 두 가지가 주로 쓰입니다.
두 글자 사이에 분명한 차이가 있는 것은 아닌데, 견犬이 일반적인 개를 나타낸다면 구狗는 개고기 또는 비천한 동물이라는 느낌이 강합니다.

狗馬之心
구 마 지 심
개 구, 말 마, 조사 지, 마음 심

타인에 대한 자신의 마음과 정성을 낮추어 부르는 말.

역시 개와 말은 노력을 가리키는군요. 이 역시 앞의 표현과 비슷하게 타인에게 기울이는 자신의 노력을 낮추어 부르는 말입니다.

羊頭狗肉
양 두 구 육
양 양, 머리 두, 개 구, 고기 육

양의 머리에 개의 고기. 겉과 속이 다른 경우를 일컫는 말.

고기장수가 가게 앞에는 양 머리를 걸어 놓고 손님에게는 개고기를 판다는 말이군요. 그러니 감쪽같이 속을 수밖에. 겉과 속이 다른 경우를 가리키는 표현입니다. 겉으로는 선함과 충성을 드러내지만 마음속으로는 악한 마음을 품고 있다거나 겉은 그럴듯하지만 속은 실속이 없는 경우죠. '겉 다르고 속 다르다'라는 우리 속담과 비슷합니다.

춘추시대의 일입니다. 제나라 영공은 여자에게 남장을 시켜 놓고 보는 것을 즐겼습니다. 그러자 백성들 또한 남장을 즐기게 되었지요. 이에 영공은 이를 금하도록 명하였습니다. 그러나 남장 풍습은 사라지지 않았습니다. 영공이 재상 안영에게 그 까닭을 물었지요. 그러자 안영이 대답했습니다.

"지금 전하께서는 궁중 여인들에게는 남장을 허용하시며 궁 밖 여인들에게는 이를 금하도록 하셨습니다. 이는 밖에는 양 머리를 걸어 놓고 안에서는 개고기를 파는 것과 같으니 누구도 받아들이지 않습니다. 이제라도 궁중 여인들부터 남장을 금하십시오. 그러면 궁 밖 여인들 또한 남장을 멈출 것입니다."

영공이 안영의 말에 따른 것은 물론이요. 남장 풍습 또한 당연히 사라졌습니다.

그런데 인간사는 역시 배신의 역사인가 보죠. 이와 유사한 표현이 많은 걸 보면.
우리말에도 '뱃속에 칼을 품고 있다'라거나 '두 마음을 품고 있다'라는 말이 있지요.

口蜜腹劍 입구, 꿀밀, 배복, 칼검

입에서는 달콤한 말을 하지만 뱃속에는 칼을 품고 있음.

와! 양두구육보다 더 무섭네요. 우리 속담으로 치면 믿는 도끼에 발등 찍히는 격이겠군요.

당나라 현종 때의 재상인 이임보는 왕족 출신이면서 책략에 뛰어난 인물이었습니다. 상대방을 교활한 방법으로 적절히 다룸으로써 19년 동안이나 재상 자리에 앉아 국정을 농단壟斷(p376)했던 거죠. 특히 그는 자신의 권력을 공고히 하기 위해 문신 대신 무신을 대거 절도사로 등용하였는데, 이는 결국 안녹산(703?~757)의 난이 일어나게 된 계기가 되었습니다. 이런 까닭에 당시 선비들은 이임보를 가리켜 '입에는 꿀, 뱃속에는 칼'이라고 평했지요. 수많은 사람의 원성을 샀던 그는 죽은 후 반역의 죄를 쓰고 부관참시剖棺斬屍(p541)를 당하였습니다.

借刀殺人 빌 차, 칼 도, 죽일 살, 사람 인

차 도 살 인
借刀殺人 빌 차, 칼 도, 죽일 살, 사람 인

칼을 빌려 사람을 죽임.
즉, 남을 이용하여 타인에게 피해를 주는 것.

남으로부터 칼을 빌려 사람을 죽이는 것에는 두 가지 나쁜 행위가 포함되어 있습니다. 사람을 죽이는 살인 행위와 함께 남의 칼을 살해 수단으로 사용함으로써 칼 주인에게 누명을 씌우는 행위 말이죠. 그러니 얼마나 나쁜 행위인지 알 수 있겠죠.

면 종 복 배
面從腹背 낮 면, 숙일 종, 배 복, 뒤집을 배

앞에서는 복종하지만 뱃속으로는 배신을 꿈꾸는 모습.

배背는 '등'을 뜻하는 글자인데, 등은 사람의 뒤쪽이지요. 앞의 반대인 뒤, 그래서 배신이라는 의미가 파생되었습니다. 우리 속담 가운데 '앞에서 꼬리 치는 개가 뒤에서 발뒤꿈치 문다'라는 말이 있는데 바로 면종복배하는 개군요.

勸上搖木

권할 권, 위 상, 흔들 요, 나무 목

위로 오를 것을 권한 다음 나무를 흔들어 대는 모습.

앞에서 살펴본 표현들과는 약간 다르지만 본질적으로는 비슷한 표현입니다. 앞에서는 잘한다고 부추기고 막상 그렇게 하면 배신하는 모습을 가리키는 표현이군요. 전형적인 간신배의 행동이라고 할 수 있죠.
이런 행동을 가리키는 표현은 또 있습니다. 세상에 간신배는 많으니까요.

登樓去梯

오를 등, 다락 루, 치울 거, 사다리 제

다락에 오르도록 권한 후 사다리를 치워 버림.
상대를 어려움에 처하도록 꾀어내는 모습.

달콤한 말로 유혹한 후 상대방을 어려움 속에 내팽개치는 모습을 가리키는 표현입니다. 그런데 실제로 이런 일을 한 사람이 있습니다.

천하의 명군으로 이름 높은 순舜 임금이 아직 군주 자리에 오르기 전이었습니다. 그런데 순 임금의 어짊과는 정반대로 그의 아버지와 아우는 순을 죽이지 못해 안달이었지요. 어느 날 아버지는 순에게 지붕을 고치라고 명합니다. 착한 순은 당연히 사다리를 타고 지붕으로 올라갔는데, 두 사람은 그 틈을 노려 사다리를 치우고 불을 지르죠. 물론 지혜로운 순은 아버지와 아우가 살인자가 되지 않도록 올라갈 때 몰래 삿갓 두 개를 가지고 올랐고, 이를 낙하산처럼 이용해 아래로 피할 수 있었습니다. 이런 순의 사람됨이 멀리 퍼져 요堯 임금이 순을 자신의 후계자로 삼았습니다.

그 후 요 임금과 순 임금은 역사상 가장 뛰어난 태평성대 太平聖代
(p422)를 이루었고 이 시대를 가리켜 요순시대라고 부르게 되었습니다.

表裏不同 _{표 리 부 동}
겉 표, 안 리, 아니 불, 같을 동

겉과 안이 같지 않음. 즉, 겉과 속이 다른 음흉한 품성.

'표리부동한 인간, 표리부동한 행동' 같은 표현 자주 쓰지요?
리裏는 '속, 내부, 안'을 뜻하는 글자입니다. 그래서 사물의 겉은 표면
表面, 안은 이면裏面이라고 하죠.

泥田鬪狗 _{이 전 투 구}
진흙 니, 밭 전, 싸울 투, 개 구

진흙 속에서 개들이 서로 싸움.
즉, 명분도 없이 서로 꼴사납게 싸우는 모습.

뻘밭에서 개들이 싸운다면 구경하는 사람까지도 진흙이 튀어 피해를
볼 걸요? 이처럼 질서도 없고 명분도 없이 서로 치고받고 싸우는 모습
을 가리키는 표현입니다.

犬猿之間 _{견 원 지 간}
개 견, 원숭이 원, 조사 지, 사이 간

개와 원숭이처럼 서로 으르렁거리는 사이.

개와 원숭이가 서로 원수로 생각하는 사이라는 게 잘 이해가 가지 않네

요. 왜냐하면 원숭이가 많이 사는 열대 지방에 개는 별로 눈에 뜨이질 않으니까요.
이번에는 토끼입니다.

狡兔三窟
교 토 삼 굴

교활할 교, 토끼 토, 석 삼, 굴 굴

유비무환(p352)

교활한 토끼는 굴을 세 개 판다.
즉, 위기를 모면하기 위해 미리 대책을 세워 놓는 지혜.

토끼는 새끼를 키우고 자신도 머물기 위해 굴을 세 개 판답니다. 이는 천적이 나타났을 때 자신을 지키기 위해서죠. 그로부터 위험을 피하기 위해서 미리 여러 대책을 세워 놓는 지혜를 일컫는 표현이 되었습니다.

脫兔之勢
탈 토 지 세

벗을 탈, 토끼 토, 조사 지, 세력 세

토끼가 우리를 빠져나가듯이 재빠른 동작을 가리킴.

우리에 갇혀 있던 토끼가 문이 열린 틈을 타 빠져나간다면 얼마나 재빠르겠습니까? 바로 그런 모습을 가리키는 표현입니다.
그런데도 다음과 같

은 요행수를 바라는 인간이 있다니!

守株待兎 ^{수 주 대 토} 지킬 수, 그루 주, 기다릴 대, 토끼 토

나무를 지키며 토끼가 와서 부딪혀 죽기를 기다림.
즉, 터무니도 없는 이익을 기다리는 우둔함.

우연히 토끼 한 마리가 나무 기둥에 부딪혀 죽은 것을 주운 사람이 그
날부터 온종일 나무 옆에 앉아 토끼가 또 부딪혀 죽기를 기다렸답니다.
이 모습을 본 주위 사람들이 만든 표현이 바로 수주대토입니다. 물론
어리석음을 비웃는 말이죠. 이와 유사한 뜻의 아주 재미있는 속담이 있
습니다. '황소 불알 떨어지면 구워 먹으려 다리미에 불 담아 따라간다'
불알 떨어지기 전에 굶어 죽겠군요.
이런 바보는 또 있습니다.

刻舟求劍 ^{각 주 구 검} 새길 각, 배 주, 구할 구, 칼 검 **미생지신**(p557)

배에 칼 떨어진 장소를 새겨 놓고 칼을 찾으려 함.

강을 건너던 배에서 칼을 떨어뜨린 자가 나중에 칼을 찾기 위해 배에
표시를 했습니다. 그런 다음 배가 강기슭에 닿자 표시된 장소 아래에서
칼을 찾았답니다. 얼마나 우둔한 행동인지 아시겠죠?
그런데 이런 바보는 중국에만 있는 것이 아닙니다. 우리나라 바보는 어
떤 행동을 하는지 볼까요?

南大門入納
_{남 대 문 입 납}

남녘 남, 큰 대, 문 문, 들 입, 바칠 납

남대문 집에 편지 보냄. 즉, 허황된 방식으로 목적을 이루려는 모습.

입납入納이란 '편지를 삼가 드립니다' 하는 말로, 편지 겉봉투에 쓰는 인사말입니다. 그런데 남대문입납이라고 쓰면 도대체 남대문 어디 사는 누구에게 가는 편지입니까? 바로 그런 바보 같은 방법으로 자신의 목적을 이루려고 할 때 쓰는 표현입니다. 남대문이 등장하는 것을 보니 우리나라에만 있는 표현이겠죠. '서울 가서 김서방 찾기'란 속담도 비슷한 뜻입니다.

膠柱鼓瑟
_{교 주 고 슬}

아교 교, 기둥 주, 칠 고, 거문고 슬

거문고 기둥을 아교로 붙여 연주함.
즉, 터무니없는 방법으로 일을 꾸려 나가려는 우둔함 또는 임시방편으로 위기를 넘기려고 하는 모습.

거문고 줄을 지탱하는 기둥을 아교로 붙여 연주할 수 있겠습니까? 이는 기타 줄을 풀로 붙여 연주하는 것과 마찬가지죠. 즉, 터무니도 없는 방법으로 일을 꾸려 나가려는 우둔함을 가리키는 표현입니다. 또한 잠시 위기를 모면하려는 임시방편臨時方便(p285)을 뜻하기도 하지요.

> 중국 전국시대戰國時代에 조趙나라의 명장으로 조사란 이가 있었습니다. 조사가 활약하던 시절, 조나라는 전국을 호령할 만큼 강대했는데, 시간이 흘러 조사가 늙어 죽었습니다. 그러자 조나라와 천하를 다투던 진秦나라가 조나라를 침략했고, 조나라 조정에서는 염파 장군을 보내 대응토록 하였습니다.

진나라 군사를 맞은 염파 장군은 성을 지킬 뿐 나아가 싸우지 않았습니다. 그러자 진나라 진영에서는 계책을 내어 다음과 같은 유언비어流言蜚語(p214)를 퍼뜨리기 시작했습니다.

"염파가 방어에 몰두하는 것은 늙어 진나라를 두려워하기 때문이다. 그런 까닭에 진나라에서는 다행으로 여기고 있으며 다만 조사 장군의 아들 조괄이 장수로 임명되지 않기만을 바라고 있다."

이 소문을 접하게 된 조나라 임금은 염파를 해임하고 조괄을 장군에 임명하고자 합니다. 그러자 대신 인상여가 나아가 고하지요.

"지금 대왕께서 그 이름만 믿고 조괄을 대장에 임명하시는 것은 마치 거문고 기둥을 아교로 붙여 타는 것과 같습니다. 괄은 그의 아버지가 물려준 병법을 읽었을 뿐, 상황에 따른 임기응변臨機應變(p286)의 책략을 세우지 못합니다."

그러나 조나라 임금은 인상여의 말을 듣지 않고 조괄을 대장에 임명합니다.

한편 그 소식을 들은 조괄의 모친이 조정으로 달려와 이렇게 말합니다.

"괄이는 제 아비와 다릅니다. 조사 장군은 살아생전 늘, '저 녀석은 병서만 붙잡고 있으면서 자기가 군사를 안다고 착각한다(지상담병紙上談兵). 저 녀석에게 군사를 맡긴다면 반드시 패할 것이다' 하고 말씀하셨습니다. 부디 저 아이를 장수에 임명하지 마시옵소서."

그러나 임금은 아랑곳하지 않았고 모친은 다시 말합니다.

"그렇다면 전쟁에 패하더라도 우리 식구에게 죄를 묻지는 말아 주시옵소서."

임금은 그러겠다고 약속했습니다. 이윽고 전투가 시작되자 역시 조괄은 진나라의 계략에 빠져 대패하였고, 이때부터 전국시대 강대국 가운데 하나인 조나라는 쇠퇴하기 시작해 급기야 멸망하고 맙니다.

紙上談兵 종이 지, 위 상, 말할 담, 군사 병

종이 위에서 군사를 논함.
즉, 이론에만 밝을 뿐 실천적인 능력이 부족함을 이르는 말.

앞서 본 고사에 나오는 내용입니다. 즉, 조괄의 어머니가 아들을 가리켜 '지상담병에 익숙할 뿐 실전에서는 성공할 수 없다'고 말한 데서 비롯된 표현입니다. 아니, 조괄의 아버지 조사가 살아생전 남긴 말이군요.

다음 표현도 이와 비슷합니다.

탁 상 공 론
卓上空論 탁상 탁, 위 상, 빌 공, 논할 론

현실은 고려치 않고 책상 위에서 나누는 쓸데없는 의논.

탁상 위에서 나누는 빈 이론이란 뜻이니까 실천적이지 못한 허황된 논의를 일삼는 것을 가리키는 말이죠.

공 리 공 론
空理空論 빌 공, 도리 리, 빌 공, 논할 론

이치에도 맞지 않는 허황된 이론.

탁상공론卓上空論보다 더 비어 있군요. 그러니 실천적이지 못한 헛된 이론을 가리키는 것은 당연하죠. 공론공담空論空談이라고도 합니다.

다음에는 반대되는 표현들입니다.

實事求是
열매 실, 일 사, 구할 구, 옳을 시

사실에 토대하여 진리를 탐구함.

이 말은 청나라 때 공리공론空理空論을 일삼던 양명학陽明學에 대한 반발로 태어난 고증학考證學이 내세운 표어였습니다. 그때부터 과학적·객관적인 학문 연구 태도를 가리키는 말로 쓰이게 된 것이죠. 우리나라에서도 실학實學자들의 연구 태도를 가리킬 때 쓰는 표현입니다. 이와 비슷한 표현이 또 있습니다.

務實力行
무 실 역 행
힘쓸 무, 열매 실, 힘 력, 갈 행

실질을 중히 여기고 실천에 힘을 다함.

실實은 '열매, 실질, 실천'과 같은 뜻을 갖고 있습니다. 그래서 이 글자가 들어간 표현들은 대부분 '속이 차다, 실질적이다'와 같은 의미를 갖습니다.

말과 관련된 표현도 많습니다. 옛날에는 가장 중요한 운송수단이 말이었으니까요.

天高馬肥
천 고 마 비
하늘 천, 높을 고, 말 마, 살찔 비

하늘은 높고 말은 살찜. 계절의 왕 가을을 이르는 말.

천고마비는 가을의 풍요로움을 나타내는 표현으로 많이 쓰이는데, 추秋(가을 추)를 써서 추고마비秋高馬肥라고도 합니다.

匹馬單騎

^{필 마 단 기}

필필, 말 마, 홀 단, 탈 기

한 필의 말에 홀로 타고 적진을 향해 가는 모습.

그냥 단기單騎 또는 단기필마單騎匹馬라고도 하는 이 표현은 홀로 적진을 향해 나아가는 용사의 모습을 가리킵니다. 그러니까 용감한 장수나 병사를 뜻하죠. 필匹은 말을 세는 단위입니다.

風馬牛不相及

^{풍 마 우 불 상 급}

바람 풍, 말 마, 소 우, 아니 불, 서로 상, 미칠 급

바람난 말과 소는 서로 만나지 않는다.
즉, 서로 아무런 상관이 없는 관계를 이름.

아무리 말이 바람이 났더라도 소를 보고 사랑을 느끼지는 않겠죠. 그래서 이런 재미있는 표현이 생겼습니다. 우리 속담에 '쥐며느리가 새우아재를 사모하듯'이란 표현이 있는데 실현될 수 없는 망상 또는 이루어질 수 없는 짝사랑을 가리킬 때 사용하는 말이죠.

走馬加鞭 달릴 주, 말 마, 더할 가, 채찍 편

달리는 말에 채찍을 가함.

즉, 지금도 잘하고 있지만 그에 만족하지 않고 더욱 노력하도록 다그치는 모습.

우리 속담 '달리는 말에 채찍질한다'의 한자 편이군요.

달리는 말은 또 있습니다. 아래를 보실까요.

走馬看山 달릴 주, 말 마, 볼 간, 메 산

달리는 말 위에서 산을 본다.

사물을 지나가는 길에 흘낏 또는 대충 훑어보고 지나치는 모습.

같은 주마走馬라도 그 뜻은 전혀 다릅니다. 글자가 비슷하니까 그 뜻도 비슷하겠지 하는 편견은 버리세요. 말을 타고 가며 바라보아서는 그 모습을 제대로 볼 수가 없습니다.

주마등走馬燈이란 말 들어보셨나요? '지난 추억이 주마등처럼 스쳐 지나가는구나' 하는 표현에 자주 쓰이는 단어죠. 주마등이란 안팎 두 겹으로 된 틀 바깥에는 말이 달리는 그림을 붙이고 안쪽에는 등불을 켜 놓아 그 틀이 돌아감에 따라 말이 달리는 모습이 비치게 만든 등입니다.

그렇지만 달리는 말에서라도 볼 수 있는 것은 다행입니다. 이런 경우도 있으니까요.

盲玩丹青
맹 완 단 청

소경 맹, 즐길 완, 붉을 단, 푸를 청

맹인이 단청 구경을 함. 형식만 갖추고 실질은 없는 모습.

앞을 못 보는 맹인이 단청 구경을 하다니! 이건 맹인이 코끼리 만지는 것보다 더하네요. 그래서 보아도 알지 못하고 그저 형식만 갖추는 것을 가리킬 때 쓰는 표현입니다.

이번에는 가짜 말입니다.

馬脚露出
마 각 노 출

말 마, 다리 각, 드러날 로, 나올 출

말의 다리가 드러남. 즉, 숨기던 일이나 정체가 드러남.

연극에서 말의 다리로 분장한 사람이 잘못해서 드러나는 모습에서 유래한 표현입니다. 의도를 숨기고 추진하던 일의 전모가 잘못해서 드러날 때 쓰는 말이죠. 실제로는 '마각이 탄로났다(드러났다)'라는 표현으로 자주 사용됩니다.

이번에는 쥐입니다.

窮鼠嚙猫
궁 서 설 묘

막힐 궁, 쥐 서, 물 설, 고양이 묘

궁지에 몰린 쥐는 고양이라도 물음.
상대가 아무리 약하다 해도 빠져나갈 구멍은 마련해 주어야 한다는 뜻.

막다른 길에 몰리면 아무리 약한 자라 하더라도 어떤 행동을 할지 모릅니다. 그래서 쥐를 몰 때는 도망갈 구멍을 만들어 주라는 말도 있죠. 우리 속담 '지렁이도 밟으면 꿈틀한다'와 영락없이 같네요.

^수 ^서 ^양 ^단

首鼠兩端 _{머리 수, 쥐 서, 두 량, 끝 단}

쥐가 머리를 양쪽으로 내밀며 눈치를 살핌.

즉, 결단을 내리지 못하고 눈치를 살피는 모습을 가리킴.

쥐가 쥐구멍에서 머리를 내놓고 이리저리 눈치를 살피는 모습이 떠오르지 않으십니까?

이처럼 한심한 모습을 나타내는 표현은 또 있습니다.

^좌 ^고 ^우 ^면

左顧右眄 _{왼 좌, 돌아볼 고, 오른 우, 곁눈질할 면}

왼쪽을 돌아보고 오른쪽을 곁눈질함.

즉, 결정을 내리지 못하고 이것저것 눈치만 살피는 모습.

옛말에 '망설이는 호랑이는 벌만도 못하다'라는 표현이 있는데, 이 말이 딱 그런 뜻이군요.

다음 표현도 비슷합니다.

優柔不斷
우 유 부 단

넉넉할 우, 부드러울 유, 아니 불, 끊을 단

너무 부드러워 맺고 끊지 못함.

즉, 결단을 내리지 못하고 어물거리는 모습.

우優는 '뛰어나다, 넉넉하다, 얌전하다'와 같은 의미를 갖습니다. 그래서 우등생優等生, 우열優劣, 배우俳優 같은 단어에 쓰이지요. 우유부단과 비슷한 의미의 우리 속담이 있는데 얼마나 재미있는지 보시죠.

'간다 간다 하면서 아이 셋 낳고 간다.' 간다고 말하면서 가지 않고 머뭇거리다가 아이 셋 낳고 간다니! 우리 조상님들의 상상력과 과장법도 여간 아닙니다.

右往左往
우 왕 좌 왕

오른쪽 우, 갈 왕, 왼쪽 좌, 갈 왕

오른쪽으로 갔다 왼쪽으로 갔다 결정을 하지 못하고 허둥대는 모습.

수서양단首鼠兩端(p53)과는 약간 다르지만 결정을 내리지 못하고 헤매는 모습은 비슷하군요.

이런 모습과 정반대되는 표현도 있습니다.

搖之不動
요 지 부 동

흔들릴 요, 조사 지, 아니 불, 움직일 동

흔들어도 전혀 움직이지 않음.

결코 자신의 뜻을 굽히지 않는 고집 센 모습을 가리킴.

어떤 유혹이나 설득에도 넘어가지 않는 모습을 가리키는데, 꿋꿋하고 변치 않을 때보다는 고집이 센 사람에게 쓰는 경우가 많습니다.

確固不動 굳을 확, 굳을 고, 아니 불, 움직일 동

뜻이 분명하고 단단하여 결코 움직이지 아니함.

뜻이 분명하기 때문에 이쪽저쪽 눈치를 볼 리가 없습니다. 물론 흔들리지도 않고요.

이번에는 사슴입니다.

指鹿爲馬 손가락 지, 사슴 록, 될 위, 말 마

사슴을 가리켜 말이라 함.
즉, 거짓된 행동으로 윗사람을 농락하는 모습.

사슴도 예전에는 흔한 동물이었나 봅니다. 이 이상한 표현은 윗사람을 농락하여 자신이 권력을 휘두른다는 의미입니다. 그 외에 억지를 부림으로써 상대방을 궁지로 몰아넣는다는 의미도 갖습니다. 《사기》에 나오는 이야기입니다.

진시황은 천하를 통일한 후 얼마 지나지 않아 죽고 맙니다. 이때 그의 죽음을 틈타 권력을 농락籠絡(p377)한 자가 환관 조고였습니다. 그는 진시황이 후사로 지명한 맏아들 부소를 계략을 세워 죽이고 그 동생인 호해를 2세황제로 옹립하죠. 그러고는 승상 이사도 죽음으로 몰아넣은 후 이번에는 스스로 황제에 오르기 위해 자신이 옹립한 황제를 허수아비로 만드는데, 그때 사용한 방법이 바로 지록위마입니다.
조고가 사슴을 황제에게 바치며 "말입니다"라고 하자 황제 호해는 "어찌 사슴을 말이라 하는가?"라고 합니다. 그러나 이미 조고의 권력에 겁을 먹은 주위 신하들은 모두 나서 사슴이라 말하지요. 이에 호해는 자신의 판단력을 의심하면서 정사에서 손을 뗍니다. 결국 호해도 조고에게 죽임을 당하고, 조고는 다시 자영을 3세황제로 임명하고 자신이 권력을 실질적으로 휘두릅니다만 그 또한 자영의 계략에 빠져 죽임을 당합니다. 그런 와중에 진나라의 국세는 기울었고, 전국에서 일어난 반란의 불길 속에 멸망하지요. 그리고 얼마간의 혼란기를 거친 후 천하를 통일한 것이 한나라 시조 유방劉邦(기원전 247?~195)입니다.

기 군 망 상
欺君罔上 속일 기, 임금 군, 속일 망, 위 상

임금을 속이고 윗사람을 농락함.

지록위마指鹿爲馬(p55)의 의미를 직접적으로 표현하였군요. 기欺는 '속이다'라는 뜻으로, 사기詐欺, 기만欺瞞 같은 단어에 쓰입니다.

중 원 축 록
中原逐鹿 가운데 중, 들판 원, 쫓을 축, 사슴 록

넓은 들판에서 많은 사냥꾼이 한꺼번에 사슴을 쫓음.
사슴 사냥을 권력 투쟁에 비유한 표현.

각축角逐 또는 축록逐鹿이라고도 하는 이 표현은 사슴을 권력 또는 황제의 지위에 비유하고 호걸들을 사냥꾼에 비유한 것입니다. 실생활에서는 '제20대 대통령 자리를 놓고 세 명의 후보가 각축을 벌이고 있습니다'처럼 각축이란 표현이 자주 쓰입니다. 《사기》에 나오는 표현입니다.

이번에는 여러 가지 새에 관한 표현을 살펴볼까요. 앞서 살펴본 닭과 학도 새입니다만, 그 외에도 여러 종류의 새가 등장하거든요.

오 비 이 락

烏飛梨落 까마귀 오, 날 비, 배나무 리, 떨어질 락

까마귀 날자 배 떨어진다. 우연히 동시에 일어난 일로 궁지에 몰림.

까마귀가 날아가는 시간을 잘못 선택해 공연한 의심을 사게 되었군요. 하필 날아가려고 튀어 오르는 순간 배가 떨어질 것은 뭡니까?
까마귀는 우리 민족이 영 좋아하지 않는 동물이죠. 그래서 그런지 까마귀가 들어가 좋은 의미를 갖는 것은 별로 없습니다. 이 표현 또한 공연한 의심을 받게 되는 상황을 가리키지요.
그렇다면 또 어떤 경우에 공연한 의심을 받을까요?

이 하 부 정 관

李下不整冠 오얏 리, 아래 하, 아니 불, 가지런할 정, 갓 관

오얏나무 아래에서는 갓을 고쳐 매지 마라.
즉, 공연한 오해를 살 일은 하지 말라는 뜻.

오얏나무 아래서 갓을 고쳐 쓰면 어떤가요? 멀리서 보면 오얏을 따는 것으로 보일 수 있다는 거죠. 그러니 그런 행동으로 남의 의심을 사지 마라, 그런 뜻입니다.
오얏은 자두의 옛말입니다. 그렇지만 옛날부터 오얏나무 아래서 갓을 고쳐 매지 말라고 했는데, 갑자기 자두나무 아래라고 하면 이상하지요. 그래서 지금도 오얏나무라고 합니다.
이렇게 공연한 오해를 사는 행동은 또 있습니다.

瓜田不納履

_{과 전 불 납 리} 오이 과, 밭 전, 아니 불, 바칠 납, 신 리

오이 밭에서 신을 고쳐 신지 마라.

이 표현도 마찬가지입니다. 오이 밭에서 신을 고쳐 신으려고 구부리면 오이를 따려는 것처럼 보이니까요. 오이 밭 대신 가지 밭이라고 해도 같은 뜻입니다.

烏合之衆

_{오 합 지 중} 까마귀 오, 합할 합, 조사 지, 무리 중

까마귀 떼와 같이 정돈되지 못한 무리.
즉, 훈련도 안 된 어설픈 병사 무리를 가리키는 말.

새 가운데 가장 똑똑한 새가 까마귀라고 하죠. 그런데 까마귀 무리를 가리켜 훈련도 안 된 어설픈 군사라고 하네요. 여하튼 까마귀만 들어가면 좋은 뜻이 없다니까요. 오합지졸烏合之卒이라고도 하는데, 졸卒은 '병사, 하인'을 뜻합니다.

이번에는 다른 종류의 새들을 살펴보겠습니다.

鳩首會議

구 수 회 의

기러기 구, 머리 수, 모일 회, 의논할 의

비둘기 무리가 모이를 향해 머리를 들이밀듯이 여러 사람이 모여 머리를 맞대고 하는 회의.

광장에서 비둘기들이 모이를 쪼아 먹는 모습 본 적 있으신가요? 서로 머리를 들이대고 먹이를 먹기에 여념이 없지요. 사람들이 머리를 맞대고 회의하는 모습을 그에 비유한 표현입니다.

黃口乳臭

황 구 유 취

누런 황, 입 구, 젖 유, 냄새 취

아직 어린 입에서 젖비린내가 난다. 즉, 행동이 채 성숙하지 않아 유치함.

황구란 노란 입인데, 사실은 새끼 새의 입이 노란색이죠. 그래서 위에서 가리키는 '노란 입'은 어린 새를 가리킵니다. 우리말로는 '하룻강아지'군요.

이와 같은 표현이 또 있습니다.

059

口尚乳臭

^구 ^상 ^유 ^취

입 구, 오히려 상, 젖 유, 냄새 취

입에서 아직 젖비린내가 남. 즉, 말이나 하는 짓이 유치하고 부족함.

위에서 살펴본 황구유취黃口乳臭(p59)와 같은 표현인데, 황구유취보다는 구상유취를 자주 사용합니다.

燕雀安知鴻鵠之志

^연 ^작 ^안 ^지 ^홍 ^곡 ^지 ^지

제비 연, 참새 작, 편안할 안, 알 지, 기러기 홍, 고니 곡, 조사 지, 뜻 지

제비와 참새가 어찌 기러기와 고니의 뜻을 알겠는가.

> 진秦나라(기원전 221~기원전 207) 말기에 처음 반란의 깃발을 든 진승은
> 본래 남의 집에서 일하던 머슴이었습니다. 그는 어려서부터 포부가
> 남달랐는데, 그가 젊은 시절 자신이 일하던 집주인에게 "훗날 누구든
> 영화를 누리게 되면 우리 사이의 인연을 잊지 맙시다" 하고 말했습니다.
> 노비로부터 이런 말을 들은 주인이 어이가 없어 "이런 미친놈!" 하고
> 무시하자 진승은 "제비와 참새가 어찌 기러기와 고니의 뜻을 알겠느냐?"
> 하고 반문하지요.

《사기》에 나오는 이야기입니다. 집주인은 고니를 친구로 둘 절호의 기회를 놓친 셈입니다. 다른 사료史料에 의하면 집주인에게 말한 것이 아니라 동료들에게 말했다고도 합니다.

한편 중국 역사상 최초로 농민 출신이 정부에 반기를 든 인물이 바로 진승과 그의 동료 오광인데, 이 때문에 그들의 삶에서 유래한 표현이 여럿 있습니다. 진승은 그 출신이 미천했지만 대단히 뛰어난 재능을 가

진 게 분명합니다. 제비와 참새를 이용해 문장을 지었을 뿐 아니라 다음과 같이 천하를 뒤흔들 연설을 한 걸 보면 말이죠.

王侯將相寧有種乎
왕 후 장 상 영 유 종 호

임금 왕, 제후 후, 장수 장, 재상 상, 어찌 녕, 있을 유, 씨 종, 조사 호

왕후장상의 씨가 어찌 따로 있겠느냐.

진승이 혁명의 깃발을 높이 들며 한 말입니다. 그렇습니다. 누구나 노력하고 실력을 쌓으면 왕후장상, 즉 임금이든 제후든 장수든 재상이든 될 수 있다는 말입니다.
한편 유방처럼 한 나라의 우두머리를 가리키는 말 가운데 요즘도 자주 쓰는 표현이 있습니다.

領袖 옷깃 영, 소매 수
영 수

여러 사람 가운데 우두머리.

지도자를 일컫는 표현은 많고도 많지요. 그런데 왜 하필이면 '영수회담 領袖會談'이란 표현을 자주 쓰는 것일까요? 게다가 가장 높은 지도자를 뜻하는 말이 수령首領도 아니고 영수領袖라니! 이는 바로 옷깃

과 소매는 남의 눈에 잘 띈다는 데서 비롯된 표현으로, 수많은 사람 가운데 특출난 사람, 즉 우두머리를 일컫게 되었답니다.

이번에는 꿩 이야기입니다.

<ruby>春<rt>춘</rt></ruby><ruby>雉<rt>치</rt></ruby><ruby>自<rt>자</rt></ruby><ruby>鳴<rt>명</rt></ruby>

春雉自鳴 봄춘, 꿩치, 스스로자, 울명

봄철의 꿩은 누가 뭐라 하지 않아도 스스로 운다.

누가 시키거나 요구하지 않아도 *스스로* 행동하는 모습을 가리킬 때 쓰는 표현이지요. 그런데 꿩이 울어대면 그 방향을 향해 움직이는 사람들이 있으니 바로 꿩 사냥꾼이죠. 그래서 스스로 자신의 무덤을 파는 모습을 가리킬 때도 이 표현을 씁니다.

사마귀도 고사성어에서 빠지지 않습니다.

螳螂拒轍

당 랑 거 철

사마귀 당, 사마귀 랑, 막을 거, 바퀴자국 철

포호빙하(p22), 이란투석(p166)

수레바퀴의 진행을 막고 나서는 사마귀.
자신의 능력은 생각지도 않고 만용을 부리는 모습.

춘추시대 강대국이던 제나라 장공이 어느 날 사냥길에 나섰는데 길에서 우연히 벌레 한 마리가 자신의 수레를 향해 달려오는 것이었습니다. 이에 장공이 무슨 벌레인지 묻자 곁에 있던 신하가 "저것은 사마귀란 벌레로 앞으로 나아갈 줄만 알지 물러설 줄은 모르는 무모한 존재입니다" 하고 대답했습니다. 이에 장공은 "저것이 인간이었다면 천하에 가장 용감한 장수가 되었을 것이다"라며 수레가 사마귀를 피해 가도록 하였습니다.

당랑지부螳螂之斧('사마귀의 도끼'라는 뜻)도 같은 뜻입니다. 부斧는 도끼를 가리키죠.

螳螂窺蟬

당 랑 규 선

사마귀 당, 사마귀 랑, 엿볼 규, 매미 선

매미를 노리는 사마귀.
즉, 뒤에서 덤비는 더 무서운 존재는 생각지도 않고 눈앞의 이익만을 노리는 것.

이슬을 먹는 매미는 뒤에서 사마귀가 자기를 노리는 줄 도 모르고 있습니다. 그렇 다고 사마귀는 안전할까요? 참새가 하늘에서 사마귀를 노리고 있지요. 그러니까 눈

앞의 이익에 정신이 팔려 뒤에 존재하는 위험을 깨닫지 못하는 우둔함을 가리키는 말입니다. 당랑재후螳螂在後라고도 하지요.

이런 우를 범하는 인간은 너무나 많습니다. 그래서 그런지 이와 유사한 표현도 많지요.

掩耳盜鈴 ^{엄 이 도 령} 가릴 엄, 귀 이, 훔칠 도, 방울 령

귀를 가리고 방울을 훔침.

즉, 남들은 다 알고 있는데도 자신만이 얕은 꾀로 남을 속이려 하는 모습.

아니 조금만 흔들려도 소리가 나는 방울을 훔치면서 자신의 귀를 막다니! 순진한 도둑이라고 해야 할지 오만한 도둑이라고 해야 할지 모르겠지만 여하튼 바보임에는 틀림없군요.

춘추시대 진晉나라에는 나라를 좌지우지左之右之(p.171)하는 여섯 가문이 있었는데, 이들은 왕을 제쳐 두고 나라의 권력을 잡기 위해 서로 경쟁하였습니다. 그러다 범씨와 중항씨가 먼저 나머지 네 가문에 의해 망하였습니다. 이에 범씨 집안에 침투하여 유명한 종을 훔치려는 자가 있었지요. 그러나 그 종은 너무 무거워 들고 갈 수 없었고, 결국 그는 종을 깨뜨려 조각으로 가지고 가려고 마음먹고 종을 망치로 쳤습니다. 그러자 종에서는 "땡!" 하는 커다란 소리가 났고 그 소리에 놀란 도둑은 자신의 귀를 막았답니다.

竭澤而漁
갈 택 이 어

마를 갈, 못 택, 어조사 이, 고기 잡을 어

연못의 물을 말려 버린 후 물고기를 잡음.
즉, 눈앞의 이익을 얻기 위해 먼 장래를 생각하지 않음.

춘추오패 가운데 한 사람인 진晉 문공이 초나라와 맞부딪히게
되었습니다. 그런데 강력한 초나라를 상대로 이기기란 쉬운 일이
아니었지요. 이에 문공은 대부 호언에게 자문을 구했습니다. 그러자
호언은 속임수를 쓸 것을 제안하였습니다. 이기는 것이 중요하지
전쟁에서 예의는 중요치 않다는 것이었죠. 다시 문공이 이옹이란 자에게
자문을 구했습니다. 그러자 이옹은 이렇게 말했습니다.
"연못의 물을 모두 퍼낸다면 당장은 많은 물고기를 잡을 수 있습니다.
그러나 나중에는 물고기를 한 마리도 잡지 못할 것입니다. 또한 산짐승을
잡기 위해 산의 나무를 모두 태워 버린다면 훗날엔 잡을 짐승이 한 마리도
남아 있지 않을 것입니다. 지금 속임수를 써서 위기를 넘긴다 해도 이는
영원한 해결책이 아니라 임시방편臨時方便(p285)일 뿐입니다."

小貪大失
소 탐 대 실

작을 소, 탐할 탐, 큰 대, 잃을 실

작은 것을 욕심내다가 큰 것을 잃음.

당랑규선螳螂窺蟬(p63)의 결과를 정확히 나타내는 표현이네요. 실생
활에서 대단히 자주 쓰는 표현이지요.
이와 정반대되는 표현도 있습니다.

捨小取大
사 소 취 대

버릴 사, 작을 소, 취할 취, 큰 대

작은 것은 버리고 큰 것을 취함.

위의 표현과는 정반대되는 뜻입니다. 이 말은 작은 이익을 탐하지 않고 더 크고 중요한 것에 의미를 둔다는 긍정적인 표현이지요.
이번에는 물고기와 관련된 표현입니다.

池魚之殃
지 어 지 앙

연못 지, 물고기 어, 조사 지, 재앙 앙

연못에 사는 물고기들에게 닥친 갑작스런 재앙.
영문도 모른 채 당하는 재앙을 이름.

연못에 살던 물고기들은 어느 날, 가뭄이 닥치거나 홍수가 나면 영문도 모른 채 당하게 됩니다. 이런 상황을 나타내는 표현입니다. 우리말로 하면 '아닌 밤중에 홍두깨'라고나 할까요.

殃及池魚
앙 급 지 어

재앙 앙, 미칠 급, 연못 지, 물고기 어

경전하사(p324)

고래 싸움에 새우 등 터지는 꼴로 다른 사람들의 다툼으로 제3자가 겪게 되는 고통.

지어지앙**池魚之殃**과 같은 뜻이군요.

송나라 때 사마환이란 사람이 소중한 구슬을 가지고 있었습니다. 그런데 어느 날 그가 죄를 지어 쫓기게 되자 구슬만 챙긴 채 도주했습니다. 물론 이러한 사마환을 가만둘 왕이 아니죠. 왕이 사람을 풀어 그를 뒤쫓자 결국 그는 붙잡히는 몸이 되고 말았습니다. 왕은 그를 잡자마자 물었죠.

"보물을 어디에 두었느냐?"

이에 사마환이 대답했습니다.

"저 연못 속에 던져 숨겼습니다."

이 말을 들은 왕은 연못의 물을 바닥까지 퍼내게 하였죠. 그러나 구슬은 이미 다른 곳에 숨겨 둔 상태였으니 나올 리 만무했고, 애꿎은 연못 속 물고기들만 말라 죽고 말았습니다.

바로 이렇게 죽어간 물고기들이 겪은 재앙을 가리키는 표현이 앙급지 어殃及池魚요, 지어지앙池魚之殃입니다.

漁父之利 _{고기 잡을 어, 아버지 부, 조사 지, 이득 리}

어 부 지 리

어부의 이익. 둘 사이의 다툼을 틈타 제3자가 얻는 이익.

양자의 다툼 속에 제3자가 얻게 되는 예상치 못한 이익을 가리키는 표현입니다.

전국시대 연나라의 대신이던 소대가 이웃 조나라 혜문왕에게 화친을 권하면서 이야기한 내용에서 비롯한 고사입니다.

소대는 조나라 혜문왕을 만나 이렇게 이야기합니다.

"제가 이곳에 오는 길에 역수를 지나게

되었는데, 그곳에서 입을 열고 있는 조개를 보았습니다. 그때 마침 조개를 본 도요새가 조갯살을 먹으려 부리를 조개 입 속으로 집어넣었습니다. 그러자 조개가 입을 다물어 버렸습니다. 둘이 그렇게 싸우는 모습을 본 어부가 둘을 잡아가 버렸습니다. 연나라와 조나라가 서로 싸우면 이는 옆에 있는 진나라에 이익을 주는 꼴이 되고 말 것입니다."

이때 주의할 글자는 어漁입니다. 뜻은 '고기 잡다.' 그렇다면 물고기는? 어魚(물고기 어)죠.
조개와 도요새의 싸움을 가리키는 표현도 있습니다.

蚌鷸之爭 방합 방, 도요새 휼, 조사 지, 다툴 쟁　　어부지리(p67)

조개와 도요새의 다툼.
즉, 서로 다투다가 곁에서 바라보던 제 3자에게 이익을 주게 되는 싸움을 가리키는 말.

이런 싸움이 현실 속에는 흔하죠. 그런데도 사람들은 눈앞의 분함을 못 이겨 다투다가 이런 피해를 입곤 합니다.
다음에는 어부보다 더 큰 이익을 얻은 사람 이야기입니다.

犬兔之爭 개 견, 토끼 토, 조사 지, 다툴 쟁　　어부지리(p67)

개와 토끼가 싸우는 틈을 이용해 제3자가 이익을 얻음.

이 표현도 전국시대 고사에서 비롯된 것입니다.

제나라 왕이 위나라를 공격하려고 하였습니다. 그러자 순우곤이란 신하가 나서 말했습니다. "한로라 불리는 뛰어난 사냥개가 동곽준이란 이름의 날랜 토끼를 뒤쫓았습니다. 두 마리는 몇날 며칠을 쫓고 쫓기며 뛰어다녔는데 한참이 지나자 두 마리 모두 기진맥진氣盡脈盡(p266)해져 쓰러지고 말았습니다. 이 모습을 지켜보던 농부는 아무런 힘도 들이지 않고 두 마리를 잡아 갔습니다. 지금 우리나라와 위나라는 오랜 전쟁으로 병사와 백성 모두가 지쳐 있는 상태입니다. 신은 이 틈을 노려 진秦과 초楚의 강대국이 두 나라를 삼키지 않을까 걱정입니다."

어 두 육 미
魚頭肉尾 물고기 어, 머리 두, 고기 육, 꼬리 미

맛이 뛰어난 부위가 생선은 머리요, 고기는 꼬리임.

그러니까 생선 요리의 핵심은 머리에 있고, 소고기 요리의 핵심은 꼬리에 있다는 말이네요. 어두일미魚頭一味(생선 머리가 맛은 가장 뛰어남)라는 말과 일맥상통一脈相通(p470)합니다.
이번에는 양이군요. 앞서도 나온 바 있는 양은 예로부터 중국에서 신성하게 여기는 동물 가운데 하나였습니다.

다 기 망 양
多岐亡羊 많은 다, 갈림길 기, 잃을 망, 양 양

여러 갈래 길에서 어디로 갈지 모르는 사이에 양을 잃음.
즉, 너무 번다한 분야에 관심을 갖다 보면 본질을 잃어 헤매게 됨.

기岐는 '산의 가지'란 뜻이니, 산속의 갈림길을 말하죠. 양을 기르던 사람이 산속에서 갈림길을 만나 양들이 이리저리 흩어진 모습에서 나온 표현입니다. 이렇게 되면 어디로 가야 할지 알 수가 없지요.

앞길을 예측할 수 없는 상황을 가리키는 표현은 또 있습니다.

五里霧中
오 리 무 중

다섯 오, 거리 리, 안개 무, 가운데 중

5리나 끼어 있는 안개 속.

즉, 어떤 일의 장래나 행방 등을 전혀 알 수 없음.

안개가 100미터만 끼어 있어도 사방이 보이지 않을 터인데 5리(약 2킬로미터)나 끼어 있다니요. 그러니 어디로 가야 할지, 어디에 있는지, 어떤 일이 벌어질지 도무지 알 수 없는 것은 당연하지요. 바로 그런 상태를 가리키는 말입니다.

이럴 때는 어떻게 해야 할까요?

다음 표현을 보세요.

暗中摸索
암 중 모 색

어두울 암, 가운데 중, 찾을 모, 찾을 색

어두움 속에서 손을 더듬으며 무언가를 찾음.

즉, 어찌해야 좋을지 모르는 상황을 맞아 여러 모로 해답을 찾아보는 모습.

오리무중五里霧中일 때는 암중모색해야 합니다.

亡羊之歎
_{망 양 지 탄} 잃을 망, 양 양, 조사 지, 탄식할 탄

숲속에서 양을 잃고 뿔뿔이 흩어진 양을 찾지 못함을 탄식함.
즉, 학문의 길이 복잡하고도 어려워 노력해도 얻는 것이 적음을
아쉬워함.

산속 갈림길에서 양을 잃은 사람이 탄식하는 것이니까 다기망양**多岐
亡羊**_(p69)의 속편이군요.
양을 잃은 사람은 또 있습니다.

讀書亡羊
_{독 서 망 양} 읽을 독, 책 서, 망할 망, 양 양

독서에 몰두하다가 양을 모두 잃음.
즉, 다른 일에 정신이 팔려 낭패를 보는 모습.

이 표현은 독서의 중요성을 강조했다기보다는 자신의 본분을 잃고 한
눈을 팔다가 낭패狼狽를 본다는 의미로 자주 쓰입니다.
이번에는 뱀입니다.

蛇足
_{사 족} 뱀 사, 발 족

뱀의 발. 쓸데없는 것 또는 쓸데없는 군더더기를 가리킴.

고사성어 가운데 가장 널리 쓰이
는 표현 가운데 하나로, 화사첨족
畵蛇添足(뱀을 그릴 때 발을 덧붙인
다)의 준말입니다.

《사기》와 더불어 고사성어의 보고寶庫인 《전국책》에 나오는 이야기입니다.

초나라에 제사를 담당하는 사람이 있었는데, 어느 날 제사가 끝나고 남은 술을 하인들에게 주었습니다. 하인들이 그 술을 마시려고 모였는데 술의 양이 썩 많지 않았지요. 이에 한 사람이 나서서 말했습니다.

"어차피 부족한 술이니 나눠 마시지 말고 한 사람에게 다 줍시다. 자, 지금부터 뱀을 그리기 시작하여 가장 먼저 그린 사람에게 술을 주는 게 어떻겠소?"

그러자 사람들이 고개를 끄덕이고는 열심히 뱀을 그리기 시작했습니다. 얼마 후 한 사람이 그림을 내놓으며 말했습니다.

"자, 내가 가장 먼저 그렸으니 술은 내 것이오."

말을 마친 그가 술병에 손을 갖다 대려는 순간 옆에 있던 사람이 술병을 가로채며 말했습니다. "술은 내 것이오. 당신이 그린 뱀에는 다리가 있으니 어찌 뱀이라 할 수 있겠소? 그러니 내가 가장 먼저 그린 것이오."

이때부터 쓸데없이 덧붙인 일 또는 군더더기를 가리켜 사족이라 부르게 되었습니다.

打草驚蛇
타 초 경 사

칠 타, 풀 초, 놀랄 경, 뱀 사

풀을 휘저어 뱀을 놀라게 만듦.
즉 별 생각 없이 한 행동이 의외의 결과를 초래한다는 뜻.

연못에 장난으로 던진 돌이 개

구리에게는 원자폭탄이 될 수도 있다는 말이 있죠. 이 표현이 바로 그런 의미입니다. 이 외에 한 사람에게 경고함으로써 다른 사람에게 교훈을 준다는 의미도 가지고 있습니다.

이번에는 달팽이군요.

蝸角之爭
와 각 지 쟁
달팽이 와, 뿔 각, 조사 지, 다툴 쟁

달팽이 뿔에서 벌어지는 싸움.
즉, 하찮은 일로 벌이는 의미 없는 싸움을 가리킴.

달팽이의 두 촉수가 서로 잘났다고 싸우는 모습이 눈에 선하군요. 와우각상쟁蝸牛角上爭이라고도 하는데, 그 결과 얻을 수 있는 것이 아무것도 없는 무의미한 싸움을 가리킵니다. 《장자》에 나오는 표현이지요. 각角이 나온 김에 재미난 표현 하나 알아보고 넘어가죠.

角者無齒
각 자 무 치
뿔 각, 사람 자, 없을 무, 이 치

뿔을 가진 자는 이가 없음.
한 사람이 모든 복을 받거나 재주를 갖추기는 어려움.

날카로운 뿔을 가진 동물에게 이는 필요 없습니다. 적에게 대항하거나 다른 동물을 공격할 때 뿔이면 충분하니까요. 날카로운 이를 가진 동물 또한 뿔은 필요 없고요. 그래서 한 사람이 모든 재주를 갖출 수는 없다는 의미로 쓰이는 표현입니다.

02

이런 사람도
있고
저런 사람도
있네

_{선 남 선 녀}
善男善女 _{착할 선, 사내 남, 착할 선, 여자 녀}

착한 남자와 착한 여자. 세상에 살아가는 착하고 어진 평범한 사람들.

본래는 세상의 착한 사람들이란 뜻인데, 실제로는 세상을 살아가는 평범한 사람들을 가리킬 때 쓰입니다. 그 외에 불교에 귀의한 사람들을 가리키기도 하지요.

_{갑 남 을 녀}
甲男乙女
_{첫째천간 갑, 사내 남, 둘째천간 을, 여자 녀}

이름이 알려지지 않은 평범한 사람들.

위에서 살펴보았듯이 남과 여가 이어 나오는
사자성어는 대부분 평범한 사람들을 가리킬 때
쓰입니다. 이 남자, 저 여자, 뭐 그런 뜻이지요.

그 외에도 평범한 사람들을 나타내는 표현은 많습니다.

張三李四 _{장 삼 이 사}
베풀 장, 석 삼, 배나무 리, 넉 사

장씨 셋째 아들과 이씨 넷째 딸. 평범한 서민들을 가리킴.

하필이면 장씨와 이씨인가? 하는 분도 계시겠지만 이해합시다. 평범한 서민들끼리 이해해야지요. 첫째 아들, 첫째 딸도 아니니 기억하기도 힘들 만큼 평범한 사람들을 가리키는 표현입니다.

匹夫匹婦 _{필 부 필 부}
짝 필, 지아비 부, 짝 필, 아내 부

이름 없는 남편과 아내. 평범한 사람들을 가리키는 표현.

반드시 부부를 가리키는 것이 아니라 평범한 성인을 가리킬 때 씁니다. 필부匹夫와 관련된 표현 하나 더 알아볼까요?

匹夫之勇 _{필 부 지 용}
짝 필, 지아비 부, 조사 지, 날쌜 용

당랑거철(p63)

평범한 사내의 하찮은 용기.

이 표현은 제 주제도 모르고 부리는 만용 또는 어울리지 않는 상황에서 부리는 용기처럼 부정적인 의미가 강합니다. 그러니 어떤 사람이 참으로 용감한 행동을 했을 때 이 표현을 써서는 안 됩니다.
여성에게는 다음 표현을 씁니다.

婦人之情
부 인 지 정

아내 부, 사람 인, 조사 지, 뜻 정

아녀자의 정. 즉, 사사로움에 이끌리는 정을 가리킴.

아낙네가 자식에게 베푸는 것과 같은 정이란 의미로, 냉정하고 합리적
이라기보다는 사사로운 마음에 이끌려 베푸는 정을 가리킵니다.
이와 비슷한 표현으로 부인지인**婦人之仁**도 있습니다.
필부지용**匹夫之勇** (p75)과는 정반대되는 용기도 있습니다.

兼人之勇
겸 인 지 용

겸할 겸, 사람 인, 조사 지, 용기 용

능히 몇 사람을 당해 낼 만한 용기.

한 사람이 겸인**兼人**, 즉 여러 사람을 당해 낼 수 있는 용기를 가리키는
표현입니다. 그러니 필부지용**匹夫之勇** (p75)과는 차원이 다른 진정한
용기라고 할 수 있죠.
다음에는 외롭고 힘든 사람들에 대해 살펴보겠습니다.

無男獨女
무 남 독 녀

없을 무, 사내 남, 홀로 독, 여자 녀

아들은 없고 오직 딸만 하나 있음. 매우 귀한 자손을 가리키는 말.

아주 귀한 자손을 가리키는 표현으로, 우리말로는 외동딸입니다.

^남 ^부 ^여 ^대
男負女戴 사내 남, 질부, 여자 녀, 일 대

남자는 등에 짐을 지고 여자는 머리에 이고 유랑하는 모습.

힘겹게 살아가는 서민들이 이리저리 떠도는 모습을 가리킵니다. 피난민 행렬을 가리키는 게 바로 이 표현입니다.

^혈 ^혈 ^단 ^신
孑孑單身 외로울 혈, 외로울 혈, 홀 단, 몸 신

의지할 데라곤 없이 오직 자신뿐인 외롭고 고독한 사람.

함께 고통을 나눌 가족이나 친척, 친구 하나 없이 오직 자신 혼자뿐인 사람을 가리키는 표현이죠. 이 표현에는 외롭고 힘들다는 의미가 담겨 있습니다. 따라서 스스로 외로움을 택한 성직자나 홀로 배낭 여행 중인 사람에게는 쓰지 않습니다.

^고 ^립 ^무 ^원
孤立無援 외로울 고, 설 립, 없을 무, 도울 원

아무런 도움도 받지 못한 채 홀로 외로이 서 있음.

혈혈단신孑孑單身이 외로운 사람을 뜻한다면 고립무원은 외로운 상태, 힘든데 아무런 도움도 받지 못하는 상태를 뜻합니다. 느낌이 약간 다르죠?

赤手空拳
붉을 적, 손 수, 빌 공, 주먹 권

빈손과 맨주먹. 즉, 가진 것이 아무것도 없음.

고립무원孤立無援(p77)인 사람이라면 빈손인 것은 당연하겠죠. 느낌은 약간 다르지만 그 말이 그 말이네요.

四顧無親
넉 사, 돌아볼 고, 없을 무, 친할 친

사방을 둘러보아도 아는 사람 하나 없음.

앞서 본 외로운 사람과 견주어도 뒤떨어지지 않을 사람이군요. 친親은 '친척, 친구, 친한 사람, 이웃'과 같은 뜻을 두루 갖는 글자죠. 고顧는 '돌아보다'라는 뜻의 글자로 회고록回顧錄, 고문단顧問團 같은 단어에 쓰입니다.

우리 속담 가운데 '서 발 장대 휘둘러도 거칠 것이 없다'는 게 있습니다. 긴 장대를 휘둘러도 사방에 걸리는 사람 하나 없을 만큼 외롭고 고독한 상황을 나타내는 표현이지요.

孤城落日
외로울 고, 성 성, 떨어질 락, 해 일

외로운 성에 지는 해. 외롭고 힘든 처지를 가리키는 말.

외로운 성은 적에 의해 포위된 성이죠. 그곳에서 지는 해를 바라보면 어떤 느낌일까요? 외롭고 힘들겠죠.

그렇다면 주위에 사람이 너무 많은 경우는 어떨까요?

人山人海 <small>사람 인, 메 산, 사람 인, 바다 해</small>

<small>인 산 인 해</small>

사람이 산과 바다를 이룰 만큼 많음.

'사람의 물결'이란 표현 아시죠? 이를 한자로 표현한 것이 인산인해입
니다.

<small>억 조 창 생</small>

億兆蒼生 <small>억 억, 조 조, 무성할 창, 날 생</small>

수많은 백성.

생生은 '살다, 낳다'와 같은 의미 외에 '사람, 인간'을 뜻하기도 합니다.
그래서 창생蒼生은 '수많은 사람'이라는 의미인데, 그 앞에 억조億兆
를 붙였으니 얼마나 많은 사람이겠습니까? 인산인해人山人海보다
많으면 많았지 적지는 않은 듯하죠?

억만창생億萬蒼生이라고 해도 같은 뜻입니다.

창蒼은 본래 '푸르다'라는 뜻인데요, 산이 푸르기 위해서는 나무가 무
성해야죠. 그래서 '무성하다'라는 뜻도 갖게 되었습니다.

古色蒼然 _{오랠 고, 빛 색, 푸를 창, 그럴 연}

오래되어 예스런 정취가 나는 모습.

직역하면 오래된 색깔이 푸른빛을 띤다는 말이죠. 이때 오래된 색깔이란 이끼가 낀 것을 가리킵니다. 아주 오래된 건물의 벽이나 담벼락에 이끼가 낀 모습이 연상되는군요.

各樣各色 _{각기 각, 모양 양, 각기 각, 빛 색}

여러 가지 모양과 빛. 즉, 다양한 모습을 나타내는 말.

아무리 많은 사람이 모여 있어도 한 사람 한 사람 자세히 뜯어보면 다 다르죠. 그래서 "사람들은 참 각양각색이야"라는 말을 자주 합니다. 이 표현은 사람 외에 사물에도 자주 사용합니다.

三三五五 _{석 삼, 석 삼, 다섯 오, 다섯 오}

몇 사람이 무리지어 다니거나, 모여 무엇인가를 도모하는 모습.

참 재미있는 표현이군요. 사람들이 몇몇씩 무리지어 이곳저곳에 흩어져 있는 모습을 가리킵니다.
이번에는 모인 사람들이 무언가를 보고 있군요.

衆人環視 중 인 환 시
무리 중, 사람 인, 고리 환, 볼 시

많은 사람들이 빙 둘러싸고 바라봄.

구경거리가 생기면 사람들은 자연스럽게 모여들어 구경거리를 빙 둘러싸게 되죠. 바로 그런 모습을 표현한 것입니다. 실제로는 중인환시리 **衆人環視裡**라고 자주 쓰입니다. 리裡는 리裏(속 리)와 같은 글자이므로 '뭇 사람들이 바라보는 안'이란 의미죠.

"그는 중인환시리에 자신의 무죄를 주장하였다." 음, 많은 사람들 앞에서 무죄를 주장했다는 말이군.

이번에는 세상 사람들의
다양한 모습을 살펴
보겠습니다.

三尺童子 삼 척 동 자
석 삼, 자 척, 아이 동, 아들 자

키가 3척밖에 안 되는 어린 아이로, 아직 세상 물정을 모르는 아이를 가리킴.

3척이 어느 정도인지 아십니까? 중국 한나라 때의 도량형에 의하면 1척은 약 22센티미터 정도입니다. 그러니 3척은 약 66센티미터 정도죠. 얼마나 어린아이인지 아시겠죠? 그래서 '3척동자도 다 안다'고 하면 세상 사람이 모두 안다는 뜻입니다.

다음 출연자는 삼척동자에 비해 나이가 상당히 많군요.

百戰老將 _{백 전 노 장} 일백 백, 싸울 전, 늙을 로, 장수 장

수많은 전투에 참가한 경험 많은 장수.

100이란 숫자는 우리말이나 한자에서 아주 많은 숫자를 가리킬 때 쓰는 표현으로, 이를 단순히 100번이라고 이해하면 곤란합니다. 위에서 노老는 '늙었다'라는 뜻보다는 경험이 풍부하다는 뜻이 강합니다. '노련老鍊하다'처럼 말이지요. 그래서 이런 표현도 있습니다.

老馬之智 _{노 마 지 지} 늙을 로, 말 마, 조사 지, 슬기 지

늙은 말의 슬기로움.

춘추전국시대 최초의 패자覇者로 이름 높은 제나라 환공(기원전 685~643 재위)의 이야기입니다.

> 환공이 한겨울 싸움에 나섰다가 그만 길을 잃고 말았습니다. 사방이 흰 눈으로 뒤덮인 산속에서 어쩔 줄 모르고 있을 때 유명한 재상 관중(관포지교管鮑之交(p267)의 주인공)이 말합니다.
> "이런 때는 늙은 말의 지혜를 빌리는 것이 좋습니다."

> 그 말을 들은 환공은 늙은 말을 앞세웠고, 수많은 길을 다녀본 그 말은 길을 찾아내 환공과 그의 군사가 목숨을 건질 수 있었습니다.

다음 표현도 노老의 힘을 말해 주는 좋은 예군요.

老益壯
노 익 장

늙을 로, 더할 익, 굳셀 장

늙었으나 기운은 더욱 강해짐 또는 강한 사람.

글자 뜻 그대로 해석하면 '늙음에 강건함을 더했음'이죠. 노련함에 힘
까지 더했다고나 할까요.

白面書生
백 면 서 생

흴 백, 얼굴 면, 책 서, 날 생

얼굴이 하얀 서생.
즉, 세상 물정은 모르면서 책만 읽는 고지식한 사람.

서생이라고 하면 글공부하는 사람을 가리킵니다. 백면은 하얀 얼굴이
니 두문불출杜門不出(p564) 공부
만 한 사람의 얼굴이겠지요.

얼굴이 하얀이유가 저기 있었군

鐵面皮 _{철 면 피}

鐵面皮 쇠 철, 얼굴 면, 겉 피

얼굴 가죽을 철로 만든 것처럼 부끄러움도 모르고 예의나 염치도 없는 사람.

"얼굴에 철판을 깔았나?" 하는 우리말도 있지요.
얼굴 두꺼운 사람은 또 있습니다.

厚顔無恥 _{후 안 무 치}

厚顔無恥 두터울 후, 얼굴 안, 없을 무, 부끄러워할 치

낯이 두꺼워 부끄러움을 모름.

우리말에도 '얼굴이 두껍다'라는 표현이 있지요. 세상 어느 곳이나 예의가 없고 겸손하지 않은 인간들은 얼굴이 두꺼운가 봅니다.

破廉恥 _{파 렴 치}

破廉恥 깰 파, 청렴할 렴, 부끄러워할 치

염치를 부수어 버린 인간.
즉, 염치가 전혀 없는 무례하고 거만한 품성을 가리킴.

예의와 염치가 없으면 인간이라고 할 수 없을 텐데, 염치를 부숴 버렸으니 어떤 인간이겠어요? 우리 속담에 '낮에 난 도깨비'라는 재미있는 말이 있습니다. 도깨비는 밤에 다니는 게 제격인데, 이 염치없는 도깨비 녀석이 낮에 버젓이 나다니는군요. 그래서 파렴치한 인간에게 쓰는 표현이랍니다.

이번에는 부자면서 노예로 살아가는 사람 하나 알아보겠습니다.

守錢奴 _{지킬 수, 돈 전, 종 노}

돈을 지키기만 하는 노예.

돈이란 게 쓰기 위해 버는 것인데, 오직 벌어서 지키기에만 골몰한다면 돈의 노예가 아니고 무엇이겠습니까? 그래서 이런 말도 있지요. '개같이 벌어서 정승같이 써라', '돈은 모으는 것보다 쓰는 것이 더 어렵다' 그렇습니다. 돈은 어떻게 쓰느냐에 따라 그 가치가 변하는 것입니다.

梁上君子 _{들보 량, 위 상, 임금 군, 사람 자}

대들보 위의 군자. 도둑을 가리키는 비유적 표현.

후한[진나라 멸망 후 유방이 세운 한나라를 전한前漢(기원전 206~서기 25) 또는 서한이라고 부르죠. 전한은 이후 왕망이 왕위를 찬탈하여 신新(9~25)을 세우자 도읍을 뤼양으로 옮기는데, 이때부터를 후한後漢(25~220) 또는 동한이라 부릅니다]의 선비 진식이 밤에 공부를 하는데 도둑이 들어와 대들보 위에 숨어 있었습니다. 이 모습을 본 진식은 집안사람들을 불러 모아 놓고 "처음부터 나쁜 사람이란 없다. 오직 어려운 상황을 맞아 노력하지 않기 때문이다. 저기 대들보 위의 군자도 마찬가지니라"
하고 말하였습니다. 이 모습을 본 도둑이
내려와 진식에게 절하였지요. 이에 진식이
선물을 내리며 "그대가 처음부터 도둑은
아니었네. 지금부터 반성하고 노력한다면
좋은 사람이 될 것이네" 하고 가르침을
주었답니다.

대들보와 관련된 표현이 하나 더 있습니다.

擊柱動樑
격 주 동 량
칠 격, 기둥 주, 움직일 동, 대들보 량

타산지석(p573), 타초경사(p72)

기둥을 쳐서 대들보를 흔들게 만듦.

기둥을 치면 대들보는 자연스럽게 흔들리죠. 바로 그렇게 한쪽에 충격
을 줌으로써 다른 쪽에도 영향을 미치는 경우를 가리킵니다.

紅一點 붉을 홍, 한 일, 점 점
홍 일 점

붉은 점 하나.
즉, 많은 남자들 틈에 끼어 있는 유일한 여자를 가리키는 말.

북송北宋(960~1126)의 유명한 정치가이자 문장가인 왕안석(1021~
1086)의 '푸른 잎 가운데 붉은 꽃 한 송이'라는 시구에서 유래한 표현입
니다. 이 표현은 한 남자와 한 여자가 함께 있을 때는 쓰지 않습니다.

그렇다면 많은 여성들 틈에 있는 한 남자를 가리킬 때는 뭐라고 할까요? 답은 청일점靑一點.

여성 이야기가 나왔으니 미인을 나타내는 표현도 살펴볼까요?

窈窕淑女 고상할 요, 정숙할 조, 맑을 숙, 여자 녀

고상하면서도 정숙한 여성.

아마 여성에 대한 표현 가운데 이보다 더 좋은 것은 없을 걸요? 고상하고 정숙하며 아름다운 여성이라는 말이니까요.

傾國之色 기울 경, 나라 국, 조사 지, 빛 색

나라를 기울게 할 만큼 아름다운 미인.

미인 때문에 나라가 기우뚱한 경우는 역사적으로 많습니다. 은나라 주왕은 달기라는 미녀에 빠져 나라를 잃었고, 주나라 유왕 또한 포사라는 미인 때문에 나라를 멸망의 구렁텅이로 밀어 넣었습니다. 그 외에도 항우와 마지막을 함께한 우미인, 오나라를 멸망에 빠뜨린 서시, 당나라 현종의 판단력을 흐리게 만든 양귀비 등이 모두 경국지색이라고 불릴 만합니다.

경국傾國, 즉 나라를 기울게 한다는 표현은《한서》에 나오는 이연년의 시에서 유래했습니다.

北方有佳人 絶世而獨立 북방유가인 절세이독립
一顧傾人城 再顧傾人國 일고경인성 재고경인국

寧不知傾城與傾國 佳人難再得 영부지경성여경국 가인난재득

북방에 아름다운 사람이 있어
세상을 벗어나 홀로 서 있네.
한번 돌아보니 성이 기울고
다시 돌아보니 나라가 기우는구나.
어찌 성을 흔들고 나라를
무너뜨림을 알지 못하는가.
아름다운 사람은 다시 얻기
어렵다네.

이런 미녀를 가리켜 이렇게 표현
하지요.

萬古絶色 _{만 고 절 색} 일만 만, 옛 고, 끊을 절, 빛 색

만 년에 없는 미인. 빼어난 미인을 가리키는 말.

만고란 만 년이란 의미와 같습니다. 그러니까 만고풍상萬古風霜(p256)
하면 만 년 동안 이어진 고통과 괴로움을 뜻하죠. 절색絶色이란 말 자
체가 '다시없을 만큼 뛰어난 미인'을 뜻하는데 만고에 절색이라니! 얼
마나 예쁘면 이렇게 부를까요? 절색은 일색一色이라고도 합니다.

花容月態 _{화 용 월 태} 꽃화, 얼굴용, 달월, 몸짓 태

꽃과 같은 얼굴에 달과 같은 몸매.

설명하지 않아도 미인을 가리키는 표현임을 알겠죠?

雪膚花容 _{설 부 화 용} 눈설, 살갗부, 꽃화, 얼굴용

피부는 눈처럼 희고 얼굴은 꽃처럼 아름다운 여인.

이 여인도 보기 드문 미인임은 두말할 나위가 없습니다.

丹脣皓齒 _{단 순 호 치} 붉을단, 입술순, 흴호, 이치

붉은 입술에 하얀 치아. 즉, 빼어난 미인을 일컫는 말.

붉은 입술을 가진 이를 미인으로 여기니 립스틱이 생겨났나 봅니다.

纖纖玉手 _{섬 섬 옥 수} 가늘 섬, 가늘 섬, 옥옥, 손수

가늘고 옥처럼 아름다운 손. 즉, 여성의 아름다운 손을 나타내는 표현.

아름답고 가냘픈 손을 가리키는 표현인데, 이 역시 미인에게 씁니다.

解語花 _{해 어 화} 풀 해, 말할 어, 꽃 화

말하는 꽃. 즉, 미인을 가리키는 말.

미인을 가리키는 말 가운데 재미있는 것을 찾으라면 바로 이 표현입니다. 말하는 꽃이라! 당연히 미인을 가리키겠군요. 당나라 현종이 총애하던 양귀비를 가리키는 표현이라고 합니다.

蛾眉 _{아 미} 초승달 아, 눈썹 미

초승달처럼 아름다운 눈썹. 미인을 일컫는 말.

아蛾는 나방이란 뜻인데, 초승달을 가리키기도 합니다. 초승달처럼 가지런하고 가는 눈썹을 가리키니, 결국 미인을 뜻합니다.

沈魚落雁 _{침 어 낙 안} 가라앉을 침, 물고기 어, 떨어질 락, 기러기 안

물고기가 물속으로 숨고 기러기가 땅에 떨어질 만큼 아름다운 여인.

절세의 미인을 가리킬 때 쓰는 표현으로《장자》에 나오는 문장이죠.

그런데 모장(월나라 왕이 총애하던 미인)이나 여희(진晉 헌공이 총애하던 미인)는 사람들이 말하는 절세의 미인이지만, 물고기가 그녀를 보면 물속으로 숨어 버릴 게고, 새들이 그녀를 보면 하늘 높이 날아오를 게고, 사슴들이 그녀를 보면 겁에 질려 뺑소니치고 말 것이네.

그러니까 미녀라 해도 종이 다른 동물들에는 겁나는 존재에 불과하다는 뜻으로 쓰였군요.

한편 미인에게는 어쩔 수 없는 운명이 주어져 있는데, 바로 이런 것
이죠.

佳人薄命 아름다울 가, 사람 인, 엷을 박, 목숨 명

아름다운 여인은 목숨이 짧다.

미인은 일찍 죽는다는 뜻입니다. 예전, 그러니까 의술이 발달하지 않은
시대에는 모든 사람의 평균 수명이 짧았지요. 그런데 평범한 사람들이
일찍 죽는 것은 눈에 띄지 않지만, 모든 사람들의 관심거리이던 미인들
이 일찍 죽으면 화제가 되었겠지요. 그래서 생겨난 표현이 아닐까요?
이 표현은 중국 북송시대의 유명한 문장가인 소동파의 시에서 비롯되
었습니다.

소동파의 〈가인박명시佳人薄命詩〉입니다.

> 雙頰凝 髮抹漆 眼光入廉珠的白樂 쌍협응 발말칠 안광입렴주적백악
> 故將白練作仙衣 不許紅膏汗天質 고장백련작선의 불허홍고한천질

> 吳音嬌軟帶兒癡 無限間愁總未知 오음교연대아치 무한간수총미지
> 自古佳人多命薄 閉門春盡楊花落 자고가인다명박 폐문춘진양화락

> 우윳빛 두 볼에 옻칠한 듯 까만 머리
> 쳐놓은 발에 비치는 눈빛은 옥같이 빛나네.
> 흰 비단으로 선녀의 옷을 지으니
> 타고난 아름다움을 더럽힐까 연지 또한 거부하네.

오나라 사투리의 애교 섞인 목소리
아이처럼 앳띠나
그 속 한없이 담긴 수심
도무지 알 수가 없네.
예로부터 아름다운 여인
모두 남은 수명 적으니(그
운명 기구하니)
닫힌 문 밖 봄이 다하니 버들꽃
떨어지는구나.

미인박명 美人薄命도 같은 뜻입니다.
이번에는 멋진 남성을 뜻하는 표현을 살펴보겠습니다.

軒軒丈夫
헌 헌 장 부

수레 헌, 수레 헌, 어른 장, 사내 부

외모가 출중하고 당당한 사나이.

헌軒은 '추녀, 집, 처마, 수레'라는 뜻 외에 '솟아오르는 모양, 춤추는 모양' 등을 나타내기도 합니다. 솟아오른다는 것은 남보다 훤칠하거나 출중한 모습과 통하므로 이런 뜻이 되었죠.

玉骨仙風
옥 골 선 풍

구슬 옥, 뼈 골, 신선 선, 바람 풍

옥같이 아름다운 모습과 신선 같은 풍채를 갖춘 사람.

본래는 송나라 문장가 소식이 매화를 가리켜 쓴 표현인데, 쓰임새가 확대되어 뛰어난 풍모를 갖춘 사람을 가리킬 때도 씁니다. 이 표현은 여성에게는 잘 쓰지 않습니다.

선仙은 신선을 가리키는 글자인데 다음 표현에서도 쓰였군요.

羽化登仙 깃 우, 될 화, 오를 등, 신선 선

날개가 생겨 신선에 오름.

도교 사상에서 유래한 표현으로, 사람이 신선이 되어 하늘로 올라감을 뜻하는 말입니다. 도교는 노자, 장자의 가르침을 종교 차원으로 승화시킨 것이죠. 그래서 현실적 가르침을 강조한 유교에 비해 내세에 관한 내용이 많습니다.

이번에는 뛰어난 남자와 여자를 한꺼번에 이르는 표현입니다.

才子佳人 재주 재, 남자 자, 아름다울 가, 사람 인

재능이 뛰어난 남자와 아름다운 여인.

재才는 '재주, 재능' 같은 뜻을 갖습니다. 가인佳人은 '아름다운 사람'

이란 뜻이죠. 가인박명佳人薄命(p91)에서 살펴보았습니다.

_팔 _방 _미 _인
八方美人 여덟 팔, 방향 방, 아름다울 미, 사람 인

모든 분야에서 뛰어난 사람.

미인이라고 해서 반드시 여성만을 뜻하는 것은 아니라는 사실, 기억해
두세요.

팔八은 백百, 천千 등과 마찬가지로 단순히 8을 뜻하기보다는 여러 가
지, 모든 분야 등을 뜻하는 글자입니다. 그래서 온갖 야채로 만든 요리
를 팔보채八寶菜라고 하지요.

다음 표현은 미인을 뜻하는 것일까요, 아닐까요?

_노 _류 _장 _화
路柳墙花 길 로, 버들 류, 담 장, 꽃 화

길가의 버들과 담 밑의 꽃. 즉, 매춘부를 뜻함.

멋지기는 한데 그 뜻이 영 좋지 않네요. 길가에서 아무나 꺾을 수 있는
꽃이니까 거리의 여자를 뜻하는 것이죠.

그러나 뭐니 뭐니 해도 사람과 관련된 표현 가운데 다음 표현보다 더
좋은 것은 없을 듯합니다.

^{홍 익 인 간}

弘益人間 넓을 홍, 더할 익, 사람 인, 사이 간

널리 인간을 이롭게 함.

우리나라 시조인 단군의 건국이념이죠. 따라서 우리나라에서는 교육, 문화 등의 기본 정신으로 이어받고 있습니다.
홍익인간 못지않게 가치 있는 이념이 또 있습니다.

^{경 천 애 인}

敬天愛人 공경할 경, 하늘 천, 사랑 애, 사람 인

하늘을 공경하고 사람을 사랑함.

하늘을 공경하면 하늘을 두려워할 것이고, 사람을 사랑하면 이웃에게 해를 끼치거나 나쁜 짓을 하지 않겠지요. 그러니 홍익인간에 버금가는 바른 행동이라 할 만하군요.
마지막으로 온 세상 사람이 형제와 같다는 아름다운 표현이 있습니다.

^{사 해 형 제}

四海兄弟 넉 사, 바다 해, 형 형, 아우 제

온 천하 사람들이 모두 형제와 같음.

사해四海는 네 개의 바다가 아니라 세계의 모든 바다를 뜻하죠. 사방四方, 사면四面이 모든 방향을 가리키는 것처럼 말이죠. 그러니까 세계의 모든 인류가 같은 형제라는 뜻입니다. 사해동포四海同胞도 같은 뜻인데, 《논어》에서 유래한 표현이랍니다.

03

신하라면
신하다워야
한다

청 백 리
清白吏 맑을 청, 흰 백, 벼슬아치 리

맑고 깨끗한 관리.
사사로운 이득은 전혀 모르고 오직 나라와 백성만을 위해 일하는 훌륭한
관리를 이르는 말.

관리 가운데 최고의 관리가 바로 청백리입니다. 오직 백성과 나라를 위
해 일할 뿐 사리사욕*私利私慾*(p111)을 챙기거나 부정부패*不正腐敗*
(p108)와는 담쌓고 사는 깨끗
한 관리니까요.
이런 청백리들의 살림살이
는 가난하기 마련이지요.
그래서 이런 옷차림을 하지
않을까요?

弊袍破笠
폐 포 파 립

헤질 폐, 웃옷 포, 깨질 파, 삿갓 립

헤진 웃옷과 부서진 삿갓.

남루한 옷차림을 가리키는 표현이지요. 그러니 부정부패를 일삼는 관리들이 이런 차림으로 길을 나서겠습니까?
또 청백리라면 음식 또한 소박하게 차릴 게 분명합니다.

薄酒山菜
박 주 산 채

엷을 박, 술 주, 메 산, 나물 채

변변치 못한 술과 산나물. 소박한 음식을 가리킴.

질이 떨어지는 술과 고기 한 점 없는 나물 반찬. 참 소박한 상이죠. 그래서 손님을 접대할 때 자신이 마련한 술상을 낮추어 부르는 말입니다. 그러니까 요즘 말로 하면 '차린 것은 없지만 많이 드십시오'네요.
한편 우리에게는 한석봉으로 잘 알려져 있는 명필 한호(1543~1605)가 지은 시조 가운데 이 표현이 들어간 작품이 있습니다.

> 짚방석 내지 마라 낙엽엔들 못 앉으랴
> 솔불 켜지 마라 어제 진 달 돋아 온다.
> 아해야 박주산채일망정 없다 말고 내어라.

草根木皮
초 근 목 피

풀 초, 뿌리 근, 나무 목, 가죽 피

풀뿌리와 나무껍질. 즉, 매우 험한 음식을 가리킴.

산속에 있는 풀뿌리와 나무껍질을 가리킬 때 초근목피라고 하는 경우는 거의 없습니다. 그 대신 먹을 것이 없어 아무것이나 닥치는 대로 구해 연명할 때 '초근목피로 끼니를 때우다(목숨을 이어 가다)'처럼 표현하지요.

그렇다면 부정부패를 일삼는 간신배들은 어떤 음식을 먹을까요?

山海珍味 메 산, 바다 해, 보배 진, 맛 미
산 해 진 미

산과 바다에서 나는 귀하고 값진 음식.

꼭 산과 바다에서 나는 것만이 아니라, 온 세상에서 나는 진귀하고 값진 음식을 가리키는 말입니다.
귀하고 잘 차린 음식을 가리키는 표현은 또 있습니다.

膏粱珍味 살찔 고, 기장 량, 보배 진, 맛 미
고 량 진 미

기름진 고기와 밥으로 이루어진 대단히 귀한 음식.

말만 들어도 고기 냄새가 진동하지 않나요? 산해진미 **山海珍味**와 비슷하지요.
고膏는 '살찐, 기름진'이란 뜻인데, 춘향이 애인 이몽룡이 변사또 생일 잔치에서 읊은 한시에 등장합니다.

金樽美酒千人血 금준미주천인혈
玉盤嘉肴萬姓膏 옥반가효만성고
燭淚落時民淚落 촉누락시민누락
歌聲高處怨聲高 가성고처원성고

금 술잔에 담긴 좋은 술은 천 명 백성의 피요

옥쟁반 위에 담긴 좋은 안주는 만백성의 고혈이라

촛농 떨어질 때 백성의 눈물 떨어지고

노랫소리 높은 곳에 원망소리 드높다.

이때는 고膏가 기름이란 의미로 쓰였군요. 그래서 '백성의 고혈膏血을 짜낸다'라고 하면 백성으로부터 온갖 기름과 피(부당한 세금)를 쥐어 짜 낸다는 의미를 갖습니다.

珍羞盛饌
진 수 성 찬

보배 진, 음식 수, 담을 성, 반찬 찬

귀하고 잘 차린 음식.

식食(먹을 식)이나 그 글자의 변형체인 飠이 들어간 글자는 영락없이 음식이나 식사와 관련된 뜻을 갖습니다.

經國之士
경 구 지 사

날 경, 나라 국, 조사 지, 선비 사

나라를 다스릴 만한 능력을 갖춘 선비.

경經은 경제經濟에 쓰이는 것에서 볼 수 있듯이 나라의 살림살이 또는 다스림 같은 의미를 갖습니다. 이와 비슷한 경국지재經國之才라는 표현도 있습니다. 사士(선비 사) 대신 재才(재능 재)가 쓰였군요. 이때 재才는 '인재'란 의미입니다.

이와 관련하여 다음 표현도 알아둡시다.

經天緯地
경 천 위 지

날 경, 하늘 천, 씨 위, 땅 지

세상을 다스릴 만한 능력 또는 그런 능력을 지닌 인물.

경經과 위緯는 경도經度와 위도緯度에 쓰이는데, 두 글자 또한 세상을 다스린다는 의미를 갖습니다. 그래서 경천위지는 하늘과 땅을 다스린다는 뜻입니다.

棟梁之材
동 량 지 재

용마루 동, 들보 량, 조사 지, 인재 재

한 집안이나 나라의 중심이 되는 인재.

동량이라 하면 집의 골격이 되는 중요한 요소를 가리킵니다. 그러니까 두 가지가 없으면 집이 설 수가 없죠. 따라서 동량과 같은 인재라고 하면 나라든 집안이든 자신의 두 어깨에 짊어지고 나아갈 중요한 인재를 가리킵니다.

나라를 이끌어 가는 선비들 가운데는 이런 사람들도 있었습니다.

股肱之臣
고 굉 지 신

넓적다리 고, 팔뚝 굉, 조사 지, 신하 신

다리와 팔만큼 중요한 신하.
즉, 임금이 가장 신임하는 신하를 일컬음.

고굉股肱은 다리와 팔, 즉 온몸을 이르는
말입니다. 내 몸과 같은 신하란 결국 임금이
자신의 분신처럼 생각하는 소중한 신하 아니
겠습니까?

나라를 이끌어 가는 신하가 이 정도밖에 없겠습니까?

社稷之臣
사 직 지 신

社稷之臣 토지신 사, 기장 직, 조사 지, 신하 신

나라의 안위와 존망을 담당한 중요한 신하.

사직社稷이란 본래 고대 중국에서 새로 나라를 세울 때 왕이 제사를 지내던 토지 신과 곡식 신을 가리키는 말이었습니다. 그런데 이 말이 점차 변하여 나라와 조정을 가리키는 표현이 되었습니다.

이런 말 자주 쓰죠. "종묘사직이 우리의 두 어깨에 달려 있다." 이때 종묘宗廟는 왕가의 조상 위패를 두던 사당인데, 이 말이 변하여 왕실 또는 조정을 가리키게 되었지요. 그래서 종묘사직은 '왕실과 나라'를 뜻합니다.

위 표현에는 기장이란 잡곡이 등장하는데, 기장은 오곡 가운데 하나입니다.

그럼 잠깐 오곡에 대해 살펴봅시다.

五穀百果
오 곡 백 과

五穀百果 다섯 오, 곡식 곡, 일백 백, 과일 과

온갖 곡식과 모든 과일.

우리나라에서 오곡 하면 쌀·보리·조·콩·기장의 다섯 가지 곡식을 가리킵니다. 반면에 중국에서는 참깨·콩·보리·수수·피를 가리키기도 하고, 콩·보리·피·수수·쌀을 가리키기도 합니다. 그러나 그 뜻이 확대되어 모든 곡식을 가리킬 때도 쓰이지요. 백과는 모든 과일을 가리키고요.

柱石之臣 _{주 석 지 신}

柱石之臣 기둥 주, 돌 석, 조사 지, 신하 신

나라에 중요한 구실을 하는 신하.

주석柱石은 기둥과 주춧돌을 가리키
는 말입니다. 그러니까 주석지신은
나라의 기둥과 주춧돌 노릇을 하는
신하네요.

心腹之人 _{심 복 지 인}

心腹之人 마음 심, 배 복, 조사 지, 사람 인

마음 놓고 부리거나 일을 맡길 수 있는 사람.

마음과 뱃속의 사람이란 뜻으로, 자기 마음과 같이 믿을 만한 사람을
가리키는 표현입니다. 줄여서 심복心腹이라고 하죠.

濟濟多士 _{제 제 다 사}

濟濟多士 많을 제, 많을 제, 많을 다, 선비 사

뛰어난 선비가 셀 수 없이 많음.

다사제제多士濟濟라고도 하는데, 이때 다사多士란 재능이 뛰어난 선
비, 재능을 두루 갖춘 선비를 가리킵니다.《시경》에 나오는 표현이죠.

盡忠報國

^진 ^충 ^보 ^국

다할 진, 충성할 충, 갚을 보, 나라 국

충성을 다하여 나라의 은혜에 보답함.

군대와 관련된 장소에 가면 자주 볼 수 있는 표현입니다.

見危授命

^견 ^위 ^수 ^명

볼 견, 위태로울 위, 내놓을 수, 목숨 명

조국의 위기를 맞아 자신의 목숨을 내놓음.

위 글에 조국이라는 표현은 나오지 않지요. 그러나 이 표현은 그러한 배경 아래 탄생한 것입니다. 조국의 위기를 보고 자신의 목숨을 나라에 바치는 모습 말이죠.
견위치명 見危致命도 같은 의미입니다.

見利思義

^견 ^리 ^사 ^의

볼 견, 이익 이, 생각 사, 의로울 의

이익을 보면 먼저 의로움을 생각함.

사사로운 이익에 앞서 의로움을 먼저 생각하는 자세를 가리키는 표현입니다.
견득사의 見得思義라고도 하지요. 《논어》에 나오는 공자님 말씀입니다.

^{견 리 망 의}
見利忘義 _{볼 견, 이익 리, 잊을 망, 의로울 의}

이익을 접하면 의로움이고 뭐고 다 잊음.

음, 앞의 표현과는 정반대되는 말이군요. 하기야 눈앞에 닥친 이익을 포기하고 정의를 추구하기란 쉬운 일이 아니죠. 오히려 이 표현이 일반적인 인간성을 나타낸다고 해야겠습니다.

견리사의 見利思義와 비슷한 표현은 꽤 많습니다. 예전 선비들은 이러한 정신을 가장 소중한 가치로 여겼거든요.

^{사 생 취 의}
捨生取義 _{버릴 사, 날 생, 취할 취, 옳을 의}

목숨을 던져 의로움을 취함.

의리 또는 의로움을 위해서라면 목숨까지 바치는 선비의 올곧은 기개를 나타내는 표현입니다. 《맹자》에 나오는 글로, 본문은 '삶도 내가 바라는 바요, 의로움 또한 내가 바라는 바이다. 만일 둘을 모두 얻을 수 없다면 나는 삶을 버리고 의를 취할 것이다'라는 내용입니다. 맹자님 말씀이죠.

^{멸 사 봉 공}
滅私奉公 _{없앨 멸, 사사로울 사, 받들 봉, 공적 공}

사사로운 감정을 없애고 공공의 목적을 받듦.

공적인 목적을 위해 사적인 감정이나 이해관계 등을 포기하는 모습을 나타낸 말입니다. 주로 공무원들이 좌우명으로 내세우는 표현이죠.

이 표현과 유사한 것이 선공후사**先公後私**입니다.

先公後私 먼저 선, 공적 공, 뒤 후, 사사로울 사

공적인 사명이 먼저요, 개인적 업무는 나중에 처리함.

멸사봉공**滅私奉公**보다는 못하지만 이 표현도 공적인 목적을 위해 개인적인 것을 희생한다는 표현이네요.

公平無私 공적 공, 바를 평, 없을 무, 사사로울 사

모든 일을 바르게 처리하여 사사로운 이득을 없도록 함.

위의 표현들과 다를 바가 없군요. 한편 "공은 공이고 사는 사지", "공사를 구분할 줄 알아야 한다" 하는 말처럼 공公과 사私는 공적인 일과 사사로운 일을 가리키는 글자이자 공공의 이익과 사적인 이익이라는 의미로도 자주 쓰입니다.

公 사 다 망
公私多忙 공변될 공, 사사로울 사, 많을 다, 바쁠 망

공적인 업무와 사적인 일이 모두 대단히 바쁨.

생활 속에서 자주 사용하는 표현입니다.

망忙은 '바쁘다'라는 뜻을 갖습니다. 그래서 분망奔忙(분주하고 바쁨) 같은 단어에 쓰이죠. 이와 비슷한 뜻으로 다사다망多事多忙이 있습니다. 일이 너무 많아 매우 바쁘다는 뜻이죠.

망忙이 들어가는 표현 하나 더 살펴보겠습니다.

망 중 한
忙中閑 바쁠 망, 가운데 중, 한가할 한

바쁜 가운데 한가로움. 즉, 바쁨 속에서 잠깐 얻어낸 짬을 가리킴.

바쁠수록 쉬어가라는 말도 있죠. 아무리 바쁘다 해도 틈틈이 쉬어가면서 일을 해야 능률이 오르니까요.

공 명 정 대
公明正大 공변될 공, 밝을 명, 바를 정, 큰 대

하는 일이나 태도가 사사로움이나 그릇됨이 없이 정당하고 떳떳함.

공평무사公平無私(p.105)와 비슷한 의미군요.

率先垂範
솔 선 수 범

지킬 솔, 먼저 선, 드리울 수, 법 범

남보다 앞장서 지킴으로써 모범을 세움.

수垂는 '드리우다'라는 뜻을 갖지요. 솔선수범은 남보다 앞서 법규를 드리우다, 즉 지키다라는 뜻을 갖습니다.
이 글자가 들어가는 표현 하나 더 알아보겠습니다.

垂簾聽政
수 렴 청 정

드리울 수, 발 렴, 들을 청, 정사 정

나이 어린 임금이 보위에 올랐을 때 왕대비 또는 대왕대비가 어린 임금 대신 정사를 돌보는 것.

본래는 왕대비가 군신을 접견할 때 그 앞에 발을 쳤던 관례로부터 유래한 말입니다. 수렴청정은 나이 어린 임금이 제대로 정사를 돌볼 수 없을 때 왕대비 또는 대왕대비가 신하들의 의견을 참고하여 정사를 이끈다는 좋은 취지에서 시작되었습니다만, 후에는 임금이 어리다는 이유로 외척을 끌어들여 제멋대로 권력을 휘두르는 폐해를 낳게 되었습니다.
한편 모든 공직자들이 공평무사 公平無私 (p105) 하게 행동하는 것은 아니죠. 우리 속담에도 '미꾸라지 한 마리가 온 개울을 더럽힌다'라는 말이 있듯이 개중에는 이런 공직자도 있습니다.

亂臣賊子

난 신 적 자

어지러울 란, 신하 신, 도둑 적, 자식 자

임금을 배신하고 부모를 해치는 자식.
즉, 나라를 어지럽히고 가정을 파괴하는 무리.

요즘 세상에서는 충신과 효자보다는 난신과 적자를 찾기가 더 쉽지 않을까요? 우리 모두 가슴에 손을 얹고 생각해 봅시다.

貪官汚吏

탐 관 오 리

탐할 탐, 벼슬 관, 더러울 오, 벼슬아치 리

자신의 욕심만 추구하고 더럽게 부패한 관리.

욕심을 탐하는 관리, 더러운 관리. 그러니까 부정부패**不正腐敗**한 관리를 가리킨다고 할 수 있겠죠.

不正腐敗

부 정 부 패

아니 불, 바를 정, 썩을 부, 깨뜨릴 패

바르지 않고 썩을 대로 썩은 모습.

패敗는 '패하다, 깨뜨리다' 등의 의미와 함께 '상하다'라는 뜻도 가지고 있습니다. 부腐는 '썩다'라는 뜻입니다.

拔本塞源

발 본 색 원

뺄 발, 뿌리 본, 막을 색, 근원 원

뿌리를 뽑아 버리고 근원을 막아 없애 버림.

부정부패한 관리, 탐관오리, 사리사욕을 챙기는 관리는 모두 뿌리를 뽑아야 합니다. 그래서 이런 표현이 생겼습니다.

위에서 색塞은 '색'으로 읽었지요. 이때는 '가로막다, 근절하다'라는 의미로 쓰입니다. 반면에 '변방'이라는 의미로 쓰일 때는 '새'로 읽지요. 그래서 '새옹지마塞翁之馬(p203), 요새要塞'라고 읽습니다.

左遷 좌 천 왼좌, 옮길 천

본래 지위보다 낮은 자리로 내려감.

본래 지위보다 낮은 직위로 떨어질 때 '좌천되었다'고 하죠. 이 말은 예전에 중국에서 오른쪽을 높이 여긴 반면 왼쪽을 낮추어 본 데서 유래하였습니다.

伏地不動 복 지 부 동 엎드릴 복, 땅 지, 아니 불, 움직일 동

땅에 바짝 엎드려 움직이지 않음.
즉, 스스로 움직여 일하려 하지 않는 모습.

시키지 않으면 어떤 일도 하지 않으며 무사안일無事安逸(p111)을 꾀하는 모습을 가리키는 표현입니다.

尸位素餐 _{시 위 소 찬}

주검 시, 자리 위, 횔 소, 먹을 찬

공로도 없고 직책을 다하지도 못하면서 관직만 차지하고 녹을 받아먹는 일.

복지부동하는 관리들이 좋아할 만한 반찬이군요.

시위尸位는 재주나 덕이 없으면서 함부로 관직에 오르는 것을 말하는 데, 옛날 중국에서 선조의 제사를 지낼 때 그 후손을 신의 대리인으로 신위神位에 앉혔던 데서 유래한 말입니다. 소찬素餐은 아무런 재능이나 공로도 없이 녹을 받아먹는 것입니다.

한편 이런 재상님도 계신데요, 참 한심한 사람입니다.

伴食宰相 _{반 식 재 상}

짝 반, 먹을 식, 재상 재, 서로 상

다른 재상과 식사나 함께하는 재상. 무능한 관리를 일컫는 말.

당나라 현종 때의 재상인 요숭은 탁월한 능력을 가진 인물이었습니다. 반면에 노회신은 무능하고 결단력 없는 재상이었지요. 그런 까닭에 요숭이 자리를 비울 때면 노회신은 어쩔 줄 몰라 했습니다. 결국 노회신은 모든 일을 요숭을 찾아가 물어 처리했는데요, 이런 사실을 알게 된 백성들은 노회신을 가리켜 반식재상이라고 불렀습니다. 재상과 함께 식사나 하는 무능한 사람이란 뜻에서 말이죠.

무 사 안 일
無事安逸 없을 무, 일 사, 편안할 안, 숨을 일

아무 일도 하지 않아 편안하고 한가로움.

복지부동伏地不動(p109)하면 당연히 무사안일하지요.

사 리 사 욕
私利私慾 사사로울 사, 이익 리, 사사로울 사, 욕심 욕

사사로운 이익과 욕심.

개인의 이익과 욕심을 가리키는 말입니다. 이와 비슷한 표현으로 사복
私腹이란 말이 있습니다. 공적인 업무를 맡은 자들이 지위를 이용해
개인의 배를 채운다는 뜻으로, 부패한 공직자의 행동 가운데 대표적인
것을 가리키는 말이지요.

04 웃는 모습도 가지가지

^가 ^가 ^대 ^소
呵呵大笑 껄껄 웃을 가, 껄껄 웃을 가, 큰 대, 웃을 소

껄껄 크게 웃는 웃음.

입을 벌리고 크게 웃는 모습을 가리킵니다.
다음 표현도 비슷한 뜻입니다.

^파 ^안 ^대 ^소
破顔大笑 깨트릴 파, 얼굴 안, 큰 대, 웃을 소

얼굴이 엉망이 될 만큼 크게 웃는 웃음.

얼굴이 깨질 정도로 웃는 것은 어떤 웃음일까요? 웃을 때 사용하는 얼굴 근육은 울거나 찡그릴 때 사용하는 근육에 비해 사람을 젊게 보이도록 만든다고 하죠.
그래서 다음과 같은 표현도 생겨났습니다.

一笑一少一怒一老

_{일 소 일 소 일 로 일 로}

한 일, 웃을 소, 적을 소, 노할 로, 늙을 로

한 번 웃으면 한 번 젊어지고 한 번 화내면 한 번 늙음.

사람들에게 웃음을 권할 때 자주 쓰는 말입니다.

그런데 정말 많이 웃는 사람은 젊어 보일 뿐 아니라 수명도 연장된다고
하죠?

抱腹絶倒

_{포 복 절 도}

안을 포, 배 복, 끊을 절, 넘어질 도

배를 움켜쥔 채 숨이 끊어지고 몸이 넘어질 만큼 크게 웃는 모습.

위 한자 가운데 '웃다'라는 뜻은 없군요.

그렇지만 표현은 웃는 모습을 그린 게 분명합니다.

拍掌大笑

_{박 장 대 소}

칠 박, 손바닥 장, 큰 대, 웃을 소

박수를 치며 크게 웃음.

이번에는 손바닥으로 박수를 치며 신
나게 웃는 모습을 그린 표현입니다.

앙 천 대 소
仰天大笑 우러를 앙, 하늘 천, 큰 대, 웃을 소

하늘을 쳐다보고 크게 웃음. 어이가 없어 크게 웃는 모습.

하늘을 쳐다보고 크게 웃는 것은 정말 좋아서 웃는 게 아니죠. 실소失
笑라는 말 아세요? 웃음이 나오지 않아야 할 상황에서 나오는 웃음을
가리키는 말인데, 하도 어처구니가 없어서 웃는 웃음을 가리킵니다. 앙
천대소도 그런 웃음과 크게 다르지 않죠.

소 문 만 복 래
笑門萬福來 웃을 소, 문 문, 일만 만, 복 복, 올 래

웃는 문으로는 만복이 들어옴.

'웃으면 복이 온다'라는 말이 있죠. 이 말이 딱 그 말입니다.

소 이 부 답
笑而不答

웃을 소, 말 이을 이, 아니 불, 대답할 답　　　　　　**별유천지비인간**(P251)

웃을 뿐 답하지 않음.

중국의 유명한 시인 이백의 〈산중문답山中問答〉이라는 시에 나오는
표현으로, 말 대신 웃음으로 답하는 모습을 가리키는 표현입니다. 그
시 정말 멋진데요, 여기서는 감상하지 않겠습니다. 왜? 251쪽에서 볼
테니까요.

得意滿面
_{득 의 만 면}
얻을 득, 뜻 의, 가득 찰 만, 얼굴 면

뜻을 이루어 기쁜 표정을 지음.

자신의 뜻을 이루어 온 얼굴에 웃음이 가득 찬 모습을 가리키는 표현입니다. 이와 유사한 표현으로 득의만만 **得意滿滿**이 있습니다. 자신이 뜻한 것을 이루어 뽐내는 기색이 가득한 모습을 가리키는 표현이죠.

05

이 풍진
세상,
어찌
헤쳐나가나

盤根錯節 _{반 근 착 절} 소반 반, 뿌리 근, 섞일 착, 마디 절

서린 뿌리와 엉클어진 마디. 일이 서로 얽히고설키어 해결하기 어려움.

서린다는 말은 뱀이 똬리처럼 감긴 모습 또는 국수 등을 빙빙 둘러 포개어 감은 모습을 가리킵니다. 그러니까 이 말은 뿌리가 여러 겹으로 감기고, 마디는 서로 엉켜 붙은 모습을 가리키는 표현입니다. 생각만 해도 복잡하군요.

内憂外患
내 우 외 환

안 내, 걱정 우, 밖 외, 근심 환

안으로는 걱정이요, 밖으로는 근심.
즉, 사방에 온통 걱정거리뿐임.

여러 가지 걱정거리가 겹쳐 나타낼 때 쓰는
표현입니다. 걱정거리는 우리 삶의 일부분
이요, 친구라고 생각하면 마음이 편한데 그
게 쉽지 않습니다.
게다가 사서 고생이라는 말처럼, 사서 걱정
하는 사람도 있습니다.
다음 표현을 보세요.

杞憂
기 우

나무이름 기, 걱정 우

기나라 사람의 걱정. 쓸데없는 걱정을 이르는 표현.

옛날 주나라의 제후국(왕이 다스리는 나라로부터 봉토를 받아 일정 지역을 다
스리는 지방 정부)인 기나라에 날마다 하늘이 무너질 것을 걱정하는 사람
이 있었습니다. 그 후 이 사람의 태도에서 비롯되어, 쓸데없는 걱정을
기우라고 부르게 되었습니다. 우리 속담에 '걱정이 반찬이면 상다리가
부러진다'라는 표현이 있는데 바로 이 사람의 상다리가 부러지겠군요.
이런 기우를 가진 사람이 또 있네요.

杯中蛇影

잔 배, 가운데 중, 뱀 사, 그림자 영   **의심암귀**(p413), **기우**(p117)

잔 속의 뱀 그림자. 즉, 쓸데없는 의심을 품고 고민함.

후한 말에 응침이란 현의 장관이 주부 벼슬에 있던 두선이란 사람과 술을 마셨습니다. 그때 마침 두선의 잔에 활 그림자가 비쳤는데 그 모습이 꼭 뱀 같았습니다. 기분이 좋지 않던 두선은 그러나 윗사람 앞이라 마지못해 그 술을 마셨지요. 그 후로 두선은 몸이 아프게 되었고, 아무리 치료를 해도 병세는 오히려 악화되었습니다. 한편 이 소식을 들은 응침이 "도대체 왜 병이 들었단 말이오?" 하고 물었죠. 이에 두선이 답하기를 "지난번 술자리에서 제 몸 속에 뱀이 들어왔기 때문입니다"라고 하였습니다. 집에 돌아온 응침이 생각하다가 불현듯 벽에 걸린 활을 보았습니다. 그는 즉시 사람을 보내 두선을 오게 한 다음 술 한 잔을 권하였습니다. 그러자 예전처럼 술잔에는 다시 화살 그림자가 비쳤고, 이 모습을 두선에게 보여준 응침은 "그대 몸속에 들어간 것은 뱀이 아니라 이 벽 위에 있는 활 그림자일 뿐이네" 하고 설명해 주었습니다. 두선의 병이 씻은 듯 나은 것은 당연했지요.

進退兩難

나아갈 진, 물러설 퇴, 두 량, 어려울 난   **전문거호 후문진랑**(p120)

나아갈 수도 없고 물러설 수도 없음.

앞으로 나아갈 수도 없고 뒤로 물러설 수도 없으니 어떻게 하면 좋겠습니까? 당연히 어쩔 도리가 없는 힘든 상황이죠.

進退維谷

진 퇴 유 곡

나아갈 진, 물러설 퇴, 유지할 유, 계곡 곡

계곡에 갇혀 나아갈 수도 없고 물러설 수도 없음.

진퇴양난과 다를 바가 없는데, 오히려 이 표현이 훨씬 절망적이군요.
계곡에 갇히면 기다릴 건 오직 죽음뿐이잖아요.
이보다는 조금 나은 상황을 나타내는 표현도 있습니다.

遲遲不進

지 지 부 진

늦을 지, 늦을 지, 아니 불, 나아갈 진

매우 더디어 일 따위가 진척되지 않음.

늦고도 늦으니 어찌 일이 진척되겠습니까? 바로 그런 상태를 가리키는
말입니다.

一進一退

일 진 일 퇴

한 일, 나아갈 진, 한 일, 물러날 퇴

한 번 나아가고 한 번 물러남. 전쟁이나 상황이 좋아졌다 나빠졌다 함.

한 번 나아갔다가 한 번 물러나면 늘 제자리죠. 그래서 일의 상황이나
전황戰況이 제자리를 면치 못하는 모습을 가리킵니다.
소강상태라는 말은 아시나요? 소강은 小康이라고 쓰는데, '병이 조금
호전됨, 소란하던 것이 그치고 잠잠해짐'을 뜻합니다. 그래서 소강상태
라고 하면, 전투나 상황이 잠잠해지는 것을 말합니다.

雪上加霜

설 상 가 상

눈 설, 위 상, 더할 가, 서리 상

눈 위에 서리가 내림. 어려움이 겹쳐 나타나는 모습.

눈만 내려도 추운데, 게다가 서리까지? 생각만 해도 몸서리쳐지는 추위군요. 앞서 살펴본 내우외환内憂外患(p117)과 다를 게 없습니다. 우리 속담 가운데 '경 치고 포도청 간다'라는 재미있는 표현이 있는데요, '엎친 데 덮친 격'이란 속담도 이런 뜻이죠.

이런 상황을 나타내는 재미있는 표현은 또 있습니다.

前門据虎 後門進狼

전 문 거 호 후 문 진 랑

앞 전, 문 문, 일할 거, 범 호, 뒤 후, 문 문, 나아갈 진, 이리 랑

앞문의 호랑이를 해결하자 뒷문에서 이리가 들어옴.
즉, 한 가지 어려움을 해결하고 나자 다른 어려움이 연이어 발생하는 모습.

호랑이를 처치하고 나자 곧 이리가
들이닥치는 모습이 안타깝군요.
이렇게 어려움은 늘 연이어
닥쳐온답니다.

禍不單行 _{화 부 단 행}

재앙 화, 아니 불, 홀 단, 갈 행

재앙은 혼자 오지 않음.

그렇습니다. 재앙이나 어려움은 연이어 발생합니다. 한번 어려움이 발생하면 사람들이 정신을 차리지 못하게 되고 그 틈을 노려 또 다른 사고가 일어나는 것이지요. 우리 속담 가운데 '국 쏟고 허벅지 덴다'라는 게 있는데 비슷한 뜻이지요.

疊疊山中 _{첩 첩 산 중}

겹쳐질 첩, 겹쳐질 첩, 메 산, 가운데 중

매우 깊은 산골. 산 넘어 산.

이 표현은 깊은 산골을 나타낼 때도 쓰이고, 어려움이 더하는 것을 비유적으로 나타낼 때도 쓰입니다. 첩첩수심疊疊愁心이라는 표현도 있는데, '쌓이고 쌓인 근심'을 나타냅니다.

千辛萬苦 일천 천, 매울 신, 일만 만, 쓸 고

한없이 맵고 씀. 대단히 힘든 상황을 나타내는 말.

한자에서 맵고 쓰다는 표현은 십중팔구 어렵고 힘든 상황을 나타냅니다. 그런데 천 번 맵고 만 번 쓰니 그 고통이 어떻겠습니까?

간 난 신 고
艱難辛苦 어려울 간, 어려울 난, 매울 신, 쓸 고

맵고 쓴 어려움. 지독한 어려움과 힘겨운 고통을 가리키는 말.

역시 신辛과 고苦가 나왔군요. 그러니 심한 고통을 가리키는 것은 당연합니다.

파 란 만 장
波瀾萬丈 물결 파, 물결 란, 일만 만, 길이 장

파도와 물결의 높이가 만 장에 이름.

아니 파도의 높이가 5미터만 넘어도 태풍주의보로 배가 뜨지 못하는데, 만 장이라니! 한 장이 3미터를 뜻하니까 만 장이면 30킬로미터군요. 과장법도 이 정도 되면 정말 대단하네요.

이 표현은 단순한 어려움이나 고생보다는 기복이 심한 삶을 가리킵니다. 그래서 크게 성공했다 갑자기 실패하고 다시 재기하고 또다시 어려움에 빠지는 등 평탄하지 않은 삶을 '파란만장한 삶'이라고 하지요.

이와 비슷한 표현이 또 있습니다.

迂餘曲折
_{우 여 곡 절}

굽을 우, 남을 여, 굽을 곡, 꺾을 절

이리 굽고 저리 굽은
복잡한 사정.

온갖 복잡한 사정을
가리키는 표현입니
다. 굽고 휘고 꺾였
으니 그 사정이 어
떻겠습니까?

風餐露宿
_{풍 찬 노 숙}

바람 풍, 먹을 찬, 이슬 로, 잠잘 숙

바람 속에서 식사를 하고 이슬을 맞으며 잠을 이룸.
즉, 모진 고생을 이르는 말.

이 표현은 걱정이나 근심보다는 고생을 가리키는 말입니다.

06

어려울수록
이겨 나가야 한다

절 차 탁 마
切磋琢磨   갈 절, 갈 차, 쪼을 탁, 갈 마

옥이나 돌을 갈고 쪼아 완성함.
즉, 학문이나 자신의 이상을 갈고 닦아 목표에 이름.

끊임없이 노력하고 또 노력하는 모습을 가리키는 표현입니다. 네 글자
모두 돌이나 광석을 다듬는 행위를 나타내는군요. 《시경》에 수록된 〈대
나무〉란 시에 나오는 표현입니다.
마磨는 '숫돌에 갈다'라는 의미인데, 이 글자가 들어가는 고사성어가
또 있습니다.

마 부 작 침
磨斧作針   갈 마, 도끼 부, 만들 작, 바늘 침

도끼를 갈아 바늘을 만듦. 아무리 힘들고 불가능해 보이는 일도 꾸준히
노력하여 결국 이루고야마는 모습.

도끼를 갈아 바늘을 만든다, 즉 이루기 힘들어 보이는 일도 포기하지 않고 꾸준히 노력하면 이룰 수 있다는 말이지요.

당나라 시인 이백이 젊은 시절 길을 가다 한 노파가 바위에 도끼를 갈고 있는 모습을 보았습니다.
"무얼 하고 계신지요?"
"바늘을 만들고 있다네."
하도 어이가 없던 이백이 반문했습니다.
"도끼를 갈아 바늘이 만들어지겠습니까?"
그러자 노파가 말했습니다.
"도중에 그만두지 않는다면 바늘이 될 것이네."

그런데 바늘을 갈아 도끼를 만드는 것은 아무것도 아닙니다. 다음 이야기를 보시지요.

愚公移山

_{우 공 이 산}

어리석을 우, 귀 공, 옮길 이, 메 산

어리석은 사람이 산을 옮김.
우직하게 한 우물을 파는 사람이
큰 성과를 거둠.

중국 북산에 우공이라는
아흔 살 된 노인이 살고
있었습니다. 그런데 노인의
집 앞에는 넓이가 700리, 만
길 높이의 태항산과 왕옥산이

가로막고 있어 생활하는 데 무척 불편했습니다. 그러던 어느 날 노인은 가족들에게 이렇게 말했습니다.

"우리 가족이 힘을 합쳐 두 산을 옮겼으면 한다. 그러면 길이 넓어져 다니기에 편리할 것이다."

당연히 가족들은 반대했지요. 그러나 노인은 자신의 뜻을 굽히지 않았고, 다음날부터 작업을 시작하였습니다. 우공과 아들, 손자는 지게에 흙을 지고 발해 바다에 갔다 버리고 돌아왔는데, 꼬박 1년이 걸렸지요. 이 모습을 본 이웃 사람이 "이제 머지않아 죽을 당신인데 어찌 그런 무모한 짓을 합니까?" 하고 비웃자, "내가 죽으면 내 아들, 그가 죽으면 손자가 계속 할 것이오. 그동안 산은 깎여 나가겠지만 더 높아지지는 않을 테니 언젠가는 길이 날 것이오"라고 하였습니다. 두 산을 지키던 산신이 이 말을 듣고는 큰일났다고 여겨 즉시 상제에게 달려가 산을 구해달라고 호소했습니다. 이 말을 들은 상제는 두 산을 각각 멀리 삭 땅 동쪽과 옹 땅 남쪽으로 옮기도록 하였답니다.

그렇습니다. 세상을 바꾸는 것은 머리 좋은 사람이 아니라 결코 포기하지 않고 끝까지 노력하는 사람임을 알려 주는 고사입니다.

작지만 쉬지 않고 기울이는 노력이 얼마나 큰 결과를 가져오는지 보여 주는 말이 또 있습니다.

水滴穿石 물 수, 물방울 적, 뚫을 천, 돌 석

물방울이 돌을 뚫음.

작은 노력이라도 꾸준히 하면 큰 성과를 거둘 수 있음.

이 표현은 전혀 과장이 아니죠. 개울가에 가면 동그란 자갈이 많이 눈에 뜨이는데, 이 모두가 물에 씻겨 만들어진 것이니까요. 또한 폭포 밑에 있는 바위에 패인 웅덩이는 수적천석의 놀라운 결과를 말해 주는 좋은 예입니다. 우리 속담에도 '돌 뚫는 화살은 없어도 돌 파는 낙수는 있다'라는 게 있는데 이 표현과 딱 어울리는군요.

다음에는 노력하는 모습을 살펴볼까요.

懸頭刺股 _{현 두 자 고} 매달 현, 머리 두, 찌를 자, 허벅지 고

머리를 매달고 다리를 찔러 가며 열심히
공부하는 모습.

공부를 하다 졸릴 때면 참을 수가
없습니다. 이럴 때 침대로 달려
간다면 남보다 앞서기 힘듭니
다. 그래서 옛 선비들 가운데
는 머리를 천장에 끈으로 매달
아 끄덕거리지 못하게 한 채 공
부를 하거나, 졸릴 때마다 허벅
지를 송곳으로 찔러 가며 공부한 분들이 많았답니다.

刻苦勉勵 _{각 고 면 려} 새길 각, 쓸 고, 힘쓸 면, 힘쓸 려

고생을 무릅쓰고 힘써 노력함.

어떤 고생도 무릅쓰고 목표를 향해 힘쓰는 모습을 가리키는 말입니다.
이와 비슷한 뜻을 가진 표현이 또 있습니다.

勇猛精進
<ruby>勇<rt>용</rt></ruby><ruby>猛<rt>맹</rt></ruby><ruby>精<rt>정</rt></ruby><ruby>進<rt>진</rt></ruby> 용감할 용, 용감할 맹, 굳셀 정, 나아갈 진

용감하고 굳세게 앞을 향해 나아감.

어떤 어려움에도 굴하지 않고 앞을 향해 노력하는 모습이군요. 스님들이 주위의 사소한 일에 신경 쓰지 않고 오직 앞만 보면서 도를 닦는 모습을 가리켜 '용맹정진하신다'라고도 합니다. 그 외에도 학생들이 열심히 공부할 때, 무술인이 열심히 수련할 때 등 어떤 사람이 자신의 목표를 완수하기 위해 불철주야**不撤晝夜** 노력하는 모습을 가리킬 때 사용하는 표현입니다.

面壁九年
<ruby>面<rt>면</rt></ruby><ruby>壁<rt>벽</rt></ruby><ruby>九<rt>구</rt></ruby><ruby>年<rt>년</rt></ruby> 마주할 면, 벽 벽, 아홉 구, 해 년

9년 동안 오직 벽을 마주하고 도를 닦음.

면벽이라고 하면 불교에서 벽을 마주하고 참선에 드는 것을 가리키지요. 그런 면벽을 하루만 해도 다리, 머리에서 쥐가 날 텐데 9년 동안을 쉬지 않고 한다면 아무리 사소한 것이라고 하더라도 이룰 수 있을 겁니다. 하물며 높은 수양을 쌓은 스님이 한다면 도를 깨우치는 것은 당연하겠지요. 그래서 마음먹은 일을 반드시 이루고야 말 때 쓰는 표현입니다.

駑馬十駕
<ruby>駑<rt>노</rt></ruby><ruby>馬<rt>마</rt></ruby><ruby>十<rt>십</rt></ruby><ruby>駕<rt>가</rt></ruby> 둔할 노, 말 마, 열 십, 천자수레 가

둔한 말도 열흘이면 천자의 수레가 하루 가는 만큼은 갈 수 있음.

천자, 즉 황제의 수레를 끄는 말은 그 어떤 말보다 뛰어날 것입니다. 물론 잘 달리기도 할 것이고요. 그렇지만 둔한 말도 쉬지 않고 달린다면 그 말의 10분의 1은 가지 않겠습니까? 따라서 아무리 능력이 부족한 사람이라고 하더라도 열심히 하면 뛰어난 사람을 따라갈 수 있음을 이르는 말이죠.

自强不息 스스로 자, 굳셀 강, 아니 불, 쉴 식

스스로 마음을 굳세게 다지며 쉬지 않고 노력함.

이렇게 노력한다면 이루지 못할 목표가 있겠습니까?
이런 자세를 나타내는 또 다른 표현이 있습니다.

勤儉力行 부지런할 근, 검소할 검, 힘 력, 행할 행

부지런하고 검소함을 힘껏 행함.

부지런하고 검소한 생활 태도를 유지한다면 무슨 일인들 이루지 못하겠습니까?

不撤晝夜 아니 불, 거둘 철, 낮 주, 밤 야

밤낮을 가리지 않고 노력함.

밤에도 낮에도 일을 거두지 않고 노력하는 모습을 가리킵니다.
밤낮으로 노력하는 표현이 또 있군요.

^{주 경 야 독}

晝耕夜讀 낮 주, 밭갈 경, 밤 야, 읽을 독

낮에는 밭을 갈고 밤에는 책을 읽음.
즉, 어려움 속에서도 학업을 게을리하지 않는 모습.

어려운 환경 속에서 공부하는 모습을 나타내는 대표적인 사자성어죠.
아침과 밤이 들어가는 표현은 또 있는데요, 그 뜻은 약간 다릅니다.

^{주 야 장 천}

晝夜長川 아침 주, 밤 야, 길 장, 내 천

밤낮을 가리지 않고 늘.

밤낮으로 쉬지 않고 끊임없이 흐르는 시내라는 뜻입니다. 시냇물은 결코 쉬는 법이 없지요. 그래서 쉴 새 없이 흐르는 냇물처럼 '쉬지 않고 언제나, 늘'과 같은 의미를 갖습니다. 《논어》에 나오는 표현인데, 원문은 '밤낮으로 쉬지 않고 흐르는 물이 다하지 않아서 예부터 오늘까지 이와 같으니 사람은 이로부터 배울 것이 있다'라는 내용입니다.

發憤忘食
발 분 망 식

필 발, 분발할 분, 잊을 망, 먹을 식

분발심을 일으켜 먹는 것도 잊고 노력함.

우리말에도 '밥 먹는 것도 잊고 일에 몰두한다'라는 말이 있죠.《논어》에 나오는 표현으로 공자 자신이 스스로를 표현한 문구이기도 합니다. 분憤이 들어가는 표현 하나 더 알아볼까요.

憤氣沖天
분 기 충 천

성낼 분, 기운 기, 빌 충, 하늘 천

분한 기운이 하늘로 솟아오를 만큼 대단함.

대단히 화가 난 모습을 가리키는 표현입니다. 분기탱천 **憤氣撑天**도 같은 뜻으로 자주 사용하죠. 분함이 하늘을 버틸 정도니 얼마나 강한지 알겠습니다.
대단히 화가 난 모습을 가리키는 표현은 또 있습니다.

怒發大發
노 발 대 발

성낼 로, 쏠 발, 큰 대, 쏠 발

성이 나서 화를 크게 내는 모습.

성이 나서 화를 내고 또 크게 낸다는, 반복을 통한 강조의 표현이군요.

堅忍不拔

견 인 불 발

堅忍不拔 굳셀 견, 참을 인, 아니 불, 뺄 발

굳세게 참고 견디어 마음을 빼앗기지 않음.

아무리 어려운 상황을 맞아도 참고 견디어 마음이 흔들리지 않는 모습을 가리킵니다. 이와 비슷한 표현이 견인지종堅忍至終이죠. 끝까지 굳세게 참아 내어 목표를 달성한다는 뜻입니다.

분 골 쇄 신

粉骨碎身 가루 분, 뼈 골, 부술 쇄, 몸 신

뼈가 가루가 되고 몸이 으스러질 만큼 온 힘을 다하는 모습.

뼈가 가루가 되고 몸이 부서질 만큼 온 힘을 다하는 모습을 나타내는 표현입니다. 생각만 해도 대단하죠.
지금까지는 열심히 노력하는 모습을 살펴보았습니다.
이번에는 실패를 교훈 삼아 좌절하지 않고 다시 일어서는 모습을 살펴보겠습니다.

권 토 중 래

捲土重來 말 권, 흙 토, 다시 중, 올 래

흙먼지를 일으키며 다시 돌아옴.
즉, 실패하고 떠난 후 실력을 키워 다시 도전하는 모습.

권토는 수많은 말과 수레, 병사가 달릴 때 일어나는 흙먼지를 가리킵니다. 패하였지만 좌절하지 않고 다시 도전하는 모습을 일컫는 말이지요.
이 표현은 당나라 때의 시인 두목杜牧(803~852)이 오래 전에 사라진 항우를 기리며 쓴 시에 나오는 것인데요, 항우의 용맹함을 기리며 시를

감상해 볼까요.

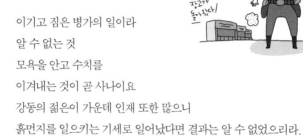

勝敗兵家事不期 승패병가사불기
包羞忍恥是男兒 포수인치시남아
江東子弟多才俊 강동자제다재준
捲土重來未可知 권토중래미가지

이기고 짐은 병가의 일이라
알 수 없는 것
모욕을 안고 수치를
이겨내는 것이 곧 사나이요
강동의 젊은이 가운데 인재 또한 많으니
흙먼지를 일으키는 기세로 일어났다면 결과는 알 수 없었으리라.

강동은 항우의 고향을 가리키지요. 유방이 이끄는 한나라 군에 밀려 마지막에 몰린 항우는 강동 지방에 들어가 후일을 도모하라는 주위의 조언을 무시하고 장렬히 전사하고 맙니다. 영웅으로 살아온 그로서는 작은 고을에 숨어들어가는 수치를 견딜 수 없었던 것이지요. 시인은 그러한 항우의 마지막을 애석히 여겨 이런 시를 썼습니다.

七顚八起 일곱 칠, 넘어질 전, 여덟 팔, 일어날 기
칠 전 팔 기

일곱 번 넘어지면 여덟 번 일어남.
즉, 결코 좌절하거나 포기하지 않는 모습.

계속되는 실패에도 굴하지 않고 끝끝내 일어서 성공하는 모습을 나타내는 말이죠.

백 절 불 굴
百折不屈 일백 백, 꺾일 절, 아니 불, 굽힐 굴

백 번 꺾여도 결코 굽히지 않음.

앞서 일곱 번 넘어져도 일어나는 모습을 대단하다고 표현했는데, 이번에는 백 번 꺾여도 결코 굽히지 않는 모습이 나왔군요. 상대편 입장에서는 지긋지긋하겠지만 뜻을 이루기 위해서는 이 정도 어려움쯤이야 극복해야겠지요.

필 유 곡 절
必有曲折 반드시 필, 있을 유, 굽을 곡, 꺾을 절

반드시 무슨 까닭이 있음.

곡절曲折의 뜻은 '굽고 꺾인 모습'이죠. 그래서 이리저리 얽히고설킨 복잡한 사정이나 까닭을 뜻합니다. "그가 오늘 오지 못했다면 필유곡절이 있을 거야."

불 요 불 굴
不撓不屈 아니 불, 구부러질 요, 아니 불, 굽힐 굴

구부러지지도, 굽히지도 않음.
즉, 어떤 어려움에도 포기하거나 절망하지 않고 꿋꿋이 견디어 나가는 모습.

백절불굴百折不屈과 뜻이 비슷하군요. 결코 굽히거나 비굴해지지 않는 당당한 모습 말이지요.
그렇다면 실패를 교훈삼아 다시 일어서는 모습을 나타내는 표현 가운데 가장 유명한 것은 무엇일까요?

臥薪嘗膽

와 신 상 담

누울 와, 섶나무 신, 맛볼 상, 쓸개 담

섶나무 위에서 잠을 자고 쓸개의 맛을 보면서 원수 갚기를 잊지 않음.

자신에게 패배를 가져다준 원수를 잊지 않고 반드시 갚겠다는 비장한
모습을 나타낸 표현으로, 원수를 갚겠다는 표현 가운데 가장 유명한 것
이죠.

춘추시대 말기 오나라 왕 합려는 이웃 월나라 왕 윤상이 죽고 그의 아들
구천이 왕위에 오른 혼란기를 틈타 월나라를 공격했습니다. 그러나
결사대를 이끌고 맞선 월나라 군사에 의해 합려의 공격은 실패로
돌아갔고 오히려 전투에서 입은 부상으로 인해 그는 목숨을 잃고
말았습니다. 임종을 앞둔 합려는 아들 부차를 불러 복수를 잊지 말라고
유언하였습니다. 이후 부차는 거친 장작개비를 방안에 깔아 두고 그
위에서 자며 부친의 유언을 마음속에 새겼습니다.

그로부터 3년 후 구천은 부차가 절치부심切齒腐心(p139)하며
복수를 꾀하고 있다는 소식을 듣고는 후환을 없애기 위해 오나라를
공격했습니다. 그러나 구천은 패했고, 부차에게 신하의 예를 갖춘 채
겨우 목숨을 구할 수 있었습니다. 이때부터 구천은 자나 깨나 복수만을
생각했습니다. 그는 머리맡에
쓸개를 걸어 놓고 드나들
때마다 핥으며 복수를 잊지
않았습니다. 그렇게 노력한
끝에 결국 월나라는 오나라를
공격합니다. 십수 년을 준비한
월나라의 강력한 군대에
오나라는 이미 상대가 되지
않았고, 항복한 부차가 예전에
자신이 구천을 신하로 받아들여

두고 봐!

슥슥

살려 준 기억을 되살리며 목숨을 구걸하지만 구천은 듣지 않습니다. 결국 부차는 자결하였고, 오나라는 멸망하기에 이르지요.

오나라와 월나라 사이에 형성된 이러한 관계는 지금까지도 원수지간의 대표적인 사례로 전해지고 있습니다. 그래서 오나라와 월나라 관계로부터 유래한 고사성어는 또 있습니다.

吳越同舟
오 월 동 주

나라이름 오, 나라이름 월, 같을 동, 배 주

오나라와 월나라가 같은 배를 타고 있음.
즉, 서로 원수지간인 두 집단이 잠시 같은 처지에 놓여 있음, 또는 둘 사이의 원한은 미루어 두고 공동의 목적을 위해 임시로 협력함.

오나라와 월나라는 원수지간을 말할 때 빠지지 않을 만큼 원한이 깊습니다. 따라서 오나라와 월나라가 같은 배를 타면 분명히 충돌하겠지요. 그렇지만 배가 안전하게 나아가기 위해서는 힘을 합칠 수밖에 없습니다. 그래서 이 말은 아무리 원수지간이라도 함께 어려움에 처하면 서로 도울 수밖에 없다는 표현입니다. 동주상구同舟相救라고도 하지요. 오나라와 월나라가 같은 배를 탄 채 서로를 구한다는 뜻입니다.

西施矉目
서 시 빈 목

서녘 서, 베풀 시, 찡그릴 빈, 눈 목

서시의 찡그린 눈.
자신의 처지는 고려하지 않으면서 남을 따라 하는 유치한 행동.

월나라 구천이 부차에게 패한 후 절치부심**切齒腐心**(p139)하던 때의 일입니다. 구천은 그 무렵 월나라 최고의 미녀인 서시라는 여인을 부차에게 바칩니다. 월나라가 오나라에 마음으로부터 복속했음을 보여주기 위한 행동이었지요. 과연 구천의 뜻대로 부차는 자신의 능력을 과신하며 서시에 빠져 정사를 도외시했고, 결국 구천에게는 복수의 기회가 주어졌습니다. 오나라 또한 멸망에 이르고 말았지요.

한편 서시는 어릴 때부터 심장병을 앓고 있어 가슴에 통증을 느낄 때마다 얼굴을 찡그렸는데, 그 모습이 너무도 아름다워 사람들의 넋을 빼앗을 지경이었습니다. 이 소문이 퍼지자 한 시골의 못생긴 여자가 사람들의 관심을 끌고자 걸핏하면 얼굴을 찡그렸습니다. 이 모습을 본 사람들이 비웃은 것은 두말할 나위도 없었지요.

이때부터 자신의 처지는 아랑곳하지 않고 남을 본뜬 행동을 하는 것을 '효빈效嚬' 또는 '빈축嚬蹙을 산다'라고 합니다.

우리 속담에도 '남이 갓 쓰고 장에 가니까 투가리 쓰고 나선다'라는 말이 있지요. 또 '뱁새가 황새 따라가면 가랑이가 찢어진다'라는 말도 있습니다. 사람은 자신의 분수를 지켜야 하는데, 그렇지 않은 사람이 많은 모양입니다.

그러니 이런 표현이 또 있지요.

부 화 뇌 동
附和雷同 붙을 부, 응할 화, 우뢰 뢰, 함께 동

자신의 주관이 없이 남의 의견을 가볍게 좇으며, 남이 하는 행동을 무작정 따라서 함.

부화附和는 '자기 주견이 없이 남의 의견을 가볍게 좇음', 뇌동雷同은

'남이 하는 대로 덩달아서 따라 함', 생활에서 자주 쓰는 표현입니다.
반면에 선비들은 다음과 같은 행동을 삶의 지표로 삼았습니다.

^화 ^이 ^부 ^동
和而不同 <small>화합할 화, 조사 이, 아니 불, 같을 동</small>

서로 조화를 이루나 같아지지는 않음.

군자의 자세를 나타내는 표현으로, 주위 사람들과 친화하며 지내기는
하나 부화뇌동附和雷同하거나 무리를 만드는 등 편향된 행동은 하지
않는 자세를 말합니다. 《논어》에 나오는 말인데, 본래는 이렇습니다.
'자왈子曰 군자君子 화이부동和而不同, 소인小人 화이불화同而不和
(공자 가라사대, 군자는 화합하나 부화뇌동하지 아니하고, 소인은 부화뇌동하나 화
합하지 아니한다).'
음, 그러니까 화이부동의 반대말은 동이불화同而不和군요.

切齒腐心
절 치 부 심
갈 절, 이 치, 썩을 부, 마음 심

몹시 분하여 이를 갈고 마음을 썩임.

이 표현도 와신상담臥薪嘗膽(p135)과 크게 다르지 않은데, 복수심에
불타는 사람의 태도를 가리키는 표현입니다. 당한 것을 갚아 주기 위해
서는 이를 갈고 마음을 썩이면서 다짐해야겠죠.

漆身吞炭
칠 신 탄 탄
칠할 칠, 몸 신, 삼킬 탄, 숯 탄

몸에 칠을 하고 숯을 삼키며 복수의 기회를 엿봄.

와신상담臥薪嘗膽(p135)보다 더한 고통을 이겨내며 복수를 하고자 한
인물이 또 있으니 바로 진晉나라 사람 예양입니다.

예양은 춘추시대 당시 진晉나라의 세력가 중 가장 강한 지백을 모시고
있었습니다. 그러나 지백은 또 다른 세력가 조양자의 계략에 걸려
죽음을 맞고 맙니다. 이후 진나라는 조양자가 세운 조趙, 한강자가 세운
한韓, 위환자가 세운 위魏의 세 나라로 나뉘고 마는데, 이 무렵부터를
전국시대라고 부릅니다.
한편 예양은 지백이 죽은 날부터 주인의 원수를 갚기 위해 몸에는
문신을 새기고 숯가루를 먹으며 목소리를 바꾸어 아무도 자신을 알아볼
수 없도록 만들었습니다. 그런 후 말을 타고 가던 조양자를 향해 칼을
휘둘렀으나 실패하고 맙니다. 조양자는 예양의 충성심을 높이 사 그를
살려 두고자 하였으나 예양은 끝내 거절하고, 자신의 마지막 소원을 들어
줄 것을 부탁했습니다.
그것은 조양자의 의복을 대신 벰으로써 복수의 마음을 버리고 죽음을
맞이하겠다는 것이었고, 조양자는 그의 부탁을 들어 주었습니다.

지금까지 살펴본 것처럼 열심히 노력하고 또 노력하면 결국 영광이 찾아오는 것은 당연한 결과죠. 그러니 그런 모습을 가리키는 표현이 왜 없겠습니까?

枯木發榮 마를고, 나무목, 펼발, 꽃영

말라 죽은 나무에서 꽃이 피어남. 고생 끝에 낙.

고목발영은 고목생화枯木生花(말라 죽은 나무에서 꽃이 핌)와 같은 뜻인데, 우리 속담 '고생 끝에 낙'과 같군요.

久旱逢甘雨 오랠구, 가뭄한, 만날봉, 달감, 비우

오랜 가뭄 끝에 단비를 만남.
즉, 오랜 괴로움이 지나고 즐거운 일이 닥쳐옴.

역시 고생 끝에 낙이 옵니다. 가뭄 끝에 내리는 단비는 아마 말라 죽은 나무에서 피는 꽃보다 더 소중할 걸요.

07

잊어서는
안 되는
것들

오 매 불 망
寤寐不忘 깰 오, 잠잘 매, 아니 불, 잊을 망

자나 깨나 언제나 잊지 않음. 결코 잊지 않는 모습을 가리킴.

이 표현은 좋지 않은 기억이나 복수 따위에 쓰는 경우는 별로 없고, 대부분 그리운 대상을 기다릴 때 씁니다. 오매는 깨어 있을 때와 잠잘 때, 즉 '자나 깨나'라는 뜻입니다.

> 내게는 병이 없어 잠 못 들어 병이로다
> 잔등殘燈이 다하도록 닭이 울어 새우도록
> 오매寤寐에 임 생각노라 잠든 적이 없어라.

조선시대 가객歌客(노래하는 사람) 김만순이란 분이 지은 시조입니다. 남은 등불이 다 타고 닭이 울어 새벽이 오도록 임 생각에 잠을 들지 못하는군요.

그렇다면 이렇게 밤새 뒤척이며 잠들지 못하는 모습을 가리킬 때 쓰는 표현은?

전전반측輾轉反側(p302)입니다.

夢寐之間 _{꿈 몽, 잠잘 매, 조사 지, 사이 간}

꿈을 꾸고 잠을 자는 동안.

앞에서 살펴본 말과 뜻이 비슷하군요. 다만 깨어 있을 때(매寐)가 아니라 꿈(몽夢)속에서도 생각하는 것이 다를 뿐입니다. 실제로는 '몽매' 또는 '몽매간'이라고 줄여서 사용하는 경우가 많습니다.

"몽매간에도 잊지 못할 그 사람을 오늘 만났습니다."

다음 표현도 비슷한 뜻을 가지고 있습니다.

日久月深 _{날 일, 오랠 구, 달 월, 깊을 심}

날이 가고 달이 깊어도 오직 간절히 바람.

글자 뜻만 살펴보면 기다리고 바란다는 뜻이 없고 다만 날이 가고 달이 간다는 말입니다만, 그 안에 담긴 뜻은 간절한 바람입니다. 즉, 세월이 아무리 흘러도 오직 한 가지만을 바란다는 뜻이죠.

安居危思
편안할 안, 살 거, 위태로울 위, 생각 사

편안하게 살면서도 위태로움을 생각함.
즉, 편안한 때에도 앞으로 닥칠지 모르는 위험에 대비함.

어려움을 겪었던 사람도 상황이 호전되면 과거를 잊고 방심하는 경우가 많습니다. 옛날 사람들도 예외가 아니었나보죠. 그래서 이런 표현이 생겨난 것이겠죠. 거안사위居安思危라고도 합니다.

백 골 난 망
白骨難忘
흴 백, 뼈 골, 어려울 난, 잊을 망

몸이 썩어 흰 가루가 되더라도 잊지 못함. 결코 잊을 수 없음.

다른 사람이 베풀어 준 은혜를 잊지 않겠다고 다짐할 때 주로 쓰는 표현입니다. 원수를 잊지 않겠다고 할 때는 사용하지 않는다는 사실, 기억해 두세요.
백골白骨은 사람이 죽은 후 살이 다 썩고 남은 하얀 뼈를 가리킵니다. 각골난망刻骨難忘도 같은 뜻인데요, 뼈에 깊이 새겨 놓고 결코 잊지 않겠다는 표현입니다. 각골명심刻骨銘心도 같은 뜻이고요.

결 초 보 은
結草報恩
맺을 결, 풀 초, 갚을 보, 은혜 은

풀을 묶어 은혜를 갚음. 즉, 죽어서도 잊지 않고 은혜를 갚음.

춘추시대 진晉나라 군주 위무자에게는 애첩이 있었습니다. 어느 날 병석에 눕게 된 위무자는 아들 위과를 불러 자신이 죽으면 애첩을

재가再嫁시키라고 말하였습니다. 그러나 위독해진 위무자는 말을 바꿔 자신이 죽으면 애첩도 함께 묻으라고 유언을 남기고 세상을 떠나죠. 돌아가신 아버지께서 남기신 전혀 다른 두 유언 사이에서 고민하던 위과는 애첩을 순장殉葬하는 대신 다른 곳에 시집보내면서 "난 아버지께서 맑은 정신에 남기신 말씀을 따르겠다"라고 하였습니다. 세월이 흐른 후 이웃 진秦나라에서 진晉나라를 침략했을 때의 일입니다. 한 전투에서 위과가 진秦나라 군사를 격파하고 적장 두회의 뒤를 쫓아갈 무렵, 갑자기 무덤 위의 풀이 묶여 올가미를 만들어 두회의 발목이 걸려 넘어졌습니다. 그날 밤 한 노인이 위과의 꿈속에 나타나 이렇게 말했습니다. "나는 네가 시집보낸 아이의 아버지다. 오늘 풀을 묶어 네가 보여 준 은혜에 보답한 것이다."

이때부터 결초보은이란 아름다운 말이 생겨났답니다.
그런데 세상에는 이런 사람은커녕 동물만도 못한 인간이 너무 많습니다. 그래서 이런 표현도 생겨났습니다.

배 은 망 덕
背恩忘德 배신할 배, 은혜 은, 잊을 망, 덕 덕

은혜를 배신하고 베풀어 준 덕을 잊음.

베풀어 준 은혜에 보답은커녕 은혜를 원수로 갚는 것을 말합니다. 배背

는 앞서도 나온 바 있는 글자인데, 배신背信이라는 뜻으로 쓰이는 경우가 많지요.

그런가 하면 이런 표현도 있습니다.

報怨以德 _{보 원 이 덕} 갚을 보, 원망할 원, 이로써 이, 덕 덕

원한을 덕으로 갚다.

당연히 복수해야 할 상대를 덕으로, 은혜로 갚는다. 진정 이기는 길이 무엇인지 아는 선비의 태도군요. 《논어》에 나오는 말입니다.

怨入骨髓 _{원 입 골 수} 원망할 원, 들 입, 뼈 골, 골수 수

원한이 뼈에 사무침.

'원한이 뼛속까지 사무쳐 있다'라는 표현 많이 쓰죠. 우리 표현을 한자로 옮겼나 봅니다.

徹天之恨 _{철 천 지 한} 뚫을 철, 하늘 천, 조사 지, 한 한

하늘을 뚫을 만큼 맺힌 한.

한이 얼마나 맺혔으면 하늘을 뚫을 만큼 치솟겠습니까? 철천지원수徹天之怨讎도 비슷한 뜻인데, 이는 하늘을 뚫을 만큼 한이 맺힌 원수를 가리킬 때 쓰는 표현입니다.

刻骨痛恨
^각 ^골 ^통 ^한

새길 각, 뼈 골, 아플 통, 한 한

뼈에 새겨 놓을 만큼 잊을 수 없고 고통스러운 원한.

한자에서 각刻과 골骨이 나오면 대부분 잊을 수 없는 고통이나 결코 잊지 않겠다는 각오 등을 나타냅니다. 앞에서도 여러 번 만난 글자들이죠. 이번에도 예외 없이 뼈에 새겨 넣는군요. 무엇을? 아픈 원한을 말이죠. 그러니 잊을 수 있겠어요?

08

반대말끼리 모이면 어떻게 될까

_{동 문 서 답}
東問西答 _{동녘 동, 물을 문, 서녘 서, 답할 답}

동쪽에서 묻자 서쪽에서 답한다.
즉, 질문에 대해 엉뚱한 대답을 늘어놓는 것.

표현을 그대로 보자면 질문을 이해하지 못했다고도 볼 수 있지요. 그렇지만 실제로는 입장이 달라 상대방의 질문을 애써 무시하는 상황에서 쓰는 표현입니다.
질문과 대답에는 이런 것도 있습니다.

愚問賢答
^{우 문 현 답}

어리석을 우, 물을 문, 어질 현, 답할 답

어리석은 질문을 받고 현명하게 답함.

말 그대로 바보 같은 질문에 대해 현명한 대답을 하거나, 문제의 본질을 짚지 못한 질문을 받고도 정확한 답변을 할 때 쓰는 표현입니다.
이와 반대로 우문우답愚問愚答이란 말도 있는데, 어리석은 질문에 어리석은 대답이군요.

同工異曲
^{동 공 이 곡}

같을 동, 장인 공, 다를 이, 노래 곡

겉만 다를 뿐 속은 모두 같음.

표현한 내용이나 맛은 다를지 모르지만 그 재주는 같다는 표현인데, 한유韓愈의 《진학해進學解》에 나오는 말에서 유래한 표현입니다.
같을 동同과 다를 이異가 함께 나오는 표현은 이 외에도 또 있습니다.

同床異夢
^{동 상 이 몽}

같을 동, 침대 상, 다를 이, 꿈 몽

같은 침대에서 자면서 다른 꿈을 꿈.
즉, 겉으로는 같은 입장인 듯하지만
실제로는 의견이나 주장이 다른 사이.

겉으로는 같은 편, 위치, 상황에 있는
듯하지만 실제로는 전혀 다른 의견이
나 뜻, 주장을 가진 상황을 가리키는
표현입니다. 침대는 보이지만 그 위에

서 자는 사람의 꿈은 누구도 볼 수 없잖아요. 그래서 감추어진 속내를 가리키는 것이죠.

異口同聲 <small>이 구 동 성</small>
<small>다를 이, 입 구, 같을 동, 소리 성</small>

입은 다르지만 하는 말은 같음.
여러 사람이 같은 의견 또는 같은 입장을 표명하는 모습.

이때의 입이 다르다는 말은 입장이 다르다는 뜻이 아니라 각기 다른 사람이라는 의미입니다. 구口는 '입'이라는 의미에서 확대되어 사람이라는 의미로도 자주 쓰입니다. 그래서 식구食口, 인구人口와 같은 단어에 쓰이지요.
사람들의 의견이나 뜻이 하나로 모아질 때 쓰는 표현은 많습니다.

滿場一致 <small>만 장 일 치</small>
<small>가득 찰 만, 마당 장, 한 일, 도달할 치</small>

한 회의 장소에 모인 모든 사람들이 같은 의견에 도달함.

회의에 모인 사람 모두가 의견에 합치한 모습을 가리킵니다.

一致團結 <small>일 치 단 결</small>
<small>한 일, 도달할 치, 둥글 단, 맺을 결</small>

모두가 하나로 뭉쳐 굳게 결합함.

만장일치滿場一致가 회의에서 의견이 합치되는 모습을 나타낸다면,

일치단결은 어떤 일을 추진할 때 단합한 모습입니다.

大同團結 _{대 동 단 결} 큰 대, 같을 동, 모일 단, 맺을 결

여러 집단이나 사람이 한 가지 목적을 이루기 위해 한 덩어리로 뭉침.

일치단결一致團結(p149)과 뜻이 같군요. 큰 목적을 이루기 위해서는 모든 사람들이 한 마음을 갖는 것이 중요하죠. 이렇게 모두가 같은 뜻을 향해 뜻을 모으고 함께 행동하는 모습을 가리키는 표현입니다.

一心同體 _{일 심 동 체} 한 일, 마음 심, 같을 동, 몸 체

마음과 몸이 하나로 모아짐. 한마음 한 몸.

밀접하고 굳게 결합한 사이를 가리키는 말이죠. 만장일치滿場一致 (p149)나 일치단결一致團結(p149)보다 더욱 강한 결속력을 나타내는 표현입니다.

渾然一體 _{혼 연 일 체} 흐릴 혼, 그럴 연, 한 일, 몸 체

마음이나 행동이 완전히 섞여 하나로 뭉쳐진 상태.

혼渾은 '흐리다'라는 뜻 외에 물이 서로 합쳐진다는 뜻도 가지고 있습니다. 양쪽 물이 서로 합쳐지듯이 마음이나 행동이 합쳐져 하나가 되는 상태. 그것이 바로 혼연일체입니다.

그러나 언제나 모든 사람의 의견이 하나로 모아지는 것은 아니죠. 그럴 때는 할 수 없이 민주주의 원칙에 따를 수밖에 없습니다. 다음 표현을 볼까요.

多數決 _{많을 다, 셀 수, 터질 결}

회의에서 많은 구성원이 찬성하는 의안을 선정하는 일.

만장일치滿場一致(p149)가 불가능한 경우에는 어쩔 수 없이 다수결 원칙, 즉 보다 많은 구성원이 찬성하는 내용에 따르는 것이 민주주의의 원칙이죠.

過半數 _{지날 과, 반반, 셀 수}

반수를 넘음. 즉, 50퍼센트 이상을 가리킴.

다수결 원칙은 바로 이렇게 반수를 넘는 사람이 원하는 방향으로 결정하는 것을 가리키지요. 그렇다면 과반수를 넘어 거의 대부분의 사람을 가리키는 표현은? 대다수大多數. 절대다수란 뜻입니다.

一長一短 _{한 일, 길 장, 한 일, 짧을 단}

장점이 있으면 단점도 동시에 존재함. 장점과 단점.

민주주의란 제도는 인간이 발명해 낸 가장 뛰어난 정치체제이긴 하지만 단점도 있습니다. 그래서 민주주의를 가리켜 중우정치衆愚政治 (어리석은 대중들에 의한 정치)라고 평하는 학자도 많지요.

그래서 민주주의에도 일장일단이 있다고 합니다. 장점과 동시에 단점도 있다는 말이죠.

일심동체一心同體(p150)인 사람들이 행동하는 모습을 살펴봅시다.

同苦同樂 같을 동, 쓸 고, 같을 동, 즐길 락

고생도 함께하고 기쁨도 함께함.

어떤 상황에서도 운명을 함께하는 사이를 가리키는 표현입니다. 잘못하면 '동거동락'이라고 하기 쉬운데 조심하십시오. 실제로는 '고락을 함께하다'라는 표현으로 자주 쓰죠. 동고동락을 풀어 쓴 셈이군요.

이번에는 머리와 꼬리가 함께 나오는 표현을 알아보겠습니다.

首尾一貫 _{수 미 일 관} 머리 수, 꼬리 미, 한 일, 꿰뚫을 관

머리에서 꼬리까지 한 번에 꿰뚫음.
즉, 처음부터 끝까지 일관성이 있는 모습.

행동이나 뜻, 의지 등에 있어 처음 시작할 때의 자세를 마지막까지 견지하는 것은 무엇보다 중요하죠. 뜻을 굽히지 않아야 하는 것은 물론 포기하지도 않아야 하고, 온갖 유혹에 넘어가서도 안 됩니다.
이와 같은 표현이 또 있습니다.

始終一貫 _{시 종 일 관} 처음 시, 마칠 종, 한 일, 꿰뚫을 관

처음부터 끝까지 하나로 꿰뚫음.
처음부터 끝까지 자세나 의지, 뜻이 변하지 않는 모습.

앞서 본 수미일관首尾一貫과 다르지 않은 표현이군요. 시종여일始終如一도 같은 뜻인데, 여일如一은 '한결같다'라는 뜻입니다. 그러니까 시종여일은 '처음부터 끝까지 한결같다.'

一以貫之 _{일 이 관 지} 한 일, 써 이, 꿰뚫을 관, 그것 지

전체를 하나로 꿰뚫음.

하나의 이치로써 전체를 꿰뚫는 모습을 가리킵니다. 앞서 살펴본 수미일관首尾一貫과 일맥상통一脈相通(p470)한다고 하겠지요. '일관되다'란 표현 아시죠? 뜻이나 행동에 변함이 없을 때 쓰는 표현인데, 이때의 일관一貫이란 바로 이 말의 줄임말이랍니다. 이 표현도 공자님이

하신 말씀인데 《논어》에 나옵니다. "나의 도는 한 줄기로 꿰어 있다."
그럼 나온 김에 꿰뚫는 표현 하나 더 볼까요?

初志一貫
_{초 지 일 관}

처음 초, 뜻 지, 한 일, 꿰뚫을 관

처음 세운 뜻을 끝까지 밀고 나가는 모습.

앞서 살펴본 시종일관始終一貫_(p153)과 비슷하지만 의지가 더해졌기
때문에 훨씬 강력한 뜻을 갖고 있습니다.

首尾相接
_{수 미 상 접}

머리 수, 꼬리 미, 서로 상, 닿을 접

머리와 꼬리가 서로 닿음.
서로 이어져 끝이 없는 모습.

머리와 꼬리가 연이어 잇닿은 모습
을 그린 표현이군요. 그러니 당연
히 끝이 없을 테죠. 수미쌍관법首
尾雙關法이란 말 들어보셨나요?
시를 지을 때 첫 연을 마지막에 그
대로 반복하는 구성법을 말합니다.

'수미상관법'으로 잘못 알고 계신 분들이 많은데 조심하십시오.

徹頭徹尾 <small>통할 철, 머리 두, 통할 철, 꼬리 미</small>

머리부터 꼬리까지 통하지 않는 곳이 없음.
처음부터 끝까지 모두, 빼놓은 것 없이 샅샅이.

이 말은 앞서 본 수미일관首尾一貫 (p153)이나 시종일관始終一貫 (p153)
과는 그 뜻이 약간 다르죠. 처음부터 끝까지 빈틈이 없는 상태나 어떤
일을 행함에 있어 부족함이 없이 철저히 실시하는 것을 가리킵니다.

上下寺不及 <small>위 상, 아래 하, 절 사, 아니 불, 미칠 급</small>

위로도 아래로도 모두 미치지 못함. 또는 두 가지 일이 모두 실패하게 됨.

줄여서 상하불급上下不及이라고도 하는데, 가운데 사寺(절 사)가 들
어 있는 걸 보니 산에 오르다 윗절에 가기도 힘이 들고 아래 절로 돌아
가기에도 어정쩡한 상태를 표현한 듯하죠.

創業易守成難 <small>비롯할 창, 일 업, 쉬울 이, 지킬 수, 이룰 성, 어려울 난</small>

창업은 쉬우나 이룬 것을 지키는 것은 어려움.

나라를 세우는 것보다 지키는 것이 더 어렵다는 이야기에서 비롯된 것
인데, 요즘에는 기업 또는 사업과 관련되어 더 자주 쓰이지요. 이와 비
슷한 뜻으로 '부자 3대 못 간다'라는 우리 속담이 있습니다.

　　당나라의 전성기를 연 태종이 물었습니다.
　　"제왕帝王의 사업은 창업이 어려운가, 이를 지키는 수성守成이

어려운가?"

그러자 상서좌 복야 방현령房玄齡이란 이가 대답했지요.

"혼란한 세상에 수많은 영웅들이 다투어 일어날 때 이를 쳐서 이겨야만 승리를 얻게 되니 창업이 어려울 듯합니다."

그러자 위징魏徵이란 이가 일어나 말했습니다.

"제왕이 처음 일어날 때는 기존 조정이 부패해서 천하가 혼란에 빠진 상태이므로 무도한 임금을 넘어뜨린 새 천자를 백성들은 기쁨으로 받들게 됩니다. 이는 알고 보면 하늘이 내린 명이요, 백성이 기쁨으로 따르는 까닭에 어렵지 않습니다. 그러나 천하를 얻고 나면 마음이 느슨해지고 교만해져 정사에 게을러지고 백성은 태평성대太平聖代(p422)를 원합니다. 그런 까닭에 나라가 기우는 것은 이로부터 시작합니다. 그런 까닭에 수성이 더 어렵다고 할 것입니다."

두 사람의 말을 들은 당 태종은 심사숙고深思熟考(p285) 끝에 이렇게 말하였습니다.

"두 사람의 말이 다 옳소. 이제 우리에게 남은 것은 수성뿐이니 모두 조심하면 어려운 길을 극복할 수 있을 것이오."

생 불 여 사
生不如死 날생, 아니불, 같을여, 죽을사

사는 것이 죽는 것만 못함.

살아 있는 것이 죽는 것만
못할 정도니 그 사정
이 얼마나 어렵겠
습니까? 바로 그
렇게 어려운 처
지를 가리키는

표현입니다. 그런데 우리 속담에 '개똥밭에 굴러도 이승이 낫다'는 말
이 있습니다. 아무리 힘들어도 죽는 것보다는 살아 있는 게 낫다는 말
이죠.
다음에는 온갖 종류의 반대 개념끼리 모여 만들어진 표현을 살펴보겠
습니다.

離合集散 _이 _합 _집 _산 나눌 이, 합할 합, 모을 집, 흩어질 산

헤어졌다가 모이고 모였다가 헤어짐을 반복하는 모습.

헤어진 무리가 다시 모이고, 모였던 무리가 다시 흩어지는 모습을 가리
키는 말입니다.

結者解之 _결 _자 _해 _지 맺을 결, 사람 자, 풀 해, 이 지

맺힌 것은 그것을 맺은 사람이 풀어야 함.
즉, 문제를 일으킨 사람이 그 문제를 해결해야 함.

묶은 사람이 가장 잘 풀 수 있는 법이죠. 어떻게 묶었는지 기억하고 있
을 테니까요. 일이나 문제도 마찬가지입니다. 저지른 사람이 해결하는
것이 가장 손쉽지 않겠습니까?

明珠暗投
<small>명 주 암 투</small>

밝을 명, 구슬 주, 어두울 암, 던질 투

빛나는 구슬을 어둠 속에 던짐.
즉, 남을 돕고자 한다면 예의를 갖추어 도와야 함을 이르는 말.

그렇습니다. 구슬을 준다면서 어둠 속에 던지는 것은 주겠다는 것이 아니라 "어디, 네가 가질 수 있는지 한번 보자" 하는 느낌이 더 강하죠.

不可近不可遠
<small>불 가 근 불 가 원</small>

아니 불, 가할 가, 가까울 근, 아니 불, 가할 가, 멀 원

가까이하기도, 멀리하기도 어려움.

가까이하기도 어렵고 멀리하기도 어려운 관계가 있습니다. 바로 그런 상대를 가리킬 때 씁니다. 친구는 친구인데 썩 좋지 않은 일에 관여하는 친구 또는 친척 가운데 늘 말썽을 달고 다니는 친척에 대해 쓰기에 적절한 표현입니다.
이와 유사한 표현으로 이런 말도 있습니다.

敬而遠之
<small>경 이 원 지</small>

존경할 경, 어조사 이, 멀 원, 대명사 지

존경은 하되 가까이하지 않음.

존경하는 사이일수록 너무 가까이하지 않는 게 서로에게 도움이 됩니다. 바로 그런 사이를 가리키는 표현인데, 너무 가까워지면 존경하던 마음마저 사라지는 일이 벌어지기 쉽죠. 그래서 서양 속담에 '시종 앞에 영웅 없다'라는 표현이 있습니다. 그 사람에 대해 시시콜콜 알고 나면 도저히 존경할 수 없다는 것이죠.

黨同伐異
<small>당 동 벌 이</small>

무리 당, 같을 동, 칠 벌, 다를 이

같은 편끼리는 당을 만들고, 다른 편에 대해서는 공격함.

이 말에는 옳고 그름을 따지기 이전에 내 편, 남의 편을 가른다는 부정적인 의미가 담겨 있습니다.

破邪顯正
<small>파 사 현 정</small>

부술 파, 어긋날 사, 나타날 현, 바를 정

사악함을 부수고 바른 것을 드러냄.

공격하려면 사악함을 공격하고 올바른 것을 세우는 것이 사람의 도리 아니겠습니까? 무조건 내 편이라고 두둔하고 남의 편이라고 공격한다면 세상에 정의가 바로 서기 어렵겠지요.

勸善懲惡
<small>권 선 징 악</small>

권할 권, 착할 선, 징계할 징, 악할 악

선을 권하고 악을 징벌함.

착한 일을 권장하고 나쁜 일을 벌한다는 뜻이죠. 특히 이런 내용을 담은 소설을 가리켜 권선징악 소설이라고 합니다. 옛날 소설들, 《흥부전》이나 《콩쥐팥쥐》 같은 이야기들이 이에 속하지요.

假弄成眞
가 롱 성 진

거짓 가, 희롱할 롱, 이룰 성, 참 진

농담으로 한 것이 진실이 됨.

농담이 진담 된다는 뜻이죠.
우리말에 '말이 씨가 된다'라는 표현이 있습니다. 농담처럼 한 말이 현실이 될 수 있으니 말조심하라는 의미로 쓰이죠.

針小棒大
침 소 봉 대

바늘 침, 작을 소, 몽둥이 봉, 큰 대

바늘처럼 작은 일을 몽둥이처럼 크게 부풀려 허풍을 떠는 모습.

세상 사람들의 허풍은 알아줄 만하죠. 그래서 바늘이 떨어져 있었는데, 몇 사람 건너면 몽둥이가 떨어져 있는 것으로 변합니다. 그렇게 허풍을 떠는 모습을 나타낸 표현입니다.

老少同樂
노 소 동 락

늙을 로, 어릴 소, 같을 동, 즐길 락

노인과 어린이가 함께 즐김.

나이를 의식하지 않고 모든 이가 함께 어울리는 화목한 모습을 가리키는 표현입니다. 이때 조심해야 할 글자는 소少. 소小가 '(크기가) 작다'라는 뜻인 반면 소少는 '어리다, 젊다, (양이) 적다'라는 뜻입니다. 그래서 크고 작음은 대소大小, 많고 적음은 다소多少입니다.

呼兄呼弟 _{호 형 호 제} 부를 호, 형 형, 부를 호, 아우 제

서로 형, 아우 하고 부름. 격의 없이 지내는 가까운 사이를 일컫는 표현.

친구들이 모이면 서로 내가 형이니 네가 아우니 하고 실랑이를 하죠.
바로 그런 친근한 사이를 가리키는 표현입니다.
이와 비슷하지만 뜻은 전혀 다른 표현이 있습니다.

呼父呼兄 _{호 부 호 형} 부를 호, 아버지 부, 부를 호, 형 형

아버지라 부르고 형이라 부름.

너무 당연한 말이군요. 아버지를 아버지라 부르고 형을 형이라 부르니
말이에요. 그런데 이 말이 한이 되는 사람이 있습니다. 바로 조선시대
서자庶子들이죠. 그들은 같은 아버지 밑에서 태어났지만 아버지를 아
버지라 부르지 못하고 형을 형이라 부르지 못했지요. 그 대표적인 인
물이 소설의 주인공인 홍길동입니다. 그래서 홍길동이 집을 떠나면서
"아버지를 아버지라 부르지 못하고 형을 형이라 부르지 못하니 제가
어찌 떠나지 않을 수 있겠습니까?"라는 말을 남기죠.
또 이런 표현도 있습니다.

呼父呼母 _{호 부 호 모} 부를 호, 아버지 부, 부를 호, 어머니 모

부모님이라 부름. 즉, 자신의 부모가 아닌 사람을 부모로 모심.

이는 진짜 부모님에 대한 표현이 아니죠. 진짜 부모님이라면 부모님이

라고 부르는 것이 뭐 대단한 것이라고 사자성어까지 만들겠습니까?

死生決斷 죽을 사, 날 생, 터질 결, 끊을 단

죽음을 무릅쓰고 결정을 내림.

우리말 가운데 '죽기 살기로 덤비다'라는 표현이 있지요. 죽기를 각오하고 결정을 내리거나 대항한다는 뜻이니, 사생결단과 다를 바가 없습니다.

건 곤 일 척

乾坤一擲 하늘 건, 땅 곤, 한 일, 던질 척

하늘과 땅. 즉, 천하를 걸고 벌이는 한판 승부나 결단.

하늘과 땅을 건다면 모든 것을 다 거는 것이죠. 그래서 모든 것을 걸고 사생결단死生決斷 하는 모습을 가리킵니다. 서양식으로 말하면 '루비콘 강을 건넜다'라거나 '주사위는 던져졌다'라고나 할까요. 건과 곤은 태극기에도 나오는 괘의 일종입니다. 건 乾은 ☰, 곤坤은 ☷인데, 하늘과 땅, 즉 천하를 뜻합니다.

이 표현은 중국 당나라의 문장가 한유韓愈(768~824)가 지은 다음 시에서 비롯되었습니다. 이 시는 항우와 유방이 천하를 놓고 겨루던 해하의 전투를 떠올

162

리며 지은 것이고요. 잘 알다시피 항우는 전쟁 초반에 유리하다가 우물쭈물하는 바람에 유방에게 주도권을 빼앗기고 급기야 해하의 전투에서 패하여 목숨을 잃고 맙니다. 유방은 천하를 얻어 한漢나라를 건국하고요.

龍疲虎困割川原 용피호곤할천원
億萬蒼生性命存 억만창생성명존
誰勸君王回馬首 수권군왕회마수
眞成一擲賭乾坤 진성일척도건곤

피로한 용, 지친 호랑이, 강 언덕에서 대치하니,
억만창생 생명이 살아났구나.
그 누가 군왕에게 말머리를 돌리도록 권하였는가?
참으로 한번 겨룸에 천하를 걸었구나.

그러니까 원래 표현은 일척건곤 一擲乾坤이었네요.
하나 더!
건乾은 두 가지로 발음하는데, '하늘 건'과 '마를 간'이 그것입니다. 뜻은 그렇지만 대부분은 '건'으로 발음한다는 사실도 알아두세요. 그렇지만 다음 표현에서는 간으로 읽는군요.

乾木水生 마를 간, 나무 목, 물 수, 날 생

마른 나무에 물이 올라 되살아남. 즉, 결코 일어날 수 없는 일을 가리킴.

말라 죽은 나무는 결코 다시 살아나지 않습니다. 그래서 가능성이 없는 일을 가리킬 때 쓰는 표현입니다. 우리 속담에 '군밤에서 싹 난다'라는 말이 있는데 비슷하군요. 앗! 군밤에 싹 난다는 말을 보니 불현듯 이런 글이 생각납니다.

> 바삭바삭 소리가 나는 가는 모래 벼랑에
> 군밤 다섯 되를 심고
> 그 밤이 움이 돋아 싹 나거든
> 덕이 높으신 임과 이별하고 싶습니다.

도대체 가능한 일입니까? 군밤을 그것도 가는 모래 벼랑에 심어서 싹을 돋게 하다니요? 그러니 결코 임과 이별하지 않겠다는 의지를 반어적으로 표현한 것입니다. 글은? 고려가요 가운데 하나인 〈정석가〉입니다. 작자와 연대는 모두 미상.

터무니도 없는 욕심을 부리며 가능성이 없는 일에 연연하는 사람은 생각보다 많습니다. 그래서인지 이런 표현도 꽤 많지요.

緣木求魚
연 목 구 어
인연 연, 나무 목, 구할 구, 물고기 어

수주대토(P45)

나무에서 물고기를 구함. 불가능한 일을 이루려고 하는 행동.

나무 위에서 물고기를 구하는 것이 가능한 일입니까? 그래서 전혀 불가능한 일을 이루려고 하는 터무니없는 행동을 가리키는 표현입니다. 우리 속담에도 이런 의미를 가진 게 있는데 바로 '장대로 별 따기'란 말입니다.

百年河清 _{일백 백, 해 년, 강 하, 맑을 청}

백 년 하 청

황하의 물은 백 년이 지나도 맑아지기 어려움.
즉, 아무리 오래 기다려도 이루어지기 어려운 일이나 상황을 가리킴.

황하黃河란 강 이름은 바로 물이 탁한 데서 비롯되었습니다. 그러니 물이 탁하니까 황하지, 물이 맑으면 황하가 아닙니다. 그런 황하가 맑아지기를 바라는 것은 연목구어緣木求魚요, 수주대토守株待兔_(p45) 아니겠습니까?

우리나라에도 이와 유사한 표현이 있는데요, '개 꼬리 3년 묻어 두어도 황모 되지 않는다'라는 속담입니다. 황모黃毛는 족제비 털인데, 고급 붓을 만드는 데 쓰죠. 그래서 쓸모없는 것을 아무리 오래 둔다 해도 새롭게 변할 가능성이 전혀 없을 때 쓰는 말입니다.

이와 비슷한 표현이 또 있습니다.

不知何歲月 _{아니 불, 알 지, 어찌 하, 해 세, 달 월}

부 지 하 세 월

세월이 얼마나 걸릴지 알 수 없음.

세월이 얼마나 걸릴지 알 수 없다, 즉 어떤 일이 언제 이루어질지 그 기한을 알 수 없을 때 쓰는 표현입니다. 그런데 정말 알 수 없다기보다는 아무리 기다려도 안될 듯할 때 이 표현을 쓰지요. "그 사람에게 이 일을 맡긴다면 부지하세월이야."

언제 올 지 모르는 … 남편을 기다리다 돌이 되었다는 작품, 망부석입니다!

이번에는 힘만 세면서 터무니없는 행동을 일삼는 사람입니다.

陸地行船 ^{유 지 행 선} 뭍 륙, 땅 지, 갈 행, 배 선

육지로 배를 끌고 가고자 함.
즉, 되지 않을 일을 억지로 하고자 함.

글쎄, 나무에서 물고기를 구하고자 하는 사람이나 배를 끌고 땅으로 올라가려고 하는 사람이나 오십보백보五十步百步(p196)군요.

以卵投石 ^{이 란 투 석} 써 이, 알 란, 던질 투, 돌 석

달걀로 바위 치기.

말씀 안 드려도 아시죠? 안 될 일을 하는 모습을 가리키는 표현 말입니다.

한편 앞서 살펴본 우공이산愚公移山(p125)이나 마부작침磨斧作針(p125) 같은 표현도 현실적으로 불가능한 것은 마찬가지입니다. 그러나 그 표현에 담겨 있는 의미에는 큰 차이가 있습니다. 우공이산 등이 어떤 어려움에도 불구하고 끝까지 최선을 다하여 불가능한 일을 가능케 만든다는 표현이라면, 여기서 살펴본 표현들은 되지도 않을 일을 터무니없이 고집한다는 의미가 강합니다.

玉石俱焚
옥 석 구 분

玉 옥 옥, 石 돌 석, 俱 함께 구, 焚 불태울 분

옥과 돌이 함께 불에 탄다.

즉, 구해야 할 것과 버려야 할 것, 좋은 것과 나쁜 것이 함께 사라짐.

우리 고전 소설 가운데 《조웅전》이란 작품이 있습니다. 조선 후기에 유행한 영웅 소설이자 국문소설이죠. 그 가운데 이런 구절이 나옵니다.

> 너는 하나는 알고 둘은 모르는구나. 형산에 불이 나면 옥과 돌이 함께 타는 안타까움이 있거늘, 이제 국가가 불행하게 되면 너의 원수들이 너를 죄없다 하고 그냥 두겠느냐? 아이의 소견이 저토록 예사롭거늘 어찌 마음 놓고 믿으리오.

조웅이 소인배들이 설쳐대는 조정에서 뜻을 펼치려 하자 그의 어머니께서 걱정하면서 한 말이죠. 물론 조웅은 이러한 경고에도 아랑곳하지 않고 이렇게 말합니다.

> 사람이 일을 당하여 근심을 깊이 하면 애가 타서 백 가지 일이 다 불리하옵니다. 이 때문에 죽은 곳에 떨어진 이후에도 살아날 길이 있고 망할 곳에 팽개쳐진 이후에도 살아남을 수 있다 하였으니 우린들 하늘이 설마 무심하겠습니까?

조심할 것은, '옥석玉石을 구분區分해야 한다(옥석을 가려야 한다)'라는 말과 혼동하면 안 된다는 것이죠. 이는 옳은 것과 그른 것, 살려야 할 것과 버려야 할 것을 가려야 한다는 표현이니까 옥석구분과 뜻이 전혀 다릅니다.

비슷한 표현으로 옥석혼효玉石混淆란 말이 있습니다. 혼효混淆는 마구 섞인다는 뜻이죠. 그래서 귀한 것과 흔한 것, 좋은 것과 나쁜 것,

취해야 할 것과 버릴 것이 섞여 있다는 말입니다.

百害無益 _{일백 백, 손해 해, 없을 무, 더할 익}

<small>백 해 무 익</small>

모두가 손해일 뿐 이익됨은 하나도 없음.

100퍼센트면 전부죠. 전부가 손해니 당연히 이익은 하나도 없을 테고요. 그래서 아무런 이득도 없이 오직 해만 끼치는 것을 가리킵니다.
다음 표현도 백해무익만큼이나 쓸모가 없군요.

徒勞無益 _{무리 도, 일할 로, 없을 무, 더할 익}

<small>도 로 무 익</small>

헛되이 애만 쓰고 이익이 없음.

도로徒勞란 '헛된 수고'를 가리킵니다. 그러니까 헛되이 수고만 하고 아무런 이득을 얻지 못한 경우에 이 표현을 쓰죠.

利害得失 _{이익 이, 손해 해, 얻을 득, 잃을 실}

<small>이 해 득 실</small>

이익과 손해, 얻는 것과 잃는 것.

나에게 이익이 되는 것과 손해가 되는 것을 따지는 것을 가리킵니다.

^동 ^서 ^고 ^금
東西古今 _{동녘 동, 서녘 서, 옛 고, 이제 금}

동쪽 지방에서 서쪽 지방, 옛날부터 현재까지.
공간적으로는 온 세계, 시간적으로는 옛날부터 지금.
즉, 인간의 역사 전체를 가리키는 말.

고금동서古今東西라고 순서를 바꾸어도 똑같은 뜻입니다.
옛날을 가리키는 글자 고古와 비슷한 글자로 석昔(옛날 석)이 있습니다.
모두 '옛날, 지난날'을 가리킵니다. 그래서 이런 표현도 있지요.

^금 ^석 ^지 ^감
今昔之感 _{이제 금, 옛 석, 조사 지, 느낌 감}

지금과 옛날을 비교할 때 떠오르는 감회.

옛날의 모습을 떠올려 오늘과 비교해
보니 현재 모습이 너무나도 달라 세
월의 무상함을 느끼게 될 때 쓰는
말입니다.
이와 비슷한 표현이
또 있습니다.

^격 ^세 ^지 ^감
隔世之感 _{사이 뜰 격, 세대 세, 조사 지, 느낄 감}

다른 시대를 사는 듯 크게 변화를 느끼는 감정.

이 표현은 실제로 긴 세월이 흘러 나타나는 변화의 감정을 말하기도 하
지만, 너무 크게 변해서 긴 세월이 흐른 것 같은 착각을 일으킬 때 자주

씁니다. 이렇게 말이죠.

"북한을 자유롭게 여행할 수 있다니 참으로 격세지감을 느끼게 된다."

取捨選擇 <small>취할 취, 버릴 사, 가릴 선, 가릴 택</small>

취할 것인지 버릴 것인지 선택하여 결정함.

취사取捨라는 단어도 많이 쓰이죠. '쓸 것은 쓰고 버릴 것은 버린다'라는 뜻입니다.

하나 더! 혹시라도 '밥 짓기'인 취사炊事와 혼동하지 마세요.

此日彼日 <small>이 차, 날 일, 저 피, 날 일</small>

이날이니 저날이니 하며 약속을 계속 미룸.

"오늘 낼, 오늘 낼 하면서 약속을 지키지 않네" 하는 말 자주 쓰죠. 이렇게 날짜를 계속 미루면서 약속을 지키지 않을 때 쓰는 표현입니다.

피차彼此라는 단어도 자주 씁니다. '나와 너, 이쪽과 저쪽, 서로'라는 의미를 갖습니다. 불교에서는 열반의 경지를 가리켜 피안彼岸이라고 하죠. 저쪽 언덕 말이에요. 그렇다면 힘든 이 속세는 뭐라고 할까요? 당연히 차안此岸.

左之右之 _{좌 지 우 지}
왼 좌, 조사 지, 오른 우, 조사 지

농단(p376)

왼쪽으로 했다가 오른쪽으로 했다가 하는 모습.
자기 마음대로 일을 다루고 권력을 휘두름.

이 표현은 행동의 주체가 자기 뜻대로 이랬다저랬다 하는 모습을 가리 킵니다. 그러니까 술 먹고 어쩔 수 없이 흔들릴 때 쓰면 절대 안 됩니다. 이와 비슷한 표현이 또 있습니다.

無所不爲 _{무 소 불 위}
없을 무, 바 소, 아니 불, 할 위

하지 못하는 것이 어디에도 없음.

무슨 일이든 할 수 있는 힘이나 권력, 행동 등을 나타내는데, 권력이나 힘을 마구 휘두를 때 쓰는 부정적 표현입니다. 그래서 '무소불위의 권 력'이라고 하면 독재자가 휘두르는 권력을 가리킵니다. 또 이런 표현도 있습니다. 궁무소불위窮無所不爲. 궁하면 못할 짓이 없다, 즉 사람 이 어려운 처지에 놓이면 무슨 짓이든 저 지를 수 있다는 뜻입니다.

이 외에도 무소無所가 들어가는 표현 이 여럿 있습니다.

無所不知
무 소 부 지 　없을 무, 바 소, 아니 불, 알 지

알지 못하는 것이 어디에도 없음. 즉, 모르는 것이 없음.

무소불위無所不爲(p171)보다 더 무서운 사람이 바로 모르는 것이 없는 사람이죠. 요즘은 무력의 시대가 아니라 정보화 시대니까요.

無所不在
무 소 부 재 　없을 무, 바 소, 아니 불, 있을 재

없는 곳이 없음. 즉, 어느 곳에나 존재함.

이는 본래 천주교 용어로, 어느 곳에든 하느님이 존재한다는 의미입니다.

無所忌憚
무 소 기 탄 　없을 무, 바 소, 꺼릴 기, 삼갈 탄

아무것도 꺼리는 바가 없음.

'기탄없다'는 표현 아시죠? "무슨 의견이든 기탄없이 말해 주세요" 하면 꺼리지 말고 하고 싶은 이야기를 다 하라는 말이죠.

朝令暮改
조 령 모 개 　아침 조, 명령 령, 저물 모, 고칠 개

아침에 명령을 내리고 저녁에 그것을 다시 고침.

법이나 명령 등이 수시로 바뀌는 모습을 가리킵니다. 이 표현은 정책이

수시로 바뀌는, 잘못된 행정을 나타낼 때 쓰는데, 《사기》에 나오는 표현입니다.

朝變夕改
조 변 석 개
아침 조, 변할 변, 저녁 석, 고칠 개

아침에 바꾸고 저녁에 고침.
즉, 정책이나 계획, 마음 따위가 수시로 바뀌는 모습.

조령모개朝令暮改보다 더 광범위하게 쓰이는 표현입니다. 사람 마음이 수시로 바뀔 때는 조령모개 대신 조변석개를 씁니다. 우리 속담에 '화장실 갈 때 마음 다르고 나올 때 마음 다르다'라는 게 있죠. 상황에 따라 이랬다저랬다 하는 인간의 마음을 잘 나타낸 표현이라 여겨집니다.
이번에는 괘씸한 녀석들을 살펴보겠습니다.

主客顚倒
주 객 전 도
주인 주, 손님 객, 뒤집힐 전, 넘어질 도

주인과 손님이 뒤바뀌었음.
즉, 손님이 주인 노릇을 하듯 역할이 뒤바뀐 모습을 가리킴.

전顚은 '꼭대기, 이마'라는 뜻 외에 '뒤집다, 넘어지다'라는 뜻도 있습니다. 그래서 차나 물체가 넘어지는 것을 전복顚覆이라고 하죠.
이와 비슷한 다음 표현도 알아둡시다.

客反爲主 객 반 위 주 손님 객, 뒤집을 반, 될 위, 주인 주

손님이 뒤바뀌어 주인이 됨.

같은 뜻이네요. 손님이 주인 되고 주인이 손님 되니 말이에요.

本末顚倒 본 말 전 도 뿌리 본, 끝 말, 뒤집힐 전, 넘어질 도

뿌리와 잎사귀가 뒤바뀌었음.
즉, 중요한 것과 사소한 것의 평가, 역할 등이 뒤바뀐 모습.

그래서 '본말이 전도되다'라고 하면 일의 경중輕重이 뒤바뀐 모습을
가리킵니다. 사소한 것이 중요한 것을 제치고 앞에 나오거나, 뒤에 해
야 할 일이 앞서 실행되는 따위의 상황을 일컫는 것이죠. 우리 속담에
도 이런 표현이 있습니다. '배보다 배꼽', '바늘보다 실이 굵다.'

賊反荷杖 적 반 하 장 도둑 적, 뒤집을 반, 규탄할 하, 지팡이 장

도둑이 오히려 몽둥이를 잡고 주인 노릇을 함.

도망가도 시원찮을 도둑놈이
몽둥이를 들고 주인에게 대
든다니 주객전도主客顚倒
(p173), 객반위주客反爲主, 본
말전도本末顚倒가 모두
해당되는군요.
그런데 이런 일은 오래

전부터 있어 온 게 틀림없습니다. 왜냐고요? 우리 속담에도 이런 경우를 표현한 것이 많거든요. '도둑놈이 도둑놈이야 한다', '방귀 뀐 놈이 성낸다', '되려 순라 잡는다' 등등처럼 말이에요.

一喜一悲
한 일, 기쁠 희, 한 일, 슬플 비

기뻐했다 슬퍼했다 함. 상황에 따라 좋아했다 슬퍼했다를 반복하는 모습.

순간순간 닥쳐오는 상황에 따라 감정이 변화하는 모습을 가리킨 표현인데, 이렇게 순간적으로 좋아했다 슬퍼했다 하다가는 오래 못 삽니다. "그렇게 한 경기 한 경기에 일희일비하지 말아라. 일 년에 수십 번의 경기가 있고 그 경기가 다 끝나야 진정 승자가 누구인지 알 수 있는 법이다."
일희일우一喜一憂도 비슷한 뜻을 갖고 있습니다.

夏爐冬扇
여름 하, 난로 로, 겨울 동, 부채 선

여름 난로와 겨울 부채.

여름에 난로 쓸 곳 있나요? 겨울 부채는요? 두 물건 모두 전혀 쓸모가 없습니다. 그래서 이 말은 철에 어울리지 않아 쓸모가 별로 없는 사물을 가리킵니다. 그런데 꼭 그럴까요? 남들보다 앞서 여름에 난로를 마련하고 겨울에 부채를 준비하는 것도 괜찮지 않겠어요? 그래서 훗날을 위해 지금은 급하지 않은 물품이나 일을 준비하는 것을 가리킬 때도 이 표현을 쓴답니다. 그러니까 부정적인 표현이 갑자기 긍정적인 의미를 갖게 된 셈이죠.

醉生夢死 _{취할 취, 날 생, 꿈 몽, 죽을 사}

취한 상태로 태어나 꿈꾸듯이 죽음.

취한 상태나 꿈꾸는 상태나 그게 그거 아니겠습니까? 그래서 태어나서 죽을 때까지 특별한 목적이나 뜻을 이루려는 의지도 없이 흐리멍덩하게 살아가는 모습을 가리킵니다. 취한다는 뜻의 취醉가 들어간 표현 가운데 더 자주 쓰는 말은 취중진담醉中眞談입니다. 술이 취하면 평소에는 하지 않던 진짜 속내를 드러낸다는 뜻이죠. 그래서 술자리에서 화해를 하기도 하지만 술자리에서 등을 돌리는 경우도 종종 있습니다.

非夢似夢 _{아닐 비, 꿈 몽, 닮을 사, 꿈 몽}

꿈이 아닌 듯도 하고 꿈인 듯도 함.

꿈인지 생시인지 분간할 수 없는 상태를 가리킵니다. 또한 정신을 차리지 못한 상태를 가리킬 때도 이 표현을 씁니다.

下意上達 _{아래 하, 뜻 의, 위 상, 다다를 달}

아래의 뜻이 위에 닿음.

아랫사람, 아래 조직의 의견이 윗선까지 전해지는 모습을 가리킵니다.

그렇다면 윗사람의 뜻이 아랫사람에게 전해지는 것은? 상의하달上意下達이라고 하죠. 뜻은 '위의 의견이 아래까지 도달함.'

縦横無盡
종 횡 무 진

세로 종, 가로 횡, 없을 무, 다할 진

자유롭게 활동하는 모습이 사방으로 끝이 없음.

종횡縱橫은 세로와 가로라는 뜻입니다. 사방으로 거칠 것 없이 나아가는 자유로운 모습을 가리키는 표현이죠.
이와 비슷한 말로 좌충우돌左衝右突이 있습니다. 왼쪽에서도 부딪히고 오른쪽에서도 부딪히는 모습을 가리키는 것인데, 느낌은 약간 다르군요. 종횡무진이 맹활약하는 긍정적인 활동을 나타낸다면 좌충우돌은 무질서하게 이리저리 부딪히는 부정적인 모습을 가리킵니다.

外柔内剛
외 유 내 강

밖 외, 부드러울 유, 안 내, 굳셀 강

겉은 부드러우나 안은 대단히 강함.
겉모습은 부드러우나 속마음은 단단한 심성을 가리키는 표현.

사람들 가운데는 아주 약하고 부드러워 보이나 실은 대단히 강한 의지의 소유자가 있지요. 이런 사람을 가리

켜 외유내강이라고 합니다.

그렇다면 반대로 겉으로는 강해 보이지만 실제로는 유약한 성격을 가진 사람은?

외강내유 **外剛内柔**한 인간.

<ruby>柔<rt>유</rt></ruby> <ruby>能<rt>능</rt></ruby> <ruby>制<rt>제</rt></ruby> <ruby>剛<rt>강</rt></ruby>

柔能制剛 부드러울 유, 능할 능, 제압할 제, 굳셀 강

부드러움이 능히 강한 것을 제압함.

부드러운 것이 강한 것을 제압할 때도 많습니다. 그래서 어깨에 힘을 주기보다는 겸손한 태도를 유지하는 사람이 진정 강한 사람이 될 수 있습니다.

09

인류 역사는
전쟁의
연속이지

^{부 구 강 병}
富國強兵 가멸 부, 나라 국, 강할 강, 병사 병

나라는 부유하고 군대는 강력함.

힘센 나라, 국력이 흥성한 나라를 일컫는 말입니다. 하기야 예나 지금
이나 나라가 부유하지 않으면 강력한 군대를 보유하기 힘들지요.

^{군 웅 할 거}

群雄割據

무리 군, 수컷 웅, 나눌 할, 의거할 거

수많은 영웅들이 자신의 근거지를 차지한 채 세력을 다툼.

웅雄은 동물의 수컷을 가리키는 글자인데, 그 뜻이 확대되어 '승리하다, 영웅'과 같은 뜻까지 갖게 되었습니다. 그렇다면 암컷은? 자雌(암컷자). 이로부터 서로 힘을 다투거나 경쟁하는 모습을 가리켜 '자웅雌雄을 겨루다'라고 합니다.

다음에는 영웅에 대해 알아볼까요.

^{영 웅 호 걸}

英雄豪傑

꽃부리 영, 수컷 웅, 호걸 호, 뛰어날 걸

여러 방면 특히 용맹함에서 뛰어난 인물.

영웅과 호걸은 모두 용맹하고 뛰어난 담력을 지닌 인물을 가리킵니다. 성품 또한 호탕하며 지도자로서의 능력도 갖춘 사람들 말이에요. 《회남자》라는 책을 보면 재미있는 내용이 있는데요, 영웅을 가리키는 네 글자, 영英과 준俊, 호豪와 걸傑에 대해 순서를 매겨 놓았습니다.

영英(꽃부리 영) – 준俊(뛰어날 준) – 호豪(호걸 호) – 걸傑(뛰어날 걸)

걸이 가장 낮고 영이 가장 높다는군요. 그럴듯하지요? 호걸이란 표현에는 무식하게 무력만 쓴다는 느낌이 있잖아요. 반대로 영웅이나 영재英才 하면 지적으로도 뛰어나면서 시대를 이끄는 인물이라는 느낌이 강합니다.

一騎當千

일 기 당 천

한 일, 말탈 기, 당할 당, 일천 천

한 사람의 기병이 천 명을 당해 냄.

요즘 같은 전쟁에서는 상상도 할 수 없는 일이지만 예전 전투에서는 창이나 칼을 들고 싸우기 때문에 능력이 뛰어난 병사라면 수많은 적을 상대할 수 있었습니다.

惡戰苦鬪

악 전 고 투

악할 악, 싸울 전, 쓸 고, 싸움 투

전쟁의 상황이 나쁘고 싸움은 고전을 면치 못함.

전쟁의 상황이 좋지 않고 힘겹게 싸운다는 뜻이니, 어려운 상황을 나타내는 것은 당연하지요. 이를 반전시키기에는 기습 공격이 제격이겠군요.

聲東擊西

성 동 격 서

소리 성, 동녘 동, 칠 격, 서녘 서

동쪽에서 함성을 지르면서 서쪽을 공격함.
상대방의 관심을 다른 곳으로 돌린 후 기습하는 모습.

적을 속이면서 기습을 하는 전략을 가리키는군요. 전쟁사를 살펴보면 이런 전략을 사용해 승리를 거둔 경우가 꽤 많습니다.

衆寡不敵 중 과 부 적

衆寡不敵 무리 중, 적을 과, 아니 불, 원수 적

적은 수로는 많은 적을 대할 수 없음.

도저히 어찌해 볼 수 없는 전투
상황을 가리킬 때 자주 쓰는 표현
입니다. 특히 옛날 전투에서는 숫자
가 매우 중요했죠. 첨단 무기도 전투기도
없이 오직 사람과 사람이 맞붙어 싸워야 했
으니까요. 그래서 이런 표현이 자주 쓰인 듯
합니다.

과寡는 '적다'라는 뜻입니다. 과인寡人이란 말
아시나요? 임금이 스스로를 부르는 호칭 말이에요.
'덕이 적은 사람'이란 의미로 임금이 자신을 낮추어 부르는 호칭입니
다. 그렇다면 과부寡婦는? 당연히 '덕이 적은 부인'이란 뜻입니다. 덕
이 없어서 남편을 일찍 잃었다는 뜻으로 남편 없이 홀로 사는 부인을
가리키는 표현이죠. 미망인未亡人이라고도 합니다.

秋風落葉 추 풍 낙 엽

秋風落葉 가을 추, 바람 풍, 떨어질 락, 잎사귀 엽

가을바람에 떨어지는 낙엽처럼 속절없이 쓰러지거나 떨어지는 모습을
나타냄.

가을바람이 한 번 휘익 불어오면 거리의 가로수에서는 수많은 나뭇잎
이 한꺼번에 떨어집니다. 바로 낙엽이죠. 그래서 이런 표현이 생겨났습
니다. 이 표현은 상대방에게 힘 한번 써보지 못하고 밀려 패하는 모습
또는 세력 등이 급격히 쇠퇴할 때 자주 사용합니다.

그런데 다음 시조를 보면 다른 뜻도 있는 듯하지요.

이화우 흩뿌릴 제 울며 잡고 이별한 님
추풍낙엽에 저도 날 생각는가
천리에 외로운 꿈만 오락가락하노매

조선시대의 유명한 기생 계랑(1513~1550)이 지은 시조인데, 계랑은 황진이에 버금갈 만큼 이름이 높았던 기생이라는군요.
이화우梨花雨는 비의 종류가 아니라 배꽃이 비처럼 떨어지는 모습을 가리킨 표현입니다.
추풍낙엽만큼이나 순식간에 패하여 사라지는 표현이 또 있습니다.

風飛雹散 風 바람 풍, 飛 날 비, 雹 우박 박, 散 날릴 산

바람에 날리고 우박처럼 날림.
즉, 패하여 사방으로 날려 사라지는 모습을 가리킴.

바람이 흩어지고 우박이 사방으로 날리듯 패하여 흩어지는 모습을 가리킵니다.
한편 우리가 잘못 쓰는 표현 가운데 하나가 이것인데요, '풍지박산'이라고 많이 쓰는데, 풍비박산의 잘못입니다.

干將莫耶

干將莫耶 범할 간, 장차 장, 없을 막, 조사 야

세상에 둘도 없는 명검.

중국 춘추시대의 유명한 군주 오나라 왕 합려는 유명한 대장장이인 간
장干將에게 명검을 주문합니다. 이에 간장은 그의 아내인 막야莫耶의
머리털과 손톱을 쇠와 함께 가마 속에 넣어 칼을 만들고 그 칼에 자신
과 아내의 이름을 붙였죠. 이렇게 해서 탄생한 두 자루의 명검이 바로
간장과 막야입니다.

輕敵必敗

輕敵必敗 가벼울 경, 적 적, 반드시 필, 패할 패

적을 얕보면 반드시 패함.

너무 당연한 말이라서 설명이 필요 없네요. 우리 속담에 '사자가 토끼
를 잡을 때도 최선을 다한다'라는 말이 있는데 적을 얕보다니요. 교병
필패驕兵必敗도 같은 뜻입니다. 적을 얕보는 병사는 교만한 병사임
에 틀림없을 테니까요.

怒甲移乙

怒甲移乙 화낼 로, 첫째천간 갑, 옮길 이, 둘째천간 을

한강에서 뺨 맞고 종로에서 화풀이함.

갑에게 화난 일을 왜 을에게 옮기느냐고요. 그러니까 한강에서 뺨 맞고
종로에서 화풀이하는 꼴이죠.

難攻不落 ^{난 공 불 락}

어려울 난, 공격할 공, 아니 불, 떨어질 락

공격하기에 어려울 뿐 아니라 결코 함락되지 않음.

워낙 대응하는 힘이 강해 다루
기 어려운 대상을 가리
키는 표현입니다.
그 대상은 전쟁할
때의 성은 물론 기
업, 집단 또는 개인
등 어떤 것도 될 수
있습니다.

그땐도 없네~
전에도 저런 성이
있었는데...
뭐였더라?

철옹성이었지
아마

鐵甕城 ^{철 옹 성}

쇠 철, 옹기 옹, 성 성

쇠로 만든 항아리처럼 튼튼해서 공격하기 어려운 성.

이 성이야말로 난공불락이겠군요.

先發制人 ^{선 발 제 인}

먼저 선, 펼 발, 제압할 제, 사람 인

먼저 나서 상대방을 제압함.

선제공격先制攻擊이란 말 아시죠? 상대방보다 먼저 나서 제압하는
공격 말이죠. 이때 선제先制가 바로 선발제인의 준말입니다. 다른 말
로는 선즉제인先則制人_(p531)이라고도 하지요.

速戰速決 ^{속 전 속 결} 빠를 속, 싸울 전, 빠를 속, 정할 결

빠른 기간 내에 싸워 결론을 빨리 내림.

오랜 기간에 걸쳐 싸우는 것을 지구전持久戰 또는 장기전長期戰이라
고 하지요. 이와 반대로 빨리 결론을 내리기 위해 서둘러 싸우는 것을
속전속결이라고 합니다. 이 표현은 전쟁 외에 일을 처리할 때도 쓰는데
요. 빨리 추진하여 빨리 결정하는 모습을 가리킵니다.
속전속결하기 위해서는 무엇보다도 빠른 행동이 필요합니다.

電光石火 ^{전 광 석 화} 번개 전, 빛 광, 돌 석, 불 화

번갯불, 부싯돌에서 번쩍이는 불빛처럼 대단히 짧은 순간.
또는 매우 빠른 동작을 가리킴.

번갯불과 부싯돌을 마찰시키는 순간에 이는 불빛은 정말 순간적이죠.
그래서 매우 짧은 시간 또는 매우 빠른 동작을 일컫는 표현입니다.
이처럼 짧은 순간을 가리키는 표현이 또 있습니다.

倉卒之間 ^{창 졸 지 간} 곳집 창, 병졸 졸, 조사 지, 사이 간

미처 어찌할 수 없는 순식간.

너무나 급작스러워 어찌할 수 없는 순간을 가리키는 표현입니다. 줄여
서 '창졸간'이라고 자주 쓰죠. "창졸간에 일어난 일이라 나로서도 어쩔
수 없었다"처럼 쓰입니다.

乘勝長驅

탈 승, 이길 승, 길 장, 몰 구

乘勝長驅 탈 승, 이길 승, 길 장, 몰 구

승리의 여세를 몰아 앞으로 계속 몰고 나아감.

자신감에 불타 멀리 몰고 나아간다는 뜻이군요. 그러니까 계속 승리를 거두는 것은 당연하겠네요. 구驅는 '몰다, 말을 타고 달리다'란 의미를 갖는데, 구축함驅逐艦에 쓰이죠. 그렇다면 구축함의 역할은? 적의 잠수함 공격을 임무로 하는 속력이 빠른 소형 군함인데, 그 외에 호위나 초계 임무도 담당합니다.

破竹之勢

쪼갤 파, 대나무 죽, 조사 지, 기세 세

破竹之勢 쪼갤 파, 대나무 죽, 조사 지, 기세 세

대나무를 쪼개는 듯한 기세.
즉, 거칠 것 없이 맹렬한 기세로 나아가는 모습.

돌진~

서진西晉(265~317)의 장수 두예가
오나라를 정벌할 무렵 여러 장수들과
의논을 할 때였습니다. 한 장수가
"지금은 봄이라 강물이 불어나고 있으니
물러났다가 겨울에 공격하는 것이
어떻겠습니까?" 하고 말하였습니다.
그러자 두예가 말했습니다.
"지금 우리 병사들의 사기는 하늘을 찌를 듯하여 대나무를 쪼개는 것과 같으니 한번 출진하면 대나무가 쪼개지듯 끝까지 진격할 것이다."
그런 후 출전하니 오나라 군사는 제대로 싸워 보지도 못하고 패하고 말았습니다.

旭日昇天

해 돋을 욱, 해 일, 오를 승, 하늘 천

아침 해가 떠오르듯이 하늘로 솟아오르는 모습.

이 표현 또한 파죽지세破竹之勢(p187)나 승승장구乘勝長驅(p187) 못지 않게 강력하게 솟아오르는 기세를 가리킵니다. 구九와 일日로 이루어 진 욱旭(해 돋을 욱)은 '대단히 밝음, 빛남, 아침 해' 등을 가리키는 글자 입니다. 해가 아홉 개나 되니 얼마나 밝겠습니까?

弱肉强食

약할 약, 고기 육, 굳셀 강, 먹을 식

약한 자의 고기는 강한 자가 먹는다.
강자가 약자를 지배하고 다스리는 세상 이치.

약육강식은 오직 힘의 논리만이 지배하는 경우에 사용하는 표현입니다.
이 말과 비슷한 개념이 또 있는데요, 적응하지 못하는 사람은 생존할 수 없다는 말입니다.

適者生存

적합할 적, 사람 자, 날 생, 있을 존

환경에 적합한 자만이 살아남음.

영국의 철학자 스펜서가 주장한 이론 으로, 환경에 적응하는 생물만이 살아 남고 그렇지 못한 것은 도태되어 사라 진다는 이론입니다.

生存競爭 날 생, 있을 존, 겨룰 경, 다툴 쟁

生 존 경 쟁

살아남기 위해서 겨루고 다툼. 살아남기 위해 겨루는 경쟁.

적자생존適者生存과 유사한 뜻입니다. 상황에 적절히 적응하는 자만 살아남는다는 말이나 살아남기 위해 경쟁한다는 말이나 그게 그거죠. 결론은 경쟁에서 진 존재는 살아남기 어렵다는 말이니까요.

自然淘汰 스스로 자, 그러할 연, 씻을 도, 통과할 태

자 연 도 태

자연계에서 생존 조건에 적응하는 생물은 살아남는 반면 그렇지 못한 생물은 살아남지 못하고 사라지는 일.

생존경쟁의 결과 벌어지는 일이 바로 자연도태죠. 진화론으로 유명한 영국의 생물학자 찰스 다윈은 자연선택이란 표현을 사용했는데, 자연이 생존에 적합한 생물을 스스로 선택한다는 이 말에서 자연도태란 개념도 나타났습니다.

그런데 약육강식弱肉强食과 적자생존適者生存보다 더 가슴 아픈 전쟁이 있습니다. 우리 민족도 여러 번 겪었죠.

同族相殘 같을 동, 겨레 족, 서로 상, 해칠 잔

동 족 상 잔

같은 겨레끼리 서로 해침.

동족상잔 하면 가장 먼저 생각나는 것이 6.25전쟁이지요. 우리 민족끼리 총부리를 겨눈 전쟁 말이죠. 그런데 이런 전쟁은 비단 우리만의 것이 아니었습니다. 미국 역사에도 남북전쟁이 있었고, 유럽에도 같은 민족끼리 피를 흘린 싸움이 하나둘이 아니니까요.

그래서 같은 뜻을 갖는 표현이 또 있습니다.

骨肉相爭

골 육 상 쟁

뼈 골, 살 육, 서로 상, 다툴 쟁

형제, 동포처럼 친족 사이에 서로 싸우는 모습.

뼈와 살은 서로 없어서는 안 될 가까운 사이죠. 동족보다 더 가까운 사이가 골육骨肉인데 둘이 싸우면 어떻게 되겠습니까? 함께 멸망하는 거죠.

반대로 같은 동포끼리 서로 평화롭게 산다면 어떻겠습니까?

共存共榮

공 존 공 영

서로 공, 있을 존, 서로 공, 빛날 영

함께 살며 함께 번영함.

함께 존재하며 함께 번영한다는 뜻이군요. 힘을 모아 함께 잘사는 모습을 나타냅니다. 이렇게 평화롭고 행복하게 살아가는 일이야말로 남북으로 분단된 우리 민족에게 지상명령至上命令입니다.

至上命令

지 상 명 령

다할 지, 위 상, 명령 명, 우두머리 령

가장 높은 곳에 놓인 명령. 즉, 누구도 거역할 수 없는 명령.

이때 조심해야 할 글자가 지상至上입니다. 뜻은 '더할 수 없이 가장 높은 곳, 최상'입니다. 반면에 우리가 자주 쓰는 지상은 '지상地上'입니다. '땅 위, 지면'을 가리키는 말이죠. 전혀 다른 뜻에 다른 글자니까 주의하십시오.

한편 이렇게 우리 민족이 살아갈 수만 있다면 얼마나 기쁘고 좋은 일이겠습니까?

吉祥善事 길할 길, 상서로울 상, 착할 선, 일 사

더할 나위 없이 기쁘고 좋은 일.

말 그대로, 길하고 상서로우며 좋은 일이라는 말입니다. 선善은 '착하다'라는 뜻 외에 '좋다'라는 뜻으로도 자주 쓰입니다.

自中之亂 스스로 자, 가운데 중, 조사 지, 어지러울 란

같은 편 사이에서 일어나는 혼란이나 난리.

그런데 우리 민족 사이에 공존공영共存共榮을 하자, 하지 말자 하면서 내부에서 갈등이 일어나면 정말 슬픈 일입니다. 안 되는 무리 내부에서는 반드시 자중지란自中之亂이 벌어지지요.

論功行賞
논 공 행 상

논할 론, 공로 공, 행할 행, 상 상

공로의 있음과 없음, 크고 작음을 논하여 그에 합당한 상을 내림.

예전에는 나라에 큰일이 있고 나면 반드시 논공행상을 실시했습니다.
건국을 하거나 반역의 무리를 소탕한 후, 전쟁을 겪은 후 등에 말이죠.
그래서 1등공신, 2등공신이라는 말이 나왔습니다.

信賞必罰
신 상 필 벌

믿을 신, 상줄 상, 반드시 필, 벌할 벌

공이 있는 사람에게는 상을 주고, 죄를
범한 자에게는 반드시 벌을 줌.

행동의 결과가 성과물로 나타나는
분야에서는 신상필벌이 필수입니
다. 행동의 결과 공이 있는데도 임
금에게 비판적이라고 해서 벌을
내리거나, 죄를 지었는데도 임금이
총애한다고 해서 상을 준다면 병사들은

실력을 쌓기보다는 임금 가까이 가기 위해 노력하겠지요. 따라서 신상
필벌은 강력한 국가 건설에 필수 원리입니다.
이번에는 신信이 믿는다는 뜻으로 쓰인 경우입니다.

半信半疑 반신반의
반 반, 믿을 신, 반 반, 의심할 의

반은 믿지만 반은 믿을 수 없음. 한편으론 믿지만 다른 한편으론 의심함.

믿을 수도 없고, 그렇다고 안 믿을 수도 없는 경우에 쓰는 표현입니다.

山戰水戰 산전수전
메 산, 싸울 전, 물 수, 싸울 전

산에서도 싸워 보았고 물에서도 싸워 보았음.
즉, 온갖 힘든 경험을 모두 쌓았음을 일컫는 말.

옛날에는 공군이 없었으므로 산전수전이라고 하면 모든 전투를 망라한 것이었죠. 전쟁과 관련된 용어가 어려운 경험을 두루 했다는 뜻으로 확대된 경우입니다.
우리 속담 '쓴맛 단맛 다 보았다'와 비슷한 말이군요.

莫上莫下 막상막하
없을 막, 위 상, 없을 막, 아래 하

위도 없고 아래도 없음.
즉, 우열을 가릴 수 없을 만큼 엇비슷한 상대를 가리킴.

막莫은 없다는 뜻입니다. 그러니 위도 없고 아래도 없군요.
이 글자가 들어가는 표현 하나 더 알아볼까요.

莫無可奈
막 무 가 내

없을 막, 없을 무, 이를 가, 어찌 내

어찌할 수 없음.

말뜻 그대로를 살펴보면 '어찌할 수 없음'입니다. 그런데 실제로는 고집이 너무 세거나 무조건 자기주장만 내세우는 경우에 주로 씁니다. 이렇게 말이죠.
"막무가내로 제 뜻만 고집하니 어찌할 수가 없네그려."
무가내하無可奈何도 같은 뜻입니다.
한편 우열을 가리기 힘든 상태를 나타내는 표현은 여럿 있습니다.

難兄難弟
난 형 난 제

어려울 난, 형 형, 어려울 난, 아우 제

형이라 하기도 어렵고, 아우라 하기도 어렵다.
즉, 실력이 비슷해 누가 더 나은지 말하기 힘든 상태.

경쟁하는 둘 사이에 형과 아우를 가리기가 어렵다는 뜻이군요.
이런 경우가 꽤 흔한가 봅니다. 같은 뜻의 표현이 꽤 많거든요.

伯仲之勢
백 중 지 세

맏 백, 버금 중, 조사 지, 기세 세

두 세력이 서로 버금갈 만큼 엇비슷한 상태.

줄여서 백중伯仲이라고 많이 쓰지요. '두 팀의 실력이 백중이라 승부를 점치기 힘들다'처럼 말이죠. 백伯은 '맏이'라는 뜻입니다. 그

래서 큰아버지는 백부伯父, 큰어머니는 백모伯母라고 하지요. 중仲
은 '가운데, 버금'이란 뜻이고요. 따라서 중형仲兄은 둘째 형을 가리
킵니다.

백중지세와 비슷한 표현이 또 있습니다.

鼎足之勢 <small>정 족 지 세</small>
솥 정, 발 족, 조사 지, 세력 세

솥의 발처럼 세력이 균형을 이루고 있는 모습.

솥의 발은 솥이 흔들리거나 기울지 않게 균형을 이루고 있죠. 여러 나
라 또는 집단의 세력이 균형을 이루고 있는 모습을 나타낼 때 쓰는 표
현입니다.

雙璧 <small>쌍 벽</small>
쌍 쌍, 구슬 벽

두 개의 구슬. 즉, 우열을 가리기 힘들 만큼 뛰어난 둘 또는 두 사람.

이 표현은 대개 뛰어난 둘을 비교할 때 쓰고, 부족한 것 또는 부족한 사
람끼리 견줄 때는 쓰지 않습니다. 한자에서 구슬은 아주 뛰어난 것, 귀
한 것을 나타내기 때문입니다. 그래서 '쌍벽을 이룬다'라고 하면 둘이
모두 뛰어나서 우열을 가리기 힘들 때 쓰는 표현이지요.

互角之勢
서로 호, 뿔 각, 조사 지, 기세 세

_{호 각 지 세}

양쪽이 우열을 가리기 힘든 상태로 겨루는 모습.

역량이 서로 비슷비슷한 위세를 가리킬 때 쓰는 표현이죠. 소든 사슴이든 양쪽 뿔은 크기나 생김새가 비슷하지요. 그래서 이런 표현이 생겼습니다.

龍虎相搏
용 룡, 범 호, 서로 상, 잡을 박

_{용 호 상 박}

용과 호랑이가 서로 잡고 싸움.
누가 이길지 알 수 없을 만큼 대등한 싸움을 가리킴.

용과 호랑이가 싸우면 누가 이기나요? 시어머니도 모를 걸요? 그래서 우열을 가리기 힘든 양쪽의 다툼을 가리킬 때 이 표현을 씁니다.
그런데 우열을 가리기 힘든 것이 뛰어난 것들 사이의 일만은 아닙니다. 다음 표현을 보실까요.

五十步百步
다섯 오, 열 십, 걸음 보, 일백 백, 걸음 보

_{오 십 보 백 보}

오십 보 도망간 것이나 백 보 도망간 것이나 같음.
즉, 정도의 차이는 있을지언정 본질적으로 같은 것.

이 말뜻만을 살펴본다면 본질적으로 같은 것을 가리키는 표현입니다. 그런데 실제로는 별 것도 아닌 것끼리 서로 자기가 낫다고 다툴 때 많이 쓰지요. '도토리 키 재기'라는 속담 들어 보셨죠? 그와 같은 의미군요. 한편 오십보백보의 유래를 보면 쓰임새를 이해할 수 있을 것입니다.

전국시대에 양나라 혜왕이 맹자를 초청해서 부국강병책富國强兵策을 물어보았습니다. 그러나 맹자는 오직 인의仁義를 중시하는 왕도정치를 주장할 뿐이었습니다. 그런데도 알아듣지 못한 혜왕이 계속 눈앞에 이득을 가져오는 정치에만 관심을 보이자 맹자는 이렇게 말합니다.

"전쟁터에서 싸움이 시작되자 한 병사가 백 보를 도망쳤습니다. 그러자 오십 보 도망친 병사가 그를 가리켜 겁쟁이라고 비웃었습니다. 임금께서는 어찌 생각하십니까?"

"오십 보건 백 보건 도망친 것은 마찬가지 아니오?"

"그렇습니다. 진정으로 백성을 위해 베푸는 정치가 아니라면 백성에게 자비를 더 베푸느냐 덜 베푸느냐는 중요한 것이 아닙니다."

우리 속담에도 '건더기 먹은 놈이나 국물 먹은 놈이나'라는 표현이 있습니다. 어쨌거나 남의 음식을 먹은 것은 마찬가지라는 거죠.

자, 그럼 걸음이 나온 김에 거리를 표현한 말을 살펴봅시다.

指呼之間

指呼之間 　손가락 지, 부를 호, 조사 지, 사이 간

손가락으로 부를 만큼 가까운 거리.

대단히 가까운 거리를 일컫는 표현이죠.
이와 비슷한 표현이 또 있습니다.

咫尺之地

咫尺之地
짧은 길이 지, 길이 척, 조사 지, 땅 지

아주 가까운 곳.

지咫는 짧은 거리 또는 길이를 가리키는 글자입니다. 한나라 때의 도
량형에 의하면 척尺은 약 22센티미터, 지咫는 8촌寸, 그러니까 약 18
센티미터 정도입니다. 아하! 그래서 지척咫尺이라는 말은 매우 가까운
거리를 뜻하는군요.
지척이 들어가는 표현은 또 있습니다.

咫尺不辨

咫尺不辨 　짧은 길이 지, 길이 척, 아니 불, 분별할 변

매우 어두워서 대단히 짧은 거리도 분별할 수 없음.

바로 눈앞에 있는 것도 분별할 수 없을 만큼 어두운 상황을 가리키는
표현입니다.

起死回生 _{기 사 회 생}

起死回生 일어날 기, 죽을 사, 돌아올 회, 날 생

죽을 고비에서 벗어나 다시 살아남.

죽거나 졌다고 생각하는 순간 다시 힘을 내 새롭게 일어서는 모습을 가리킵니다. 우리말 표현 가운데 '죽음의 문턱에서 돌아나왔다'라는 것이 있는데, 그와 흡사하군요.
이와 비슷한 표현으로 구사일생九死一生이 있습니다.

九死一生 _{구 사 일 생}

九死一生 아홉 구, 죽을 사, 한 일, 날 생

거의 죽었다가 가까스로 살아나옴.

9는 죽고, 오직 1이 살았으니까 죽은 거나 다름없죠.
그렇다면 살아날 확률이 거의 없을 때는 어떻게 표현할까요? 이렇게 말하죠.
"십중팔구 돌아가실 겁니다."

十中八九 _{십 중 팔 구}

十中八九 열 십, 가운데 중, 여덟 팔, 아홉 구

열에 여덟아홉. 즉, 확률이 대단히 높은 상황.

요즘 말로 하면 80, 90퍼센트라는 뜻이네요. 그러니까 거의 다 된 것이나 마찬가지죠.
근데 십중팔구 죽을 수밖에 없는 상황이라고 하더라도 살아날 수 있습니다. 이런 도움만 있다면 말이죠.

天佑神助

_{천 우 신 조}

하늘 천, 도울 우, 귀신 신, 도울 조

하늘과 신령이 도움.

도저히 이루어질 수 없다고 여긴 일이 이루어지거나, 힘든 상황에서 극적으로 벗어나는 경우 이 표현을 씁니다.

이렇게 극적으로 회생하는 경우에 쓰는 표현이 또 있습니다.

死灰復燃

_{사 회 부 연}

죽을 사, 재 회, 다시 부, 탈 연

죽은 불씨가 되살아남.

'꺼진 불도 다시 보자'라는 불조심 표어 들어 보셨지요? 바로 그 말이네요. 물론 절망적인 상황이라고 하더라도 희망을 버려서는 안 된다는 의미도 담고 있고요.

必死卽生

_{필 사 즉 생}

반드시 필, 죽을 사, 곧 즉, 날 생

반드시 죽고자 싸우면 그것이 곧 사는 길임.

세계 해군 지휘관 가운데 그 이름이 불멸로 남은 이순신 장군의 좌우명座右銘에서 비롯된 표현이죠. 본래는 '필사즉생必死卽生 필생즉사 必生卽死', 즉 '반드시 죽고

자 하면 살 것이요, 반드시 살고자 하면 죽을 것이다'라는 말입니다.

孤軍奮鬪 _{고 군 분 투} 외로울 고, 군사 군, 떨칠 분, 싸울 투

외로운 군사가 용기를 내어 힘차게 싸움.
숫자가 매우 적은 군사 또는 홀로 용기를 내어 힘겨운 싸움을 하는 모습.

고孤는 '홀로, 외로이'와 같은 의미를 갖습니다. 고독孤獨, 고아孤兒
같은 단어에 쓰이죠.
이번에는 외로운 손바닥을 살펴볼까요?

孤掌難鳴 _{고 장 난 명} 외로울 고, 손바닥 장, 어려울 난, 울 명

손바닥도 혼자서는 소리를 내지 못함.
즉, 혼자서는 일을 이루기 힘듦.

박수를 치기 위해서는 두 손바닥을 맞부딪쳐야 한다는 말입니다. 둘이
힘을 합쳐야 무슨 일이건 해낼 수 있음을 뜻합니다.
우리 속담에 '백지장도 맞들면 낫다'라는 게 있죠. 정확히 일치하지는
않지만 힘을 합쳐야 일을 이룰 수 있다는 점에선 비슷하지요. 그 외에
서로 부딪쳐야 싸움이 난다는 식의 부정적인 의미로도 쓰이곤 합니다.

10

세상
이치가
그런
거야

전 화 위 복
轉禍爲福 구를 전, 재앙 화, 할 위, 복 복

재앙이 복으로 바뀜. 화가 복이 될 수도 있고, 복이 화가 될 수도 있다는, 순환하는 세상 이치를 가리키는 말.

지금 재앙으로 여겨지는 것이 언젠가 복이 될 수도 있고, 지금 복이 언젠가 화가 될 수도 있으니 현재 상황에 너무 연연하지 말라는 뜻이 담겨 있습니다.

이와 흡사한 표현 가운데 유명한 게 있죠. 바로 이겁니다.

塞翁之馬 변방 새, 늙은이 옹, 조사 지, 말 마

새옹의 말.

즉, 변방 노인의 말처럼 복이 화가 되기도 하고, 화가 복이 될 수도 있음.

주인님~
제 색시예요

중국 국경 지방에 한
노인이 살고 있었습니다.
그러던 어느 날 노인이
기르던 말이 국경을
넘어 오랑캐 땅으로
도망쳤습니다. 이에 이웃 주민들이
위로의 말을 전하자 노인은 "이 일이 복이
될지 누가 압니까?" 하며 태연자약泰然自若(p301)했습니다. 그로부터
몇 달이 지난 어느 날, 도망쳤던 말이 암말 한 필과 함께 돌아왔습니다.
주민들은 "노인께서 말씀하신 그대로입니다" 하며 축하하였습니다.
그러나 노인은 "이게 화가 될지 누가 압니까?" 하며 기쁜 내색을 하지
않았습니다. 며칠 후 노인의 아들이 그 말을 타다가 낙마하여 그만 다리가
부러지고 말았습니다. 이에 마을 사람들이 다시 위로를 하자 노인은
역시 "이게 복이 될지도 모르는 일이오" 하며 표정을 바꾸지 않았습니다.
그로부터 얼마 지나지 않아 북방 오랑캐가 침략해 왔습니다. 나라에서는
징집령을 내려 젊은이들이 모두 전장에 나가야 했습니다. 그러나 노인의
아들은 다리가 부러진 까닭에 전장에 나가지 않아도 되었습니다.

이로부터 새옹지마란 고사성어가 생겨났습니다.

'인간만사 새옹지마人間萬事 塞翁之馬'란 말도 자주 쓰지요. '인간 세
상에서 일어나는 모든 일이 새옹지마니 눈앞에 벌어지는 결과만을 가
지고 너무 연연하지 마라' 하는 뜻이죠.

毋望之福

毋望之福 <small>말 무, 바랄 망, 조사 지, 복 복</small>

바라지 않은 복이 뜻밖에 찾아옴.

그러니까 새옹께서 말씀하신 복이란 바로 무망지복을 가리키는 것이군요. 우리말로 하면 '호박이 넝쿨째 굴러 들어온 셈'이네요.

무망지복보다 더 소중한 것이 있으니 바로 무망지인 **毋望之人**입니다. 어려움에 처해 있을 때 바라지 않은 사람이 나타나 도움을 주는 은인을 가리키는 표현이지요.

이와 비슷한 표현도 있습니다.

盲人直門

盲人直門 <small>소경 맹, 사람 인, 곧을 직, 문 문</small>

눈먼 사람이 곧바로 문을 들어선다.
어리석은 사람이 어쩌다 이치에 들어맞는 일을 했음을 비유함.

우리 속담에 '황소 뒷발질하다가 쥐 잡는다'라는 말이 있는데, 그와 비슷한 의미군요. 눈먼 사람이 한 번에 문을 들어서기란 정말 어려우니까 말이죠.

그럼 다음 표현은 어떻습니까?

盲龜浮木

盲龜浮木 <small>소경 맹, 거북 귀, 뜰 부, 나무 목</small>

눈먼 거북이 물에 뜬 나뭇조각을 잡음.

우연히 잡은 행운을 가리키는 표현입니다. 눈뜬 거북이라도 느려서 나뭇조각을 잡기가 쉽지 않을 텐데 하물며 눈먼 거북이 나뭇조각을 잡다니!

그런데 복福만 우연히 찾아오는 게 아닙니다. 화禍도 그렇게 오지요.

賣鹽逢雨
매 염 봉 우

팔 매, 소금 염, 만날 봉, 비 우

계란유골(P31)

소금을 팔다가 비를 만남. 뜻밖에 만나는 불운.

뜻밖에 복이 찾아오기는커녕 소금을 팔고 있는데 비가 오다니! 소금이 녹아 가벼워져서 좋은 것은 소금 지고 온 당나귀 입장이고, 소금장수 처지에서는 참 난감한 일이네요.

그러나 역시 세상 이치에는 거짓이 없습니다. 다음 표현을 볼까요.

事必歸正
사 필 귀 정

일 사, 반드시 필, 돌아갈 귀, 바를 정

일은 반드시 바른 곳으로 돌아감.

모든 일은 반드시 바른 모습 또는 바른 이치로 돌아간다는 뜻이죠. 어떤 일이 도중에 잘못될 수는 있으나 결국은 본래의 모습 또는 정한 이치로 돌아간다는 말입니다.

自意半他意半
자 의 반 타 의 반

스스로 자, 뜻 의, 반 반, 다른 타, 뜻 의, 반 반

자신의 뜻이기도 하고 상대방의 뜻이기도 함.

내 뜻인 듯하지만 반드시 그런 것만이 아니라 상황이 그렇게 만든 경우

를 가리키는 표현입니다. 실제로는 이렇게 쓰이죠. "그가 대학을 그만 둔 것은 자의반타의반이야. 말로는 전공이 맞지 않다고 하지만 집안 사정도 여의치 않거든." 세상일이란 게 자기 뜻대로만 되지 않지요. 그런 상황을 가리키는 표현이기도 합니다.

<ruby>興<rt>흥</rt></ruby><ruby>盡<rt>진</rt></ruby><ruby>悲<rt>비</rt></ruby><ruby>來<rt>래</rt></ruby> 흥할 흥, 다할 진, 슬플 비, 올 래

흥함이 다하고 나면 슬픔이 찾아옴.
즉, 세상만사가 늘 좋거나 나쁠 수는 없고 좋은
일과 나쁜 일이 차례로 일어난다는 말.

전화위복**轉禍爲福**(p202) 다음에
올 말이군요. 화가 가고 나면 복이
오고, 기쁨이 다하고 나면 슬픔이
온다는 말이죠.
그렇지만 너무 실망 마십시오. 이
런 표현도 있으니까요.

<ruby>苦<rt>고</rt></ruby><ruby>盡<rt>진</rt></ruby><ruby>甘<rt>감</rt></ruby><ruby>來<rt>래</rt></ruby> 쓸 고, 다할 진, 달 감, 올 래

고통이 다하고 나면 달콤함이 찾아옴.

흥진비래**興盡悲來**하고 나면 다시 고진감래입니다. 역시 세상은 돌고 도는 것입니다. 그러니 무슨 일이 있더라도 좌절하거나 실망하지 말아야 하겠죠.
그렇다면 이런 삶의 결과를 이렇게 생각하면 어떨까요?

運數所關

運數所關 돌운, 셀수, 바소, 빗장관

모든 일이 운수에 달려 있어 사람의 힘으로는 어찌할 수 없음.

"다 운수소관이니까 너무 안타까워하지 마!"

운수라는 게 운명이란 뜻이니까 사람의 힘으로 거역할 수 없는 것이죠. 그래서 사람이 어떻게 할 수 없는 일을 당했을 때 자주 쓰는 표현입니다. 그렇지만 우리 속담에 '하늘도 스스로 돕는 사람을 돕는다'라는 말이 있습니다. 스스로 최선을 다하면 운명까지도 내 편이 되어 도와준다는 말이죠.

한편 우리 속담 가운데도 이와 비슷한 뜻이 있는데요, '뒤로 오는 호랑이는 속여도 앞으로 오는 팔자는 못 속인다'라는 말이에요. 그만큼 운수, 운명, 팔자가 무섭다는 의미입니다.

生者必滅 날생, 사람자, 반드시필, 멸할멸

태어난 사람은 반드시 죽음.

세상 이치가 그렇습니다. 태어난 사람은 반드시 죽지요. 그러니 조금 일찍 하늘나라로 간다고 해서 너무 슬퍼할 필요 없다는 겁니다. 성자 **필쇠盛者必衰**, 즉 '흥성한 사람은 반드시 쇠퇴하기 마련'이라는 말과 같은 뜻이죠. 윤회를 중시하는 불교에서 유래한 표현입니다.

去者必反
^거 ^자 ^필 ^반

갈 거, 사람 자, 반드시 필, 돌아올 반

간 사람은 반드시 돌아오기 마련임.

이 표현은 위의 것과 반대되는 뜻이군요. 산 사람은 죽고 간 사람은 다시 돌아오니 어떤 것도 너무 슬퍼할 이유가 없는 게 세상 이치입니다.

會者定離
^회 ^자 ^정 ^리

모일 회, 사람 자, 반드시 정, 헤어질 리

만난 사람은 반드시 헤어지기 마련임.

이 말도 앞서 살펴본 생자필멸 生者必滅(p207)과 비슷하군요. 이때의 헤어짐은 죽음을 의미한다고 볼 수 있겠죠. 이 말 또한 불교 용어에서 유래하였습니다.

月滿卽虧
^월 ^만 ^즉 ^휴

달 월, 찰 만, 곧 즉, 이지러질 휴

달이 차면 곧 기울기 마련임.

앞서 살펴본 말들과 같은 의미인데, 어쩐지 더 멋있어 보이네요. '달도 차면 기우나니!' 하는 옛 선비들의 말씀이 들려오는 듯합니다. 그래서 사람이라면 누구나 죽게 마련이지요.

北邙山川
북녘 북, 산이름 망, 메 산, 내 천

사람이 죽어 묻히는 곳 또는 무덤이 많은 곳.

중국의 북망산이란 곳에 무덤이 많았던 데서 유래한 표현입니다. 북망산이라고만 해도 같은 뜻입니다. 조선시대의 은사隱士, 즉 숨어 살던 선비 가운데 김창업(1658~1721)이란 분이 계셨는데 이런 멋진 시조를 남겼습니다.

> 벼슬을 저마다 하면 농부 할 이 뉘 있으며
> 의원이 병 고치면 북망산이 저러하랴
> 아이야 잔 가득 부어라 내 뜻대로 하리라.

그렇습니다. 모두 지위 높은 자리만 탐한다면 사회를 꾸려 나가는 데 가장 필요한 일은 누가 하겠습니까? 또한 의사가 모든 병을 고칠 수 있다면 묘지에 묻힐 사람은 아무도 없겠지요. 인생은 무상한 것이고 욕심은 자유를 해칠 뿐이니 내 뜻에 따라 조용히 살겠다는 마음이 잘 드러나 있습니다.

화의 근원이자
복의 원천인 말,
조심합시다

萬口成碑 _{일만 만, 입 구, 이룰 성, 돌기둥 비}

만 구 성 비

만인이 칭찬하면 명성이 길이 남게 됨.

한자 뜻을 그대로 옮기면 '만인이 힘을 모아 비를 세운다'죠.
한두 사람이 아니라 온 사람이 입을 모아 칭송하면 그의 명성이 영원히
이어지는 것은 당연한 결과죠. 말 가운데 가장 값진 말들이 모여 이룬
소중한 것을 나타낸 표현입니다.

說往說來 _{말씀 설, 갈 왕, 말씀 설, 올 래}

설 왕 설 래

말들이 왔다 갔다 함. 즉, 의견이나 입장이 달라 말로 옥신각신하는 모습.

많은 말이 오간다는 것은 이미 의견이 한 가지로 모아지지 않은 거죠.
의견이 하나로 통일되면 여러 말이 오갈 필요가 없을 테니까요.

甲論乙駁

_{갑 론 을 박} 첫째천간 갑, 말할 론, 둘째천간 을, 논박할 박

서로 자기 의견을 내세우고 다른 사람의 의견을 반박하는 모습.

여러 사람이 각기 다른 의견을 내세우며 서로 반박하는 모습을 가리킵니다. 설왕설래說往說來보다 더 강하게 다투는 느낌이군요.
이때 갑甲과 을乙은 서로 다른 사람을 나타냅니다. 갑남을녀甲男乙女(p74)처럼 말이에요.

衆口難防

_{중 구 난 방} 무리 중, 입 구, 어려울 난, 막을 방

여러 사람이 각기 말하는 의견이 봇물 터지듯 쏟아져 나옴.

많은 사람들이 제각기 자신의 의견을 내세워 한 가지 의견으로 통일되거나 합리적인 조정이 되지 않는 상황을 가리킵니다. 앞서 살펴본 상황들과 별반 다르지 않습니다. 우리 속담에 '사공이 많으면 배가 산으로 간다'느니 '목수가 많으면 집이 무너진다'느니 하는 것들이 있는데 자기 의견을 고집하는 사람이 많으면 많을수록 일이 제대로 될 리 없지요.

왈 가 왈 부
曰可曰否 가로대 왈, 옳을 가, 가로대 왈, 아닐 부

혹은 옳다고 하고 혹은 그르다고 함.

누구는 옳다 하고 또 다른 사람은 그르다고 하면 결론이 안 날 것은 뻔한 일이죠. 이렇게 이러쿵저러쿵하는 모습을 가리키는 표현입니다.

하나 더! 왈曰(가로대 왈)과 일日(날 일)을 혼동하지 마세요. 왈曰은 옆으로 벌어진 사람의 입에서 유래한 글자입니다.

비슷한 표현이 또 있습니다.

왈 리 왈 시
曰梨曰柿 가로대 왈, 배나무 리, 가로대 왈, 감나무 시

배 놔라 감 놔라 함. 남의 일에 쓸데없이 간섭하는 모습.

다른 사람의 제사상에 '배를 놓아라 감을 놓아라' 하고 간섭하면 제사를 제대로 지낼 수 있겠습니까? 그래서 다른 사람의 일에 쓸데없이 참견하는 모습을 가리킵니다.

그렇다면 제사상은 어떻게 차려야 하나요?

본래 제사는 한 집안에서 대대로 지켜 내려오는 의례이기 때문에 다른 사람이 옳다 그르다 이야기할 만한 것이 아닙니다. 그러나 예로부터 제사를 지내는 기본적인 원칙은 전해 내려오고 있습니다. 우리가 자주 듣는 내용인데요, 한번 살펴보겠습니다.

어동육서魚東肉西 : 제사상을 차릴 때 생선은 동쪽에, 육류는 서쪽에 놓음.
홍동백서紅東白西 : 붉은 과일은 동쪽에, 흰 과일은 서쪽에 놓음.
그런데 요즘에는 바나나나 수박, 참외 같은
예전에는 보기 힘든 과일도 놓기 때문에
이러한 원칙에 너무 얽매일 필요는 없겠지요.

조동율서棗東栗西 : 대추는 동쪽, 밤은 서쪽에 놓음. 홍동백서에 따르면 당연한데 왜
　　　　　　　이런 말을 만들어서 복잡하게 만들었을까?
두동미서頭東尾西 : 생선 음식에서 머리는 동쪽, 꼬리는 서쪽에 가도록 차림.
반서갱동飯西羹東 : 밥은 서쪽에, 국은 동쪽에 놓음.

이 외에도 몇 가지가 더 있는데, 이 정도만 아셔도 됩니다. 제사는 정성
이지 형식이 아니니까요.

爛商討議 빛날 란, 헤아릴 상, 칠 토, 의논할 의

충분히 토의함.

난상토의라고 하면 온갖 다양한 의견이 분분하여 시끌벅적한 분위기를
연상하는데요, 사실은 여러 사람이 충분히 의논하는 모습을 가리킵니
다. 그러니까 매우 긍정적인 토의의 모습을 가리키는 것이죠. 이와 비
슷한 표현으로 난상공론爛商公論이 있습니다. 여러 사람이 모여 충
분히 의논하는 일을 가리키죠.
이번에는 썩 유익하지 않은 말들을 알아보겠습니다.

高談峻論 높을 고, 말씀 담, 높을 준, 논할 론

고상하고 준엄한 논의. 잘난 체하고 과장하여 떠벌리는 말.

높은 말씀과 의논이라는 말에서 약간 비웃는 듯한 느낌이 베어나는군
요. 산 정상에서 구름을 타고 산신령들이 나누는 이야기같이 말이죠. 그
래서 잘난 체하고 과장하며 멋을 부리는 말이라는 뜻으로도 쓰입니다.

流言蜚語 _{유 언 비 어}

流言蜚語 흐를 류, 말씀 언, 벌레 비, 말씀 어

근거 없이 이리저리 떠도는 헛된 소문.

유언流言은 글자 그대로 '흘러 다니는 말.' 사전적 의미로는 '근거 없는 풍설'을 말합니다. 그런데 유언비어가 무서운 까닭은 시간이 지날수록 점점 부풀려진다는 점이죠. 우리 속담에도 '말은 보태고 떡은 뗀다'라는 재미있는 표현이 있는데 소문 하나를 듣고 옆 사람에게 전할 때는 자기 이야기를 덧붙이죠.

蠶食 _{잠 식}

蠶食 누에 잠, 밥 식

누에가 뽕잎을 먹듯 모르는 사이에 차근차근 먹어 들어가는 모습.

누에가 뽕잎 먹는 모습을 보면 정말 무서워요. 사각거리는 작은 소리만 내면서 순식간에 뽕잎을 먹어 치우는 모습에서 유래한 표현입니다.

街談巷說 _{가 담 항 설}

街談巷說 거리 가, 말씀 담, 거리 항, 말씀 설

거리에 떠도는 소문이나 풍설.

이 표현도 유언비어流言蜚語와 썩 다르지 않군요. 그런데 큰 차이가 있습니다. 유언비어는 분명히 사실과 다른 거짓 내용인데 비해 가담항설은 사실일 수도 있는 소문이란 점입니다. 풍설風說, 풍문風聞이란

단어도 이와 비슷한 뜻이죠.

道聽塗說
道聽塗說 길 도, 들을 청, 진흙 도, 말씀 설

길에서 듣고 말하는 이야기. 떠돌아다니는 헛소문.

도塗는 진흙이라는 뜻 외에 길을 의미하기도 합니다. 따라서 길에서 주워들은 말이란 뜻이죠. 유언비어와 비슷한 표현입니다.

도塗는 '진흙'을 뜻하는데, 이 글자가 들어간 표현도 여러 개 있습니다. 진흙탕은 한번 빠지면 헤어나기 어렵지요. 그래서 어려움을 가리킬 때 주로 쓰입니다.

一敗塗地
一敗塗地 한 일, 질 패, 진흙 도, 땅 지

여지없이 패하여 다시 일어설 수 없게 됨.

한 번 패하여 진흙 구덩이 속에 파묻히고 만다는 뜻으로, 더 이상 재기할 수 없을 만큼 패한 상태를 가리킵니다.

그런데 이와 비슷하면서도 뜻은 다른 표현이 있습니다.

肝腦塗地
肝腦塗地 간 간, 뇌 뇌, 진흙 도, 땅 지

끔찍하게 죽은 모습 또는 나라를 위해 목숨을 바친 모습을 가리킴.

본래는 간과 뇌가 다 드러나 땅을 적실 만큼 끔찍하게 죽은 모습을 뜻하는 표현인데, 나아가 나라를 위해 목숨을 돌보지 않고 힘쓰는 모습을 가리키기도 합니다.

한편 이 정도로 패한 모습을 가리키는 다른 표현이 있습니다.

支離滅裂 <small>지 리 멸 렬</small> 가를 지, 떼놓을 리, 멸망할 멸, 찢을 렬

갈가리 흩어지고 찢겨져 갈피를 잡을 수 없음.

한 집단이나 부대 등이 완전히 흩어져 제 모습을 찾을 수 없는 상태를 가리키는 말입니다.

塗炭之苦 <small>도 탄 지 고</small> 진흙 도, 숯 탄, 조사 지, 쓸 고

진흙탕과 숯 속에 빠진 고통.

한자에서 도塗와 탄炭은 고통, 어려움을 나타낸다고 보면 별로 틀리지 않습니다. 그래서 도탄塗炭이라고 줄여서 쓰는 경우가 많습니다. '몹시 어려운 상황'이라는 뜻으로 말이죠.

"도탄에 빠진 백성을 구하기 위해 동학농민군은 봉기했다."

言語道斷 <small>언 어 도 단</small> 말씀 언, 말씀 어, 길 도, 끊길 단

말문이 막힘. 즉, 말문이 막힐 만큼 어이가 없음.

도저히 앞뒤가 맞지 않는 주장이나 의견이 나오면 어이가 없어 말문이

막히죠. 바로 그럴 때 쓰는 표현입니다.

<ruby>語<rt>어</rt></ruby><ruby>不<rt>불</rt></ruby><ruby>成<rt>성</rt></ruby><ruby>說<rt>설</rt></ruby> 語不成說 <small>말씀 어, 아니 불, 이룰 성, 말씀 설</small>

하는 말이 도대체 앞뒤가 맞지 않음. 사리에 어긋나는 말.

입에서 나오니 말은 말인데 앞뒤가 맞지 않아 말이라 할 수 없는 경우가 있죠. 바로 그럴 때 쓰는 표현입니다.

空中樓閣 <small>빌 공, 가운데 중, 다락 루, 집 각</small>

허공에 세워진 누대와 전각.
즉, 근거나 현실적 기반이 없는 가공의 사물. 신기루.

말 뜻 그대로 허공에 지어진 누각을 뜻하니 쓸데없는 논의, 내용 없는 문장, 가능하지 않은 작업 등을 두루 나타내는 표현입니다.
이와 비슷한 말로 사상누각砂上樓閣이 있지요.

砂上樓閣 <small>모래 사, 위 상, 다락 루, 집 각</small>

모래 위에 지은 누대와 전각.

모래 위에 지어진 집이라면 무너지는 것은 시간문제죠. 그래서 겉모양은 그럴 듯하나 기초가 부실해 곧 무너지고 말 이론이나 사물 등을 가리킵니다.

그런데 이런 허황된 집에 비해 정말 크고 엄청난 집도 있습니다.

高樓巨閣 _{높을 고, 다락 루, 클 거, 문설주 각}

높고 큰 누각.

고각대루高閣大樓라고도 하는데, 거巨가 대大로 바뀐 것이 전부군요. 따라서 뜻은 같습니다. 대단히 크고 웅장한 건물을 가리키는 표현이지요.

高臺廣室 _{높을 고, 돈대 대, 넓을 광, 집 실}

고대등같이 넓은 기와집.

높고 넓은 집을 이르는 말입니다. 이 표현은 일반 서민으로서는 엄두도 내지 못할 만큼 크고 화려한 집을 가리킬 때 쓰죠.

事實無根 _{일 사, 열매 실, 없을 무, 뿌리 근}

근거가 없음. 사실과 다름.

사실에 뿌리를 내리지 않았다는 뜻이군요. 그러니 사실과 다를 수밖에요. 앞서 살펴본 다양한 형태의 유언비어流言蜚語(p214), 도청도설道聽塗說(p215) 등은 모두 사실무근이죠.

食言 _{식 언} 먹을 식, 말씀 언

말을 먹어 버림. 즉, 자신이 입으로 한
약속을 지키지 않는 모습.

한자어 가운데도 재미있는 표현입니
다. 말을 먹어 버리다, 즉 자기 입으로
한 말을 다시 삼켜 버린 경우군요. 그
러니까 스스로 한 약속을 스스로 어기
는 모습입니다. 이런 사람은 결심을 해
도 3일을 넘기지 못합니다.

作心三日 _{작 심 삼 일} 만들 작, 마음 심, 석 삼, 날 일

마음을 먹은 지 3일을 넘기지 못함. 결심한 것을 쉽게 포기하는 모습.

결심을 했으면 그래도 1년은 실천에 옮겨야 할 텐데 겨우 3일이라니!
결심한 것을 실천하는 일이 얼마나 어려운지를 보여 주는 표현입니다.

一口二言 _{일 구 이 언} 한 일, 입 구, 두 이, 말씀 언

한 입으로 두 말을 함.
즉, 말을 이렇게 했다 저렇게 했다 일관성이 없는 것.

한 입으로 두 말을 하는 것은 약속을 어기는 것과 마찬가지죠. 그래서
'일구이언一口二言은 이부지자二父之者'라는 말도 생겨났습니다.
이부지자는? 아버지가 둘이다. 과학적으로는 불가능한 이야기인데, 기

분이 썩 좋지는 않군요.

豪言壯談 _{호걸 호, 말씀 언, 씩씩할 장, 말씀 담}

주위 상황을 고려하지 않고 자신 있게 큰소리치는 모습.

호언장담은 꼭 허풍이라고 말할 수는 없습니다. 호기롭고 자신 있게 말하는 것뿐이니까요. 그러나 이런 말은 대부분 과장이나 허풍이 깃들어 있을 가능성이 높긴 합니다. 그래서 호언장담은 식언食言_(p219)하기 쉽지요.

甘言利說 _{달 감, 말씀 언, 이익될 리, 말씀 설}

입에 발린 말과 이익을 약속하는 말.
즉, 상대방을 현혹시키기 위해서 꾸민 달콤한 말과 이득을 내세워 속이는 말.

감언이설은 대부분 거짓말이거나 호언장담豪言壯談입니다. 그러니 실천에 옮기기란 연목구어緣木求魚_(p164)나 마찬가지죠.
그런데도 많은 사람이 이런 달콤한 말에 속아 넘어가는 까닭은 무엇일까요? 눈앞의 이익 때문입니다.

巧言令色 _{아름다울 교, 말씀 언, 좋을 영, 낯 색}

아름다운 말과 웃는 얼굴.

즉, 상대방을 현혹시기 위해 꾸미는 교묘한 말과 꾸민 얼굴빛.

이 말도 감언이설과 별로 다르지 않군요. 교언巧言은 교묘하게 꾸며대는 말을 가리킵니다. 《논어》에 나오는 표현으로, '자왈子曰, 교언영색巧言令色 선의인鮮矣仁 (공자님 가라사대 말에 기교를 부리고 얼굴빛을 꾸밈은 어질지 못하다)'이라는 내용에서 비롯되었습니다.

美辭麗句 _{미 사 여 구} 아름다울 미, 말 사, 고울 려, 글귀 구

아름다운 말로 꾸민 고운 문장.

글자 뜻은 '잘 쓴 글'이란 뜻입니다. 그렇지만 실제로는 내용보다는 겉모습이 아름다운 문장을 가리키는 부정적인 의미지요.
그에 비하면 다음 말은 뜻이 정반대네요.

言行一致 _{언 행 일 치} 말씀 언, 행동 행, 한 일, 이를 치

말과 행동이 하나를 이룸.

자신이 말한 것을 행동에 옮기는 것이야말로 올바른 선비, 나아가 인간의 도리겠죠. 입으로는 온갖 약속을 다하고 막상 행동하지 않는다면, 그것은 입으로 약속하지 않은 것보다 못할 테니까요.

以實直告 _{이 실 직 고} 써 이, 열매 실, 곧을 직, 알릴 고

사실 그대로 알림.

간신은 임금을 감언이설**甘言利說**(p220)과 교언영색**巧言令色**(p220), 미사여구**美辭麗句**(p221)로 현혹시키는 반면 충신은 이실직고합니다. 그런데 왜 대부분의 임금들은 간신을 더 좋아하는 걸까요?

言則是也 _{언 즉 시 야} 말씀 언, 곧 즉, 옳을 시, 조사 야

말이 사리에 맞음. 말이야 바른 말이다.

그대로 해석하면 '말이야 옳구나.' 그래서 '사리에 맞는 말 또는 말인즉 옳구나'라는 의미로 쓰입니다. 충신의 말은 옳은데, 기분이 나쁘죠. 그래서 듣고 싶지 않은 거죠.
이번에는 말을 줄이거나 늘이는 등 말을 활용하는 모습을 가리키는 표현입니다.

牽強附會 _{견 강 부 회} 끌 견, 굳셀 강, 붙일 부, 모을 회

전혀 다른 이론을 자기 주장의 근거로 쓰기 위해 강제로 부합시키며 옳다고 우김.

말을 뜻하는 표현 가운데는 별스런 것도 많은데, 이것도 그 중 하나입니다. 앞뒤가 맞지 않는 이론을 합리화하기 위해 어울리지도 않는 말들을 이리저리 끌어다 맞춘다는 표현이거든요.

去頭截尾
거 두 절 미

去頭截尾 버릴 거, 머리 두, 끊을 절, 꼬리 미

머리는 버리고 꼬리는 끊어 버림.
요점만을 남기고 나머지 부분은 모두 없애 버림.

앞에서는 강제로 끌어모아 붙였는데, 이번에는 모두 잘라 없앴군요.
이와 비슷한 표현이 또 있습니다.

단 장 취 의

斷章取義 끊을 단, 글 장, 취할 취, 뜻 의

남의 글 가운데 작자의 의도나 전체 뜻에 구애되지 않고 자기가
필요한 부분만을 빌려 쓰는 일. 또는 그러한 일을 통해 자신의 주장을
합리화하는 일.

그러니까 거두절미去頭截尾와 견강부회牽强附會를 합쳐 놓은 행
동이네요.

단 도 직 입

單刀直入 홀 단, 칼 도, 곧을 직, 들 입

군말이나 인사말 따위 없이 곧장 요지를 말함.
에둘러 표현하는 대신 직접 문제점을 지적함.

본래 뜻은 오직 칼 하나만을 들고 적진으로 곧장 쳐들어간다는 말이죠.
그렇지만 지금이 어떤 시대입니까? 이런 의미로는 쓰이지 않고 말을
할 때 서론 없이 직접 본론으로 들어가는 것을 나타내지요.

一言半句
일 언 반 구

한 일, 말씀 언, 반 반, 구절 구

한 마디 말이나 반쪽 구절. 즉, 아주 짧은 말을 나타냄.

이 표현은 긍정문보다는 '일언반구 언급이 없었다'거나 '일언반구 사과도 없었다'처럼 부정문에 주로 쓰입니다.

一言之下
일 언 지 하

한 일, 말씀 언, 조사 지, 아래 하

한 마디로 딱 잘라서 말함.

두말할 나위 없이 분명하게 말하는 모습을 가리킵니다. 이 표현도 대부분 부정적으로 쓰입니다. "그는 내 부탁을 일언지하에 거절하였다"처럼 말이죠.

다음에는 줄인 게 아니라 늘인 것이군요.

重言復言
중 언 부 언

두 번 중, 말씀 언, 되풀이할 부, 말씀 언

같은 말을 계속 되풀이함.

거두절미去頭截尾(p223)는 재미없지만 그래도 간단하니까 좋지요. 중

언부언은 정말 괴롭습니다. 똑같은 말을 하고 또 하고, 그러다 보면 말의 요지가 무엇인지도 모르게 되지요.

長廣舌 _{장 광 설} 길 장, 넓을 광, 혀 설

길고 줄기차게 이어지는 말솜씨 또는 쓸데없이 장황하게 늘어놓는 말.

혀가 길고 넓으니 말은 얼마나 잘하겠습니까? 그래서 이런 뜻이 생겼는데, 특히 쓸데없이 길게 말을 늘어놓을 때 자주 쓰는 표현입니다.

萬里長舌 _{만 리 장 설} 일만 만, 거리 리, 길 장, 혀 설

아주 장황하게 늘어놓는 말.

만리장설이라! 과장법도 정말 대단하네요. 혀의 길이가 만 리라니. 장광설이나 만리장설이나 혀가 길기는 마찬가지군요.
듣기에 괴로운 말은 또 있습니다.

橫說竪說 _{횡 설 수 설} 가로 횡, 말씀 설, 세울 수, 말씀 설

조리 없이 마구 지껄이는 말.

가로로 말을 했다가 세로로 말을 했다가 한다는 뜻이니, 일정한 논리 없이 되는대로 지껄이는 모습을 나타내지요.

夢中說夢
_{몽 중 설 몽} 꿈 몽, 가운데 중, 이야기 설, 꿈 몽

꿈속에서 꿈 이야기를 함. 무슨 이야기를 하는지 종잡을 수 없는 모습.

횡설수설보다 더하네요. 꿈 이야기를 해도 헷갈릴 판에 꿈속에서 또 꿈 이야기라니! 무슨 이야기인지 못 알아듣는 게 당연하겠군요.
다음 말은 그래도 좀 나은 편입니다.

靑山流水
_{청 산 유 수} 푸를 청, 메 산, 흐를 류, 물 수

거침없이 말을 잘하는 모습.

글자 뜻은 '푸른 산속을 흐르는 물'이죠. 그런데 그런 자연의 모습을 가리킬 때 이 표현을 쓰지는 않습니다. 대신 산속을 흐르는 물줄기처럼 거침없이 말이 흘러나오는 모습을 가리킵니다. 그런데 이런 말에 진실이 담긴 경우는 드물죠. 그래서 말만 거침없이 잘한다는 부정적인 의미로 자주 쓰입니다.
"말은 청산유수구나. 근데 어째 행동은 그 모양이니?"

懸河之辯
_{현 하 지 변} 매달 현, 강 하, 조사 지, 말 잘할 변

경사가 급한 강을 흐르는 물처럼 거침없고 유창한 말솜씨.

현懸은 '매달다'라는 뜻을 갖습니다. 그러니까 강이 매달려 있다면 그 물살이 얼마나 급하겠습니까? 그래서

226

물줄기가 급한 내를 가리켜 '현하'라고 하지요. 바로 그렇게 거침없이 흘러나오는 말솜씨를 가리켜 현하지변 또는 현하구변懸河口辯이라고 합니다.

이번에는 깊은 뜻이 감추어진 말입니다.

問鼎輕重 물을 문, 솥 정, 가벼울 경, 무거울 중

솥의 무게를 물음. 즉, 세상을 지배하려는 의도를 상대방에게 알림.

춘추시대 초나라 장왕은 춘추오패春秋五覇, 즉 춘추시대의 대표적인 제후 가운데 한 사람이었습니다. 그는 여러 지방을 정복한 후 당시 종주국인 주周나라를 향해 나아갔습니다. 그러자 주나라 조정에서는 대부 왕손만을 보내 장왕을 설득하도록 했죠. 왕손만을 만난 장왕은 그에게 정鼎의 무게를 물었습니다. 정이란 본래 하夏나라 시조 우 임금이 중국 전역에서 모은 구리로 만든 발이 세 개, 귀가 둘 달린 솥인데, 이후 은나라, 주나라를 거치면서 천자의 상징이 된 물건이었습니다. 그러기에 정의 무게를 묻는다는 것은 그 정을 내가 가졌으면 한다는 말이었고, 그 말은 결국 천하를 내놓으라는 무언의 압력이나 마찬가지인 셈이지요. 그러자 왕손만은 "솥의 크기나 무게는 중요한 것이 아닙니다. 비록 주나라가 쇠약하다고 하나 아직은 천명이 우리 주나라에 있기 때문에 정이 우리 나라에 있는 것입니다. 만일 천명을 거역하고 이 솥을 옮긴다면 하늘의 뜻을 거스르는 무도한 행위가 될 것입니다" 하고 대답하였습니다.

장왕이 아무 말 없이 군대를 돌린 것은 당연한 결과였고요. 한편 장왕은 그 시대의 영웅이었습니다. 그래서 그와 관련된 고사성어가 또 있습니다.

不飛不鳴

불 비 불 명

不飛不鳴 아니 불, 날 비, 아니 불, 울 명

날지도 않고 울지도 않음. 큰일을 위해 때를
기다리는 모습.

초나라 장왕은 즉위한 후 3년이 지나도록
아무런 명령도 내리지 않고 밤낮으로
가무음곡歌舞音曲(p401)만을 즐겼습니다. 그러면서
이런 명령을 내릴 뿐이었지요.
"감히 누구든 내게 간하려는 자가 있다면 오직 죽음을 내릴 뿐이다."
이에 대부 오거伍擧가 간하고자 입궐하자 장왕은 양팔에 미녀를 껴안은
채 놓고 있었습니다. 이를 본 오거가 말했습니다.
"제가 수수께끼 하나를 내겠습니다."
"내 보아라."
"새 한 마리가 언덕에 앉아 있는데, 3년 동안 날지도 울지도 않습니다. 이
새가 어떤 새이겠습니까?"
그러자 장왕이 말했습니다.
"그 새는 3년을 날지 않았으나 한번 날면 하늘을 뚫고 솟아오를 것이요,
3년을 울지 않았으나 한번 울면 천하를 뒤흔들 것이다. 오거여! 그대의
수수께끼를 과인이 풀었으니 돌아가 있거라."
그러나 이후에도 장왕의 행위에 변함이 없자 이번에는 대부 소종이
나섰습니다. 소종이 들어서는 모습을 본 장왕이 눈을 부릅뜨고
말하였습니다.
"그대는 과인이 내린 명령을 들었겠지?"
그러자 소종이 대답하였습니다.
"소신이 죽음으로써 대왕의 실수를 깨칠 수만 있다면 백 번 죽는다
하여도 한이 없습니다."
그 말을 들은 장왕은 즉시 일어나 술자리를 파한 후 정사를 처리하기

시작하였습니다. 그는 자신의 과오를 지적하는 대신 그 틈을 이용해 권력을 농단龔斷(p376)한 자들을 색출하여 벌하고 유능한 인재들을 찾아 등용하였으며, 정사를 오거와 소종에게 맡겨 바르게 처리토록 하였습니다.

그 후 장왕이 패자覇者의 자리에 오른 것은 당연한 일이었죠.

언 중 유 골

言中有骨   말씀 언, 가운데 중, 있을 유, 뼈 골

말 가운데 뼈가 들어 있음.
부드러운 말 속에 분명하고도 핵심적인 뜻이 담겨 있는 것.

꼭 해야 할 말이나 뜻을 부드러운 말 속에 담아 비유적으로 전할 때 쓰는 표현입니다. 그래서 얼핏 들으면 농담 같지만 잘 생각해 보면 비판적인 뜻이나 진담이 담겨 있을 때 이 표현을 쓰죠.

촌 철 살 인

寸鐵殺人   마디 촌, 쇠 철, 죽일 살, 사람 인

짧은 말 한 마디로 사람의 마음을 움직임.

말뜻은 '아주 작은 조각의 철로 사람을 죽일 수 있음'인데 그런 뜻으로는 쓰이지 않습니다. 이때의 촌철은 아주 중요한 한 마디 말을 가리키고, 살인은 '사

람의 마음을 움직임'을 뜻합니다. 한나라의 도량형에 의하면 촌寸은 손가락 한 마디를 가리키는데 약 2.2센티미터에 해당합니다.

頂門一鍼

정수리 정, 문 문, 한 일, 침 침

정수리에 침을 놓음. 즉, 따끔한 충고나 비판.

정문頂門은 정문正門과 다릅니다. 정문頂門이 머리 꼭대기에 있는 정수리, 즉 인간의 정신 속으로 들어가는 입구라면 정문正門은 집으로 들어가는 입구죠.

정수리에 침을 놓으면 정신이 바짝 나겠지요. 그래서 정신을 일깨우는 충고나 조언, 비판 따위를 가리켜 정문일침이라고 합니다. 촌철살인寸鐵殺人(p229)만큼 날카롭겠군요.

이번에는 아예 아무 말이 없는 경우군요.

默默不答

묵묵할 묵, 묵묵할 묵, 아니 불, 대답할 답

아무 대답도 하지 않으면서 침묵을 지킴.

질문에 대해 대답을 하지 않는 것도 자신의 뜻을 나타내는 방법 가운데 하나가 될 수 있습니다. 어떤 상황에서 어떤 물음에 답하지 않는지를 생각해 보면 그 사람의 심리를 이해할 수 있으니까요.

다음 경우가 묵묵부답의 대표적인 경우군요. 좀 무섭기는 하지만.

咸興差使

함 흥 차 사

머금을 함, 일어날 흥, 어긋날 차, 시킬 사

한번 가면 아무런 소식이 없음.
심부름을 보낸 사람도 돌아오지 않고 어떠한 소식도 전해오지 않는 상황.

조선의 건국조인 태조 이성계는 뛰어난 셋째아들인 이방원 덕분에
혁명에 성공을 거두어 왕위에 오르지만 후에는 그 때문에 사랑하는
아들들을 잃기도 합니다. 두 차례에 걸친 왕자의 난 때문이었죠. 이에
조정 생활에 회의를 품은 태조는 첫째아들 정종에게 왕위를 넘겨준 후
함흥으로 들어가 은둔 생활을 합니다. 형식적으로 형 정종에게 왕위를
넘겨주었다가 불과 2년 만에 조선 3대 왕에 오른 태종 이방원은 아버지
태조에게 사과를 하기 위해 사신을 보내지요. 그러나 태종에 대한 원망과
분이 풀리지 않은 이성계는 태종이 보낸 사신을 죽이기도 하고 잡아
가두기도 하면서 돌려보내지 않습니다.

이로부터 나온 표현이 함흥차사입니다. 함흥에 파견된 사신은 가면 아
무 소식이 없다는 데서 나온 것이죠.

12

천변만화하는
자연,
그 모습을
찾아서

_{청 풍 명 월}
清風明月 <small>맑을 청, 바람 풍, 밝을 명, 달 월</small>

맑은 바람과 밝은 달빛.

말하지 않아도 누구나 알 수 있죠, 자연의 아름다움을 그린 표현임을.
조선시대 선비 가운데 송순(1493~1583)이란 분이 계십니다. 호는 면앙
정俛仰亭으로, 〈면앙정가〉라는 가사로 유명한 분인데, 작품 가운데 이
런 시조가 있습니다.

> 십년을 경영하여 초려草廬
> 한간 지어내니
> 반간은 청풍淸風이요,
> 반간은 명월明月이라
> 강산은 들일 데 없으니 둘러
> 두고 보리라

십 년에 걸쳐 초가집 한 칸 짓고 보니 반 칸에는 맑은 바람이 머물고 반 칸에는 밝은 달빛이 가득 차는군요. 그런데 더욱 아름다운 강과 산은 초가집 어느 곳에 두지요? 음, 너무 좁아 둘 곳이 없으니 그저 있는 곳에 두고 볼 수밖에 없군요.

山紫水明 <small>산 자 수 명</small> 메 산, 자줏빛 자, 물 수, 밝을 명

산은 보랏빛이요, 물은 밝게 비침.

맑은 물에 비치는 보랏빛 산이라니, 아름답기 그지없는 자연의 모습이군요.

滿山紅葉 <small>만 산 홍 엽</small> 가득 찰 만, 메 산, 붉을 홍, 잎사귀 엽

온 산에 단풍이 들어 붉게 물든 모습.

온 산 가득 붉은 잎이 들어찰 때는 오직 단풍이 드는 가을철밖에 없겠지요. 바로 그 불타는 단풍을 표현한 말입니다.

萬壑千峰 <small>만 학 천 봉</small> 일만 만, 골짜기 학, 일천 천, 봉우리 봉

첩첩이 놓인 수많은 골짜기와 겹겹이 솟은 산봉우리의 모습.

첩첩이 둘러싼 산의 모습을 잘 묘사하고 있군요. 천산만학千山萬壑도 같은 뜻입니다.

深山幽谷
^{심 산 유 곡}
깊을 심, 메 산, 그윽할 유, 골짜기 곡

깊고 깊은 산속 그윽한 골짜기.

사람의 발길이 닿기 힘든 깊고 깊은 산속을 가리키는 표현입니다.
이렇게 깊은 곳에 위치한 마을 한 곳 알아볼까요?

三水甲山
^{삼 수 갑 산}
석 삼, 물 수, 첫째천간 갑, 메 산

삼수와 갑산. 즉, 사람의 발길이 닿기 힘든 대단히 험한 오지.

우리나라에서 만들어진 사자성어입니
다. 삼수와 갑산은 모두 함경남도에 위
치한 산골 마을로 예로부터 죄인들이
귀양 가던 곳이었습니다. 그래서 삼
수갑산이라고 하면 한번 가면 나오
기 힘든 오지를 가리키죠.
'산수갑산'이라고 알고 계신 분이 많
은데, 정확한 표현은 삼수갑산이니까
조심하십시오.

花鳥風月
^{화 조 풍 월}
꽃 화, 새 조, 바람 풍, 달 월

꽃과 새, 바람과 달. 즉, 자연의 아름다운 모습을 가리키는 말.

꽃과 새, 산들바람과 구름 사이로 흐르는 달을 떠올리면 자연스럽게 동양화 한 폭이 그려지죠. 그런 아름다운 자연을 가리키는 표현입니다.

光風霽月 _{광 풍 제 월}
빛 광, 바람 풍, 갤 제, 달 월

비가 갠 후의 시원한 바람과 밝은 달.

저녁 무렵 비가 온 후 맑은 하늘 위로 떠오르는 달, 생각만 해도 아름답죠? 그런 모습과 더불어 그처럼 마음이 넓고 거리낌 없는 인품을 가리킬 때도 씁니다.

이번에도 멋진 달을 가리키는 표현입니다.

一竿明月 _{일 간 명 월}
한 일, 장대 간, 밝을 명, 달 월

밝은 달 아래 낚싯대 하나를 드리우고 있음. 아름다운 밤 경치와 그와 하나 되는 자연 속 삶을 가리킴.

낚시를 좋아하는 분들이 아니더라도 달이 밝은 밤에 낚싯대를 드리우고 귀뚜라미 소리를 듣는 즐거움을 느낄 수가 있죠. 바로 그렇게 속세를 떠나 자연 속에 동화되는 삶을 가리키기도 하고, 그런 자연의 멋진 모습을 나타내기도 하는 표현입니다.

山川景槪
<small>산 천 경 개</small>
<small>메 산, 내 천, 경치 경, 풍치 개</small>

자연의 경치.

경개란 우리가 자주 사용하는 경치景致와 같은 뜻입니다. 그러니까 산
과 내를 포함한 자연 경관을 가리키는 표현이죠.

綠楊芳草
<small>녹 양 방 초</small>
<small>초록 록, 버들 양, 꽃다울 방, 풀 초</small>

푸르게 우거진 버드나무와 향기로운 풀.

봄과 여름을 맞아 우거진 나무와 활짝 핀 꽃을 가리키는 말입니다. 자
연의 아름다움을 뜻하는 표현이죠.

造化神功
<small>조 화 신 공</small>
<small>만들 조, 될 화, 귀신 신, 공로 공</small>

조화신이 보여 준 공력.

조화신이란 무엇이든 만드는 신이란 뜻으로 조물주造物主를 가리킵니
다. 그러니까 대단히 뛰어난 작품이나 아름다운 자연을 가리킬 때 조화
신공이 이룬 것이라고 표현하지요.
정극인(1401~1481)이란 분이 지은 〈상춘곡賞春曲〉, 즉 봄을 감상하는
노래를 보면 이런 구절이 나옵니다.

> 칼로 말아낸가, 붓으로 그려낸가, 조화신공이 물물物物마다 헌사롭다.
> 수풀에 우는 새는 춘기春氣(봄기운)를 못내 계워 소리마다 교태로다.

칼로 재단해 내었는가? 붓으로 그려 내었는가?
조물주의 신비스러운 솜씨가 사물마다 야단스럽구나!
수풀에서 우는 새는 봄기운을 끝내 이기지 못하여
소리마다 아양을 떠는구나.

<ruby>奇</ruby> <ruby>巖</ruby> <ruby>怪</ruby> <ruby>石</ruby>
기 암 괴 석

奇巖怪石　기이할 기, 바위 암, 기이할 괴, 돌 석

기묘하게 생긴 바위와 돌.

기암괴석 역시 조물주가 만든 멋진 작품이죠. 그래서 멋진 산의 모습을
그릴 때 이 말을 자주 씁니다.

만 경 창 파

萬頃蒼波　일만 만, 이랑 경, 푸를 창, 물결 파

한없이 드넓은 바다에 이는 푸른 파도.

산의 아름다움이 있다면 바다의 아름다움도 있어야겠지요. 반면에 이
런 좋지 못한 파도도 있군요.

평 지 풍 파

平地風波　평평할 평, 땅 지, 바람 풍, 파도 파

평탄한 땅에 갑자기 바람과 파도가 몰아침.
즉, 평화스런 상황에 뜻밖의 분쟁이 벌어짐.

평탄한 곳에 갑자기 바람이 불고 파도가 치면 어떻겠습니까? 평화는

깨지고 모두가 우왕좌왕右往左往(p54) 할 수밖에 없죠. 바로 그런 상황을 가리키는 표현입니다.

一波萬波 _{한 일, 파도 파, 일만 만, 파도 파}

하나의 파도가 만 개의 파도를 일으킴.

온 바다를 뒤엎는 파도도 처음에는 아주 작은 파도로부터 시작되는 것이죠. 그래서 이 표현은 사소하게 시작한 일이 후에 큰 결과를 가져옴을 가리킵니다.

이번에는 매우 강력하면서도 문학적인 파도입니다.

疾風怒濤 _{빠른 질, 바람 풍, 노할 노, 파도 도}

대단히 빠르게 불어오는 바람과 미친 듯이 닥쳐오는 파도.

질풍노도의 시대란 말 아시나요? 18세기 독일에서 일어난 문예운동을 가리키는 말로 독일말로는 슈투름 운트 드랑Sturm und Drang이라고 하지요. 합리성을 바탕으로 한 계몽주의를 배격하고 자연과 감정, 개인주의를 고양시켰으며 괴테와 실러가 대표적인 인물입니다. 특히 괴테의 《젊은 베르테르의 슬픔》은 질풍노도운동의 정신을 요약한 작품으로 꼽힙니다.

茫茫大海
망 망 대 해

아득할 망, 아득할 망, 큰 대, 바다 해

아득히 멀고 큰 바다.

만경창파萬頃蒼波(p237)가 파도에 중점을 두었다면 이 표현은 바다에 중점을 두었군요.

一望無際
일 망 무 제

한 일, 내다볼 망, 없을 무, 사이 제

눈을 가리는 것이 없을 만큼 바라보아도 끝이 없이 멀고 먼 모습.

배를 타고 먼 바다에 나가 사방을 바라보신 적이 있나요? 수평선 끝까지 바라보아도 눈에 들어오는 것은 아무것도 없는 그런 바다 말이지요. 바로 그런 모습을 표현하는 말입니다. 이와 비슷한 표현이 또 있습니다.

끝없이 펼쳐져 있구나~

廣大無邊
광 대 무 변

넓을 광, 큰 대, 없을 무, 가장자리 변

끝을 알 수 없을 만큼 넓고도 큰 상태.

끝이 없으니 얼마나 넓겠습니까? 그러니까 운동장이나 들판을 가리킬 때는 이 표현을 쓰지 않고 우주나 바다같이 그 크기가 매우 넓은 경우에 쓰는 것이 일반적이죠.

萬里長天 _{만 리 장 천} 일만 만, 거리 리, 길 장, 하늘 천

만 리 높은 하늘.

한없이 높이 솟아 있는 하늘을 나타내는 말이죠. '구만리장천九萬里長天'이라고도 합니다.

조선시대 문인 가운데 송강 정철(1536~1593) 아시죠? 〈관동별곡〉, 〈사미인곡〉, 〈성산별곡〉 등의 뛰어난 작품을 남기신 분 말이죠. 그 분이 쓰신 시조 가운데 한 편을 살펴보겠습니다.

　　내 마음 베어내어 저 달을 맹글고저
　　구만리 장천에 번듯이 걸려 있어
　　고운님 계신 곳에 가 비치어나 보리라

정철도 만 리보다는 구만 리를 더 좋아했나 보군요. 마음 한 구석을 베어 달을 만든 후 하늘 높은 곳에 걸어 멀리 있는 임의 처소를 비추고 싶다는 마음을 표현한 작품입니다.

山川草木 _{산 천 초 목} 메 산, 내 천, 풀 초, 나무 목

산과 내, 풀과 나무. 즉, 자연을 이루고 있는 요소들을 가리킴.

위에서 언급한 요소를 모두 합하면 자연이 되지요. 그래서 자연 그 자체를 가리키는 표현입니다.

森羅萬象
삼 라 만 상

森羅萬象 숲 삼, 새그물 라, 일만 만, 그림 상

우주 속에 존재하는 온갖 사물과 현상.

삼라森羅는 넓게 퍼져 있는 숲처럼 늘어선 모양을 가리킵니다. 그러니까 삼라만상이란 온갖 사물들이 숲처럼 빼곡히 퍼져 있는 모습을 나타내죠. 산천초목은 당연히 삼라만상에 포함되겠군요.

동 빙 한 설

凍氷寒雪 얼 동, 얼음 빙, 찰 한, 눈 설

얼음이 얼고 찬 눈이 내림.

추운 겨울을 나타내는 말이군요.

옛날 우리 할머니 할아버지들께서 즐겨 부르시던 노래 가운데 이런 가사가 있습니다. '동지섣달 기나긴 밤 북풍한설 몰아칠 때…' 〈한 많은 미아리고개〉란 노래인데요. 음, 북풍한설北風寒雪이란 '북쪽 바람이 몰고 오는 찬 눈'이란 뜻이군요.

엄 동 설 한

嚴冬雪寒 엄혹할 엄, 겨울 동, 눈 설, 찰 한

매서운 겨울의 심한 추위.

앞서 살펴본 동빙한설凍氷寒雪과 썩 다르지 않은 표현이군요. 그런데 이 표현이 더 추워 보이는 것은 '매섭다'는 뜻의 '엄嚴'자가 들어 있기 때문이겠죠.

이런 춥고 매서운 계절에 자연을 바라보면 어떨까요?

殺風景
<small>살 풍 경</small>

죽일 살, 바람 풍, 경치 경

운치가 없고 메마른 풍경. 살기를 띤 광경.

매몰차고 차가우며 살벌한 광경을 가리키는 말입니다. 거친 자연뿐만 아니라 잔인하고 살벌한 모습을 가리킬 때도 씁니다.

春來不似春
<small>춘 래 불 사 춘</small>

봄 춘, 올 래, 아니 불, 같을 사, 봄 춘

봄이 왔건만 봄같지 않음.

봄이 왔지만 봄같지 않게 추운 날씨가 계속 이어진다는 뜻을 넘어, 계절은 좋은 시절이 왔지만 아직도 상황 또는 마음은 겨울이라는 의미로까지 확대되었습니다.
그러나 이런 어려움 속에서도 꿋꿋이 견디는 친구들이 있습니다.

獨也靑靑
<small>독 야 청 청</small>

홀로 독, 조사 야, 푸를 청, 푸를 청

홀로 푸르게 서 있는 모습.

모든 것이 변해도 결코 변하지 않으며 제 모습을 지키는 굳은 절개를 가리키는 말이죠. 이 표현은 겨울 산에 홀로 푸르게 서 있는 소나무에서 비롯되었는데, 이 표현이 낯익은 것은 유명한 시조에 나오기 때문이죠.

이 몸이 죽어 가서 무엇이 될고 하니
봉래산 제일봉의 낙락장송落落長松 되었다가

백설이 만건곤滿乾坤할 제 독야청청하리라

사육신死六臣 가운데 한 분인 성삼
문(1418~1456)이 단종 복위를 꿈꾸다
가 잡혀 사형을 당하러 갈 때 읊은 시
조입니다.

落落長松
낙 락 장 송

떨어질 락, 떨어질 락, 길 장, 소나무 송

가지가 휘휘 늘어진 커다란 소나무.

앞서 나온 바로 그 소나무군요. 가지가 늘어질 만큼 오래되고 큰 소나
무 말이에요.

한편 성삼문을 포함한 사육신께서 나라와 백성을 위해 목숨을 던졌다
면, 생육신生六臣은 권력의 추잡함과 무상함을 깨닫고 산속으로 숨어
들어갔지요.

그럼 사육신과 생육신은 누구를 가리킬까요?

사육신 : 성삼문, 이개, 박팽년, 하위지, 유응부, 유성원.

생육신 : 김시습, 이맹전, 조려, 원호, 남효온, 성담수.

아, 사육신 가운데 한 분인 유응부 선생께서도 이런 시조를 남기셨습
니다.

간밤의 부던 바람에 눈서리 치단 말가(말인가)

낙락장송이 다 기울어 가노매라.

하물며 못 다 핀 꽃이야 닐러(일러) 무엇하리오.

이때 눈서리는 수양대군(훗날의 세조)이 조카 단종을 쫓아낸 계유정난癸酉靖難을 가리키지요. 이렇게 보니 사육신을 대표하는 나무는 역시 낙락장송이군요.

이런 분들이 좋아할 만한 표현이 있습니다.

傲霜孤節 <small>오 상 고 절</small> 거만할 오, 서리 상, 외로울 고, 절개 절

심한 서릿발 속에서도 굴하지 않고 외로이 절개를 지킴.
국화를 가리키는 표현.

국화는 가을에 피는 꽃이죠. 서리는 늦가을부터 내리기 시작하고요. 그래서 늦가을 서리가 내리는 추위에도 굴하지 않고 꽃봉오리를 피우는 국화를 가리키는 표현이자, 혼탁함 속에서도 홀로 절개를 지키는 선비의 꿋꿋함을 의미합니다.

상풍고절霜風孤節(서리와 바람 앞에서도 꿋꿋한 절개)이라고도 하는데, 그 뜻이 독야청청獨也靑靑(p242)과도 썩 다르지 않군요.

조선시대 대제학 벼슬을 지낸 이정보(1693~1766)란 분은 시조에도 뛰어나 많은 글을 남겼는데 그 가운데 오상고절과 관련된 노래가 있습니다.

> 국화야 너는 어이 삼월동풍三月東風 다 지내고
> 낙목한천落木寒天에 네 홀로 피었는다
> 아마도 오상고절傲霜孤節은 너뿐인가 하노라.

그렇다면 생육신들은 어떻게 살아갔을까요?

隱忍自重 숨을 은, 참을 인, 스스로 자, 무거울 중

자신을 드러내지 않고 참으며 신중하게 행동함.

겉으로 드러내지 않으면서 자신의 도리를 신중하게 깨달아 가는 모습을 가리킵니다.

은隱에는 '숨다, 숨기다'란 뜻이 있어 옛 선비들 가운데는 이 글자를 이용해 호를 만든 분들이 많습니다.

그 가운데서도 고려 말 '삼은三隱'은 유명합니다. 고려가 멸망하는 순간에도 고려에 대한 충성을 다하던 분들인데, 포은圃隱 정몽주, 목은牧隱 이색, 야은冶隱 길재를 가리킵니다.

한편 중국에도 이처럼 속세를 등지고 자연을 벗 삼아 살던 어진 선비들이 계셨네요.

竹林七賢 대 죽, 수풀 림, 일곱 칠, 어질 현

대숲에 숨어 살던 일곱 명의 어진 선비.

위진남북조시대에 세상의 어지러움에 환멸을 느껴 죽림으로 숨어 들어가 자연을 벗 삼아 살던 선비를 가리킵니다. 완적阮籍, 혜강嵇康, 산도山濤, 유영劉伶, 완함阮咸, 향수向秀, 왕융王戎의 일곱 명이죠.

그런 선비들은 어떻게 행동했을까요?

君子大路行

_{군 자 대 로 행}

임금 군, 사람 자, 큰 대, 길 로, 갈 행

군자는 큰 길로 간다.
즉, 군자는 작은 이익을 위해 약삭빠른
짓을 하지 않는다는 뜻.

빨리 가는 길이 있다면 좁은 골목이건 지
저분한 지름길이건 가리지 않는 것은 우리
같은 범인凡人(평범한 사람)이나 하는 짓이
지요. 참된 선비라면 그런 속된 이익을 버
리고 바른 길만을 고집한다는 의미를 담고
있는 표현입니다.

先憂後樂

_{선 우 후 락}

먼저 선, 근심할 우, 나중 후, 즐길 락

남보다 먼저 걱정하고 남보다 나중에 즐김. 선비의 마음가짐을 일컫는 말.

다른 사람보다 앞서 닥쳐올 위험을 걱정하고 다른 사람들이 즐길 때 자
신의 책임을 다한 후 마지막으로 즐기는 모습이야말로 참된 선비, 지도
자, 관리의 태도겠죠.

和光同塵

_{화 광 동 진}

화합할 화, 빛 광, 같을 동, 먼지 진

빛을 감추고 티끌 속에 섞여 지냄.

자신의 빛남을 드러내지 않고 먼지 속에 숨어 지내는 모습이야말로 참

된 군자의 모습입니다.

노자가 지은 《도덕경》에 나오는 글에서 유래한 표현인데요, 그 문장 한 번 읽어 볼까요.

知者不言 지자불언	아는 자는 말하지 않고
言者不知 언자부지	말하는 자는 알지 못하니
塞其兌 새기태	그 구멍을 막고
閉其門 폐기문	그 문을 닫으며
挫其銳 좌기예	그 날카로움을 꺾고
解其紛 해기분	그 어지러움을 풀며
和其光 화기광	그 빛을 부드럽게 하여
同其塵 동기진	티끌과 같이 하니
是謂玄同 시위현동	이것을 신비한 동일성이라 한다.

다음에는 따스한 자연을 나타낸 표현입니다.

陽春佳節 볕 양, 봄 춘, 아름다울 가, 절기 절
양 춘 가 절

따뜻하고 좋은 봄철.

만물이 소생하는 따뜻한 봄날을 가리키는 대표적인 표현입니다. 엄동설한嚴冬雪寒(p241)이 지나면 양춘가절이 오는 것은 세상의 이치죠. 고생 끝에 낙이라고나 할까요.

萬化方暢
만 화 방 창

일만 만, 될 화, 방위 방, 펼 창

온갖 생물이 좋은 계절을 만나 활짝 피어나는 모습.

양춘가절陽春佳節(p247)을 맞으면 만화방창이 되는 것은 당연한 이치죠.

綠陰芳草
녹 음 방 초

초록 록, 그늘 음, 꽃향기 방, 풀 초

우거진 나무 그늘과 싱그러운 풀.

나무 그늘 우거지고 풀에서 향기가 나는 계절은 여름이죠. 그래서 녹음방초는 여름을 가리킵니다.

綠水靑山
녹 수 청 산

초록 록, 물 수, 푸를 청, 메 산

초록빛 물과 푸른 산.

녹음이 깃든 자연을 그린 표현이군요. 순서를 바꾸어 청산녹수靑山綠水라고 해도 같은 말입니다. 그래서 유명한 조선 기생 황진이는 이런 시조를 지었지요.

청산은 내 뜻이요 녹수는 임의 정이
녹수 흘러간들 청산이야 변할 손가

248

녹수도 청산을 못 잊어 울어 녀여(흘러) 가는가.

황진이 자신을 청산, 임을 녹수에 비유하여, 녹수는 흘러 떠난다 해도 청산은 결코 변하지 않을 것이라고 노래했군요.
그런데 청산과 녹수는 역시 아름다운 자연을 나타내는 데 좋은 표현인 가 봅니다.

청산도 절로절로 녹수도 절로절로
산절로 수절로 산수간에 나도 절로
이 중에 절로 자란 몸이 늙기도 절로절로

우리말을 이용해 멋진 노래를 지으신 분은 김인후(1510~1560)라고 하는 조선의 선비십니다. 내용은 '자연이 스스로 존재하니 산과 물도 그러하고, 나 또한 자연 속에 존재하는구나. 그 속에서 자연에 순응하며 사는 몸이니 늙는 것 또한 자연스러운 일이로구나'입니다. 욕심이나 집착이 없는 평화롭고 무욕한 삶을 그린 뛰어난 작품이죠.
청산에도 여러 가지가 있는데 다음 청산은 훨씬 철학적이네요.

인 간 도 처 유 청 산
人間到處有靑山
사람 인, 사이 간, 닿을 도, 곳 처, 있을 유, 푸를 청, 메 산

사람이 닿는 곳 어디에나 푸른 산이 있음.

세상 어디에 나 하나 살 만한 곳이 없겠습니까? 그래서 고향을 떠나 넓은 세상으로 나아가 뜻을 펼치라는 의미를 갖습니다. 그 외에 '사람이 묻힐 만한 땅은 어디에도 있으니 고향 떠나기를 두려워하지 마라'라는

의미도 있습니다. 그 말이 그 말이죠.

綠衣紅裳 _{녹 의 홍 상} 초록 록, 옷 의, 붉을 홍, 치마 상

연두저고리와 다홍치마라는 뜻으로, 젊은 여인의 고운 옷차림.

이번에는 자연을 그리는 표현이 아니라 여인의 아름다운 자태를 그린 것이군요. 다홍치마는 아주 예쁘고 뛰어난 것인가 봅니다. 왜냐고요? 다음 표현을 보세요.

同價紅裳 _{동 가 홍 상} 같을 동, 값 가, 붉을 홍, 치마 상

같은 값이면 다홍치마.

같은 값이면 더 좋은 것을 선택하라는 뜻이잖아요. 그러니 다홍치마가 좋은 것은 당연하겠죠.

綠林 _{녹 림} 초록 록, 수풀 림

도적의 소굴.

글자 그대로 해석하면 '초록 숲'이군요. 그런데 어쩌다가 이런 좋지 않은 의미를 갖게 되었을까요?

전한前漢시대(기원전 202~서기 8) 말, 왕망이란 자가 정권을 찬탈하여 신新(9~23)을 건국하였습니다. 그러나 그의 시도는 실패했고 전국 각지에서 반란이 일어났습니다. 이때 반란군들은 녹림산이란 곳으로 집결하였고, 그곳에서 관군을 상대로 저항하기 시작했습니다. 결국 신나라는 훗날 후한의 광무제가 된 유수의 군사에 패하여 멸망했는데, 반란군 또한 유수의 군에 편입되어 함께 싸웠습니다.

이로부터 녹림綠林은 도적들이 모인 소굴을 가리키는 말이 되었습니다.

별 유 천 지 비 인 간
別有天地非人間
나눌 별, 있을 유, 하늘 천, 땅 지, 아닐 비, 사람 인, 사이 간

현세와 동떨어져 있는 세상으로,
인간이 살지 않는 이상향.

당나라 시인 이백의 유명한 시
〈산중문답山中問答〉에서 유
래한 표현인데, 속세에 물든
인간 세계와는 전혀 다른 이상
적인 공간을 나타내는 표현입니다.

問余何事栖碧山 문여하사서벽산
笑而不答心自閑 소이부답심자한
桃花流水杳然去 도화유수묘연거
別有天地非人間 별유천지비인간

무슨 까닭에 푸른 산에 사느냐 묻는다면

말없이 웃겠지만 마음은 스스로 한가롭기만 하네.
복숭아꽃 물 따라 멀리 흘러가는 곳
다른 세상이로되 인간 사는 곳은 아니네.

혹시 무릉도원武陵桃源이란 곳 아시나요? 이 표현 또한 비슷하지요.

武陵桃源 _{무 릉 도 원} 굳셀 무, 무덤 릉, 복숭아 도, 근원 원

모든 인간이 행복하고 평화롭게 사는 이상향.

별유천지비인간別有天地非人間(p251)과 다르지 않은 곳이군요. 무릉
도원은 시인 도연명의 〈도화원기桃花源記〉에 나오는 표현입니다. 그
러니 이백의 이상향이 '별유천지비인간'이라면 도연명의 이상향은 '무
릉도원'이군요. 한 가지 공통점은 두 곳 모두 복숭아나무가 있는 곳이
라는 점인데, 그래서 그런지 도원경桃源境이라고 하면 '속세를 떠난
아름다운 이상향'을 가리킵니다.
복숭아와 관련된 표현 하나 더 알아볼까요?

桃園結義 _{도 원 결 의} 복숭아 도, 동산 원, 맺을 결, 뜻 의

복숭아 동산에서 맺은 결의.

이 결의는 너무 유명해서 모르는 분이 없을 겁니다. 《삼국지》의 주인공
인 유비, 관우, 장비가 처음 의형제를 맺은 곳이 도원이었죠. 그래서 도
원결의라는 표현이 태어났습니다.
이번에는 복숭아를 따 먹기 위해 기울여야 할 노력에 대한 표현입니다.

桃三李四
도 삼 이 사

복숭아 도, 석 삼, 오얏 리, 넉 사

복숭아나무는 3년, 자두나무는 4년이 걸려야 열매를 맺음.

그렇습니다. 아무리 사소한 성과물이라 하더라도 무엇인가를 이루기 위해서는 그에 걸맞은 노력과 시간이 필요하지요.

桑田碧海
상 전 벽 해

뽕나무 상, 밭 전, 푸를 벽, 바다 해

뽕나무 밭이 푸른 바다로 바뀜. 세상이 몰라볼 만큼 급격히 변함을 가리키는 말.

이런 경우는 우리 삶 속에서도 자주 경험할 수 있습니다. 어릴 적 살던 마을을 가 보면 너무 변해 찾아볼 수 없는 경우가 비일비재 **非一非再** (p482)하지요.

다음에는 '전田'이 들어가는 표현을 살펴보겠습니다.

耕者有田

밭갈 경, 사람 자, 있을 유, 밭 전

농사짓는 사람이 밭을 소유함.

전田은 '밭'을 뜻하는데, 여기서는 땅이라는 의미로 쓰였습니다. 그렇다면 논은? 답畓. 밭 위에 물이 있군요. 논을 가 보시면 분명 물이 흥건하죠.

경자유전耕者有田은 농사꾼에게 땅을 주어야 한다는 의미입니다. 이런 말이 생긴 걸 보면 옛날부터 땅 가진 사람 따로 있고, 그 땅에서 농사짓는 사람 따로 있었나보죠?

南田北畓

남녘 남, 밭 전, 북녘 북, 논 답

남쪽에는 밭, 북쪽에는 논이 있음.
소유한 논과 밭이 이곳저곳에 흩어져 있는 모습.

옛날에는 재산 하면 오직 전답田畓, 즉 밭과 논이 전부였습니다. 그러다 보니 전답이 들어가는 표현이 여럿 있습니다.
그런데 그 시대에도 이런 나쁜 사람이 있었습니다.

我田引水

나 아, 밭 전, 끌 인, 물 수

제 논에 물대기. 자기 욕심만 차리는 모습.

가뭄이 들어 모든 논에 물이 없을 때 물길을 자기 논으로 내 모든 물을 가져간다면 어떻겠어요? 바로 그런 상황에서 쓰는 표현입니다. 자기 이익만 생각하는 것 말이죠.

천 지 개 벽
天地開闢 _{하늘 천, 땅 지, 열릴 개, 열릴 벽}

하늘과 땅이 새로이 열림.

천지개벽은 글자 그대로 하늘과 땅이 새로이 열린다는 뜻입니다.
그런데 요즘은 그런 뜻보다 하늘과 땅이 열리고 뒤집어지듯 놀라운 변화가 일어나는 모습을 가리킵니다. 그러니까 상전벽해桑田碧海_(p253)와 흡사하군요.

만 장 홍 진
萬丈紅塵 _{일만 만, 길이 장, 붉을 홍, 티끌 진}

만 길이나 높이 솟아오르는 붉은 먼지.
인간들이 살아가는 먼지 자욱한 속세를 가리키는 표현.

인간들끼리 서로 부대끼며 살아가는 고단한 속세를 가리킵니다.
장丈은 길이의 단위로, 어른의 키 정도를 가리키지요.
홍진紅塵은 붉은 먼지 외에 번거로운 속세를 가리키기도 하는데, 조선시대의 유명한 가사 작품인 정극인의 〈상춘곡賞春曲〉은 이렇게 시작합니다.

> 홍진紅塵에 묻힌 분네 이 내 생애 어떠한고
> 옛 사람 풍류를 미칠가 못 미칠가
> 천지간 남자 몸이 날만한 이 하건마는
> 산림에 묻혀 이셔 지락至樂을 마랄 것가
> 수간모옥數間茅屋_(p261)을 벽계수 앞에 두고
> 송죽松竹 울울리예 풍월주인 되여셔라

萬古風霜
만 고 풍 상

일만 만, 오래될 고, 바람 풍, 서리 상

오랜 세월에 걸쳐 겪어 온 힘겨운 고생.

일만 년이나 된 바람과 서리라! 바람과 서리가 좋은 일을 뜻할 것 같지는 않지요. 일반적으로 해, 달, 꽃 같은 자연이 행복함이나 아름다움을 뜻한다면 바람, 서리, 눈은 고생, 힘겨움 등을 나타냅니다.

萬古不變
만 고 불 변

일만 만, 옛 고, 아니 불, 변할 변

아주 오랜 옛날부터 전혀
변하지 않음.

세월이 아무리 흘러도 결코 변
하지 않는 상태 또는 물건을
가리키는 말입니다. 만고풍상
萬古風霜과는 상당히 다른
뜻이군요.

落花流水
낙 화 유 수

떨어질 락, 꽃 화, 흐를 류, 물 수

떨어지는 꽃과 흐르는 물.
가는 봄의 아쉬움 또는 쇠락해 가는 정경이나 세월을 나타냄.

꽃이 떨어지고 물이 흐르는 계절은 봄입니다. 일찍 핀 봄꽃이 떨어지고 얼었던 개울이 녹아 물이 흐르는 모습을 표현했지요. 그렇지만 뜻은 그렇게 단순하지 않습니다. 꽃이 떨어진다면 그것은 영화로움이 사라짐을 나타내는 것이니까요. 그래서 쇠락해 가는 상황, 정경, 흐르는 세월 등을 나타낼 때도 사용합니다.

樂山樂水 _{요 산 요 수} 좋아할 요, 메 산, 좋아할 요, 물 수

산과 물을 좋아함.

한가로이 자연을 즐기는 모습을 가리키는 표현입니다. 본래는 '인자요 산仁者樂山 지자요수知者樂水'라는 문장으로 잘 알려져 있죠. '어진 사람은 산을 좋아하고 슬기로운 사람은 물을 좋아한다.'《논어》에 나오는 공자님 말씀입니다.

이때 조심해야 할 글자가 요樂입니다. 세 가지로 발음되는데 다음과 같습니다.

樂	즐길 **락(낙)**	낙천적樂天的, 쾌락快樂, 오락娛樂
	풍류 **악**	음악音樂, 악기樂器
	좋아할 **요**	

雷聲霹靂 _{뇌 성 벽 력} 우레 뢰, 소리 성, 벼락 벽, 벼락 력

우레 소리와 함께 떨어지는 벼락.

이것도 자연의 한 현상이죠. 인간이 만든 것은 아니니까요. 실제로는 크게 호통치는 소리나 인공적으로 나는 큰 소리 등도 뇌성벽력이라고 합니다.

漸入佳境

점 입 가 경

점차 점, 들 입, 아름다울 가, 지경 경

시간이 지날수록 더욱 뛰어나거나 들어갈수록 뛰어난 경치가 나타남.

시간 또는 공간이 갈수록 아름답고 좋아질 때 쓰는 표현이죠. 그런데
요즘에는 "쳇, 점입가경이군! 못생긴 데다가 성격까지 그 모양이라
니!" 하는 식으로 비웃는 투로 쓰는 경우도 있음을 알아두세요.

다음에는 자연을 벗 삼아 살아가는 모습, 나아가 욕심을 버리고 소박하
고 참되게 살아가는 모습을 살펴보겠습니다.

吟風弄月

음 풍 농 월

노래할 음, 바람 풍, 희롱할 롱, 달 월

맑은 바람과 밝은 달 속에서 시를 지으며 즐김.

말 그대로 옮기면 '바람을 노래하고 달을 가지고 희롱한다.' 즉, 바람과
달을 노래의 대상으로 삼아 즐긴다는 의미입니다. 자연을 즐기는 모습
이 눈에 선하죠.

258

悠悠自適 한가할 유, 한가할 유, 스스로 자, 좇을 적

어떤 것에도 얽매이지 않은 채 자유로이 살아가는 모습.

속세를 떠나지 않았어도 세상일에 너그럽고 느긋한 태도를 취하며 욕심 부리지 않는 삶을 가리킵니다.

천 석 고 황
泉石膏肓 샘 천, 돌 석, 기름 고, 명치끝 황

자연을 사랑함이 극에 달하여 마치 불치병에 걸린 듯함.

고膏는 심장의 아랫부분, 황肓은 횡격막의 윗부분을 가리키는 말로, 고황은 사람 몸의 가장 깊은 부분을 가리키지요. 그래서 '고황에 들었다'라고 하면 불치병에 걸린 것입니다. 천석泉石이 자연 경관을 뜻하니까, 자연이라는 불치의 병에 걸렸다는 뜻이군요.

그런데 이 병에 걸린 분이 계십니다. 누구냐고요? 퇴계 이황(1501~1570)이죠.

> 이런들 어떠하며 저런들 어떠하리오
> 초야우생草野愚生이 이렇다 어떠하리오
> 하물며 천석고황泉石膏肓을 고쳐 무엇하리오.

초야우생草野愚生, 즉 초야에 묻혀 사는 어리석은 자가 자연을 사랑하는 불치병에 걸린들 어떠하겠는가? 하는 노래로, 연시조인 〈도산십이곡〉 가운데 첫 노래입니다. 도산은 이황 선생의 고향이죠.

다음에는 고황膏肓이라는 어려운 단어가 들어간 표현 하나 더 배워보겠습니다.

病入膏肓
병 입 고 황

질병 병, 들 입, 기름 고, 명치끝 황

병이 고황까지 들어옴. 즉, 병이
너무 깊어 회복될 수 없는 상태.

그냥 병이 들어도 좋지 않은데,
병이 고황까지 들었으니 도저히
안 되겠군요.

煙霞痼疾
연 하 고 질

연기 연, 노을 하, 고질 고, 병 질

자연을 사랑하는 고질병.

흐음, 자연을 사랑하는 병이 또 있었네요. 이번에는 안개와 노을을 사랑
하는 병이군요. 고질痼疾이라고 하면 '오래되어 고치기 어려운 병'입니
다. 실제로는 좋지 않은 관습이나 버릇 등을 가리킬 때도 쓰입니다.
"지각은 저 녀석 고질병이라니까."

簞食瓢飮
단 사 표 음

광주리 단, 먹일 사, 표주박 표, 마실 음

광주리에 밥을 먹고 표주박으로 물을 마심.
작은 것에 만족하는 소박한 생활 방식을 이름.

소박한 밥상이나 변변찮은 음식, 또 이러한
생활에 만족하는 청빈한 삶을 가리킵니다.
《논어》에 나오는 표현으로, 공자가 아끼

는 제자 안회를 가리키며 한 말입니다.

이 표현에서 중요한 글자는 '사食'입니다. 일반적으로는 '식'으로 읽고 '먹다, 음식'과 같은 뜻으로 쓰이는데, 여기서는 '사'로 읽는군요.

簞瓢陋巷 _{단 표 누 항} 광주리 단, 표주박 표, 천할 누, 거리 항

소박한 밥상과 누추한 거리. 소박한 시골 생활을 일컫는 말.

음, 단사표음簞食瓢飮과 썩 다르지 않은 표현이군요. 광주리와 표주박이 함께 나오니까요.

누추한 것이라면 다음 표현도 빠질 수 없습니다.

數間茅屋 _{수 간 모 옥} 셀 수, 틈 간, 띠 모, 집 옥

몇 칸 안 되는 작은 초가집.

모옥이란 띠를 엮어 만든 집을 가리킵니다. 그러니까 초가집을 말하지요. 수간모옥보다 더 초라한 집은 일간모옥一間茅屋입니다. 한 칸짜리 초가집이니까요.

竹杖芒鞋 _{죽 장 망 혜} 대나무 죽, 지팡이 장, 털 망, 신 혜

대지팡이와 짚신. 매우 간단한 여행 차림.

오직 지팡이 하나와 짚신 한 켤레니 정말 소박한 차림새군요. 이는 특별히 시골 생활을 가리키는 것이 아니고 그저 단출한 차림새를 말합니다.

<ruby>安<rt>안</rt></ruby><ruby>分<rt>분</rt></ruby><ruby>知<rt>지</rt></ruby><ruby>足<rt>족</rt></ruby> 편안할 안, 나눌 분, 알 지, 만족할 족

제 분수를 지키며 만족할 줄 아는 모습.

선비의 절제할 줄 아는 태도를 나타내는
표현입니다.
이렇게 절제할 줄 알고 작은 것에 만
족할 줄 아는 분들은 대부분 다음과
같은 자세로 살아가지요.

<ruby>安<rt>안</rt></ruby><ruby>貧<rt>빈</rt></ruby><ruby>樂<rt>낙</rt></ruby><ruby>道<rt>도</rt></ruby> 편안할 안, 가난할 빈, 즐길 락, 길 도

가난한 삶 가운데서도 편안한 마음으로 도를 즐김.

안분지족安分知足과 비슷한 의미로, 요즘 사람들의 삶과는 천양지차
天壤之差(p453)가 있는 모습이군요.
이렇게 살다 보면 자연스럽게 다음과 같은 자세가 됩니다.

<ruby>無<rt>무</rt></ruby><ruby>爲<rt>위</rt></ruby><ruby>自<rt>자</rt></ruby><ruby>然<rt>연</rt></ruby> 없을 무, 할 위, 스스로 자, 그럴 연

전혀 손대지 않은, 있는 그대로의 자연.

말뜻은 인위적인 손길이 가해지지 않은 자연을 가리키는데, 자연을 거

스르지 않고 순응하는 태도나 자연 그대로의 삶을 나타내기도 합니다. 그런데 이와 비슷하면서도 뜻은 전혀 다른 표현이 있습니다.

無爲徒食 없을 무, 할 위, 다만 도, 먹을 식

아무 하는 일 없이 다만 먹기만 함.

선비들은 자연을 벗 삼고 욕심을 버린 채 살아가면서도 더 나은 삶을 위해 공부하기를 게을리하지 않지요. 그러나 무위도식은 아무 일도 하지 않으면서 오직 먹기만 하는 모습입니다.

安心立命 편안할 안, 마음 심, 설 립, 목숨 명

마음을 편안히 가지고 운명에 따름.

모든 일에 최선을 다한 후 그 결과는 운명에 맡긴다는 뜻입니다. 이와 비슷한 표현이 또 있지요.

盡人事待天命 다할 진, 사람 인, 일 사, 기다릴 대, 하늘 천, 목숨 명

사람이 할 수 있는 일을 다한 후 결과는 운명에 따름.

사람으로서 할 수 있는 최선을 다한 후에는 오직 하늘의 뜻을 기다린다는 뜻입니다. 수인사대천명修人事待天命이라고도 하는데, 이때 수修는 '행하다'라는 의미를 갖습니다.

이와 비슷한 표현이 하나 더 있습니다.

謀事在人 成事在天
<small>모 사 재 인 성 사 재 천</small>

꾀할 모, 일 사, 있을 재, 사람 인, 이룰 성, 일 사, 있을 재, 하늘 천

일을 꾸미는 것은 사람이나 그것이 이루어지느냐는 하늘에 달려 있음.

이 표현을 혹시 "그러니까 노력 하나마나야. 어차피 운명은 정해져 있
으니까!"라고 이해하시는 분은 안 계시죠? 절대 그런 뜻이 아닙니다.
최선을 다한 후에는 그 결과에 연연하지 말라는 뜻이거든요.
이 표현은《삼국지》에 등장하는 제갈량과 관련된 말입니다.

제갈량은 사마의를 제거하기 위해 계곡으로 유인합니다. 물론 그
계곡에는 엄청난 양의 폭탄을 설치해 놓아 사마의의 군대가 포위되는
순간 폭발시킬 예정이었죠. 드디어 제갈량의 계략이 성공하여 사마의
일행은 포위되었고, 그들은 죽음을 눈앞에 두게 됩니다. 그런데 그 순간
갑자기 하늘에서 폭우가 쏟아져 촉군의 포탄 세례도 멈추었고, 설치한
폭탄도 터지지 않습니다. 이 모습을 본 제갈량이 하늘을 바라보며
탄식하죠.
"일은 사람이 꾸미나 그 성공 여부는
하늘에 달려 있으니 어찌하겠는가?"
결국 사마의는 진晉나라 건국에
성공하였고, 제갈량은 유비의
유훈遺訓을 지키지 못하고
맙니다.

至誠感天
_{지 성 감 천}

이를 지, 정성 성, 느낄 감, 하늘 천

정성이 극에 달하면 하늘까지 움직임.

지성이면 감천이라는 말이죠. 정말 최선을 다하면 하늘이 감동하여 도와준다는 뜻입니다.

人命在天
_{인 명 재 천}

사람 인, 목숨 명, 있을 재, 하늘 천

사람의 수명은 하늘에 달려 있음.

앞의 표현들과 유사한 의미를 담고 있습니다. 사람의 수명, 목숨 또는 운명 등은 어차피 하늘에 달려 있으니 그런 것에 연연하지 말고 의연하게 살아가라는 뜻입니다.

全心全力
_{전 심 전 력}

온전 전, 마음 심, 온전 전, 힘 력

온 마음과 온 힘을 다하는 모습.

진인사盡人事, 즉 사람의 일에 최선을 다한다는 뜻은 마음과 힘을 오직 한 곳에 집중하여 모든 힘을 다한다는 말과 서로 통합니다.
그런데 이렇게 힘을 다하고 나면 어떻게 될까요?

氣盡脈盡

기 진 맥 진

기운 기, 다될 진, 맥 맥, 다될 진

기운도 다하고 맥도 다함. 기운과 힘이 다한 상태.

기운은 보이지 않지만 동양에서는 생명을 지탱하는 힘으로 받아들여지고 있지요. 맥은 생명의 힘을 나타내는 표시고요. 따라서 기와 맥이 다했다는 것은 곧 죽음을 의미합니다.

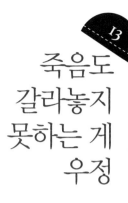

죽음도
갈라놓지
못하는 게
우정

^{관 포 지 교}
管鮑之交 <small>피리 관, 전복 포, 조사 지, 사귈 교</small>

관중과 포숙의 사귐. 즉, 영원히 변치 않는 참된 우정.

춘추시대 제齊나라에 관중과 포숙이라는 두 인물이 있었습니다. 당시
제나라는 폭군 양공으로 인해 혼란에 빠져 있었지요. 결국 공자 규는
관중과 함께 노나라로 망명했고, 규의 동생인 소백은 포숙과 함께
거나라로 망명했습니다. 이후 양공이 권력 쟁탈전 끝에 살해되고 군주의
자리가 비게 되었습니다. 그러자 두 공자는 서로 왕위에 오르기 위해
서둘러 귀국길에 올랐죠. 이에 규는 관중을 보내 귀국길에 오른 소백을
암살하고 느긋하게 귀국길에 올랐습니다. 그러나 소백은 천만다행으로
관중이 쏜 화살이 허리띠에 맞아 목숨을 구했고 부랴부랴 귀국해 군주의
자리를 차지하였습니다. 결국 소백에게 잡힌 규는 자결하였고 관중은
사형 집행을 눈앞에 두었습니다. 이때 포숙이 나서서 소백에게 말하죠.
"전하, 전하께서 제나라에 만족하신다면 신으로 충분할 것입니다. 그러나
천하의 패자가 되고자 하신다면 관중 외에는 인물이 없을 것입니다. 부디

그를 등용하십시오."

결국 관중은 자신이 죽이려던 자의
휘하에서 재상이 되었고, 이후
명재상 관중의 보좌를 받은
소백은 제 환공에 올라 춘추5패
가운데 한 사람이 되었습니다.
그 후 관중은 사람들에게
말했습니다.

"일찍이 내가 가난할 때 포숙과 함께
장사를 했는데, 이익을 나눌 때 나는 내 몫을 더 크게 했다. 그러나 포숙은
나를 욕심쟁이라고 말하지 않았다. 내가 가난함을 알고 있었기 때문이다.
또한 내가 사업을 하다가 실패하였으나 포숙은 나를 어리석다고 말하지
않았다. 세상 흐름에 따라 이로울 수도 있고 그렇지 않을 수도 있음을
알았기 때문이다. 내가 세 번 벼슬길에 나아갔다가 번번이 쫓겨났으나
포숙은 나를 무능하다고 말하지 않았다. 내가 시대를 만나지 못했음을
알았기 때문이다. 내가 싸움터에 나가 세 번 모두 패하고 도망쳤지만
포숙은 나를 겁쟁이라고 비웃지 않았다. 내게 늙으신 어머니가 계심을
알았기 때문이다. 나를 낳은 이는 부모님이지만 나를 알아준 이는
포숙이다."

貧賤之交 가난할 빈, 천할 천, 조사 지, 사귈 교

가난하고 어려울 때 사귐은 결코 잊어서는 안 됨.

한자 뜻만 보면 어렵고 가난할 때의 사귐 또는 그럴 때 사귄 친구란 의
미인데, 늙어 죽을 때까지 그렇게만 살게 되지는 않죠. 그래서 어려울
때 사귄 친구를 훗날 잊어서는 안 된다는 의미를 갖게 되었습니다. 본

래 문장은 이렇습니다. '빈천지교貧賤之交 불가망不可忘', 즉 가난할 때 사귐을 잊어서는 안 된다.

후한 광무제光武帝 때 신하 가운데 송홍이란 인물이 있었습니다. 그는 청렴결백할 뿐 아니라 유능하여 황제의 신임이 두터웠습니다. 그 무렵 광무제의 딸인 호양 공주가 남편을 잃고 홀로 되었습니다. 이에 광무제는 자신이 늘 보아왔던 송홍의 인물됨에 이끌려 그를 사위로 삼으려는 뜻을 품었습니다. 물론 공주 또한 그를 마음속에 두고 있었지요. 이에 두 사람은 송홍의 의사를 확인하기로 합니다.

광무제는 공주를 병풍 뒤에 숨게 한 후 송홍을 불러들여 이렇게 묻습니다. "옛말에 이르기를 고귀한 사람은 남과 사귀기 쉽고, 부유한 여자는 누구든 데려가려 한다는데, 그대는 어떻게 생각하는가?"

이에 송홍은 이렇게 대답합니다.

"어려울 때 사귄 우정은 결코 잊어서는 안 되고
조강지처糟糠之妻(p417)는 절대 버려서 안 된다고 생각하옵니다."

이 대답을 들은 황제는 송홍이란 인물이 부인을 버리고 공주를 택할 리가 없음을 깨닫고 공주에게도 송홍을 포기하라고 말합니다.

간 담 상 조

肝膽相照 간 간, 쓸개 담, 서로 상, 비칠 조

간과 쓸개를 서로 비추어 봄.
즉, 서로 마음속을 드러내며 나누는 우정이나 사귐.

간과 쓸개는 마음속을 가리키는 표현으로 자주 쓰입니다. '간에 붙었다 쓸개에 붙었다 한다'라는 표현은 자신의 이익을 좇아 이쪽에 붙었다 저쪽에 붙었다 하는 지조 없는 행동을 가리키죠. 정신 차리지 못한 인간을 가리키는 '쓸개 빠진 녀석'이란 표현도 있습니다. 여하튼 간과 쓸개를 꺼내 보일 정도의 사귐이라면 정말 대단하군요.

그런데 더한 사귐도 있습니다.

刎頸之交 _{목 벨 문, 목 경, 조사 지, 사귈 교}

목이 떨어져도 변치 않을 사귐.

목이 떨어진 후에도 서로 사귄다는 뜻이니, 이 정도 되면 우정이라기보다는 엽기네요. 전국시대의 유명한 인물 염파와 인상여 사이의 우정에서 비롯된 표현인데, 인상여는 완벽完璧이란 고사성어로 유명하죠. 우선 완벽에 대해 알아보고 다시 문경지교를 살펴보기로 하겠습니다.

完璧 _{완전할 완, 옥 벽}

흠이 없는 옥. 즉, 아무런 흠이 없는 뛰어난 것을 가리킴.

전국시대 조나라에는 '화씨의 구슬(화씨벽和氏璧)'이라는 귀한 보물이
있었습니다. 이 소식을 들은 강대국 진秦나라가 가만있을 리가
없었죠. 진나라 소양왕은 조나라에 사신을 보내 15개 성과 화씨의
구슬을 바꾸자고 제안하였습니다. 물론 구슬만 받고 성은 내주지 않을
심산이었지요. 이 제안을 받은 조나라 조정에서는 고민 끝에 인상여를
사신으로 보내기로 하였습니다. 인상여는 떠나기 전 구슬을 흠집 하나
없이 완벽한 상태로 가지고 되돌아오겠다고 다짐합니다.
진나라 조정에 닿은 인상여는 구슬을 진의 소양왕에게 바치는데,
구슬을 본 소양왕은 감탄만 할 뿐 주겠다는 성에 대해서는

일언반구一言半句(p224) 말이 없었지요. 이에 인상여는 "임금이시여, 그 구슬에는 흠집이 하나 있습니다. 제가 알려드리겠습니다"라고 하였습니다. 소양왕은 의심 없이 구슬을 넘겨주었고, 구슬을 받아든 인상여는 그 자리에서 구슬을 머리 높이 들고 던질 듯한 태세로 말했습니다.

"진나라는 천하의 강대국입니다. 따라서 임금께서 성을 주시지 않는다 해도 조나라에서는 아무 말도 하지 못할 것입니다. 그렇지만 저는 성을 받지 못한다면 이 구슬과 함께 기둥에 머리를 박고 산산조각이 나겠습니다."

결국 소양왕은 인상여를 물러가도록 허락했고, 화씨의 구슬은 완벽한 모습으로 조나라에 돌아올 수 있었습니다.

자, 그럼 다시 인상여의 우정을 그린 표현, 문경지교刎頸之交에 대해 알아봅시다.

인상여가 화씨의 구슬을 고스란히 가지고 되돌아오자 임금은 그를 상경上卿에 임명하였습니다. 그 무렵 염파는 조나라의 유명한 장수였는데, 이 사실을 알고는 불평을 늘어놓았습니다. "나는 평생 전쟁터를 누비며 나라의 국토를 넓혀 왔다. 그런데 세 치 혀를 놀린 것밖에 없는 자가 상경이라니! 어찌 그런 자에게 내가 고개를 숙일 수 있는가?" 이 말을 들은 인상여는 염파를 피했습니다. 그러자 인상여의 부하가 말했습니다.

"공께서는 염파의 윗사람입니다. 그런데도 그를 피하는 것은 비겁하고 수치스러운 행동이라고 사람들이 말합니다." 이에 인상여는

"그대는 진秦나라 왕이 무서운가, 아니면 염파가 무서운가?" "당연히 진왕이 무섭지요." 인상여가 다시 말했습니다. "나는 진나라 왕에게도 큰소리를 친 사람이다. 그런 내가 염파 같은 자를 두려워하겠는가? 진나라가 우리 조나라를 경계하는 것은 염파와 나, 두 사람이 있기 때문이다. 그런데 지금 두 호랑이가 싸운다면 진나라만이 좋아할 것이니, 내가 염파를 피하는 것은 그 때문이다."

이 말을 전해 들은 염파는 즉시 인상여를 찾아가 무릎을 꿇고 사과했고, 이후 두 사람이 나눈 우정을 가리켜 세상 사람들은 문경지교라고 불렀습니다. 문경지우刎頸之友라고도 합니다.

인물 사이의 우정으로부터 비롯된 표현은 또 있습니다.

伯牙絶絃 _{백 아 절 현} 맏 백, 어금니 아, 끊을 절, 악기줄 현

백아가 거문고의 줄을 끊음.
친구의 죽음 앞에서 거문고 연주를 영원히 중단함으로써 깊은 우정을 표현함.

춘추시대에 거문고를 잘 타던 백아란 인물이 있었습니다. 그의 연주는 너무나 뛰어났으나 그 소리를 알아주는 사람은 드물었습니다. 그러나 친구 종자기만은 그의 소리를 진정으로 알아주고 함께 즐겼습니다. 하지만 종자기는 일찍 병으로 죽고 말았고 그때부터 백아는 거문고 연주를 멈추었습니다.

《열자列子》에 나오는 이야기입니다.
이 두 사람 사이의 깊은 우정을 표현한 말은 또 있습니다.

知音 ^지^음 알 지, 가락 음

음악의 곡조를 알아줌.
마음이 서로 통하는 친한 벗을 비유적으로 이름.

종자기가 백아의 음악을 진정으로 이해해주었다는 데서 이런 표현이
나왔습니다. 아주 간단하고 단순한 표현인데도 배경을 알고 나면 "아
름답다!" 하는 감탄사가 절로 나오지요.

조광조(1482~1519)라는 분 아시나요?

조선시대 개혁가로 유명한 선비이자 학자인데, 자신의 개혁 사상을 꽃
피우던 도중에 기묘사화己卯士禍(1519)를 맞아 안타깝게도 일찍 생을
마감한 불운한 인물입니다.

자, 그럼 37세를 일기로 세상을 떠난 조광조가 지은 시 한 편 감상해 보
겠습니다. 왜 하필이면 지금이냐고요? 보시면 압니다.

搖琴一彈千年調 요금일탄천년조
聾俗紛紛但聽音 농속분분단청음
怊悵鍾期沒已久 초창종기몰이구
世間誰知伯牙心 세간수지백아심

좋은 거문고 조율하여 오래된 음조를
타니
귀 막힌 속인들 들을 뿐 알지 못하네.
슬프고도 슬프다, 종자기 이미 사라졌으니
세상 누가 백아의 마음을 알아줄 것인가?

〈영금詠琴〉이라는 제목의 시인데, 종자기와 백아의 아름다운 우정을
그렸네요.

金蘭之交
금 란 지 교

쇠 금, 난초 란, 조사 지, 사귈 교

쇠처럼 굳고 난처럼 향기가 배어나오는 사귐.

아름다운 우정을 나타내기에 부족함이 없는 표현이군요. 이와 유사한 표현으로 지란지교芝蘭之交가 있습니다.

芝蘭之交
지 란 지 교

지초 지, 난초 란, 조사 지, 사귈 교

지초와 난초의 사귐. 즉, 맑고 높은 뜻으로 사귀는 우정.

지초와 난초 모두 향기로운 풀을 가리킵니다. 그래서 아름다운 우정을 일컫는 말로 자주 쓰이지요.

水魚之交
수 어 지 교

물 수, 물고기 어, 조사 지, 사귈 교

물과 물고기 사이처럼 결코 떨어질 수 없을 만큼 친밀한 사귐.

물고기에게 물은 생명의 조건이지요. 그러니 물과 물고기의 관계는 목숨을 나눌 정도고, 그럴 만큼 친밀한 우정을 가리키는 표현이 되었습니다. 유비가 자신과 제갈량의 관계를 가리키며 쓴 표현입니다.

<단 금 지 계>
斷金之契 <small>자를 단, 쇠 금, 조사 지, 맺을 계</small>

쇠를 자를 만큼 단단히 맺어진 우정.

계契는 '맺다, 약속하다'와 같은 의미를 갖습니다. 그러니까 단금지계
는 쇠도 녹일 정도로 굳은 우정, 약속을 가리키는 표현입니다.

<교 칠 지 교>
膠漆之交 <small>아교 교, 옻칠 칠, 조사 지, 사귈 교</small>

아교와 옻칠처럼 도저히 떨어질 수
없는 우정.

옻칠에 아교는 필수죠. 그러
니 옻칠 위에 아교를 덧칠
하면 도저히 떨어질 수 없
습니다.

<죽 마 고 우>
竹馬故友 <small>대나무 죽, 말 마, 옛 고, 벗 우</small>

대나무 말을 함께 타고 놀던 어릴 적 친구.

우리나라에서도 대나무 말을 타고 놀았는지 잘 모르겠는데, 중국에서
는 예로부터 어린이들이 대나무로 만든 말을 타고 놀았나 봅니다. 그래
서 이런 표현이 생겨났는데, 죽마지우竹馬之友라고도 합니다.

莫逆之友

<small>막 역 지 우</small>

없을 막, 거스를 역, 조사 지, 벗 우

서로 허물이 없을 만큼 친한
친구.

거스름이 없는 친구라는 뜻이
죠. 그러니까 서로 허물이 없거
나 뜻을 거스르지 않는 관계를
가리킵니다. '막역한 사이'라고
만 해도 친한 사이를 말합니다.

松茂柏悅

<small>송 무 백 열</small>

소나무 송, 우거질 무, 잣나무 백, 기쁠 열

소나무가 무성함을 잣나무가 기뻐함. 즉, 벗이 잘됨을 기뻐함.

우리 속담에 '사촌이 땅을 사면 배가 아프다'라는 것이 있죠. 사실 주위
사람이 잘되는 것을 진심으로 기뻐하고 축하해 주기란 쉽지 않습니다.
그러다 보니 이런 표현도 생긴 것이겠죠. 진정한 우정은 벗이 잘될 때
진심으로 기뻐하는 것 아니겠습니까?

백柏은 '측백나무, 잣나무'를 가리키는데, 소나무와 잣나무는 모두 사
철 푸른 상록수죠. 그래서 선비의 절개를 나타낼 때 자주 쓰입니다. 이
로부터 비롯된 송백지조松柏志操, 즉 소나무와 잣나무처럼 변치 않
는 지조를 가리키는 말도 있습니다.

그런가 하면 이런 사귐도 있습니다.

백 두 여 신
白頭如新 흴 백, 머리 두, 같을 여, 새 신

머리가 희어질 때까지 사귀었으나 여전히 낯섦.

머리가 하얘질 때까지 사귀어도 마음을 터놓고 서로를 이해하지 못한
다면 더 이상 벗이라고 하기는 어렵겠지요.

14

옛 사람들은
여성을
어떻게
생각했을까

거 안 제 미
擧案齊眉
들 거, 책상 안, 가지런할 제, 눈썹 미

밥상을 눈썹에 맞추어 높이 들고 들어감.
아내가 남편을 정성껏 모시는 모습.

참, 격세지감隔世之感(p169)을 느끼게 하는 표현이네요. 요즘에는 밥
상에서 밥을 먹는 집도 드물지만 왜 아내가 남편의 밥상을 머리 위에까
지 들고 들어가야 하는지도 잘 모르겠군요. 예전에는 남편이 아내에게
이렇게 군림했나 하는 생각을 지울 수가 없습니다.

출 가 외 인
出嫁外人 **날 출, 시집갈 가, 바깥 외, 사람 인**

시집간 딸은 가족이 아니라 남이나 마찬가지임.

이 말은 조선시대에 자주 쓰던 표현입니다. 유교가 지배하던 조선시대

에 여자는 혼인하면 더 이상 친정 사람이 아니기 때문에 친정에 발도 들여놓으면 안 된다는 생각이 널리 퍼졌기에 이런 표현도 생겼습니다.

七去之惡 <small>칠 거 지 악</small> 일곱 칠, 갈 거, 조사 지, 악할 악

아내를 내쫓을 수 있는 권리가 부여되는 일곱 가지 나쁜 행동.

조선시대 남존여비 男尊女卑(p281) 사회에서 여성이 받는 대우는 비참한 수준이었는데요, 칠거지악은 그 수준을 보여 주는 대표적 사례입니다. 함께 살던 아내가 다음 일곱 가지 일을 저지르면 남편이 쫓아낼 권리가 있었으니까요.

일곱 가지란 시어머니에게 순종하지 않는 경우, 아들을 낳지 못하는 경우, 바람을 피우는 경우, 질투하는 경우, 좋지 않은 병이 있는 경우, 말을 함부로 하는 경우, 도둑질하는 경우를 말합니다.

그렇다면 남편이 잘못하는 경우 아내가 쫓아낼 수 있었을까요? 없었습니다.

三從之道 석 삼, 따를 종, 조사 지, 길 도

여성이 따라야 하는 세 가지 길.
즉, 여성은 태어나 어릴 때는 부모, 시집가서는 남편, 남편이 세상을 뜬 후에는 자식을 따라야 한다는 말.

여성 자신의 삶은 없군요. 평생을 남성의 뒷바라지만 해야 한다니! 그런데 이러한 남존여비 사상은 우리만의 것은 아니라는군요. 여자를 남자의 갈비뼈 하나로 만들었다는 성서의 내용으로부터 고대 유대인들은 남존여비를 실천에 옮겼고, 그 후 서양에서도 여성은 늘 남성의 뒷전으로 밀려났지요. 삼종지의 三從之義라고도 합니다.

一夫從事 한 일, 지아비 부, 좇을 종, 일 사

평생 한 남편만을 섬김.

부부라면 한 남편, 한 아내만 섬기는 것이 당연한데 왜 한 남편만을 섬긴다는 표현이 생겼을까요? 남자가 여러 부인을 얻는 것이 당연했으니까요. 한편 일부종사란 관념이 여성들을 지배하는 사회에서 남편이 떠나면 여자들은 오직 이 방을 지켜야 했습니다.

어떤 방이냐고요?

獨守空房 <small>홀로 독, 지킬 수, 빈 공, 방 방</small>

<small>독 수 공 방</small>

홀로 빈 방을 지킴.
아내가 남편이 없는 빈방에서 홀로 사는
모습을 가리킴.

남자가 홀로 방을 지킬 때는 이 표
현을 쓰지 않습니다. 왜냐? 예로
부터 남자들은 혼자 자는 일이
거의 없었거든요. 반대로 여
성들은 남편이 첩에게 가면 혼
자 자야 하고 또 남편이 먼저 세상이라도 떠나면 영원히 혼자 자야 했
지요.
이러한 모든 상황이 바로 다음 표현에 집약되어 있습니다.

男尊女卑 <small>사내 남, 높일 존, 여자 녀, 낮을 비</small>

<small>남 존 여 비</small>

사내는 귀히 여기고 여자는 낮추어 봄.

예전에 이랬습니다. 사내아이를 낳지 못하면 대가 끊긴다느니, 믿을 건
오직 아들뿐이라느니 하는 말이 많았죠. 그래서 지금도 아들을 낳기 위
해 온갖 노력을 기울이는 분들이 더러 있습니다. 그러나 이제 세월이
바뀌었습니다. 남자 중심의 사회가 갖는 폐단이 얼마나 많은지 경험을
통해 배웠기 때문에 남녀 간의 차별이나 호주제 같은 남자 중심의 제도
들이 하나둘 사라지는 추세입니다.
이번에는 이와는 좀 다른 표현 하나 알아볼까요.

엄 처 시 하

嚴妻侍下

엄할 엄, 아내 처, 모실 시, 아래 하

엄한 아내 아래에서 아내를 모시며 살아가는
남편.

아내에게 쥐어 사는 남편을 비웃는 듯한 표
현입니다.

15

세상살이에 필요한 계책도 가지가지

長久之計   길 장, 멀 구, 조사 지, 계략 계

영원히 지속될 수 있도록
미래를 보고 세운 계책.

순간의 효과보다는 영원
히 계속될 만큼 잘 세워진
계책을 뜻합니다.

계획은…
멀리 내다 보고

萬年之計   일만 만, 해 년, 조사 지, 계략 계

오래도록 이어질 만한 계책.

이 말 또한 장구지계 長久之計와 별로 다르지 않습니다. 만 년 정도면
영원하다고 이야기해도 썩 틀리지는 않을 테니까요.

다음 계책은 만년지계의 100분의 1에 불과한데, 뜻은 어떨까요?

百年大計 _{일백 백, 해 년, 큰 대, 계략 계}
백 년 대 계

백 년 앞을 내다보고 세우는 계획.

만년지계萬年之計_(p283)나 백년대계나
한 인간의 삶 속에서 결론을 볼 수는
없겠군요. 그래서 두 표현 모두 먼 미
래를 준비하는 계책이란 의미를 갖습
니다. 만년지계가 좀 더 강조된 표현
이지요. 일반적으로는 교육 정책을
백년대계라고 합니다.
한편 백년대계를 세우기 위해서는
갖추어야 할 자세가 있습니다.

深謀遠慮 _{깊을 심, 꾀할 모, 멀 원, 생각할 려}
심 모 원 려

깊이 고려하는 사고와 멀리까지 내다보는 생각.

더 큰일을 이루기 위해서는 심모원려가 필수적입니다. 눈앞에 보이는
것에 매달리다 보면 장기적인 계획이나 안목을 갖추기가 어려울 테니
까요.
이와 유사한 표현도 있습니다.

深思熟考

심 사 숙 고

깊을 심, 생각 사, 익을 숙, 상고할 고

깊이 생각하고 오래도록 고찰함.

숙熟은 '익다', 고考는 '곰곰이 생각하다'라는 뜻을 갖습니다. 그래서 숙고熟考 하면 '곰곰이 생각함, 깊이 고려함'을 의미합니다.

그런가 하면 심사숙고하기에는 시간이 부족하거나 상황이 급하여 눈앞의 문제를 해결하는 데 급급한 경우도 많습니다. 다음 계책들이 그런 것이죠.

彌縫策

미 봉 책

두루 미, 꿰맬 봉, 책략 책

교주고슬(p46)

떨어진 곳을 이곳저곳 꿰매 사용하는 책략.
문제점을 근본적으로 해결하는 대신 임시방편으로 대처함.

미彌는 '두루, 널리'라는 뜻 외에 '꿰매다, 깁다'란 뜻도 가지고 있습니다. 여기서는 깁는다는 뜻으로 쓰였군요. 기워 사용하는 것에는 한계가 있죠. 잠깐 쓸 때나 가능하지 근본적인 해결책은 되지 못하니까요. 그래서 임시방편적인 해결 방안을 가리켜 미봉책이라 합니다.

臨時方便

임 시 방 편

임할 림, 때 시, 모 방, 편할 편

일시적으로 사용하는 방안.

항구적인 방법이 아니라 잠깐
사용하기 위한 방안, 또는 방도를

가리킵니다. 임시변통臨時變通도 비슷한 뜻을 갖습니다. 변통變通이란 그때그때 상황에 따라 융통성 있게 일을 처리하는 것을 말하지요.

姑息之計
고 식 지 계

잠시 고, 쉴 식, 조사 지, 꾀 계

잠시 쉬기 위한 계략.
즉, 항구적인 해결책이 아니라 임시방편으로 사용하는 방도를 가리킴.

고姑는 시어머니라는 뜻으로 자주 쓰입니다. 그래서 '고부姑婦간의 갈등'이라고 하면 시어머니와 며느리 사이의 갈등을 뜻하죠. 여기서는 '잠시'라는 의미로 쓰였습니다. 잠깐 쉬기 위한 계책이니 임시방편이겠지요.

臨機應變
임 기 응 변

임할 림, 때 기, 응할 응, 변할 변

그때그때 형편에 따라 알맞게 일을 처리함.

기機는 '기계, 틀'이란 의미로 많이 쓰이는데, 여기서는 '때'라는 의미를 갖습니다. 두 가지 의미로 쓰인 예를 살펴볼까요.

기계 : 기계機械, 방직기紡織機
때 : 기회機會, 계기契機

응변應變은 상황에 따라 변화하면서 대응한다는 뜻입니다.

하　석　상　대
下石上臺 <small>아래 하, 돌 석, 위 상, 돈대 대</small>

아랫돌을 꺼내 윗돌을 굄. 어떤 일을 임시변통으로 둘러막는 모습.

아랫돌을 꺼내 윗돌을 괴면 어떻게 되겠습니까? 결국 무너지고 말겠지요. 그러니 문제의 근본적 해결책보다는 임시로 적당히 메워 놓는 것을 말합니다.

동　족　방　뇨
凍足放尿 <small>얼동, 발 족, 놓을 방, 오줌 뇨</small>

언 발에 오줌 누기.

이야말로 고육지책苦肉之策<small>(p288)</small>이네요. 오죽 추우면 이러겠습니까마는 효과는 없을 게 뻔하지요.

격　화　소　양
隔靴搔癢 <small>사이 뜰 격, 신발 화, 긁을 소, 가려울 양</small>

신을 신고 가려운 발을 긁음.
즉, 하는 행동에 비해 그 효과가 너무 적거나 나타나지 않음.

우리 속담에 '수박 겉 핥기'란 표현이 있죠. 그 말에 어울리는 표현인데,《속 전등록》에 나옵니다. 어떤 일을 추진함에 있어 핵심에 닿지 못하여 답답한 모습을 가리키지요.

苦肉之策

고 육 지 책

쓸 고, 고기 육, 조사 지, 대책 책

자신의 몸을 수단 삼아 문제를 해결하기 위해 내놓은 계략.

적에게 이기기 위해서 자신의 몸을 괴롭히거나 버리는 것도 마다하지 않는 계책을 가리킵니다. 그러니까 다른 좋은 계략이 먹혀들지 않을 때 마지막으로 쓰는 계책이겠지요. 줄여서 고육책苦肉策이라고도 하고, 고육지계苦肉之計라고도 하지요. 《삼국지》에서 유래한 표현입니다.

滿身瘡痍

찰 만, 몸 신, 부스럼 창, 상처 이

온몸이 성한 구석이라곤 없이 상처투성이가 됨.

온몸에 부스럼과 상처가 가득 있다는 뜻이니 온몸이 엉망이 된 것과 다름이 없네요. 몸 어디에도 성한 곳이 없을 때 쓰는 표현입니다.
이렇게 어려운 상황에서 내놓는 계책이 또 있습니다.

窮餘之策

다할 궁, 남을 여, 조사 지, 대책 책

매우 궁하여 어려움 속에서 낸 마지막 계책.

이 표현은 곤경에 처한 상태에서 낸 마지막 계책이란 의미가 강하죠.

口腹之計
구 복 지 계

입구, 배복, 조사지, 계략계

입과 배를 채울 계책. 즉, 먹고 살아갈 방도.

이번 계책은 성격이 좀 다르군요. 입과 배를 채울 계책이라니. 입과 배를 채우려면 음식이 있어야 할 것이니 먹고 살아갈 방법을 가리키는 표현입니다.

茶飯事
다 반 사

차다, 밥반, 일사

늘 있어서 이상하거나 신통할 것이 없는 일.

밥 먹고 차 마시는 일은 하루에도 몇 번씩 있는 일이지요. 그래서 흔하디 흔한 일을 가리킬 때 쓰는 표현입니다. 그런데 차 마시고 밥 먹는 일이 어려운 사람들에게는 다음 계책이 필요합니다.

糊口之策
호 구 지 책

풀칠할 호, 입구, 조사지, 대책책

입에 풀칠할 방도. 즉, 먹고 살아갈 방도.

밥 먹는 일은 너무 어려워 언감생심 焉敢生心(p434) 생각도 못 하고 그

289

저 입에 풀칠이라도 할 수 있는 방법을 찾는 사람들이 내는 계책입니다.
이번에는 사방을 둘러보아도 아무 대책이 없는 경우입니다.

計無所出
<small>제 무 소 출</small>

계략 계, 없을 무, 바 소, 날 출

계책이 나올 곳이 없음. 즉, 아무런 계책도 통하지 않는 답답한 상황.

어떤 방법도 통하지 않는 이런 경우 참 답답하죠?
이런 경우는 살아가면서 흔한가 봅니다. 왜냐고요? 이럴 때 쓰는 표현
이 많으니까요.

百藥無效
<small>백 약 무 효</small>

일백 백, 약 약, 없을 무, 효험 효

백 가지 약을 써도 아무런 효험이 없음.

계무소출計無所出과 같은 뜻이죠. 모든 약을 써도 효험이 없으면 죽
는 길 외에는 없을 테니까 더 힘든 상황 아닐까요?

百計無策
<small>백 계 무 책</small>

일백 백, 계략 계, 없을 무, 책략 책

백 가지 계략이 통하지 않음.

모든 계략을 내놓아도 대책이 되지 않는다는 말이군요. 앞의 표현과 다
를 바가 없습니다.

束手無策
속 수 무 책

묶을 속, 손 수, 없을 무, 책략 책

손이 묶여 어떠한 계책도 세울 수 없음.

아무런 방안을 낼 수 없는 답답한 상
황을 가리킵니다.
어떤 계책도 통하지 않고 손을 묶어
놓은 듯한 상황에 놓였을 때는 어떻게
해야 할까요? 그냥 앉아서 죽음을 기다리
거나 삼십육계三十六計 줄행랑이라도 쳐야겠지요.

三十六計
삼 십 육 계

석 삼, 열 십, 여섯 육, 계책 계

서른여섯 가지의 계책.

본래 의미는 《손자병법》에 나오는 서른여섯 가지 계책이지요. 그런데
본문의 '삼십육계三十六計 주위상책走爲上策(삼십육계 가운데 도망가
는 것이 가장 좋은 책략이다)'이라는 말로부터 '삼십육계 줄행랑'이라는 관
용적 표현이 생겨났고, 또 그것이 줄어서 '삼십육계' 하면 도망가는 방
책을 가리키게 되었습니다.

中傷謀略
중 상 모 략

가운데 중, 상처 상, 꾀할 모, 다스릴 략

상대방을 중상하고 모략하여 피해를 주는 행위.

중상中傷이란 근거 없는 말로 남을 헐뜯어 명예나 지위를 손상시킨다는 뜻이고, 모략謀略은 사실을 왜곡하거나 속임수를 써 남을 해롭게 하는 행위를 가리킵니다. 나쁜 짓은 다 모아 놓은 셈이군요.

權謀術數
권 모 슐 수

권세 권, 꾀할 모, 꾀 술, 셀 수

권세와 모략, 술수를 가리지 않고 목적을 달성하고자 꾀하는 술책.

계책이나 계략을 가리키는 한자로는 계計(계략 계), 책策(대책 책) 같은 것이 있는데, 그 가운데서도 좋지 않은 의미로 자주 쓰이는 글자가 모謀 (꾀할 모)와 술術(꾀 술)입니다. 그래서 모략謀略, 음모陰謀(남몰래 일을 꾸미는 꾀), 술수術數(일을 꾀하는 방책), 술책術策 같은 단어에 많이 쓰이죠.

朝三暮四
조 삼 모 사

아침 조, 석 삼, 저물 모, 넉 사

원숭이에게 아침에는 세 개, 저녁에는 네 개의 도토리를 줌.
즉, 잔 술수를 이용해 상대방을 현혹시키는 모습.

송나라에 원숭이를 좋아하여 키우는 저공이란 인물이 있었습니다. 그런데 원숭이의 수가 늘어남에 따라 원숭이 먹이인 도토리를 구하는 일도 쉽지 않았지요. 이에 저공은 원숭이들을 모아 놓고 이렇게 말했습니다. "이제부터는 도토리를 아침에 세 개, 저녁에 네 개씩 주겠다." 그러자

원숭이들이 모두 반발하고 나섰습니다. 그러자 저공은 할 수 없다는 듯이 "그럼 아침에 네 개, 저녁에 세 개를 주겠다"라고 하였습니다. 이에 원숭이들은 좋아하며 고개를 끄덕였다고 하는군요.

다음에 나오는 계략에 비하면 이 정도는 애교로 봐 줄 만합니다.

二桃殺三士 _{두 이, 복숭아 도, 죽일 살, 석 삼, 선비 사}

복숭아 두 개로 선비 셋을 죽임. 매우 놀랍고도 교활한 계략을 이름.

참으로 놀라운 계략인데 이상향을 뜻할 때면 빠지지 않던 복숭아가 이렇게 무서운 무기로 활용되기도 했군요.

제나라 재상 안영은 군주를 보필하는 데 탁월한 능력을 갖춘 인물로, 공자가 "안자의 수레꾼이 되라면 영광스럽게 끌겠다"라고 말할 정도였습니다. 그러나 국력이 쇠퇴기에 접어들던 제나라는 왕보다 장수들이 국정을 농단壟斷(p.376)하고자 합니다.
그 무렵 세 명의 장수가 왕 앞에서 자신의 공적을 뽐내기 시작합니다. 이에 안영은 복숭아 두 개를 가져와 장수들에게 권하지요. 왕이 내린 복숭아를 본 세 장수는 서로 자신이 복숭아 주인이라고 외치며 다툽니다. 그러다 분을 삭이지 못한 이들은 서로 칼을 뽑고 그 과정에서 세 장수는 남의 칼에 죽거나 자결하고 맙니다.

안영은 검소하면서도 군주를 모시는 충성심 때문에 안자라 불릴 만큼 명성을 날리는데 후세 사람들이 그의 행적을 모아 《안자춘추》라는 책을 남겼습니다.

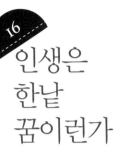

인생은
한낱
꿈이런가

인 생 무 상
人生無常　사람 인, 날 생, 없을 무, 항상 상

사람의 삶이란 게 참으로 덧없음.

인생이란 것이 알고 보면 참으로
덧없는 것이지요. 그러니 반드시
이루고 싶은 꿈을 설계한 다음 그
것을 실천에 옮기기 위해 최선을
다해야 후회하지 않겠지요.

남 가 일 몽
南柯一夢　남녘 남, 가지 가, 한 일, 꿈 몽

남쪽 나뭇가지에 걸린 꿈. 헛된 꿈 또는 인생의 덧없음을 가리킴.

당나라에 순우분이란 사람이 있었습니다. 어느 날 그가 술에 취해 집 앞

나무 그늘에서 잠이 들었을
때였습니다. 그 순간 어디선가
관리 둘이 나타났습니다.
"저희는 괴안국 임금님의 명에
따라 귀인을 모시러 왔습니다."
순우분은 그들을 따라 나무
구멍으로 들어갔습니다. 그러자
그곳에서 기다리던 임금이 그를
반갑게 맞으며 사위를 삼았습니다.
이후 순우분은 남가군을 다스리라는

명을 받고 그곳에 부임, 수십 년 동안 선정을 베풀었고 그 공으로 재상의
자리에까지 올랐습니다. 그러나 이웃 단라국의 침공을 받아 고통을 받고
연이어 부인마저 세상을 뜨자 절망에 빠져 관직도 버린 채 상경했습니다.
그를 맞은 임금은 천도해야 할 것 같다며 그를 고향으로 돌아가도록
하였는데, 그때 마침 꿈에서 깨어났습니다.
하도 신기하게 여긴 순우분이 자신이 기대 자던 나무를 살펴보자 뿌리
부근에 구멍이 있었고, 그 속에는 거대한 개미집이 있었습니다. 또한
그곳에서 남으로 뻗은 가지에도 개미떼가 있었습니다. 바로 남가군인
셈이지요. 놀라며 집으로 돌아간 순우분이 다음 날 다시 이곳을 찾자 전날
내린 비로 개미집은 흔적도 없이 사라져 버렸습니다. 천도한 셈이었지요.
이로부터 순우분은 나뭇가지 밑에서 꾼 꿈처럼 인생이 얼마나 헛된
것인지 깨달았다고 합니다.

삶을 한갓 꿈에 비유해 허무하다고 여긴 것은 순우분만이 아니었나 봅
니다.

邯鄲之夢 한 단 지 몽 땅이름 한, 나라이름 단, 조사 지, 꿈 몽

한단에서 꾼 한바탕 꿈. 인생의 덧없음을 꿈에 비유한 말.

한단은 전국시대 강대국 가운데 하나인 조趙나라의 수도였습니다. 당시 초강대국 진秦은 서쪽 변방에 자리 잡고 있어 지리적으로는 중심이 아니었습니다. 반면에 조나라 수도 한단은 전국시대를 대표하는 도시 가운데 한 곳이었죠. 그래서 화려한 도시 한단에서 꾼 한바탕 꿈이란 의미에서 이런 표현이 생겨났습니다.

한단이 얼마나 유명한 도시였는지를 나타내 주는 표현이 하나 더 있습니다.

邯鄲之步 한 단 지 보 땅이름 한, 나라이름 단, 조사 지, 걸음 보

한단의 걸음걸이.
자신의 본분을 잊고 남의 흉내를 내는 우스꽝스런 모습.

전국시대 유행의 첨단 도시인 한단에 놀러 갔던 사람이 한단 사람들의 걸음걸이를 보고 이를 흉내 내고자 했습니다. 그런데 고향으로 돌아오자 한단에서 배운 걸음걸이도 잊고 본래 자신이 걷던 모습도 잊어 사람들의 비웃음을 샀다고 하죠.

盧生之夢 노 생 지 몽 밥그릇 로, 날 생, 조사 지, 꿈 몽

노생이 꾼 꿈이란 말로, 인생의 덧없음을 이르는 말.

한단지몽邯鄲之步과 같은 말이라고 할 수 있습니다. 왜냐고요? 한단지몽을 꾼 사람이 바로 노생이었거든요.

노생은 당나라 때 인물인데, 여옹이란 도사를 만나 인생의 고통에 대해
푸념을 늘어놓았습니다. 그러자 여옹은 도자기 베개 하나를 주며 잠을
권하였고, 잠이 든 노생은 베개에 뚫린 구멍 속으로 들어가 과거에
급제하고 예쁜 여성과 혼인도 하며 재상에도 올랐다가 다시 좌절을
맞보고 결국 여든 나이에 죽고 맙니다. 그러나 이 모든 것이 꿈이었음을
깨닫고는 인생의 고통과 부귀에 대한 집착을 모두 버리고 참된 삶을
살았답니다.

일 장 춘 몽
一場春夢 한 일, 마당 장, 봄 춘, 꿈 몽

마당에서 한바탕 꾼 봄꿈.
인생의 덧없음을 비유적으로 이름.

이 또한 당연히 인생의 덧없음을
표현한 것이죠. 가장 자주 쓰는
표현이기도 하고요. 그런데 인생
의 덧없음을 표현하는 데 꿈만이
동원되는 것은 아닙니다.
이런 멋진 표현도 있습니다.

白駒過隙 흴 백, 망아지 구, 지날 과, 틈 극

흰 망아지가 문틈을 지나가듯이 인생이란 순식간에 흘러가는 덧없는
것이란 의미.

흰 망아지가 문틈을 휙 지나간다면
그 모습을 즐기기는커녕 알아채기
도 힘들겠지요. 인생이란 바로 이
처럼 순식간에 지나가 버리는 덧없는
것이란 표현입니다. 인생여구과극人生
如駒過隙, 즉 '인생이란 망아지가 틈을
지나치는 것과 같다'란 표현에서 나온 것입
니다.

어? 분명
뭐가 지나갔는데
...

그 외에 인생여조로人生如朝露란 말도 같
은 뜻입니다. '인생은 아침 이슬과 같다.' 음, 아침 이슬은 해가 뜨면 즉
시 사라지니 덧없는 게 인생이란 말이지요.
반면에 같은 아침 이슬인데 전혀 다른 아침 이슬도 있습니다.

危如朝露 위태로울 위, 같을 여, 아침 조, 이슬 로

아침 햇살을 맞아 금세 말라 버리고 말 이슬처럼 매우 위태로운 모습.

위약조로危若朝露라고도 하는 이 표현은 새벽에 태어나 아침 햇살이
떠오를 때쯤이면 사라지는 이슬의 안타까운 삶을 가리키는 표현입니
다. 곧 사라지고 말 위태로운 지경에 처한 존재를 나타내지요.

空手來空手去 빌 공, 손 수, 올 래, 빌 공, 손 수, 갈 거

공 수 래 공 수 거

空手來空手去 빌 공, 손 수, 올 래, 빌 공, 손 수, 갈 거

빈손으로 와서 빈손으로 감. 인생의 무상함과 덧없음을 가리키는 말.

불교에서 유래한 표현으로 인생의 허무함을 나타내는 말입니다. 멋지죠?

화 서 지 몽

華胥之夢 꽃 화, 서로 서, 조사 지, 꿈 몽

낮잠 또는 좋은 꿈을 가리키는 말.

《열자列子》에 나오는 표현인데, 내용은 다음과 같습니다.

중국 신화시대 삼황오제 가운데 한 사람인 황제黃帝가 어느 날 낮잠을 자다가 꿈속에서 화서씨華胥氏의 나라로 들어가게 되었습니다. 그곳은 신분의 귀천상하도 없고 백성들 또한 욕심도 없으며 죽음에도 초연한 이상향이었죠. 그곳 삶을 겪은 황제는 꿈에서 깨어나자 문득 깨달은 바가 있었습니다. 그런 후 이 경험을 바탕으로 도가 통하는 선정을 베풀어 역사에 길이 남게 되었습니다.

내 마음이
어떤지
살펴봅시다

명 경 지 수
明鏡止水 밝을 명, 거울 경, 그칠 지, 물 수

깨끗한 거울과 잔잔한 물. 즉, 맑고 고요한 마음의 상태를 이름.

거울을 보면 자신의 모습을 마주 대하게 되죠. 그래서 자신을 돌아볼
때 자주 사용하는 사물이 거울입니다. 지
수止水, 즉 흐르지 않고 머물러 있는 물
은 종종 거울에 비유되곤 하지요. 거
울처럼 자신의 모습을 비추어 주니
까요. 그래서 맑은 거울과 잔잔한
물은 변함없는 평상심을 유지하는
마음의 상태를 가리킵니다.
그렇다면 다음 표현과는 어떻게 다
를까요?

기분 나쁘게
뭘 봐?

넌, 거울 보면
안돼~

태 연 자 약
泰然自若 클 태, 그럴 연, 스스로 자, 같을 약

마음에 어떤 자극이 주어져도 흔들리지 않음.

어떤 일이 있어도 흔들리
거나 두려워하는 일 없이
천연덕스러운 품성을 가
리키는 표현입니다. 이
와 비슷한 표현으로 담
소자약談笑自若이 있
습니다. 뜻은 무슨 일을 당

해도 웃음을 잃지 않으면서 평소와 다름이 없
는 모습을 가리키지요.
그렇다면 아주 사소한 일에도 마음을 잡지 못하고 어쩔 줄 모르는 모습
은?

노 심 초 사
勞心焦思 근심 로, 마음 심, 애태울 초, 생각 사

몹시 마음을 쓰며 애를 태움.

마음을 편안히 갖지 못하고 어쩔 줄 몰라 하는 모습이 눈앞에 떠오르지
요. 태연자약泰然自若한 것과는 정반대되는 모습입니다.
노심초사하는 사람은 잠도 제대로 못 이루는 것이 당연지사當然之事
죠. 그래서 이런 표현이 생겨났습니다.

輾轉反側
전 전 반 측

구를 전, 구를 전, 되돌릴 반, 곁 측

이리저리 뒤척이며 잠을 못 이룸.

이 말은 《시경》에 나오는 시에서 유래한 표현인데요, 사랑의 시 한 편 살펴보시죠.

關關雎鳩 在河之州	관관저구 재하지주
窈窕淑女 君子好逑	요조숙녀 군자호구
參差荇菜 左右流之	삼차행채 좌우유지
窈窕淑女 寤寐求之	요조숙녀 오매구지
求之不得 寤寐思服	구지부득 오매사복
悠哉悠哉 輾轉反側	유재유재 전전반측

꾸룩꾸룩 물수리는 강 모래톱에 머무르고
아름다운 아가씨는 군자의 좋은 짝이구나.
크고 작은 마름 풀은 이리저리 흘러가고
아름다운 아가씨는 자나 깨나 구하는구나.
구해도 얻지 못하니 자나 깨나 생각하고
생각하고 또 생각하다 밤새도록 뒤척이는구나.

坐不安席
좌 불 안 석

앉을 좌, 아니 불, 편안한 안, 자리 석

마음이 불안하고 초조하여 자리에 편안히 앉아 있지 못함.

노심초사하다 보면 한 자리에 차분히 앉아 있기가 어렵죠.

여 좌 침 석
如坐針席 같을 여, 앉을 좌, 바늘 침, 자리 석

바늘방석에 앉은 듯함.

우리 속담에 '바늘방석에 앉은 것 같다'라는 말이 있는데, 그 말의 한자 표현이군요. 좌불안석坐不安席과 썩 다르지 않은 표현입니다.

망 지 소 조
罔知所措 그물 망, 알 지, 바 소, 그만둘 조

당황해서 어찌할 바를 모름.

망罔은 그물이라는 뜻 외에 '어둡다, 가리다, 근심하다, 망령되다, 아니다'와 같은 부정적인 뜻도 가지고 있습니다.
마음을 썩이고 불안해하면 어떻게 되는지 아십니까?

백 발 삼 천 장
白髮三千丈 흴 백, 터럭 발, 석 삼, 일천 천, 길이 장

흰 머리가 삼천 장이나 된다. 즉, 흰 머리가 많이 자랐음을 가리킴.

유명한 당나라 시인 이백이 자신의 머리가 하얗게 변한 모습을 보고 깜짝 놀라 지은 시에 나오는 표현인데, 역시 중국인들의 과장법은 대단합니다.
그럼 그 시를 감상해 볼까요.

> 白髮三千丈 **백발삼천장**
> 緣愁似箇長 **연수사개장**
> 不知明鏡裏 **부지명경리**

何處得秋霜 하처득추상

흰 머리 삼천 길이구나
근심에서 비롯된 것이리라
맑은 거울 속 모습을 알아보지 못하겠으니
저 머리 위 서리는 어디서 얻은 것인가.

이번에는 인간의 욕심을 표현한 것인데요, 마음이란 말은 들어가지 않았지만 담긴 고사를 보면 알 수 있습니다.

得隴望蜀
득 롱 망 촉

얻을 득, 땅이름 롱, 바랄 망, 땅이름 촉

농 땅을 얻고 나서 촉 땅을 바람.
즉, 한 가지를 이루고 나면 또 한 가지를 바라는 인간의 끝없는 욕심을 가리킴.

사람의 욕심은 끝이 없죠. 우리 속담에도 '말 타면 경마 잡히고 싶다'라는 말이 있는데, 요즘 말로 하면 '차 타면 기사 두고 싶다'네요.

후한을 세운 유수가 천하통일을
눈앞에 두고 있을 무렵이었습니다.
각지에 할거하던 장수들이 모두
복속해 왔는데 오직 농서 지방의
외효와 촉 땅의 공손술만이
복속을 거부하고 있었습니다. 이에
나머지 장수들이 두 곳의 정벌을
건의했으나 유수는 복속해 올

그거...
맛있어 보인다~

때까지 기다릴 것을 명했습니다. 얼마 후 외효가 병사하자 과연 그의 아들 외구순이 복속해 왔습니다. 그러자 유수는 이렇게 말했습니다.

"농서를 얻고 보니 촉 땅을 바라게 되는구나. 참으로 인간의 욕심이란 끝이 없는 것이야."

결국 유수는 얼마 지나지 않아 촉 정벌에 나서 천하통일을 이루었습니다.

인간의 욕심을 나타내는 표현이 또 있습니다.

見物生心
견 물 생 심

볼 견, 물건 물, 날 생, 마음 심

물건을 보면 그것을 갖고
싶은 마음이 생김.

물건을 실제로 보면 그것에
대한 욕심이 생김을 뜻하는
표현이지요.

人心難測
인 심 난 측

사람 인, 마음 심, 어려울 난, 잴 측

사람의 마음은 헤아리기가 어려움.

'열 길 물 속은 알아도 한 길 사람 속은 모른다'라는 우리 속담이 있죠.
그와 같은 말이네요.

人之常情 _{인 지 상 정} 사람 인, 조사 지, 항상 상, 뜻 정

사람이면 누구나 가지는 보통의 정서나 감정.

누구나 느끼는 감정을 가리키는 말입니다. 그래서 이런 식으로 쓰지요.
"고통받는 이웃을 보면 나서서 돕고 싶은 것이 인지상정이다."

怏怏不樂 _{앙 앙 불 락} 원망할 앙, 원망할 앙, 아니 불, 기쁠 락

마음에 차지 않아 불쾌해함.

좀 어려운 표현이지만 글을 읽다 보면
자주 나오는 말이죠.
"철수는 동생이 먹는 모습을 보자 얼굴
을 찌푸리며 앙앙불락하였다."

感慨無量 _{감 개 무 량} 느낄 감, 분개할 개, 없을 무, 수량 량

마음속에서 느끼는 감동이나 정서가 헤아릴 수 없을 정도로 큼.

위에서 무無는 없다는 뜻이 아니라 '헤아릴 수 없을 만큼'이란 의미를
갖죠. 그래서 '느낌이 없다'가 아니라 너무도 크다는 뜻을 갖습니다.

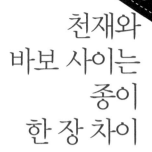

천재와
바보 사이는
종이
한 장 차이

목 불 식 정
目不識丁 눈 목, 아니 불, 알 식, 넷째천간 정

눈으로 정丁자도 분별하지 못함.

우리 속담에 '낫 놓고 기역 자도 모른다'라는 말이 있지요. 이 표현도
그와 비슷하군요. 정丁은 정말 간단하게 생겼는데도 모른다니 말이
에요.

일 자 무 식
一字無識 한 일, 글자 자, 없을 무, 알 식

한 글자도 알지 못함.

말이 필요 없는 무식한 사람이
군요. 한 글자도 모른다니!

魚魯不辨
어 로 불 변

물고기 어, 나라이름 로, 아니 불, 분별할 변

어魚와 노魯를 구분하지 못할 만큼 무식함.

어魚와 노魯를 구분하지 못하는 사람은 대단히 많을 듯합니다. 그러니 무식하다는 말 안 들으려면 한자 공부 열심히 해야겠네요.
다음 표현을 볼까요.

菽麥不辨
숙 맥 불 변

콩 숙, 보리 맥, 아니 불, 분별할 변

콩과 보리를 구분하지 못할 만큼 어리석음.

어魚와 노魯보다는 훨씬 구분하기 쉽죠. 콩과 보리니까요. 그런데 그를 분별할 줄 모르다니!
실제로는 이 표현에서 유래한 '숙맥'이란 단어를 자주 사용하죠. 숙맥이라고 하면 사리분별을 못 하는 어리석은 사람을 가리킵니다. 쑥맥이라고 잘못 알고 계신 분들이 많을 텐데 조심하세요.
"그 친구 세상 물정을 모르는 숙맥이야."

無知蒙昧
무 지 몽 매

없을 무, 알 지, 어리석을 몽, 어두울 매

아는 것이 전혀 없을 뿐 아니라 사리에 어두움.

앞서 살펴본 사람들이 모두 무지몽매한 사람들이군요. 아는 것이 없을 뿐 아니라 사리에도 어두우니까 말이죠.

無知莫知
무 지 막 지

없을 무, 알 지, 없을 막, 알 지

아는 것이 전혀 없음.

이 사람은 아는 것이 없고도 없군요. 그래서 단순히 아는 것이 없을 뿐 아니라 하는 행동마저 우악스러운 사람을 가리킬 때 자주 쓰는 표현입니다.

"그 자는 술만 먹으면 무지막지한 행동으로 주위 사람들에게 피해를 주는구나."

牛耳讀經
우 이 독 경

소 우, 귀 이, 읽을 독, 경전 경

쇠귀에 경 읽기.

쇠귀에 대고 경전을 읽어 주신 적이 있나요? 1년을 읽어 준다고 해도 아무 반응이 없겠죠? 그래서 아무리 가르쳐 주어도 알아듣지 못하는 상대를 가리켜 우이독경이라고 합니다.

이와 같은 뜻을 갖는 표현이 하나 더 있는데요, 역시 소 이야기입니다.

對牛彈琴
대 우 탄 금

대할 대, 소 우, 켤 탄, 거문고 금

소를 마주하고 거문고를 탐.
즉, 전혀 알아듣지 못하는 자를 상대로 깊은 이치를 설교함.

쇠귀에 경을 읽으나 거문고를 타나 못 알아 듣는 것은 마찬가지죠.

識字憂患 <small>식 자 우 환</small>   알 식, 글자 자, 근심 우, 근심 환

많이 아는 사람은 근심도 많음.

우리 속담에 '아는 게 병, 모르는 게 약'이
란 말이 있는데, 많이 배우면 세상에 존재
하는 문제점들을 알게 되고, 그렇게 되면
걱정거리가 느는 게 사실이지요. 그래서
이런 표현이 생겨났습니다.

聞則病 不聞藥 <small>문 즉 병 불 문 약</small>   들을 문, 즉 즉, 병 병, 아니 불, 들을 문, 약 약

들으면 병이요, 듣지 않은 게 약이 된다.
마음에 거슬릴 이야기는 애초부터 듣지 않는 게 낫다는 말.

사람과의 관계에서 상처를 받는 경우는 무척 많습니다. 그 사람들이
하는 이야기 때문에 말이지요. 그러니 듣지 않는 게 속 편할 때가 많습
니다.

聞一知十 <small>문 일 지 십</small>   들을 문, 한 일, 알 지, 열 십

하나를 배우면 열을 앎. 즉, 매우 총명함.

'하나를 가르치면 열을 안다'라는 표현, 자주 쓰지요. 그 말의 한자 표
현이군요.

공자가 제자 자공에게 물었습니다.

"너와 안회 가운데 누가 나으냐?"

그러자 자공이 대답합니다.

"제가 어찌 회를 따르겠습니까? 그는 하나를 들으면 열을 알고 저는 하나를 들으면 겨우 두 개를 알 뿐입니다."

《논어》에 나오는 표현입니다.

똑똑한 사람은 또 있습니다.

先見之明 _{먼저 선, 볼 견, 조사 지, 밝을 명}

미래에 전개될 일을 남보다 먼저 예견하는 총명함.

선견지명은 지식보다는 지혜가 뛰어남을 가리킵니다. 미래를 남보다 먼저 예측하고 예견하여 그에 대처할 수 있는 슬기로움은 꼭 많이 배운다고 얻어지는 것은 아니니까요.

이와 비슷하게 앞날을 내다보는 눈도 있습니다.

千里眼 _{일천 천, 마을 리, 눈 안}

천리 밖을 내다보는 눈. 즉, 미래를 꿰뚫어 보는 뛰어난 안목을 가리킴.

북위北魏의 관리 양일이란 인물이 워낙 뛰어나 그를 가리켜 천리안을 가졌다고 하였습니다. 그로부터 이런 표현이 생겼다는군요.

선견지명先見之明이 있고 천리안을 가진 사람들은 난세에도 몸을 지켜나갈 수 있습니다. 그런 사람들을 위한 표현 하나 알아볼까요.

明哲保身

명 철 보 신

明哲保身 밝을 명, 총명할 철, 지킬 보, 몸 신

총명하고 사리에 밝아 자신의 몸을 능히 지켜냄.

몸을 지키는 방법에도 여러 가지가 있죠. 다음에 배울 곡학아세曲學
阿世, 즉 배운 것을 이용해 세상에 아부하여 몸을 지킬 수도 있지만,
총명함과 뛰어난 판단력으로 자신을 지켜낼 수 있다면 좋지 않을까요.

곡 학 아 세

曲學阿世 굽을 곡, 배울 학, 아첨할 아, 세상 세

그릇된 학문을 이용해 권력자나 세상에 아첨하는 모습.

배운 학문을 올바로 이용하지 않고 권력자의 뜻에 맞추어 그릇된 말로
아첨하면서, 자신의 이익이나 출세를 꾀하는 모습을 가리키는 말입니
다. 사이비似而非 학자의 전형적인 모습이지요. 한나라의 강직한 학
자 원고생轅固生이 쓰던 말에서 비롯되었습니다.

한나라 경제와 무제 때 활동한 원고생은 목에 칼이 들어와도 자신이
옳지 않다고 여기는 것에는 고개를 젓는 선비였습니다. 그런데 아흔이
넘은 원고생 앞에 공손홍公孫弘이라는 젊은
선비가 나타났습니다. 공손홍은 일찍부터
벼슬에 올라 자신의 실력과 권력을 믿고
안하무인眼下無人(p544)이었지요.
언젠가 원고생과 공손홍이 만나게
되었습니다. 그러자 원고생이
이렇게 말하지요.
"바른 학문에 힘쓰게나. 학문을
이용해 세상에 아부하면 안 되네."

황제 폐하~
하이킥!

이 말을 들은 공손홍은 그날부터 마음을 바로잡고 원고생을 스승으로
모셨습니다.

_{혹 세 무 민}
惑世誣民 _{미혹할 혹, 세상 세, 무고할 무, 백성 민}

세상을 어지럽히고 백성을 속임.

혹惑은 정신을 혼란스럽게 하여 어지럽힌다는 뜻이고, 무誣는 없는 사
실을 가지고 속이거나 깔본다는 뜻을 갖습니다. 따라서 이 표현은 그릇
된 이론이나 믿음을 이용해 사람들을 속이고, 그들을 이용해 자신의 이
익을 추구하는 모습을 가리킵니다.

_{아 유 구 용}
阿諛苟容 _{아첨할 아, 아첨할 유, 구차할 구, 얼굴 용}

남에게 아첨하며 구차하게 행동함.

곡학아세曲學阿世가 학문을 이용해 아부하는 것이라면 이 말은 그저
아첨과 아부를 일삼는 것이네요.

_{사 이 비}
似而非 _{닮을 사, 말이을 이, 아닐 비}

비슷하지만 진짜가 아님.

겉으로는 같아 보이지만 실제로는 전혀 다른 사람이나 사물을 가리키
는 말입니다. 즉, 진짜를 모방하거나 흉내 낸 것을 말하지요.

19

부모님
살아생전에
효도해야지

육 적 회 귤
陸績懷橘 뭍 륙, 길쌈할 적, 품을 회, 귤나무 귤

육적이 부모님께 드리기 위해 귤을 몰래 품고 나옴.

우리 속담에 '자식이 부모 마음 반이면 효자 된다'라는 표현이 있습니다. 그만큼 부모님의 사랑은 우리가 이해할 수 없을 만큼 한이 없다는 뜻이죠. 자, 그럼 지금부터 효자 되는 길을 살펴볼까요?

> 반중 조홍감이 좋아도 보이나다
> 유자 아니라도 품음직 하다마는
> 품어가 반길 이 없으니 그를 설워하노라

박인로(1561~1642)가 지은 이 시조에는 고사가 담겨 있습니다.

중국 오나라에 육적이라는 여섯 살짜리 어린아이가 있었습니다. 하루는 육적이 다른 집에 놀러갔다가 접대 음식으로 나온 유자 세 개를 몰래 숨겼다가 들키고 말았습니다. 집 주인이 그 까닭을 물으니 집에 계신 어머니께 갖다 드리고 싶어 그랬노라고 대답했습니다. 이에 그의 효심에 모두가 감동하였다는 이야기가 전해옵니다.

위의 시조는 이덕현의 집을 찾은 어린 박인로가 접대로 나온 감을 보고 이 고사를 떠올리며 지은 것이라고 합니다.

昏定晨省

해질녘 혼, 정할 정, 새벽 신, 살필 성

밤에는 부모의 잠자리를 보아 드리고
부모의 안부를 여쭈어 봄.

부모님께 효성을 다하는
모습을 나타내는 말입
니다.
효도는 아무리 해도
지나치지 않은 행동인
데, 그를 가리키는 표현
이 어디 한둘이겠습니까?

斑衣之戲

얼룩 반, 옷 의, 조사 지, 희롱할 희

색동옷을 입고 놀이를 함.
즉, 늙으신 부모님을 기쁘게 해 드리기 위해 색동옷을 입고 재롱을 떠는 행동을 가리킴.

나이를 먹어서도 효도를 멈추지 않는 모습을 나타내는 말입니다.

춘추시대 초나라에 노래자라는 효자가 살고 있었습니다. 그는 늘 색동옷을 입고 어린아이처럼 웃으며 부모님 앞에서 재롱을 떨었다고 하지요. 자신의 나이 70이 될 때까지 말이죠. 그로부터 유래한 표현입니다.

反哺報恩 _{되돌릴 반, 먹을 포, 갚을 보, 은혜 은}

먹이를 돌려드림으로써 은혜에 보답함. 즉, 깊은 효심을 가리키는 말.

새들이 어릴 때는 어미새가 물어다 주는 먹이를 먹으며 자라죠. 그런데 까마귀는 자라서 어미에게 먹이를 물어다 줌으로써 키워 준 은혜에 보답한다고 하네요. 그래서 이런 표현이 생겨났습니다. 반포지효反哺之孝도 같은 뜻이라는 사실을 알아둡시다. 위의 표현을 사용해 조선시대의 가객歌客 박효관이 지은 시조가 한 편 있습니다.

> 뉘라서 까마귀를 검고 흉타 하돗던고.
> 반포보은反哺報恩이 그 아니 아름다운가.
> 사람이 저 새만 못함을 못내 슬퍼하노라.

박효관은 제자인 안민영과 함께 《가곡원류歌曲源流》란 가집을 출간하였습니다. 《가곡원류》는 김천택의 《청구영언》, 김수장의 《해동가요》와 함께 조선시대 3대 가집으로 인정받고 있습니다.

望雲之情 ^{망 운 지 정} 바랄 망, 구름 운, 조사 지, 뜻 정

멀리 떨어진 곳에서 부모님을 그리는 마음.

당나라 때의 장수 적인걸은 부모님과 떨어져 근무하고 있었는데, 그때마다 높은 산에 올라 구름 너머 부모님이 계신 곳을 가리키며 주위 사람들에게 "저 먼 곳에 나의 부모님이 계신데, 이렇게 바라만 볼 뿐 가뵙지 못하여 슬픔이 한이 없다" 하고 말했습니다. 이때부터 사람들이 그의 효심을 망운지정이라며 기렸다고 합니다.

風樹之嘆 ^{풍 수 지 탄} 바람 풍, 나무 수, 조사 지, 탄식할 탄

부모님을 모시고자 하나 이미 돌아가심을 한탄함.

중국의 유명한 옛 시 한 수를 감상해 보겠습니다.

> 樹欲靜而風不止 수욕정이풍부지
> 子欲養而親不待 자욕양이친부대
> 往而不可追者年也 왕이불가추자년야
> 去而不見者親也 거이불견자친야

> 나무는 고요히 머물고자 하나 바람이 그치지 않고
> 자식은 봉양하고자 하나 부모님은 기다려 주시지 않네.
> 한번 흘러가면 쫓아갈 수 없는 것이 세월이요
> 가시면 다시 볼 수 없는 것은 부모님이시네.

맨 앞 구절에 풍風과 수樹가 나오죠. 그래서 이로부터 효도할 수 없는 안타까움을 나타내는 표현이 되었습니다.

不肖

<ruby>不<rt>불</rt></ruby> <ruby>肖<rt>초</rt></ruby>   아니 불, 닮을 초

부모님의 이름을 더럽힐 만큼 못난 자식.
부모님 또는 어른께 자신을 낮추어 이르는 표현.

한자 그대로 닮지 않았다는 말은 부모님을 닮지 않았다는 뜻입니다. 너무 부족하고 못나서 부모님을 본받지 못했다는 것이지요. 그래서 "불초 소생이…" 하는 식으로 사용합니다.

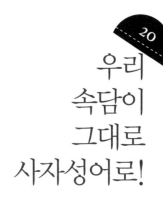

20

우리
속담이
그대로
사자성어로!

_{일 어 탁 수}
一魚濁水 _{한 일, 물고기 어, 흐릴 탁, 물 수}

한 마리 물고기가 물을 흐림.

한 사람의 잘못으로 모든 사람 또는 집단이 피해를 보는 경우에 쓰는 표현입니다. 우리 속담에 '미꾸라지 한 마리가 온 물을 흐린다'라는 게 있죠.

_{이 현 령 비 현 령}
耳懸鈴鼻懸鈴 _{귀 이, 매달 현, 방울 령, 코 비, 매달 현, 방울 령}

귀에 걸면 귀걸이, 코에 걸면 코걸이.

어떤 사실이 말하는 사람의 뜻에 따라 이렇게도 해석되고 저렇게도 해석되는 경우를 말합니다.

十伐之木 열 십, 벨 벌, 조사 지, 나무 목

열 번 찍어 안 넘어가는 나무 없다.

열 번 벤 나무, 즉 우리 속담
'열 번 찍어 안 넘어가는 나
무 없다'와 같은 뜻입니다.

上濁下不淨 위상, 흐릴 탁, 아래 하, 아니 불, 깨끗할 정

윗물이 흐리면 아랫물이 맑을 수 없음.

윗사람이 바르지 않으면 아랫사람도 바를 수 없다는 뜻입니다. 우리 속
담에서는 '윗물이 맑아야 아랫물도 맑다'라고 하는데, 중국인들은 좀
부정적이군요.

死後藥方文 죽을 사, 뒤 후, 약 약, 모 방, 글 문

죽은 뒤에 약방문을 씀.
즉, 일이 벌어진 뒤에 해결책을 내어 쓸모가 없어짐.

사람이 죽은 다음에 약 처방전이 무슨 소용이 있겠습니까? 이처럼 이
미 일이 벌어진 후에 뒤늦게 방책을 내놓는 것을 가리켜 사후약방문이
라고 합니다.
이럴 때 쓰는 속담이 또 있습니다.

亡牛補牢

망 우 보 뢰

잃을 망, 소 우, 기울 보, 우리 뢰

소 잃고 외양간 고친다.

그런데 소를 잃은 후에라도 외양간은 고쳐야 하는 것 아닌가요? 망양보뢰亡羊補牢, 실우보옥失牛補屋도 같은 뜻을 갖습니다.

積土成山

적 토 성 산

쌓을 적, 흙 토, 이룰 성, 메 산

티끌 모아 태산.

말뜻 그대로 하면 진塵(티끌 진)을 써야 할 텐데 토土(흙 토)를 썼군요. 적소성대積小成大도 같은 뜻입니다. 작은 것을 쌓아서 큰 것을 이룬다는 뜻이니까요.

生口不網

생 구 불 망

날 생, 입 구, 아니 불, 그물 망

산 입에 거미줄 치랴?

하도 살기가 어려워 먹지 못한다 해도 입에 거미줄은 치지 않는다, 즉, 아무리 어렵다 해도 먹고 살 것은 생기기 마련이라는 뜻입니다. 그러니 절망하거나 좌절하지 말고 최선을 다하라는 말이겠죠.

산 입에
거미줄 치기!

不入虎穴 不得虎子

<ruby>불<rt>불</rt></ruby> <ruby>입<rt>입</rt></ruby> <ruby>호<rt>호</rt></ruby> <ruby>혈<rt>혈</rt></ruby> <ruby>부<rt>부</rt></ruby> <ruby>득<rt>득</rt></ruby> <ruby>호<rt>호</rt></ruby> <ruby>자<rt>자</rt></ruby>

아니 불, 들 입, 범 호, 구멍 혈, 아니 불, 얻을 득, 범 호, 자식 자

호랑이 굴에 들어가지 않으면 호랑이 새끼를 얻을 수 없다.

'호랑이를 잡으려면 호랑이 굴에 들어가야 한다'라는 속담입니다. '산에 가야 범을 잡지'라는 속담도 있군요.

불입호혈不入虎穴 언득호자焉得虎子라고도 하는데, 언焉은 '어찌'란 의미입니다. 그래서 이 문장의 뜻은 '호랑이 굴에 들어가지 않고 어찌 호랑이 새끼를 얻겠는가?'입니다. 반면에 '호랑이 굴에 들어가도 정신만 차리면 산다'라는 속담도 있지요.

이와 비슷한 의미를 가진 표현도 있습니다.

精神一到 何事不成

정 신 일 도 하 사 불 성

면밀할 정, 귀신 신, 한 일, 닿을 도, 어찌 하, 일 사, 아니 불, 이룰 성

정신을 한 곳에 모으면 어떤 일을 이루지 못하겠는가.

그렇습니다. '호랑이에게 물려가도 정신만 차리면 산다'라는 속담도 있듯이 정신을 집중하면 못 이룰 일이 없습니다.

호 사 유 피 인 사 유 명
虎死留皮 人死留名

범 호, 죽을 사, 남길 류, 가죽 피, 사람 인, 죽을 사, 남길 류, 이름 명

호랑이는 죽어서 가죽을 남기고, 사람은 죽어서 이름을 남긴다.

사람이 한번 태어났으면 세상에 뜻있는 흔적을 남겨 그 이름을 널리 전해야 한다는 말입니다. 표사유피豹死留皮도 같은 말입니다. 표豹는 '표범'을 뜻합니다.

이와 비슷한 표현이 또 있습니다.

유 방 백 세
流芳百世

흐를 류, 향기 방, 일백 백, 세월 세

향기가 백 세대를 흘러 전해짐. 명성이 오랜 세월 전해져 내려감.

향기가 백 세대에 걸쳐 전해지는 것처럼 그 명성이 오래도록 이어진다는 뜻입니다.

갈 이 천 정
渴而穿井

목마를 갈, 어조사 이, 뚫을 천, 우물 정

목마른 놈이 우물 판다.

필요한 사람이 물건을 구하고, 급한 사람이 발 벗고 나서기 마련이라는 표현입니다.

정 중 지 와
井中之蛙 우물 정, 가운데 중, 조사 지, 개구리 와

우물 안 개구리.

아는 것과 경험이 매우 적어 세상 이치를 모르는 모습을 가리킵니다.
예로부터 우물 안 개구리 같은 사람이 많았나 봅니다. 그런 표현이 많
은 걸 보면.
정저지와 **井底之蛙**, 즉 우물 밑 개구리도 같은 뜻입니다.

좌 정 관 천
坐井觀天 앉을 좌, 우물 정, 볼 관, 하늘 천

우물에 앉아 하늘을 관찰한다.

개구리가 하는 일이 이런 수준이니 우물 안 개구리란 말을 듣는 거죠.

통 관 규 천
通管窺天 통할 통, 피리 관, 엿볼 규, 하늘 천

피리 관을 통해 하늘을 엿봄.

이 개구리는 우물에 앉아 관찰하는 개구리보다 한술 더 뜨는군요.

경 전 하 사
鯨戰蝦死
고래 경, 싸울 전, 새우 하, 죽을 사

고래 싸움에 새우 등 터진다.

고래 싸움에 새우 등이 터지는 것은 아무것도 아닙니다.
두 나라 싸움에 끼어서 코가 깨지는 나라도 있습니다.

間於齊楚
사이 간, 조사 어, 제나라 제, 초나라 초

약자가 강자 사이에 끼어 괴로움을 당함.

《맹자》에 나오는 이야기입니다. 전국시대에는 강력한 일곱 나라가 패권을 다투었는데 이들을 전국 7웅이라고 합니다. 제齊, 초楚, 연燕, 진秦, 한韓, 위魏, 조趙가 그들이지요.

제나라와 초나라 사이에 있던 등나라는 두 나라 틈바구니에서 하루도 편할 날이 없었습니다. 언젠가 맹자가 등나라에 머물게 되자 등나라 군주 문공이 물었습니다.
"우리나라는 약소국으로 제나라와 초나라 사이에서 고통을 받고 있습니다. 누구를 섬겨야 편안하겠습니까?"
그러자 맹자가 대답했습니다.
"이는 제가 해결할 수 있는 것이 아닙니다만 기어이 말하라고 하신다면

오직 한 가지 방법이 있을 것입니다. 성을 높이 쌓은 후 그 밑에는 연못을 깊게 파고 백성과 더불어 죽기를 각오하고 지키십시오. 만일 그럴 수 없다면 하루라도 빨리 이곳을 뜨는 편이 나을 것입니다."

그런데 말이죠, 조선시대에는 기생조차도 이런 시조를 지었습니다.

제齊도 대국이요 초楚도 대국이라
조그만 등滕국이 간어제초間於齊楚 하였으니
두어라 이 다 좋으니 사제사초事齊事楚 하리라

내용은 그만두고라도 이런 표현을 이용해 이런 노래를 지었다니 요즘 사람들이 얼굴을 못 들겠는데요.
"두 강대국 사이에 끼어 고생하느니 나는 두 나라 모두 섬기겠노라" 하는 노래인데, 외교적으로는 어려운 일이지만 기생에게는 두 남자를 섬기는 것이 가능한 일이죠.

수 청 무 대 어
水淸無大魚 물 수, 맑을 청, 없을 무, 큰 대, 물고기 어

맑은 물에는 큰 물고기가 살지 않는다.

수청무어水淸無魚라고도 하지요. 이 표현도 꽤 유명한데, 스스로 깨끗함을 내세우며 다른 사람에게 엄격하게 굴면 주위에 사람이 모이지 않는다는 뜻입니다.

堂狗風月
당 구 풍 월
마당 당, 개 구, 바람 풍, 달 월

서당 개 삼 년에 풍월을 읊는다.

어떤 일을 오래 접하게 되면 자기도 모르는 사이에 그 일에 익숙해짐을 가리키는 말입니다. 또한 비전문가도 전문가와 오래 생활하다 보면 전문가에 버금가게 된다는 뜻이기도 합니다.

眼中之釘
안 중 지 정
눈 안, 가운데 중, 조사 지, 못 정

눈 안의 못. 눈엣가시.

대단히 밉고 거슬리는 존재를 가리켜 눈엣가시라고 하죠. 바로 그 말입니다.

畵中之餅
화 중 지 병
그림 화, 가운데 중, 조사 지, 떡 병

그림의 떡.

마음에는 있으나 차지하거나 사용할 수 없는 것을 가리키는 말이죠. 병 餠은 우리말로 떡을 뜻합니다.
그런데 이보다 더 안타까운 것이 있답니다.

鏡中美人

경 중 미 인

거울 경, 가운데 중, 아름다울 미, 사람 인

거울 속의 미인.

총각들에게는 화중지병畵中之餠

(p327)보다 훨씬 그리운 존재겠지요.

鳥足之血

조 족 지 혈

새 조, 발 족, 조사 지, 피 혈

새 발의 피.

너무 많이 들어서 설명이 필요 없는 속담이군요. 뒤에 살펴볼 구우일모
九牛一毛(P480)나 창해일속滄海一粟(P480)과 뜻이 비슷합니다.

言飛千里

언 비 천 리

말씀 언, 날 비, 일천 천, 마을 리

발 없는 말이 천 리 간다.

말이 날아서 천 리를 간다, 즉 '발 없는 말이 천 리 간다'라는 속담과 같
은 뜻입니다.

猫項懸鈴 _{묘 항 현 령}
고양이 묘, 목덜미 항, 매달 현, 방울 령

고양이 목에 방울 달기.

모두가 해야 한다고 믿으면서도 아무도 하지 못하는 일을 가리키지요.
묘두현령猫頭縣鈴이라고도 하는데, 쥐들끼리 앉아서 밤새 의논해 봤
자 뾰족한 수가 나올 리 없습니다.

燈下不明 _{등 하 불 명}
등잔 등, 아래 하, 아니 불, 밝을 명

등잔 밑이 어둡다.

가까이 있는 물건이나 사람을 찾지 못할 때 쓰는 말입니다. 속담 가운
데 이와 비슷한 것이 있는데 '업은 아이 3년 찾는다'라는 말입니다.

風聲鶴唳 _{풍 성 학 려}
바람 풍, 소리 성, 학 학, 울 려

다른 일에 겁을 먹은 사람이 하찮은 일에도 놀라는 모습을 가리키는
표현.

우리 속담에 '자라 보고 놀란 가슴 솥뚜껑 보고 놀란다'라는 말이 있죠.
바로 그런 경우입니다. 고구려에 불교를 전해 준 나라인 중국 전진 때
진왕 부견苻堅이 전투에서 크게 패한 후 후퇴하는데 바람 소리와 학이
우는 소리가 들려옵니다. 그러자 이 소리 또한 적군의 함성이 아닌가
해서 겁에 질렸다는 데서 유래한 표현입니다.

21

반복에
반복을
거듭하면

<ruby>是<rt>시</rt></ruby><ruby>是<rt>시</rt></ruby><ruby>非<rt>비</rt></ruby><ruby>非<rt>비</rt></ruby>

是是非非 옳을 시, 옳을 시, 아닐 비, 아닐 비

옳고 그름을 알아보는 것.

시是는 옳음, 비非는 그름. 그런데 글자를 겹쳐 사용한 것을 보니 좀 더
강조하고 싶은 모양이군요. 그래서
시시비비는 옳고 그름을 분명하게
한다는 의미입니다. '시시비비를
가리다'라는 표현으로 자주 쓰이
죠. 줄여서 '시비是非'라고도 자주
사용합니다.

事事件件
<small>사 사 건 건</small> 일 사, 일 사, 사건 건, 사건 건

해당되는 모든 일 또는 온갖 사건.

그냥 사건事件이라고 하면 한 가지 일을 가리키지요. 그런데 사사건건은 대상이 되는 모든 경우를 가리키니까 강조라기보다는 종합이라고 해야 할까요?

"우리 사장님은 사사건건 참견만 하시지 해결 방안은 내놓지도 않으셔."

奇奇妙妙
<small>기 기 묘 묘</small> 기이할 기, 기이할 기, 묘할 묘, 묘할 묘

기이하고도 묘함. 놀랄 만큼 너무나 기묘한 모습을 가리킴.

기이하고 기이하며 묘하고도 묘함. 일반적으로는 '기묘奇妙하다'라는 표현을 쓰죠.

正正堂堂
<small>정 정 당 당</small> 바를 정, 바를 정, 당당할 당, 당당할 당

태도나 수단이 공정하고 떳떳함.

바르고 바르며 당당하고 당당하니 누구 앞에서도 떳떳할 수 있겠지요. 바로 그런 모습을 가리키는 표현입니다. 줄이면 정당正堂.

'당당堂堂하다'라는 표현은 거리낌 없이 떳떳한 모습을 가리키는데, 이 말이 들어간 사자성어가 또 있습니다.

威風堂堂
위 풍 당 당

위엄 위, 바람 풍, 당당할 당, 당당할 당

위엄이 넘치고 거리낌 없이 떳떳함.

정정당당正正堂堂(p331)이 정신적 당당함에 가깝다면 위풍당당은 행동의 당당함에 가까운 표현입니다. 이렇게 말이죠.

"그는 매사에 정정당당한 태도를 취하지. 그래서 감히 누구도 그의 주장에 반대를 하지 못해."

"그의 위풍당당한 모습에 누구도 감히 대적하려 들지 못했다."

明明白白
명 명 백 백

밝을 명, 밝을 명, 흴 백, 흴 백

분명하고 명백함.

밝고도 밝고, 희고도 희니 얼마나 분명하고 똑똑히 드러나겠습니까? 그래서 분명하고 명백한 일을 나타낼 때 쓰는 표현입니다. 줄이면 명백明白.

鬱鬱蒼蒼
울 울 창 창

우거질 울, 우거질 울, 무성할 창, 무성할 창

큰 나무들이 빽빽이 들어서 우거진 모습.

이렇게 써 놓으니 나무가 훨씬 빼곡히 들어선 것 같지 않나요? 줄이면 울창鬱蒼.

蕩蕩平平

<small>탕 탕 평 평</small>

쓸어버릴 탕, 쓸어버릴 탕, 바로잡을 평, 바로잡을 평

어디에도 치우치지 않고 바른 길을 감.

조선시대 21대 영조(1724~1776 재위)께서 그 무렵 성행하던 당쟁의 뿌리를 뽑고 공정한 인재 등용과 왕권 강화를 위해 채택한 정책이 바로 탕평책蕩平策이었죠. 탕평책이란 단어 또한 탕탕평평蕩蕩平平에서 비롯된 말입니다.

그럼 '탕탕평평실蕩蕩平平室'이란 말은 아시나요?

영조 임금께서 손자인 정조 임금에게도 탕평책을 실시할 것을 교훈으로 남겼습니다. 이에 정조는 영조의 가르침을 결코 잊지 않겠다는 결심에서 자신의 거실에 '탕탕평평실'이란 이름을 붙였다고 합니다.

坊坊曲曲

<small>방 방 곡 곡</small>

동네 방, 동네 방, 굽을 곡, 굽을 곡

한 곳도 빠짐없이 온 마을을 가리킴.

이때 방坊이 마을을 가리킨다면 곡曲은 계곡이나 굽이굽이 돌아가는 마을을 가리킵니다. 따라서 방방곡곡이라고 하면 골목이나 계곡도 빠뜨리지 않은 온 마을, 온 동네를 가리키는 표현이죠.

虛虛實實

<small>허 허 실 실</small>

빌 허, 빌 허, 찰 실, 찰 실

비어 있음과 가득 참, 거짓과 진실됨,
완성됨과 미흡함 등의 대비되는 요소를 이용한 계책.

적의 강점은 피하고 약점을 노리면서, 나의 강점은 감추고 약점은 노출

시키는 계략이 대표적인 허허실실 전법이지요.

戰戰兢兢

두려워할 전, 두려워할 전, 삼갈 긍, 삼갈 긍

두려워하며 움츠린 모습.

전戰은 본래 '싸우다'라는 뜻이죠. 그렇지만 누구라도 전쟁터에 나가면 두려움이 생기기 마련입니다. 긍兢은 '삼가다, 두려워하다'라는 의미입니다. 이 표현은 감추고자 하는 사실이 드러날까 불안에 떨 때 자주 씁니다.

《시경》에 나오는 표현인데 내용은 이렇습니다.

不敢暴虎 不敢馮河 **불감포호 불감풍하**
人知其一 莫知其他 **인지기일 막지기타**
戰戰兢兢 如臨深淵 如履薄氷 **전전긍긍 여임심연 여리박빙**

감히 호랑이 맨손으로 잡지 못하고 황하 걸어 건너지 못하니
사람들이 하나는 알고 나머지는 모르는구나.
두려워하며 깊은 못을 대하듯 하고 엷은 얼음을 밟듯 하오.

好衣好食

좋을 호, 옷 의, 좋을 호, 먹을 식

좋은 옷을 입고 좋은 음식을 먹음.

남부러울 것 없이 풍요롭게 살아가는 모습을 가리킵니다. 의식주가 생활의 기본이니까 잘 입고 잘 먹으면 다른 것은 당연히 풍요롭겠지요.

이와 비슷한 표현으로 금의옥식錦衣玉食이 있습니다.

錦衣玉食 비단 금, 옷 의, 구슬 옥, 먹을 식

금 의 옥 식

비단옷과 흰 쌀밥. 즉, 사치스러운 생활이나 부유한 삶을 가리킴.

옥식玉食이라고 하면 흰 쌀밥을 가리킨다는 사실, 기억해 둡시다.

以熱治熱 써 이, 더울 열, 다스릴 치, 더울 열

이 열 치 열

열을 열로써 다스림.

더운 음식 또는 땀 흘리는 방식으로 더
위를 이겨낼 때 이 표현을 씁니다.
같은 것으로 같은 것을 다스리는
것은 또 있습니다.

以夷制夷 써 이, 오랑캐 이, 마를 제, 오랑캐 이

이 이 제 이

오랑캐로써 오랑캐를 다스림.

한 나라를 이용해 다른 나라를 제압한다는 의미로, 옛날 중국 본토 국
가들이 주변 국가들을 다스릴 때 사용하던 전략입니다. 중국 입장에서
는 사방의 민족들이 다 오랑캐였죠. 각각의 오랑캐를 자신들의 힘으로
제압하기란 결코 쉽지 않았기에 탄생한 전략이 바로 이것입니다. 오랑

캐를 이용해 오랑캐를 제압한다는 것이죠.

圍魏救趙
둘러쌀 위, 위나라 위, 구할 구, 조나라 조

위나라를 포위하여 조나라를 구함.

《손자병법》으로 유명한 병법가 손무의 후손 가운데 또 다른 유명한 병법가가 있는데, 그가 손빈입니다.

조상 손무와 같은 제나라 출신의 손빈은 방연이란 사람과 어려서부터 함께 병법을 배웠습니다. 후에 방연은 손빈에 앞서 위나라 장군으로 발탁됩니다. 그러나 방연은 늘 자신보다 능력이 뛰어난 손빈이 걱정거리였습니다. 결국 방연은 손빈을 제거하기로 마음먹고 그를 위나라로 초빙합니다. 친구의 초청을 받고 기쁜 마음으로 위나라를 방문한 손빈은 그러나 간첩의 누명을 뒤집어쓰고 다리를 잘리는 형벌에 처해지고 맙니다. 손빈이란 이름도 그때부터 갖게 되었는데, 빈臏이란 정강이를 베는 형벌을 뜻하거든요.

한편 손빈이 위기에서 살아남게 된 것은 그의 병법을 가로채려는 방연

때문이었습니다. 방연은 손빈을 옥에 가둔 후 병법을 쓰도록 강요했고 쓰지 않으면 죽인다는 협박을 했지요. 결국 병법을 쓰던 손빈은 어느 날부터인가 갑자기 미친 척했고 완전히 폐인이 되었다고 확신한 방연은 친구 손빈을 풀어주었던 것입니다.

옥에서 풀려난 손빈은 즉시 갖은 노력을 기울여 고국 제나라로 탈출합니다. 그리고 얼마 후 제나라 왕에게 발탁되지요. 그 무렵 위魏나라가 조趙나라를 공격했습니다. 그러자 조나라는 제나라에 구원 요청을 하지요. 이에 제나라 장수 전기가 위나라 공격에 나서려고 하자 손빈은 그를 만류하며 이렇게 말합니다.

"얽힌 실타래를 풀 때도 함부로 잡아당겨서는 안 됩니다. 마찬가지로 싸움에서 한 편을 도울 때도 무작정 뛰어들어서는 안 됩니다. 지금 위나라는 조나라와의 싸움에 전력을 다해 국내에는 늙고 약한 군사만 남아 있습니다. 이때는 허약해진 위나라 수도를 공략해야 합니다. 그렇게 되면 위나라는 조나라 공격을 중단하고 수도로 군사를 돌릴 것입니다. 이야말로 상대방에게 포위를 풀게 함과 동시에 상대방을 격파하는 일석이조의 계책입니다."

즉, 위나라를 포위함으로써 조나라를 구하는 것이죠. 이로부터 위위구조圍魏救趙란 말이 나왔습니다. 그렇다면 방연은 어떻게 되었을까요? 손빈의 계략에 빠져 죽고 만답니다.

야 심 만 만
野心滿滿 들 야, 마음 심, 가득할 만, 가득할 만

상대방을 해치거나 자신의 욕심을 추구하려는 마음이 가득 참.

야심野心, 즉 '들판의 마음'이란 표현은 어디서 나왔을까요? 이리 새끼를 데려다가 사람이 키워도 결국에는 들에서 자라던 본능을 잊지 않고 키워 준 주인마저 해치는 모습에서 비롯된 표현입니다.

그런데 이보다 더 무서운 태도도 있습니다.

殺氣騰騰
살 기 등 등

죽일 살, 기운 기, 오를 등, 오를 등

남을 죽이고자 하는 기운이 잔뜩 올라 있음.

살기殺氣는 무섭고 거친 기운, 즉 남을 죽이거나 해치고자 하는 기운을 가리킵니다. 살기가 조금만 있어도 무서운데, 하물며 잔뜩 올라 있으니 정말 무섭군요.

그보다는 약하지만 다음 표현도 무섭기는 마찬가지입니다.

氣勢騰騰
기 세 등 등

기운 기, 세력 세, 오를 등, 오를 등

남을 압도할 만한 힘이 잔뜩 올라 있음.

기세는 기운이 강한 형세 또는 남이 두려워할 만한 기운 등을 가리킵니다.
살기등등殺氣騰騰한 인간만큼 사나운 인간이 또 있군요.

338

殘虐無道 ^{잔 학 무 도}

해칠 잔, 사나울 학, 없을 무, 길 도

잔인하고 사나워 사람의 도리가 전혀 없음.

잔학하고 무도한 것을 합한 것이니 얼마나 못되고 잔인한 인간인지 알
겠군요.
이와 같은 인간이 또 있습니다.

奸惡無道 ^{간 악 무 도}

범할 간, 악할 악, 없을 무, 길 도

간악하고 무지막지함.

간사하고 악독한 데다 사람의 도리를 하지 못해 무도한 인간을 가리킵
니다. 잔인무도殘忍無道한 사람이군요.

極惡無道 ^{극 악 무 도}

다할 극, 악할 악, 없을 무, 도리 도

악한 모습이 극에 달해 어떤 도리도 갖지 못함.

악한 중의 악한을 가리킬 때 쓰는 표현입니다. 더 이상 악할 수 없다는
의미를 품고 있으니까요. 간악무도奸惡無道한 인간이나 잔학무도殘
虐無道한 인간이나 극악무도한 인간이나 오십보백보五十步百步
(p196)입니다.
위에서 살펴본 무도한 인간들은 겉만 인간이지 속은 인간이 아닙니다.
인간의 도리를 전혀 하지 않으니까요. 그래서 이런 인간들에게 딱 맞는
표현이 있습니다.

인 면 수 심
人面獸心 사람 인, 얼굴 면, 짐승 수, 마음 심

사람의 얼굴을 하고 있지만 마음은 짐승과 같음.

짐승과 같은 마음이라면 은혜를 모르는 것은 당연하고, 냉혹하고 비정하며 잔인하기도 하겠죠. 바로 그런 인간을 가리키는 표현입니다.

탄 탄 대 로
坦坦大路 평평할 탄, 평평할 탄, 큰 대, 길 로

앞에 아무런 장애물도 없이 평탄하고 넓은 길.

다만 넓은 길을 표현하려면 왜 사자성어를 만들었겠어요? 무언가 다른 뜻을 담고자 했기 때문이겠지요. 이 표현도 넓은 길을 나타내는 경우보다는 아무런 어려움이나 장애물도 없이 펼쳐질 순탄한 미래라는 의미로 자주 쓰입니다. 이렇게 말이지요.

"이제 어려운 과정을 거쳤으니 여러분 앞에는 탄탄대로가 놓여 있을 뿐이다."

탄坦이 들어가는 표현은 또 있습니다.

^허 ^심 ^탄 ^회
虛心坦懷 <small>빌 허, 마음 심, 평평할 탄, 품을 회</small>

마음을 비운 채 너그럽고 사심을 품지 않음.

마음을 텅 비우고 나면 욕심도 사라지고 상대방을 너그러이 이해하게 되죠.

탄탄대로**坦坦大路**처럼 밝은 미래는 많을수록 좋습니다. 그러니 이런 표현 더 살펴봅시다.

^전 ^도 ^양 ^양
前途洋洋 <small>앞 전, 길 도, 바다 양, 바다 양</small>

붕정만리(p612)

앞길이 아무런 장애물도 없이 넓게 펼쳐져 있음.

미래가 밝게 빛나는 모습을 나타낼 때 쓰는 표현입니다. 특히 막 세상에 나아가고자 하는 젊은이의 앞날을 축하해 줄 때 자주 쓰는 표현이죠.

"전도양양한 여러분의 졸업을 축하합니다."

^전 ^도 ^유 ^망
前途有望 <small>앞 전, 길 도, 있을 유, 바랄 망</small>

앞길에 오직 희망만이 있음.

이 표현도 같은 뜻을 갖고 있군요.

그런데 전도前途가 들어간다고 해서 늘 희망만이 있는 것은 아닙니다.

前途遙遠 _{전 도 요 원} 앞 전, 길 도, 멀 요, 멀 원

앞길이 한없이 멀다.
즉, 목적을 달성하기까지 가야 할 길이나 과정이 험한 모습.

아무래도 이 표현에는 희망보다는 절망이나 어려움이 더 깃들어 있군
요. 너무 멀다는 것에는 쉽게 달성할 수 없다는 뜻이 담겨 있으니까요.

父傳子傳 _{부 전 자 전} 아버지 부, 전할 전, 자식 자, 전할 전

아버지가 아들에게 대대로 전함.

아버지의 성품이나 행동, 습관 등을
아들이 그대로 전해 받는 모습을
가리킵니다.
부전자전에 해당하는 우리 속
담 하나 살펴볼까요? '씨도둑
은 못한다.'
그렇습니다. 자식은 부모의 피
를 받아 태어나므로 부모의 모습
을 이어받는다는 말입니다.

子子孫孫 _{자 자 손 손} 자식 자, 자식 자, 자손 손, 자손 손

자손 대대로. 여러 대에 걸친 자손.

이 표현은 부전자전 **父傳子傳**과는 약간 다르죠. 세대가 끊이지 않고

영원히 이어진다는 의미를 담고 있습니다.

이와 같은 표현이 또 있습니다.

代代孫孫 <small>세대 대, 세대 대, 자손 손, 자손 손</small>

대대로 이어진 자손.

자자손손子子孫孫과 같은 뜻이죠. 또 자손만대子孫萬代도 비슷한 표현입니다. 자손이 만대에 걸쳐 이어진다는 뜻이니까요.

虛禮虛飾 <small>빌 허, 예도 례, 빌 허, 꾸밀 식</small>

예절이나 의식 등을 겉으로만 꾸며 실속도 정성도 없음.

실속은 없으면서 겉으로만 거창하게 꾸미는 것을 가리킬 때 쓰는 표현입니다. 예절도 텅 비고 의식도 텅 비었으니 정말 한심하군요.

呱呱之聲 <small>울고, 울고, 조사 지, 소리 성</small>

어린아이가 세상에 처음 나올 때 우는 소리.

'고呱'는 어린아이의 울음소리를 가리키는 글자입니다. 따라서 고고지성은 어린아이가 처음 세상에 태어날 때 우는 소리를 가리킵니다.

感之德之
감 지 덕 지 느낄 감, 이 지, 덕 덕, 이 지

대단히 고맙게 여겨.

국어사전을 찾아보면 감지덕지는 명사가 아니라 부사로 나와 있습니다. 그러니까 '대단히 고맙게 여겨'라는 뜻이죠.
"이 정도만 해도 감지덕지지."

兼事兼事
겸 사 겸 사 겸할 겸, 일 사, 겸할 겸, 일 사

이 일도 하고 저 일도 할 겸.

생활 속에서도 자주 쓰는 재미있는 표현입니다.
"너도 만날 겸 일도 볼 겸해서 겸사겸사 왔어."
이와 같은 표현으로 겸지겸지兼之兼之도 있습니다. '이것도 할 겸 저것도 할 겸'이란 의미죠.

愛之重之
애 지 중 지 사랑할 애, 이 지, 무거울 중, 이 지

대상이 되는 것을 사랑하고 소중하게 여김.

이때 지之는 대명사로 쓰였습니다. 어떤 대상을 대단히 아끼고 소중히 다루는 모습을 가리키는 표현이죠.
"할아버지께서는 조상 대대

로 전해온 그 도자기를 애지중지하신다."

<ruby>易<rt>역</rt></ruby><ruby>地<rt>지</rt></ruby><ruby>思<rt>사</rt></ruby><ruby>之<rt>지</rt></ruby> 바꿀 역, 처지 지, 생각할 사, 이 지

처지를 바꾸어서 생각해 봄.

참 중요한 말입니다. 세상의 많은 다툼은 자기주장만을 내세우는 데서 비롯되지요. 만일 모두가 상대방과 처지를 바꾸어서 생각해 본다면 대부분의 오해는 사라질 것이요, 세상 또한 살 만한 곳이 되지 않을까요. 이때의 지之도 대명사로 쓰였습니다.

22

있음과
없음이
함께한다면

무 용 지 용
無用之用 없을 무, 쓸 용, 조사 지, 쓸 용

아무 쓸모없는 것처럼 보이는 것이 참으로 쓸모 있음.

철학적인 표현이군요. 아무것도 아닌 듯한 것이 사실은 참으로 가치 있
는 것이라니 말이죠.

무 용 지 물
無用之物 없을 무, 쓸 용, 조사 지, 만물 물

쓸모없는 물건.

위 표현에서 단 한 글자 바뀌었는데 뜻은 완전히 반대군요. 아무 곳에
도 쓸모가 없는 물건을 가리키는 표현입니다.

無主空山 없을 무, 주인 주, 빌 공, 메 산

무 주 공 산

주인 없이 비어 있는 산.

주인이 없으니 누구든 가지면 임자
겠지요. 그래서 "그 지방은 현재 무
주공산 상태야. 어떤 회사든 먼저 진
출하면 시장을 장악할 수 있어" 하는
식으로 쓰입니다. 그 외에 인가도 인
기척도 없는 한적하고 쓸쓸한 산을
가리키기도 합니다.

無味乾燥 없을 무, 맛 미, 마를 건, 마를 조

무 미 건 조

아무 재미도 없이 메마른 모습.

운치도 없고 재미도 없는 것을 가리킬 때 쓰는 표현입니다. 문장이건
사람이건 무미건조하면 참 재미가 없죠.

無病長壽 없을 무, 질병 병, 길 장, 목숨 수

무 병 장 수

병이 없이 건강하게 오래도록 삶.

인간의 오랜 염원 가운데 하나가 바로 이 무병장수죠. 병 없이 오래도
록 사는 것 말이에요.
그만큼 좋은 표현을 하나 더 알아볼까요.

萬壽無疆
만 수 무 강
일만 만, 목숨 수, 없을 무, 지경 강

끝없이 오래도록 장수함.

글자의 뜻만 본다면 만 년 동안 끝이 없이 오래 산다는 뜻이니, 과장이 심하군요. 그 100분의 1인 100년만 살아도 한없는 축복일 텐데 말이죠.

壽福康寧
수 복 강 령
목숨 수, 복 복, 편안할 강, 편안할 령

편안하게 오래 복을 받으며 장수함.

인간의 행복 가운데 가장 중요한 것
들을 모아 놓은 표현입니다. 그래
서 우리 조상들은 이곳저곳에 이
네 글자를 새겨 놓았답니다. 숟
가락에서 베개까지.
그런데 오래 산다고 늘 좋은 것만
은 또 아니지요. 다음 표현을 보
세요.

壽則多辱
수 즉 다 욕
목숨 수, 곧 즉, 많을 다, 욕되게 할 욕

오래 살다 보면 좋지 않은 일을 많이 겪게 됨.

젊은 사람들에게는 썩 어울리지 않는 표현이네요. 그런데 사람이 오래 살다 보면 모진 일을 많이 겪게 되는 것이 현실입니다.

無骨好人

무 골 호 인

없을 무, 뼈 골, 좋을 호, 사람 인

아주 순하고 착해서 누구에게든 잘하는 사람.

글자의 뜻은 '뼈가 없이 좋은 사람'이죠.
그런데 뼈는 딱딱하고 날카로우니
뼈가 없다면 순하고 부드럽겠
지요.
무골호인처럼 뼈가 없이 흔들
거리는 모습이 또 있는데, 이번
에는 썩 좋아 보이지 않는군요.

蒲柳之姿

포 류 지 자

부들 포, 버들 류, 조사 지, 맵시 자

강버들처럼 연약한 모습.

포류지질蒲柳之質이라고도 하는 이 표현은 허약한 모습을 가리킵니
다. 버드나무가 흐느적거리는 모습처럼 나약함 또는 지조 없음을 비유
적으로 나타냅니다.

有耶無耶

유 야 무 야

있을 유, 조사 야, 없을 무, 조사 야

있는 듯 없는 듯 호지부지하는 모습.

우리말 가운데 '술에 술 탄 듯 물에 물 탄 듯'이라는 표현이 있죠. 이 말
이 바로 그런 뜻을 갖습니다. 있는 것도 같고 없는 것도 같다니, 결국

아무 말도 아닌 셈이군요.

有名無實
<small>유 명 무 실</small>
있을 유, 이름 명, 없을 무, 열매 실

이름은 있으나 열매는 없음.
보기에는 그럴 듯하지만 실제로는 아무 내용도 없음을 일컫는 말.

겉만 번드르르하다는 말이니까 '빛 좋은 개살구'라고나 할까요?

名實相符
<small>명 실 상 부</small>
이름 명, 열매 실, 서로 상, 부신 부

이름과 실질이 딱 맞아 떨어짐. 겉과 속이 정확하게 맞아 떨어짐.

상표와 품질, 명성과 실력, 포장과 내용물 등이 조화를 이루는 경우 쓰는 표현입니다. 우리 속담으로 치면 '보기 좋은 떡이 먹기도 좋다'라는 경우인가요? 반대로 상표는 유명하나 품질이 뒤떨어지고, 학교 이름은 널리 알려졌으나 실력이 형편없는 경우에는 유명무실**有名無實**을 써야겠지요.

華而不實
<small>화 이 부 실</small>
꽃 화, 말 이을 이, 아니 불, 열매 실

꽃은 예쁘나 열매를 맺지 못함.

겉만 번드르르하고 실속은 없는 것을 가리키는 표현입니다. 명실상부 **名實相符**와는 반대되는 표현이군요.

^{외　화　내　빈}
外華内貧 <small>겉 외, 화려할 화, 속 내, 빈한할 빈</small>

겉은 화려하나 속은 텅 비어 있음.
실제로는 아무것도 없으면서 겉모습만 요란한
모양을 가리킴.

우리 속담에 '머리 없는 놈이 댕기 치레한다'라
는 말이 있는데, 바로 외화내빈을 뜻하는 내용
이네요.
이와 비슷한 표현이 또 있습니다.

^{허　장　성　세}
虛張聲勢 <small>빌 허, 넓힐 장, 소리 성, 기세 세</small>

실속은 없이 헛소문과 허세만 부림.

글자 그대로 해석해 보면 빈 것을 크게 하고 소리만 요란하다는 뜻이군
요. 우리 속담에 '빈 수레가 요란하다'라는 게 있는데, 딱 그 뜻이네요.

^{대　언　장　담}
大言壯談 <small>큰 대, 말씀 언, 씩씩할 장, 말씀 담</small>　　　　**호언장담**<small>(p.220)</small>

자신의 능력과는 무관하게 큰소리를 치는 모습.

허장성세虛張聲勢와 같은 뜻입니다. 내용은 아무것도 없이 큰소리를
치는 모습을 가리키니까요.

유비무환
有備無患 있을 유, 갖출 비, 없을 무, 근심 환

준비를 갖추고 있으면 근심이 없음.
대비책을 세우고 있으면 어떤
어려움도 일어나지 않음.

너무 많이 들어서 귀가 아픈
말이지요. 그런데 아직도 수
많은 사건, 사고가 나는 걸
보면 알면서도 행동하지 않는
게 분명하군요.

안 불 망 위
安不忘危 편안할 안, 아니 불, 잊을 망, 위태로울 위

태평할 때에도 위험을 잊지 않음.

편안한 순간에도 위험을 잊지 않는 것이야말로 뛰어난 지도자가 갖추
어야 할 성품이죠. 유비무환**有備無患**보다 더 철저한 대비 태세를 나
타내는 표현입니다.

유 구 무 언
有口無言 있을 유, 입 구, 없을 무, 말씀 언

입은 있으나 할 말이 없음. 잘못이 분명해 변명하거나 해명할 길이 없음.

우리말 가운데 '입이 열 개라도 할 말이 없다'라는 표현이 있지요. 입이
열 개라도 할 말이 없는데 하물며 입이 하나라면 더할 나위가 없겠죠.

23

불교
또한
사자성어의
보고

독 불 장 군
獨不將軍 홀로 독, 아니 불, 장수 장, 군사 군

무슨 일이든 자기 마음대로 혼자서 처리하는 사람.

본래 뜻은 따돌림을 당하는 외로운 사람인데, 그 뜻이 변해서 엄청 강한 사람이 되었군요. 또한 혼자서는 장군이 될 수 없다, 즉 남과 협조하면서 살아가야 한다는 뜻을 갖고 있기도 합니다.

대 자 대 비
大慈大悲 큰 대, 사랑할 자, 큰 대, 슬플 비

그지없이 넓고 큰 자비로움.

부처님이 중생을 사랑하는 모습을 가리킬 때 쓰는 표현입니다. 끝없이 사랑하고 끝없이 슬퍼한다는 뜻인데, 왜 슬퍼할까요? 중생의 고통을 자신의 고통으로 여겨 슬퍼하는 것이죠. 일반적으로는 줄여서 자비慈悲라고 씁니다.

因果應報
因果應報 원인 인, 결과 과, 응할 응, 갚을 보   **사필귀정**(p205)

원인과 결과에는 반드시 그에 합당한 이유가 있음.

모든 일에는 그러한 결과를 나타나게 한 원인이 있습니다. 노력하면 성과를 거둔다거나 씨를 뿌리면 수확하게 되고 그물을 치면 물고기를 잡는 것 등이 모두 그런 이치입니다. 반대로 아무 일도 하지 않으면 당연히 아무것도 거둘 수 없죠.

본래는 불교 용어로, 과거 또는 전생의 인연에 따라 내생에서 그에 합당한 보답을 받게 됨을 가리키는 말이었는데, 요즘에는 일상적으로 쓰이네요.

이와 비슷한 표현으로 업보業報라는 말이 있습니다. 이 또한 불교 용어로, 전생에 저지른 악한 행동에 따라 이생에 그에 걸맞은 결과가 주어진다는 뜻입니다. 따라서 자신의 운명은 곧 자신의 행동에 따라 주어진 것이라는 의미를 담고 있습니다.

"다 내가 업보를 받는 것이지, 누굴 탓하겠는가?"

獅子吼
獅子吼 사자 사, 아들 자, 울 후

사자의 울음소리처럼 우렁찬 연설.

본래는 세상 만물을 설복시키는 부처님의 설법을 가리키는 표현이었는데, 후에는 사람들에게 큰 감동을 주는 힘찬 연설을 가리키게 되었습니다.

阿鼻叫喚 <small>언덕 아, 코 비, 부르짖을 규, 외칠 환</small>

아비지옥의 고통을 못 이겨 울부짖는 소리.

아비阿鼻, 즉 언덕과 코가 무슨 뜻인지 고민하지 마세요. 이는 범어 아비치Avici를 음역한 것으로 불교에서 말하는 아비지옥을 가리킵니다. 아비지옥은 무간지옥無間地獄이라고도 하는데, 끝없이 지독한 고통을 받는 곳이라는군요.

아비지옥에 정반대되는 곳에 극락이 있습니다.

極樂往生 <small>다할 극, 즐길 락, 갈 왕, 날 생</small>

죽은 후 극락정토에서 다시 태어남.

우리 속담 가운데 이런 게 있습니다. '개똥밭에 굴러도 이승이 좋다.' 아무리 괴로워도 죽는 것보다는 사는 것이 낫다는 말이죠. 그렇지만 극락왕생할 수만 있다면 죽는 것도 괴롭지 않을 것입니다. 극락정토極樂淨土는 '더없이 안락하고 아무 걱정이 없는 곳'을 가리키는 말로 불교에서 사용하는 단어죠. 줄여서 극락이라고 합니다.

無念無想 없을 무, 생각 념, 없을 무, 생각할 상

아무 생각을 하지 않음. 아무런 생각을 하지 않는 상태.

본래는 불교 용어로 무아無我, 즉 자신을 잊는 경지에 이르러 일체의 생각에서 벗어난 상태를 가리킵니다. 이럴 수만 있다면 세상의 모든 괴로움과 욕심, 고통에서 벗어날 수 있으니 득도한 것과 마찬가지겠지요.

백 팔 번 뇌

百八煩惱 일백 백, 여덟 팔, 괴로워할 번, 괴로워할 뇌

불교에서 말하는 108가지 번뇌의 종류.
즉, 인간이 겪게 되는 온갖 번뇌를 가리킴.

불교에 따르면 사람은 여섯 가지 감각기관으로 고苦와 락樂 그리고 불고불락不苦不樂을 느끼게 되는데 이것이 18가지인 바, 여기에 탐貪과 불탐이 있어 36가지가 되고, 이에 대해 과거와 현재, 미래를 대입하면 모두 108가지가 된다고 하지요. 그러니 인간이 번뇌로부터 빠져나갈 구멍은 전혀 없네요.

야 단 법 석

野壇法席 들 야, 단 단, 법 법, 자리 석

야외에 설치된 설법 자리.
여러 사람이 모여 시끌벅적한 모습.

본래는 부처님이 대중에게 설법을 베풀기 위해 야외에 설치한 법대를 가리키는 말입니다. 그런데 오늘날에는 그렇게 쓰는 경우가 없죠. 대신 부처님 설법을 듣기 위해 수많은 사람이 모여 떠들썩하던 모습에서 빌려 '여러 사람이 한데 모여 서로 다투고 떠들고 시끄러운 모습'을 가리키는 표현으로 쓰인다고 알고 있습니다. 그런데 이는 옳은 설명이 아닙니다.

사실 우리가 "야단법석을 떠는구나"라고 할 때의 야단법석은 한자가 다릅니다. '惹端법석'이라고 쓰니까 한자+한글인 복합어인 셈이죠. 이때의 야단법석은 '많은 사람이 모여들어 떠들썩하고 부산스럽게 굶'이란 의미를 갖습니다. 사전에 따라서는 이때도 법석을 法席이라는 한자로 쓰기도 합니다.

그러고 보니 야단법석이란 표현은 매우 어렵고 복잡한 내용을 담고 있네요. 앞으로는 야단법석 떨지 말고 조심해 쓰자고요.

빈 자 일 등
貧者一燈 가난할 빈, 사람 자, 한 일, 등불 등

가난한 사람이 켜는 소중한 등불 하나.
즉, 가진 것이 없는 사람이 베푸는 값진 선행을 가리키는 말.

석가모니 시대에 한 가난한 여인이 석가에게 등불 하나를 바치고

싫었으나 돈이 없어 할 수가 없었습니다. 결국 하루 종일 구걸한 끝에 겨우 한 푼을 구했으나 기름 장수는 너무 적은 돈이라 해서 기름을 팔지 않았습니다. 이에 여인은 간절히 애원했고, 그의 정성에 탄복한 기름 장수는 등불을 켜기에 충분한 기름을 주었습니다. 그렇게 해서 여인은 등불을 켤 수 있었는데, 그녀의 등불은 다른 등불이 다 꺼진 후에도 꺼지지 않았습니다. 이 모습을 본 석가는 그녀의 정성을 높이 여겨 비구니로 받아들였습니다.

이때부터 가난한 사람이 온 마음을 다하여 베푸는 선행을 가리켜 빈자 일등이라고 합니다.

以心傳心
써 이, 마음 심, 전할 전, 마음 심

마음에서 마음으로 뜻을 전함.

그저 바라보기만 해도 내 뜻을 알아채는 사람이 있습니다. 가족이나 친구처럼 절친한 사이 말이죠. 그런 관계를 나타낼 때 쓰는 표현입니다. 불교에서는 이런 것을 대단히 소중히 여기는데요, 다음 표현도 불교에서 유래한 것이거든요.

不立文字
아니 불, 세울 립, 글월 문, 글자 자

문자로 통하지 않음.
즉, 부처님의 가르침은 문자가 아니라 마음을 통해 깨달음에 다다름.

부처님의 가르침은 마음을 통해 전하는 것이지 글이나 말로 전할 수 있는 게 아니라는 의미에서 유래한 표현입니다.

教外別傳 _{교 외 별 전} 가르침 교, 밖 외, 나눌 별, 전할 전

경전 등의 문자나 말에 의하지 않고 부처님의 가르침을 마음에서
마음으로 전함.

불교에는 교종敎宗과 선종禪宗이 있죠. 그 가운데 선종의 요체를 뜻하
는 말로, 책이나 스승의 가르침 대신 선을 통해 부처님의 가르침을 자
신의 마음속에서 깨닫는 것을 가리키는 표현입니다. 불립문자不立文
字와 뜻이 서로 통하죠? 이렇게 글이나 말이 아니라 마음을 통해 깨달
음에 닿을 수 있다는 것은 불교의 전통이기도 한데요, 다음 표현이야말
로 이러한 부처님의 가르침을 잘 나타낸 것입니다.

拈華微笑 _{염 화 미 소} 집을 념, 꽃 화, 작을 미, 웃을 소

부처님과 제자 사이에 진리를 주고받는 모습.
즉, 진리가 부처님 마음에서 제자의 마음으로 전해짐.

부처님께서 영취산에서 설법하실 때의 일이었습니다. 부처님께서 연꽃
한 송이를 들어 모인 사람들에게 보이자 마하가섭이란 제자만이 그 뜻
을 깨닫고 미소를 지어 보였습니다. 이로써 부처님께서 마하가섭에게
불교의 진리를 전했다는 데서 유래한 표현입니다.
염화시중拈華示衆이라고도 하죠.
그럼 부처님은 왜 꽃을 들어 보였고, 마하가섭은 무엇을 깨달았을까요?
연꽃은 탁한 연못에서 피어나는데 꽃은 아름답고 깨끗하기 그지없습니

다. 즉, 부처님은 혼탁하고 어지러운 세상에서 오히려 인간이 깨달음을 얻어 부처의 경지에 오르게 된다는 진리를 나타내셨고, 마하가섭은 그것을 깨달았던 것이지요.
그렇다면 등 하나 밝힌 여인이나 마하가섭 같은 사람들은 죽으면 어디로 가게 될까요?

極樂淨土 <small>다할 극, 즐길 락, 깨끗할 정, 흙 토</small>

더없이 안락하고 편안하며 아무 걱정이 없는 곳.

살아서 덕을 쌓고 부처님의 가르침에 따라 바르게 산 사람들이 죽어 가게 된다는 곳으로, 줄여서 극락이라고도 합니다. 기독교에서 말하는 천국天國, 즉 하느님의 나라와 개념이 비슷하군요.
서방정토西方淨土라고도 합니다.

五體投地 <small>다섯 오, 몸 체, 던질 투, 땅 지</small>

온몸을 던져 부처님께 절을 함.

부처님께 온전히 나를 맡긴다는 의미를 갖는 인사의 방법입니다. 오체는 인체의 다섯 부분을 말하는데, 머리와 두 팔, 두 다리를 가리키기도 하고, 근육·혈관·뼈·가죽·살을 가리키기도 합니다. 그래서 오체투지는 무릎을 꿇고 두 팔을 뻗으며 배를 땅에 깔고 다리를 쭉 편 후 머리를 땅에 닿도록 하는 절입니다.

諸行無常
제 행 무 상
모든 제, 갈 행, 없을 무, 항상 상

세상 모든 행위는 늘 변하여 한 가지 모습으로 정해져 있지 않음.

불교에서 사용하는 표현으로 '우주의 모든 사물은 늘 돌고 변하여 한 모양으로 머물러 있지 아니하다'라는 뜻을 담고 있습니다. 그러니 한 가지 일이나 의미에 너무 집착하지 말라는 뜻으로 쓰이죠.

名山大刹
명 산 대 찰
이름 명, 메 산, 큰 대, 절 찰

이름난 산에 있는 유명한 절.

국어사전적 뜻은 이름난 산과 큰 절인데, 쓰임새를 보면 이름난 산에 있는 유명한 절을 가리킵니다.

24

시간은
기다려 주지 않고
세월은 돌이킬 수
없다

延年益壽
_{연 년 익 수}

끌 연, 해 년, 더할 익, 목숨 수

해에 해를 더하여 수명이 연장됨.
나이가 오래도록 장수함.

연년익수는 '해를 계속 늘여 나가고
목숨을 더한다'라는 뜻이니까 나이
를 먹고 오래 살아가는 모습을 나타
내지요.

생명 연장의 꿈,
메치니코프브러!

年年歲歲
_{연 년 세 세}

해 년, 해 년, 해 세, 해 세

해마다.

해가 네 번 거듭되었군요. 따라서 해마다를 강조하는 말입니다. 세세연
년歲歲年年도 같은 뜻인데, 당나라의 유희리劉希夷란 시인이 쓴 시

에 나옵니다. 특히 다음 구절이 유명하여 이로부터 연년세세란 표현이
비롯되었지요.

年年歲歲花相似 **연년세세화상사**
歲歲年年人不同 **세세연년인부동**
寄言全盛紅顔子 **기언전성홍안자**
應憐半死白頭翁 **응련반사백두옹**

해마다 해마다 꽃은 서로 같은데
해마다 해마다 사람은 다르구나.
들어주게 한창 때의 소년들아
다 죽어 가는 백발 노인의 마음을.

세 월 부 대 인
歲月不待人 해 세, 달 월, 아니 불, 기다릴 대, 사람 인

세월은 사람을 기다려 주지 않는다.

세월은 한번 흘러가면 다시 돌아오지 않습니다. 당연히 흘러버린 기회
또한 다시 주어지지 않습니다. 따라서 기회가 주어졌을 때 최선을 다해
야 합니다. 그래서 이 말은 시간을 헛되이 흘려버리는 사람들에게 들려
주는 경구로 자주 쓰이지요.
유명한 시인 도연명의 시에서 따온 말인데, 이 소중한 표현이 들어간
시를 그냥 넘길 수 있겠습니까? 그런데 시가 좀 길거든요. 중요한 부분
만 보겠습니다.

盛年不重來 **성년부중래**

一日難再晨 일일난재신
及時當勉勵 급시당면려
歲月不待人 세월부대인

기다려~

한창때는 다시 돌아오지 않고
하루의 새벽은 돌아오기 어려우니
때를 맞추어 힘써야 함은
세월이 사람을 기다려 주지 않기 때문이다.

허 송 세 월
虛送歲月 빌 허, 보낼 송, 해 세, 달 월   무위도식(p263)

아무 일도 하지 않고 세월을 그냥 흘려보냄.

삶에 가치 있는 일은 전혀 하지 않
으면서 시간을 헛되이 보내는 모습
을 나타낸 표현입니다.

일 조 일 석
一朝一夕 한 일, 아침 조, 한 일, 저녁 석   창졸지간(p186)

하루아침이나 하루저녁처럼 아주 짧은 시간을 가리킴.

"이런 실력은 일조일석에 형성되는 것이 아니라 몇 년에 걸쳐 꾸준히
노력한 결과 거두게 되는 것이다."
이처럼 일조일석은 매우 짧은 시간을 비유적으로 표현한 것입니다.
그 외에 조석朝夕이란 표현도 자주 쓰죠. 말뜻 그대로는 '아침저녁'인

데 '자주'라는 의미로 쓰입니다. "조석으로 부모님께 인사를 드린다"라고 하면 아침저녁으로 인사를 드린다는 뜻 외에 부모님께 정성을 다해 효도한다는 의미도 담고 있습니다.

일　촌　광　음　불　가　경
一寸光陰 不可輕
한 일, 마디 촌, 빛 광, 응달 음, 아니 불, 가할 가, 가벼울 경

단 한 시간도 가벼이 허비해서는 안 됨.
즉, 시간의 소중함을 가리키는 말.

이 표현은 송나라 때의 유명한 유학자 주희朱熹(1130~1200)의 작품에서 비롯되었습니다. 주희는 주자라고도 불릴 만큼 이름이 높습니다. 그래서 주희의 유학을 가리켜 주자학이라고 부르지요.

少年易老學難成　소년이로학난성
一寸光陰不可輕　일촌광음불가경
未覺池塘春草夢　미각지당춘초몽
階前梧葉已秋聲　계전오엽이추성

젊은이가 늙기는 쉬우나 학문을 이루기는 어려우니
촌음의 시간도 가벼이 보내서는 안 될 것
연못가 봄풀의 꿈이 채 깨기도 전에
계단 앞 오동잎은 벌써 가을 소리를 내는구나.

이번에는 짧은 시간이 엄청 길게 느껴지는 경우를 살펴보겠습니다.

一刻如三秋 한일, 새길각, 같을여, 석삼, 가을추

일각이 3년처럼 길게 느껴짐.

일촌一寸도 쉽게 여겨서는 안 되는데, 이번에
는 일각이 3년처럼 느껴지는군요. 그럴 수만
있다면 얼마나 좋겠습니까? 일각一刻은
'아주 짧은 시간'을 가리키는데 일반적으
로 약 15분 정도입니다. 그러니 이렇게
만 된다면 인간의 수명이 수천 년으로
늘어나는 셈이네요.
이보다는 조금 여유 있는 표현으로
일일여삼추一日如三秋가 있습니
다. 하루가 3년처럼 느껴진다니 조
금 여유 있지요?

年富力強 해년, 가멸부, 힘력, 굳셀강

나이는 젊고 힘은 강함.

부富는 '부유하다, 풍족하다'란 뜻과 더불어 '충분하다, 세차다'란 뜻도
갖습니다. 그러니까 아직 살아갈 날이 많다, 즉 젊다는 의미죠.
한편 한자에는 나이를 비유적으로 표현하는 경우가 많습니다.

不惑
<ruby>不<rt>불</rt></ruby> <ruby>惑<rt>혹</rt></ruby> 아니 불, 미혹할 혹

미혹되지 아니함.
나이 마흔을 이르는 말로, 어떤 유혹에도 넘어가지 않음을 가리킴.

공자는 자신의 일생을 되돌아보며 이런 말을 하였습니다.

> 吾十有五而志于學 오십유오이지우학
> 三十而立 삼십이립
> 四十而不惑 사십이불혹
> 五十而知天命 오십이지천명
> 六十而耳順 육십이이순
> 七十而從心所欲 不踰矩 칠십이종심소욕 불유구

나는 열다섯 나이에 학문에 뜻을 두었고
서른 살에 스스로 자립하였다.
마흔 살이 되어서는 미혹되지 않았고
오십에는 하늘의 명을 알았다.
예순 살이 되자 귀에 거슬리는 이야기가
없었고
일흔 살이 되니 마음 내키는 대로 살아도
법도를 넘어서지 않았다.

이로부터 지학志學은 학문에 뜻을 둔 나이인 15세, 이립而立은 스스로 자립하는 나이인 30세, 불혹不惑은 세상의 유혹에 넘어가지 않는 40세, 지천명知天命은 하늘의 뜻을 알게 되는 50세, 이순耳順은 누가 뭐라 해도 흥분하거나 분노하지 않게 되는 60세, 종심從心은 마음에 따라 행동해도 법도에 어긋나지 않는 70세를 뜻하게 되었습니다.

從心所欲 ^{종 심 소 욕} 좇을 종, 마음 심, 바 소, 욕심 욕

마음속에 하고 싶은 대로 해도 법도에 어긋나지 않음.
70세를 가리키는 말.

공자가 일흔이 되자 스스로 '종심소욕從心所欲 불유구不踰矩'라고 말한 데서 유래한 표현입니다. 본래 문장의 뜻은 '마음이 하고자 하는 대로 해도 정도를 넘지 않는다.' 하고 싶은 대로 하고 살아도 도를 넘지 않으니 신선이 된 셈이네요.

古稀 ^{고 희} 옛고, 드물 희

예로부터 드문 나이. 즉, 70세를 가리킴.

당나라의 시인 두보杜甫(712~770)가 지은 〈곡강曲江〉이란 시에서 유래한 표현인데요, 옛날에는 일흔 살까지 사는 분이 적었나 봅니다. 그래서 '드문 나이'라는 표현을 쓴 것 같군요.

弱冠 ^{약 관} 약할 약, 갓 관

남자 나이 스무 살을 이르는 말.

옛날에는 스무 살이 되면 성년식을 하고 갓을 썼지요. 이때부터 명실상부한 어른 대접을 받은 것입니다.
약관弱冠은 사서오경 가운데 하나인 《예기禮記》에 나오는 표현인데, 《예기》는 공자와 그 제자들이 예의 이론과 실제에 대해 기록한 내용을 토대로 한나라 때 편집된 책이죠.

그렇다면 여자 나이 스무 살은?
방년芳年이라고 합니다.
다음에는 나이 드신 어른들을 기리
는 표현을 살펴보겠습니다.

白壽 _{흴 백, 목숨 수}

99세를 이르는 표현.

100을 뜻하는 한자는 백百(일백 백)이죠. 그 글자에서 일一(한 일)을 빼
면? 白이죠. 그래서 99세를 가리켜 백수라 부르게 되었습니다. 100세
를 바라본다고 해서 망백望百이라고도 합니다.

米壽 _{쌀 미, 목숨 수}

88세를 이르는 표현.

왜 쌀을 뜻하는 미米 자를 써서 88세를 가리킬까요? 이는 미米가 팔八
을 두 번 겹쳐 만든 것처럼 생겼기 때문입니다.

喜壽 _{기쁠 희, 목숨 수}

77세를 이르는 표현.

이번에는 77세인데, 이는 희喜(기쁠 희)의 초서체가 칠칠七七(일곱 칠)

로 읽히기 때문입니다.

還甲
환 갑

돌아올 환, 첫째 천간 갑

육십갑자의 갑甲으로 돌아온다는 뜻으로, 우리
나이 61세를 가리키는 말.

10간 12지로 구성된 육십갑자는 해마다 순
서에 따라 '갑자년', '을축년' 하듯이 붙여
집니다. 따라서 61년째 되는 해가 되면 자
신이 태어난 해의 간지를 다시 만나게 되지
요. 이를 기념해 환갑이라고 부릅니다. 환갑
은 화갑華甲, 회갑回甲 등으로도 부릅니다.
그렇다면 10간 12지는 무엇인지 살펴볼까요?

天干地支
천 간 지 지

하늘 천, 방패 간, 땅 지, 가를 지

육십갑자의 윗단위와 아랫단위를 이루는 요소를 합한 것.

일반적으로 천간지지를 줄여 간지干支라고 부르지요. 이때 간은 몸체
로 10개, 지는 가지로 12개로 이루어져 있습니다.
옛날에는 몇 년이라는 개념이 없었으므로 간지로 이루어진 육십갑자를
이용해 연도를 나타냈습니다. 그래서 병인년丙寅年에 일어난 서양 오
랑캐의 소란을 '병인양요丙寅洋擾', 임진년壬辰年에 왜놈이 쳐들어온
것을 임진왜란壬辰倭亂이라고 합니다.

그렇다면 천간과 지지는 어떤 것들일까요?

천간	갑甲, 을乙, 병丙, 정丁, 무戊, 기己, 경庚, 신辛, 임壬, 계癸
지지	자子, 축丑, 인寅, 묘卯, 진辰, 사巳, 오午, 미未, 신申, 유酉, 술戌, 해亥

그렇다면 띠를 가지고 운명을 알아보는 것을 뭐라고 하죠?

四柱八字 _{넉 사, 기둥 주, 여덟 팔, 글자 자}

사주와 팔자.
즉, 인간의 운명을 알아보는 네
가지 요소와 그를 표현하는
여덟 글자.

사주는 인간의 운명을 지탱하
는 네 가지 기둥을 뜻하는데,
태어난 연年, 월月, 일日, 시時
를 가리킵니다. 팔자八字는 여
덟 글자인데, 연월일시를 앞서 살펴본 간지로 표현한 것입니다.

時機尙早 _{때 시, 기회 기, 오히려 상, 이를 조}

시기가 미처 무르익지 않았음.

어떤 일을 하기에 적절한 시기가 채 무르익지 않았음을 가리키는군요.
그렇다면 시기가 무르익었음을 가리키는 표현은?

時宜適切

시 의 적 절

때 시, 마땅히 의, 적합할 적, 끊을 절

시기가 매우 적절함.

시기가 딱 들어맞는 경우에 쓰는 표현입니다.
이번에는 한 해를 보내고 새해를 맞을 때 쓰는 인사말입니다. 겨울만
되면 자주 듣는 표현이지요.

送舊迎新

송 구 영 신

보낼 송, 옛 구, 맞이할 영, 새 신

옛것을 보내고 새로운 것을 맞이함.

새해가 되면 주고받는 연하장에 어김없이 새겨져 있
는 글이 바로 이것입니다. 그래서 송구영신은
근하신년謹賀新年과 함께 대표적인
동양의 새해 인사말이 되었습니다.

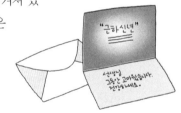

謹賀新年

근 하 신 년

삼갈 근, 하례 하, 새 신, 해 년

삼가 새해를 축하드립니다.

'삼가다'란 우리말을 사전에서 찾으면 '조심하다, 경계하다'라고 설명
하고 있습니다. 그런데 '삼가하다'라고 쓰는 사람이 많지요. 바른말은
'삼가다'니까 꼭 기억해 두십시오.

25

벼슬과 명성,
바늘 가는 데
실 가는구나

高官大爵 _{높을 고, 벼슬 관, 큰 대, 작위 작}

지위가 높은 벼슬 또는 그런 자리에 있는 인물.

관작官爵은 관직과 작위를 아울러 부르는 말이죠. 그러니까 높고 큰 관작이 바로 고관대작이네요.
그렇다면 이와 반대되는 표현도 있을까요?

微官末職 _{작을 미, 벼슬 관, 끝 말, 벼슬 직}

지위가 아주 낮은 벼슬 또는 그런 자리에 있는 인물.

권한도 미미할 뿐 아니라 가장 낮은 품계의 벼슬을 가리키는군요.

滿朝百官

^{만 조 백 관}

가득 찰 만, 조정 조, 일백 백, 벼슬 관

조정의 모든 벼슬아치.

조정에 가득 찬 모든 벼슬아치라는 뜻이군요. 백관百官이라고 하면 당연히 모든 벼슬아치죠.

文武百官

^{문 무 백 관}

글월 문, 굳셀 무, 일백 백, 벼슬 관

문관과 무관을 총칭하는 표현.

만조백관滿朝百官이나 문무백관이나 모든 벼슬아치를 가리키는 것은 마찬가지군요. 벼슬아치라면 문관이나 무관일 테니까요.
문무文武, 즉 문관과 무관 또는 글과 무기를 뜻하는 단어가 들어간 표현은 또 있습니다.

文武兼備

^{문 무 겸 비}

글월 문, 굳셀 무, 겸할 겸, 갖출 비

글 솜씨와 무예를 두루 갖춤.

문예와 무예를 두루 갖춘 인물을 가리키는 표현입니다. 문무겸전文武兼全이라고도 합니다.

駙馬 곁마 부, 말 마

임금의 사위를 일컫는 말.

임금의 사위가 된 이에게 내리던 부마도위駙馬都尉라는 벼슬의 줄임 말입니다.

爲人設官 할 위, 사람 인, 베풀 설, 벼슬 관

사람을 위해서 벼슬자리를 만듦.
즉, 필요도 없는데 직책이나 벼슬을 만드는 것.

꼭 필요한 직책이나 벼슬도 아닌데 자기가 총애하는 누군가에게 벼슬을 주기 위해 직책을 만드는 것을 가리키는 말입니다.
이렇게 만들어진 관직은 쓸데없는 것이 대부분이겠죠. 그래서 이런 재미난 표현이 생겨났습니다.

屋上屋 집 옥, 위 상, 집 옥

집 위에 또 집을 지음.
이미 있는 것에 필요 없이 덧보태는 것.

옥상가옥屋上架屋이 줄어서 된 표현입니다. 이미 있는 것에 쓸데없이 덧보탠 것 또는 필요 없이 생긴 윗자리를 가리킵니다.

賣官賣職
^매 ^관 ^매 ^직 팔 매, 벼슬 관, 팔 매, 벼슬 직

돈을 받고 벼슬을 파는 행위.

관官과 직職은 모두 벼슬을 가리키는 글자입니다. 직職은 그 외에도 '직분, 직업'과 같은 의미도 가집니다. 이 표현에서 조심해야 할 글자는 앞과 뒤의 '매'가 모두 '팔 매賣'라는 점입니다. 관직을 파는 데 중점을 둔 표현이거든요.

반대로 다음 표현을 보실까요.

買占賣惜
^매 ^점 ^매 ^석 살 매, 점유할 점, 팔 매, 아낄 석

물건 값이 오르기를 기다려 많은 양을 사둔 다음 오를 때까지 팔지 않고 보관해 두는 행위.

매점買占은 물건을 사 두는 행위를 가리키고, 매석賣惜은 팔지 않고 보관해 두는 행위를 가리킵니다. 앞에는 '살 매買', 뒤에는 '팔 매賣'를 쓰는 게 앞의 표현과 다르죠. 또 우리가 일반적으로 사용하는 매매라는 단어의 한자는 賣買입니다. 한글로는 '사고 판다'고 하지만 한자의 순서는 '팔고 사는' 것이군요.

壟斷
^농 ^단 언덕 롱, 끊을 단

깎아지른 듯이 높이 솟은 언덕. 이익을 혼자서 독차지함.

전혀 다른 두 가지 의미를 품고 있는 독특한 표현이군요. 왜 그럴까요?

옛날 한 남자가 물건을 팔기 위해 시장을 찾았습니다. 그는 시장에서 가장 좋은 자리가 어디인지를 알아보기 위해 마을의 가장 높은 곳에 올라가 두루 살핀 후 좋은 자리를 잡았습니다. 그때부터 그는 자리를 잡자마자 물건을 순식간에 팔아 치울 수 있었습니다.

그로부터 농단은 거래를 좌지우지左之右之(p171)하여 이익을 독차지 한다는 뜻을 갖게 되었습니다.

시장 상황을 한눈에 꿰뚫고 있으니 매점매석買占賣惜보다 더 쉽게 돈을 벌 수 있었겠군요.

이와 비슷한 의미를 갖는 표현이 또 있습니다.

籠絡 _{농 락} 새장 롱, 얽을 락

남을 교묘한 꾀로 속여 제 마음대로 이용함.

농籠은 본래 대나무로 만든 그릇을 뜻하는데, 글자 안에 놀라운 동물 용龍이 들어 있지요. 이는 용을 잡아 그릇에 담는다는 뜻이 포함되어 있으니 무슨 일을 제 마음대로 한다는 의미를 갖습니다. 그래서 '수많은 사람을 농락한 희대의 사기꾼'이란 표현이 생겨난 것이죠.

그러나 뭐니 뭐니 해도 희한한 장사는 바로 이런 것입니다.

立稻先賣 _{입 도 선 매} 설 립, 벼 도, 먼저 선, 팔 매

벼가 서는 순간 먼저 파는 행위.

벼가 서면 끝인가요? 아니죠. 모내기를 마치고 벼가 서고 나면 그때부터 몇 달이 지나야 벼가 익어 황금빛으로 바뀌게 되죠. 그런데 벼가 막 서자마자 팔아 버린다는 뜻이니 어떤 뜻일까요? 직접적인 뜻은, 돈이 급한 농민이 벼가 익기도 전에 팔아 버린다는 것입니다. 그런데 이 뜻이 확대되어 물건이 채 완성되기도 전에 팔거나 졸업도 하지 않은 인재를 입사시키는 것 따위를 모두 입도선매라고 합니다. 그러니까 아직은 사용할 수 없지만 미래를 보고 사고파는 것이죠. 입도매매立稻賣買라고도 합니다.

削奪官職 깎을 삭, 빼앗을 탈, 벼슬 관, 벼슬 직

죄 지은 자의 벼슬과 품계를 빼앗고 벼슬아치 명부에서 지워 버림.

말뜻만을 보면 그냥 벼슬과 품계를 빼앗는다는 말인데, 아무 죄도 없이 그럴 리는 없지요. 죄를 지은 관리에게서 관직을 빼앗는 것을 가리킵니다.

나가!

벼슬은 영의정, 좌의정, 대사간처럼 직책을 가리키는 반면 품계란 정1품, 종3품처럼 벼슬의 계급을 나타내는 것이죠. 품계는 정1품부터 종9품까지 열여덟 가지가 있었습니다.

그렇다면 반역의 죄를 뒤집어쓰고 삭탈관직당한 이순신 장군은 그 후 무얼 하셨을까요?

白衣從軍

백 의 종 군

흴 백, 옷 의, 좇을 종, 군사 군

흰옷을 입고 군대에 복무함.
즉, 벼슬이 없는 말단군인으로 전쟁터에 나가 참전함.

그렇습니다. 가장 낮은 병사가 입는 흰옷을 입고 병졸의 직분을 다하셨습니다. 참된 군인은 아무리 무고를 당하고 고통스럽다 하더라도 나라를 지키는 군문軍門을 떠날 수는 없는 것이니까요.

官尊民卑

관 존 민 비

벼슬 관, 높일 존, 백성 민, 낮출 비

벼슬아치는 우러러보고 일반 백성은 낮추어 봄.

옛날에는 직업이 벼슬아치와 농사짓는 백성 그리고 장인이라 불리던 몇몇 기술자들이 전부였지요. 그 외에는 신분이 천한 노비나 백정 등이 있었고요. 그래서 벼슬아치는 무소불위無所不爲(p171)의 권력을 휘둘렀고, 일반 백성들은 그저 당하면서 살아야만 했습니다. 바로 그런 풍토를 일컫는 표현이죠.

登龍門

등 용 문

오를 등, 용 룡, 문 문

용문에 오름. 높은 관직이나 벼슬에 오르는 것을 가리킴.

용이란 동물 자체가 신화 속 존재이니 용문 또한 있을 리 없지요. 그렇지만 중국인들은 그것이 있다고 믿었는데, 바로 황하 상류 계곡을 가리킵니다. 이곳 물줄기가 워낙 빨라 큰 물고기도 오르지 못하였으므로 이곳을 거슬러 오른 물고기는 용이 된다는 이야기가 전해져 왔고, 그로부터 등용문이란 말이 생겨났습니다.

立身揚名
입 신 양 명
설립, 몸신, 드러낼양, 이름명

출세하여 세상에 이름을 날림.

몸을 일으켜 세워 이름을 드러낸다는 뜻이군요.
그렇지만 이름을 널리 알렸다고 해서 방심하면 안 됩니다.

花無十日紅
화 무 십 일 홍
꽃화, 없을무, 열십, 날일, 붉을홍

열흘 붉은 꽃은 없음.
즉, 권력이나 부귀영화는 오래가지 못함.

세상 이치의 기본은 어떤 것도 영원하지 않다는
것이죠. 우리 속담에 '열흘 붉은 꽃은 없다'라
는 표현이 있는데 그 표현의 한자네요.
이와 비슷한 표현 하나 더 알아볼까요.

권 불 십 년
權不十年 권세 권, 아니 불, 열 십, 해 년

권력이 10년을 가지 못함.

아무리 막강한 권력도 10년 못 간다는 말인데, 꼭 10년이 아니라 영원할 것 같지만 오래가지 못해 결국은 무너진다는 의미입니다. 우리나라에서도 헌법을 부정한 방법으로 고쳐가면서 권력을 농단壟斷 (p376) 한 대통령이 여럿 있었죠.

다음에는 관리가 되고자 뜻을 품은 사람을 가리키는 표현입니다.

청 운 지 지
靑雲之志 푸를 청, 구름 운, 조사 지, 뜻 지

높은 지위에 오르고자 하는 뜻.

청운靑雲, 즉 푸른 구름은 높은 지위나 벼슬을 가리킵니다. 그래서 '청운의 꿈을 안고 유학길에 올랐다'처럼 쓰지요.

능운지지陵雲之志도 같은 뜻입니다.

그렇다면 청운을 품은 선비는 누구일까요?

청 운 지 사
靑雲之士 푸를 청, 구름 운, 조사 지, 선비 사

학문과 덕을 고루 갖춘 높은 인물.

높은 관직과 벼슬에 오른 사람을 가리키는 표현이기도 합니다. 이런 인물은 잘 키워서 나라의 동량지재棟梁之材 (p100)로 성장시켜야 합니다.

그런데 남 잘되는 꼴을 못 보는 사람들이 있죠.

方長不折
방 장 부 절
사방 방, 길 장, 아니 불, 꺾을 절

한창 자라는 초목은 꺾지 아니함.

사방으로 뻗어 나가는 초목은 꺾지 않음, 즉 미래가 밝은 사람이나 사업에 대해서는 방해를 하지 않는다는 뜻입니다.
한편 벼슬을 하는 사람이 반드시 새겨들어야 할 표현이 있습니다.

近墨者黑
근 묵 자 흑
가까울 근, 먹 묵, 사람 자, 검을 흑

먹물을 가까이하는 사람은 검어짐.

검은 것을 가까이하다 보면 자신도 물든다는 말이죠. 나쁜 사람과 가까이 지내다 보면 자신도 나쁜 행동에 물들게 된다는 말을 비유적으로 표현한 것입니다. 그래서 이런 시조가 전해지고 있습니다.

까마귀 싸우는 골에 백로야 가지 마라
성낸 까마귀 흰빛을 새오나니 (시기하니)
창파에 조히 (깨끗이) 씻은 몸을 더럽힐까 하노라

누가 지은 시조인지 아시나요?
유명한 고려의 충신 정몽주의 어머니 이씨 부인께서 지으신 노래입니다. 아들이 혼탁한 조정에서 고통받는 모습을 안타까이 여겨 지어 주신 것이죠. 그런데도 결국 정몽주는 까마귀 일당에 의해 죽고 말았으니….

近朱者赤 근 주 자 적 가까울 근, 붉을 주, 사람 자, 붉을 적

주사를 가까이 하는 사람은 붉어진다.

근묵자흑近墨者黑과 같은 뜻이군요. 색
상만 바뀌었을 뿐. 주사朱砂는 짙은 홍
색의 광택이 나는 광물로 한의학에서는
약으로도 쓰입니다.

南橘北枳 남 귤 북 지 남녘 남, 귤나무 귤, 북녘 북, 탱자나무 지

강남의 귤나무를 북쪽에 심으면 탱자나무가 됨.

사람은 그가 처한 환경에 따라 착한 사람이 되기도 하고 나쁜 심성을
갖기도 한다는 뜻입니다. 그러니까 까마귀 노는 곳에 백로가 가면 안
되고, 먹물을 가까이 하면 안 되는 이유도 마찬가지죠.

전국시대 제나라의 유명한 재상 안영이 강대국 초나라 왕의 초대를 받아
갔습니다. 초나라 왕은 전국적인 명성을 얻고 있던 재상 안영을 골탕
먹임으로써 초나라의 위세를 과시하고 싶은 욕심이
있었지요. 그때 마침 한 죄인이 끌려
들어왔습니다. 이에 초나라
왕이 물었습니다. "그 죄인은
어느 나라 출신인가?" "예,
제나라 출신인데 도둑질을
해서 잡혀 왔습니다."
이 말을 들은 초왕이
안영에게 물었습니다.

"제나라 사람들은 본래 도둑질을 잘하오?" 그러자 안영이 대답했습니다.

"강남에서 자라는 귤나무를 강북에 옮겨 심으면 탱자가 된다고 합니다.

저 사람도 제나라에 있을 때는 성실했는데 이곳에 와서 도둑이 되고

말았군요."

초나라 왕의 코가 납작해진 것은 물론이고 안영에게 정중히

사과했답니다.

이 표현과 같은 것이 또 있습니다.

橘化爲枳 <small>귤나무 귤, 될 화, 될 위, 탱자나무 지</small>

귤나무가 탱자나무로 변함.

앞의 표현과 같은 말입니다.

이와 비슷한 표현이 또 있습니다.

麻中之蓬 <small>삼 마, 가운데 중, 조사 지, 쑥 봉</small>

삼밭에 나는 쑥.

즉, 착한 사람 사이에서 생활하다 보면 영향을 받아 그 또한 착하게

된다는 말.

근묵자흑近墨者黑(p382)과 정반대의 의미를 품고 있군요.

하루라도
건너뛰면
입에 가시가
돋는다

개 권 유 익
開卷有益 열 개, 책 권, 있을 유, 더할 익

책을 열기만 해도 이익이 있음.

그렇습니다. 책은 펼쳐 보기만 해도 유익합니다. 처음부터 책 좋아하는 사람은 없습니다. 가지고 놀기도 하고 화장실에서 심심파적으로 넘겨보기도 하고, 그림만 보기도 하면서 점차 책을 친구로 사귀게 되거든요.

독 서 삼 매
讀書三昧 읽을 독, 책 서, 석 삼, 새벽 매

독서에 온 정신을 집중하는 모습.

삼매三昧는 본래 불교 용어인데, 하나
의 대상에만 마음을 집중시키는 경지
를 가리키는 말로, 삼매경三昧境이라
고도 하지요. 그래서 독서삼매라고 하면

온 마음을 독서에 집중시켜 몰두하는 모습을 가리킵니다.

讀書三餘
독 서 삼 여

읽을 독, 책 서, 석 삼, 여가 여

독서를 하기에 적당한 세 가지 여가.

독서를 하는 데 시간과 장소를 가릴 필요는 없지만 더 좋은 세 가지 때를 가리키는 표현입니다. 겨울, 밤 그리고 비 오는 날을 독서삼여라고 합니다.

讀書三到
독 서 삼 도

읽을 독, 책 서, 석 삼, 이를 도

독서를 하는 데 지켜야 할 세 가지 길.

독서의 법에는 세 가지가 있으니, 첫째가 구도口到, 즉 입으로 다른 말을 하지 않아야 하며, 안도眼到, 즉 눈으로는 다른 것을 보지 말아야 하며, 심도心到, 즉 마음을 하나로 가다듬고 열심히 반복해서 정독해야 한다는 것입니다.

讀書百遍義自見
독 서 백 편 의 자 현

읽을 독, 글 서, 일백 백, 두루 편, 뜻 의, 스스로 자, 드러날 현

책을 백 번 읽으면 그 의미가 자연히 깨쳐짐.

조금 어려운 책은 읽어도 뜻이 통하지 않을 때가 종종 있습니다. 그럴

때 "이 책은 너무 어렵고 재미없어" 하고 포기하면 안 되죠. 읽고 읽고 또 읽다 보면 어느 새 그 뜻이 머릿속에 떠오르게 됩니다. 이 말은 후한後漢 무렵의 선비인 동우가 한 이야기인데요, 조심해야 할 글자는 '현見'입니다. 일반적으로는 '본다'라는 뜻으로 '견'이라고 읽는데 여기서는 '드러난다'라는 뜻으로 쓰이면서 '현'으로 읽습니다.

임금 같이 지체 높은 분을 찾아뵙는 것을 알현謁見한다고 하죠.

一日不讀書 口中生荊棘
일 일 부 독 서 구 중 생 형 극

한 일, 날 일, 아니 불, 읽을 독, 책 서, 입 구, 가운데 중, 날 생, 가시나무 형, 가시나무 극

하루라도 독서를 하지 않으면 입 속에 가시가 난다.

안중근 의사(1879~1910)께서 옥중에서 쓰신 유명한 글귀입니다. 안중근 의사를 모르는 분은 안 계실 테니까 생략하고, 그만큼 독서가 중요하고 인간에게 필수적임을 일깨워 주는 좋은 내용입니다.

韋編三絶
위 편 삼 절

가죽 위, 엮을 편, 석 삼, 끊을 절

책을 묶은 가죽끈이 세 번이나 끊어질 만큼 학문에 힘씀.

종이가 발명되기 전 중국에서는 대나무로 만든 죽간竹簡에 글을 새겨 가죽끈으로 묶어 읽었습니다. 바로 그 가죽끈이 끊어지고 또 끊어질 만

큼 읽고 또 읽는 모습을 나타낸 표현이죠.

이렇게 학문에 열중하는 모습을 나타내는 표현은 또 있습니다.

手不釋卷 ^{수 불 석 권} 손 수, 아니 불, 놓을 석, 책 권

손에서 책을 놓지 않음. 즉, 한시도 학문을 게을리하지 않는 모습.

책을 많이 보는 사람이 가장 훌륭한 인물로 인정받던 시절에 태어난 표현입니다. 지금은? 아쉽게도 그렇지 않은 듯하지요. 그래도 역시 책을 읽어야 합니다.

男兒必讀五車書 ^{남 아 필 독 오 거 서}
사내 남, 아이 아, 반드시 필, 읽을 독, 다섯 오, 수레 거, 책 서

남자라면 반드시 다섯 수레의 책을 읽어야 한다.

예전에는 남자만이 벼슬을 하고 세상에 나아갈 수 있었으므로 이런 표현을 썼지요. 지금 시대에 이런 표현이 생겨났다면 '인간필독오거서'라고 했겠지요. 남아수독오거서 **男兒須讀五車書**라고도 합니다.

汗牛充棟 ^{한 우 충 동} 땀 한, 소 우, 찰 충, 용마루 동

책 실은 수레를 끄는 소가 땀을 흘리고, 집의 대들보까지 책이 가득 참. 즉, 책이 많은 모습.

많은 책이 쌓여 있는 모습을 나타낸 표현입니다. 하기야 평생 다섯 수레 분량의 책을 읽으려면 책이 얼마나 많아야겠습니까? 이 표현은 중국 당나라 때의 선비 유종원柳宗元이 처음 썼습니다.

> 공자가 지은 역사서 《춘추》에 대해 수많은 학자들이 주석을 달았는데, 이들은 대부분 서로가 서로를 비난하고 자신의 지식을 드러내고자 하는 그릇된 선비들이다. 그들이 함부로 지은 책들이 너무나 많아 창고에 가득 차고 옮기고자 하면 소나 말이 땀을 흘릴 정도다. 그러니 후세 사람들이 공자의 뜻을 제대로 알기란 심히 어려운 일이다.

이 표현의 유래를 살펴보니 그 뜻이 반드시 좋은 것만은 아닌 듯하네요.

積書勝金 _{적 서 승 금}   쌓을 적, 책 서, 이길 승, 쇠 금

책을 쌓아 놓은 것이 금을 쌓아 놓은 것보다 나음.

책을 쌓아 놓고 가까이하는 것이 금, 즉 돈을 쌓아 놓은 것을 이긴다는 뜻이군요. 요즘 세상에서는 돈이 최고인 것처럼 보는 경향이 있습니다만 결코 그렇지 않습니다. 인류의 발전을 가져온 것은 돈이 아니라 책과 그 속에 담긴 문화와 지성이니까요.

博覽强記
_{박 람 강 기}

넓을 박, 볼 람, 강할 강, 기록할 기

동서고금의 책을 널리 읽고 많은 내용을 기억하고 있음.

박람강기한 인물은 예로부터 뛰어난 선비로 인정받았습니다. 수많은 책을 섭렵하고 그 내용을 두루 꿰고 있으니 두말할 나위가 없죠.

河圖洛書
_{하 도 낙 서}

강 하, 그림 도, 강이름 락, 글 서

하도와 낙서를 아울러 가리키는 표현으로, 세상에서 귀한 서적을 이름.

하도河圖란 중국 고대 복희씨伏羲氏(중국 고대 전설상의 제왕으로 고대 중국의 시조이자 태평성대를 연 것으로 꼽히는 삼황오제三皇五帝 가운데 한 사람) 때, 황허黃河 강에서 용마龍馬가 지고 나왔다는 쉰다섯 점으로 된 그림입니다. 낙서洛書와 함께《주역周易》의 기본 이치가 된 그림이죠.
낙서洛書는 홍수를 다스린 것으로 유명한 중국 하夏나라 우왕禹王이 낙수洛水 강에서 구한 거북 등에 씌어 있었다는 마흔다섯 개의 점으로 된 아홉 개의 무늬를 가리킵니다. 팔괘八卦와 홍범구주洪範九疇가 여기에서 비롯한 것이라고 하지요.

八卦
_{팔 괘}

여덟 팔, 걸 괘

중국 상고시대 복희씨가 지었다는 여덟 가지 괘.

《주역》이란 책을 보면 길고 짧은 선을 이용해 온갖 세상 만물을 설명하고 있습니다. 우리나라 태극기에도 건, 곤, 감, 리의 네 가지 괘가 그려져 있지요. 바로 이 세상의 모든 현상을 음양을 겹치어 여덟 가지의 상으로 나타낸 것이 팔괘로, 건乾, 태兌, 이離, 진震, 손巽, 감坎, 간艮, 곤坤을 가리킵니다.

洪範九疇 넓을 홍, 법 범, 아홉 구, 경계 주
홍 범 구 주

《서경》의 홍범에 기록되어 있는, 하나라 우禹 임금이 정한 정치 도덕의 아홉 가지 원칙.

우 임금은 홍수를 다스린 전설상의 황제로 하나라를 건국한 인물이죠. 홍범구주는 그가 이전부터 전해 오던 요순 임금의 정치 철학을 집대성해 만든 것으로 오행五行, 오사五事, 팔정八政, 오기五紀, 황극皇極, 삼덕三德, 계의稽疑, 서징庶徵, 오복五福과 육극六極을 가리킵니다.

螢雪之功 반딧불 형, 눈 설, 조사 지, 공적 공
형 설 지 공

반딧불과 눈을 등잔 삼아 공부한 끝에 이룬 공.

전깃불이 없던 시절에는 해가 지고 나면 책을 읽거나 공부하는 것이 참으로 어려웠습니다. 겨우 호롱불에 의지해 책을 읽어야 했는데, 기름 살 돈이 없는 사람에게는 그것도 어려운 일이었겠지요. 그래서 반딧불과 흰 눈을 이용해 책을 읽는 방법까지 동원했던 것입니다. 그렇게 공부해서 공을 이루고 나면 그 보람이 얼마나 컸겠습니까? 그래서 우리 속담 가운데도 이런 게 있습니다.

'논 자취는 없어도 공부한 자취는 남는다.'

燈火可親
등 화 가 친

등잔 등, 불 화, 가할 가, 친할 친

등잔불을 가까이할 만함.

가을바람이 서늘한 저녁이면 등잔을 켜고
책을 읽기에 좋다는 표현입니다.
한편 늘 책을 가까이하고 학문에 힘을 쏟
으면 다음과 같은 어려운 학문도 내 것이
됩니다.

形而上學
형 이 상 학

모양 형, 말 이을 이, 위 상, 학문 학

사물의 본질이나 존재의 근본 원리를 사유나 직관에 의하여 탐구하는
학문.

형이상학이란 명칭은 아리스토텔레스가 지은 책의 제목에서 비롯되었
습니다. 그로부터 인간이 경험하지 못한 추상적·철학적 개념을 대상
으로 하는 학문을 가리켜 형이상학이라고 부릅니다. 그렇다면 경험 가
능한 학문은 무엇이라고 부를까요? 당연히 형이하학形而下學이라고
하죠.
한편 열심히 공부하고 연구하는 사람도 반드시 겪게 되는 일이 있으니
바로 시행착오試行錯誤입니다.

試行錯誤

시 행 착 오

試行錯誤 시험할 시, 행할 행, 섞일 착, 틀릴 오

학습 양식의 한 가지로, 시험과 실패를 거듭하는 가운데 학습이
이루어지는 일.

영어로는 트라이얼 앤드 에러trial and error라고 하죠. 시도와 실수라는
말인데, 끊임없는 시도와 실수를 통해 새로운 이론과 지식을 얻게 되는
학습 방식을 이르는 말입니다.

낙 양 지 귀

洛陽紙貴 강이름 락, 볕 양, 종이 지, 귀할 귀

낙양의 종이 값을 올림.
즉, 사람들의 환영을 받는 저작물이나 책을 가리킴.

어떤 책이 큰 인기를 끌게 되면 그 책을 많이 만들기 위해 그만큼의 종
이가 필요하겠지요. 그러다 보니 종이가 귀한 예전에는 종이 값이 올랐
고 그로부터 유래한 표현이 바로 낙양지귀입니다. 낙양지가**洛陽紙價**
라고도 하지요.

진晉나라 무렵 좌사左思라는 시인이
있었습니다. 그는 얼굴도 못생겼고
말더듬이였지만 붓만 잡으면 놀라운
시를 써냈습니다. 그는 고향 임치에서
시를 쓰다가 도읍인 낙양으로 이사한
뒤 〈삼도부三都賦〉란 시를 10년에 걸쳐
완성했지요. 그러나 아무도 알아주지
않았습니다. 그러던 어느 날, 우연히 그의
시를 읽어 본 유명한 시인 장화가 크게 칭찬했지요.

그때부터 〈삼도부〉는 낙양의 화제작이 되었고, 수많은 사람들이 그의 작품을 찾게 되자 낙양의 종이 값이 오르게 되었습니다.

그런데 문장 가운데는 이런 문장도 있습니다. 읽기 위한 문장이 아니라 결의를 다지기 위한 문장, 혁명을 위한 문장, 주모자를 감추기 위한 문장입니다.

沙鉢通文 _{모래 사, 바리때 발, 통할 통, 글 문}

주모자를 숨기기 위해서 사발을 가운데 놓고 가담자의 이름을 그 주위로 둥글게 둘러 적은 통문.

사발통문을 만들 때는 넓은 종이 가운데 사발을 놓고 그를 따라 세로로 이름을 써넣습니다. 그러면 이름의 순서가 정해지지 않아 누가 주모자 인지 알 수가 없지요. 통문은 '여러 사람의 이름을 적어 차례로 돌려 보는 통지문'입니다.

한편 독서와 떼려야 뗄 수 없는 것이 바로 글씨입니다. 그래서 붓글씨는 선비의 필수 덕목이었죠.

一筆揮之 _{한 일, 붓 필, 휘두를 휘, 이 지}

붓을 한 번 휘둘러 줄기차게 써내려 감.

글씨를 대단히 힘 있고 잘 쓰는 모습을 가리키는 표현입니다. 붓글씨를 쓸 때는 한 번에 그어야지 그은 자리를 다시 그으면 안 된다는군요. 그래서 이런 표현이 나왔나 봅니다.

平沙落雁 _{평 사 낙 안}

平沙落雁 평평할 평, 모래 사, 떨어질 락, 기러기 안

모래펄에 와서 앉은 기러기. 글씨나 문장이 대단히 잘 씌어진 모습.

넓고 고운 모래밭에 기러기 한 마리가 와서 앉는다면 어떨까요? 바로 그런 모습을 빗대어 잘 쓰인 문장이나 글씨 또는 글씨에 멋지게 찍힌 점을 가리킬 때 쓰는 표현입니다.

평사낙안은 중국의 소상팔경瀟湘八景 가운데 하나입니다. 소상은 중국 호남성에 있는 아름다운 강으로 그곳의 아름다운 풍경 여덟 가지를 가리켜 소상팔경이라고 하지요. 평사낙안平沙落雁, 원포귀범遠浦歸帆(멀리 포구로 돌아오는 돛단배), 산시청람山市晴嵐(비가 갠 후 산마을에 어리는 아지랑이), 강천모설江天暮雪(지는 강 노을에 내리는 눈), 동정추월洞庭秋月(동정호에 어린 가을 달빛), 소상야우瀟湘夜雨(소상강에 내리는 밤비), 연사만종煙寺晚鐘(저물녘 산사의 종소리), 어촌석조漁村夕照(강마을의 저녁노을)가 그것입니다.

推敲 _{퇴 고}

推敲 밀 퇴, 두드릴 고

미는 것과 두드리는 것이란 말로, 글을 지을 때 문장을 가다듬는 것을 이름.

당나라의 유명한 시인인 한유(768~824)가 장안의 경조윤이란 벼슬을 지낼 때의 일입니다. 가도(779~843)라는 시인이 장안 거리를 거닐면서 한참 시 짓기에 골몰하고 있었습니다. 이런 시였죠.

閑居隣竝少 한거린병소

草徑入荒園 **초경입황원**
鳥宿池邊樹 **조숙지변수**
僧敲月下門 **승고월하문**

한가로이 머무는데 이웃도 없으니
풀숲 오솔길은 적막한 정원으로 드는구나.
새는 연못가 나무 위에서 잠들고
스님은 달 아래 문을 두드리네.

그런데 '스님은 달 아래 문을 두드리네'가 나은지 '문을 미네'가 나은지
도무지 알 수가 없었지요. 그런데 갑자기 큰소리가 들려왔습니다.
"길을 비켜라! 경조윤께서 나가신다."
깜짝 놀란 가도가 고개를 들어 바라보니 유명한 시인 한유가
아니겠습니까? 수행원들은 길을 가로막은 가도를 붙잡아 한유 앞에
세웠습니다. 가도가 길을 막게 된 자초지종 **自初至終**(p458)을 들은 한유는
그를 벌하기는커녕 "내 생각에는 '두드리네'가 좋을 듯하군" 하며 그를
불러 함께 시를 이야기했다고 합니다.

이후 두 사람이 친구가 된 것은 물론이지요. 이때부터 문학 작품을 가
다듬는 것을 퇴고 **推敲**라고 부르게 되었습니다.
그렇다면 퇴고를 끝내고 나면 어떻게 될까요?

^천 ^의 ^무 ^봉
天衣無縫 하늘 천, 옷 의, 없을 무, 꿰맬 봉

천사들이 입는 옷은 꿰맨 곳이 없음.
즉, 문장이나 사물에 아무런 흠이나 결점이 없이 완전함을 가리킴.

옷이란 게 마름질을 해서 꿰매지 않으면 안 되는 거죠. 그런데 꿰맨 곳이 없는 옷이라니 틀림없이 하늘에서나 입는 옷일 것입니다. 바로 이에 비유한 것으로, 문장이나 작품이 어느 한 곳 흠이 없는 완벽한 모습을 가리킵니다. 이번에는 글을 쓸 때의 마음가짐에 대한 표현입니다.

꿰매지 않고 만든... 천사옷! 특별세일을 맞아 장만하셨네요~

담 대 심 소
膽大心小 담력 담, 큰 대, 마음 심, 작을 소

대담하면서도 세심한 주의를 기울여야 함.

《당서唐書》에 나오는 손사막이란 사람의 문장에서 유래한 표현인데, 글 쓸 때의 마음가짐을 나타낸 것입니다. 즉, 대담하게 묘사하되 세심한 주의를 기울여 표현해야 한다는 것이죠.

여 불 비 례
餘不備禮 남을 여, 아니 불, 갖출 비, 예의 례

나머지는 예를 갖추지 못하였음.

편지를 마치면서 쓰는 관용적인 표현으로 '이하에서는 예를 갖추지 못하였으니 이해해주십시오' 하는 정도의 의미죠. 그렇다면 우리는? '이만 줄입니다'라고 하지요.

네 가지
개념이
뭉쳤다

관 혼 상 제
冠婚喪祭 갓 관, 혼인할 혼, 죽을 상, 제사 제

사람에게 중요한 네 가지 예법. 즉, 성인식, 결혼식, 장례식, 제사.

어른이 되고, 혼인을 하여 가정을 이루고 살다가 세상을 떠나면 장례를
치르지요. 그리고 돌아가신 선조를 기리기 위해서 제사를 지냅니다. 이
네 가지 과정을 가리켜 관혼상제라고 합니다.

생 로 병 사
生老病死 날생, 늙을로, 병병, 죽을사

나고 늙고 병들고 죽음. 불교에서 말하는,
사람이 반드시 겪게 되는 네 가지 고통.

불교에서 말하는 네 가지 고통인데,
이를 사고四苦라고 합니다.

신 언 서 판

身言書判 <small>몸 신, 말씀 언, 글 서, 판가름할 판</small>

외모와 말솜씨, 글솜씨와 판단력이라는, 사람을 평가하는 네 가지 기준.

중국 당나라 때 관리를 선발하던 기준으로 삼은, 외모에서 풍기는 위엄, 사용하는 말의 정확함, 서예, 즉 글쓰기의 뛰어남, 세상 문리에 통달한 판단력을 가리킵니다.

기 승 전 결

起承轉結 <small>일어날 기, 이을 승, 구를 전, 맺을 결</small>

글을 짜임새 있게 꾸미는 형식.

본래는 한시를 구성하는 방법으로, 기起는 시를 시작하는 부분, 승承은 그것을 이어받아 전개하는 부분, 전轉은 시의 의미를 전환하는 부분, 결結은 시를 끝맺는 부분입니다. 글을 시작하고 그 내용을 이어서 전개시키고 결론을 내리는 흐름을 말합니다.

길 흉 화 복

吉凶禍福 <small>길할 길, 흉할 흉, 재난 화, 복 복</small>

길함과 흉함, 불길함과 복스러움.

인간 세상에 존재하는 좋은 일과 나쁜 일, 재앙과 복을 모두 모아 이르는 표현입니다.
인간이 살면서 겪게 되는 기쁨과 슬픔, 즐거움과 고통을 나타내는 표현은 많습니다.

榮枯盛衰
영 고 성 쇠

꽃필 영, 마를 고, 성할 성, 쇠퇴할 쇠

흥진비래 (p206), 새옹지마 (p203)

꽃이 피었다 지고 융성했다가 쇠퇴함.
세상 모든 일이 흥하고 망함을 거듭하는 이치를 가리킴.

세상일은 늘 좋을 수만도 없고 또 늘 나쁜 것만도 아니죠. 좋은 일과 나쁜 일이 앞서거니 뒤서거니 하며 나타나는 게 세상 이치입니다.
다음에 살펴볼 흥망성쇠 **興亡盛衰**와 뜻이 비슷하죠.

興亡盛衰
흥 망 성 쇠

흥할 흥, 망할 망, 채울 성, 쇠할 쇠

흥하고 망함, 융성함과 쇠퇴함.

나라 또는 집안 등이 융성했다가 망하고 다시 흥하는 것처럼 순환하는 세상의 이치를 가리키는 표현입니다.

喜怒哀樂
희 로 애 락

기쁠 희, 성낼 로, 슬플 애, 즐거울 락

기쁨과 노여움, 슬픔과 즐거움.
즉, 인간사의 모든 모습을 이르는 말.

앞서 살펴본 흥망성쇠 **興亡盛衰**가 나라, 조직 같은 큰 단위의 세상 이치를 나타낸다면, 이 표현은 개개인 삶의 이치를 표현한다고 할 수 있겠네요.

歌舞音曲

<small>가 무 음 곡</small>

노래 가, 춤 무, 음악 음, 곡조 곡

노래와 춤과 음악.

가歌와 음音, 곡曲은 모두 음악과 관련이 있습니다. 그렇다면 어떤 차이가 있을까요? 가歌는 '노래, 노래하다'라는 뜻이 강합니다.

음音은 '소리, 음악'이라는 뜻을 갖습니다.

곡曲은 본래 휘고 굽은 것을 뜻하는데 우여곡절迂餘曲折(p123), 곡학아세曲學阿世(p312)와 같은 표현에 쓰였습니다. 그로부터 뜻이 변해 위아래로 변화하는 선율을 가리키게 되었습니다.

文房四友

<small>문 방 사 우</small>

글월 문, 방 방, 넉 사, 벗 우

문장을 짓는 선비의 방에 반드시 필요한 네 가지 벗.
즉, 종이, 붓, 먹, 벼루.

문방文房은 책을 읽거나 글을 쓰는 방을 뜻하는데, 다른 말로는 서재書齋라고도 하죠. 그렇다면 문방에서 사용하는 용구는? 문방구文房具. 그런데 그 뜻이 확대되어 요즘은 학습이나 공부와 관련된 물건을 파는 곳을 문방구라고 하지요.

문방사우처럼 선비의 멋진 친구는 또 있습니다.

歲寒三友

<small>세 한 삼 우</small>

해 세, 찰 한, 석 삼, 벗 우

추운 겨울철에 보기 좋은 세 가지 나무.
추위에 강한 소나무, 대나무, 매화나무를 가리킴.

소나무, 대나무, 매화나무는 겨울철이 되어도 제 모습을 간직합니다. 그래서 추운 겨울의 세 가지 벗이라고 합니다. 선비란 지조와 절개를 중시해 상황이 변해도 한결같은 인격을 갖추고 있다는 뜻에서 이런 표현이 태어났습니다. 이 표현은 나무의 이름을 따서 송죽매松竹梅라고도 합니다.

그럼 추운 계절에도 뜻을 굽히지 않는 멋진 대나무를 그린 시조 한 편 살펴볼까요.

> 눈 맞아 휘어진 대를 뉘라서 굽다턴고
> 굽을 절이면 눈 속에 푸를소냐
> 아마도 세한고절歲寒高節은 너뿐인가 하노라.

고려 말기에서 조선 초기까지 활동한 원천석(1330~?)이란 선비가 지은 시조입니다. 원천석은 고려 말과 조선 초의 혼란기에 벼슬을 뒤로하고 산속에 은거하였습니다. 그러나 그의 인물됨이 뛰어나다는 소문이 후에 태종(이방원)의 귀에까지 전해졌지요. 태종은 그에게 벼슬을 내렸으나 받지 않았고, 이에 태종이 직접 그의 집까지 찾아갔다고 하죠. 그런데도 벼슬에 오르지 않았습니다.

다음에는 벗의 정도를 넘어 군자의 수준까지 오른 존재를 살펴볼까요.

四君子
사 군 자
넉 사, 군자 군, 사람 자

품격이 뛰어난 네 가지 식물을 가리켜 부르는 말.
매화, 난초, 국화, 대나무를 가리킴.

고아한 아름다움이 군자와 같은 네 가지 초목을 가리키는 표현입니다.

이 또한 선비의 인품을 나타낸다는 뜻에서 이런 표현이 생겼죠. 그래서 사군자는 동양, 즉 우리나라와 중국, 일본의 그림에서 선비들이 인격 도야를 위해 그린 문인화文人畵의 가장 일반적인 소재가 되었습니다.

이번에는 멋진데 네 가지가 아니라 세 가지군요.

_{송 도 삼 절}
松都三絶 <small>소나무 송, 도읍 도, 석 삼, 빼어날 절</small>

송도의 세 가지 빼어난 존재.
기생 황진이, 유학자 서경덕, 박연폭포를 가리킴.

송도는 개성이죠. 고려의 도읍이자 개성상인으로 유명한 도시. 이 개성이 낳은 세 가지 뛰어난 존재가 무엇인지 아세요? 바로 유명한 기생 황진이, 황진이가 흠모한 학자 서경덕 그리고 박연폭포입니다. 황진이가 서경덕을 유혹하려다 결국 실패하고 평생을 스승으로 모신 것은 유명한 이야기죠.

그렇다면 송도삼절은 누가 뽑았을까요? 황진이가 뽑았답니다. 음! 그러니까 모수자천毛遂自薦_(p513)이요, 자화자찬自畵自讚_(p460)이네요.

益者三友
^{익 자 삼 우}

더할 익, 사람 자, 석 삼, 벗 우

사귀면 스스로에게 도움이 되는 세 가지 벗.

삼익우三益友라고도 하는데 심성이 곧은 사람, 신의가 있는 사람, 지성을 갖춘 사람을 가리킵니다.
이번에는 특별한 개념이나 철학, 지침 등을 모아 표현한 사자성어를 살펴보겠습니다.

世俗五戒
^{세 속 오 계}

세상 세, 풍속 속, 다섯 오, 경계할 계

속세에 사는 젊은이들이 지켜야 할 다섯 가지 계명.

신라시대 원광법사가 화랑도들을 위해 정한 다섯 가지 계명입니다.

事君以忠 **사군이충** 임금을 섬김에 있어 충성으로 섬겨야 함.
事親以孝 **사친이효** 부모님을 섬김에 있어 효도로 섬겨야 함.
交友以信 **교우이신** 벗을 사귐에 있어서 믿음으로 사귀어야 함.
臨戰無退 **임전무퇴** 전쟁에 임하면 물러서지 말아야 함.
殺生有擇 **살생유택** 생명을 죽일 때는 가려서 죽여야 함.

三綱五倫
^{삼 강 오 륜}

석 삼, 벼리 강, 다섯 오, 인륜 륜

세 가지 삶의 강령과 다섯 가지 인륜.

강綱은 세상의 근본이 되는 것을 가리킵니다. 삼강
오륜은 그러니까 인간이 지켜야 할 근본 도리라고

보면 틀림이 없겠죠. 유교에서 매우 중시하는 내용입니다.

그럼 삼강오륜이 무엇인지 알아볼까요.

君爲臣綱 군위신강 임금과 신하 사이에는 지켜야 할 도리가 있음.

父爲子綱 부위자강 부모와 자식 사이에는 지켜야 할 도리가 있음.

夫爲婦綱 부위부강 부부 사이에는 지켜야 할 도리가 있음.

君臣有義 군신유의 임금과 신하 사이에는 의리가 있어야 함.

父子有親 부자유친 부모와 자식 사이에는 사랑이 있어야 함.

夫婦有別 부부유별 부부 사이에는 차이가 있어야 함.

長幼有序 장유유서 어른과 아이 사이에는 순서가 있어야 함.

朋友有信 붕우유신 친구 사이에는 믿음이 있어야 함.

<ruby>患<rt>환</rt></ruby><ruby>難<rt>난</rt></ruby><ruby>相<rt>상</rt></ruby><ruby>恤<rt>휼</rt></ruby>

患難相恤 근심 환, 재앙 난, 서로 상, 동정할 휼

재앙을 당하면 서로 도와줌.

우리 조상들은 서로 돕고 의지하면서 살아가기 위해 향약鄕約이라는 자치 규율을 마련하여 시행했습니다. 여기에는 네 가지 덕목이 있었는데, 환난상휼도 그 가운데 하나입니다. 그럼 나머지 세 가지는 무엇인지 알아볼까요.

過失相規 과실상규 과실이 있으면 서로 규제하여 막음.

禮俗相交 예속상교 서로 사귐에 있어 예의를 갖춤.

德業相勸 덕업상권 덕이 있는 행실은 서로 권함.

그렇다면 이렇게 서로 도와 가며 사는 모습을 가리키는 표현은 없을까요?

相扶相助 서로 상, 도울 부, 서로 상, 도울 조

서로 의지하고 서로 도움.

서로 의지하고 돕는 모습을 가리킬 때 자주 쓰는 표현이지요.
다음 표현은 상부상조하는 모습을 아주 구체적으로 보여 주는군요.

十匙一飯 열 십, 숟가락 시, 한 일, 밥 반

열 숟가락으로 한 그릇 밥을 만듦.

열 사람이 자기 밥그릇에서 한 숟
가락씩 덜어 다른 사람을 위해 밥
한 그릇을 만든다는 뜻이죠.
이런 아름다운 우리 풍속을 가리
키는 말은 무엇일까요?

美風良俗 아름다울 미, 풍습 풍, 좋을 량, 풍속 속

아름답고 좋은 풍속.

양良은 '좋다, 어질다' 같은 의미를 갖는 글자로 양호良好, 양민良民,
선량善良 같은 단어에 쓰입니다. 풍속風俗은 세상에 전해지는 여러 가
지 생활 습관을 말하지요.

무 의 무 락
無依無托 없을 무, 의지할 의, 없을 무, 밀 탁

의지하고 의탁할 곳이 전혀 없는 외롭고 어려운 상황.

의지하고 의탁할 곳이 없군요. 탁托은 '밀다'라는 뜻 외에 '의지하다, 부탁하다'와 같은 뜻을 가지고 있습니다. 그래서 스님이 이집 저집을 다니며 식량을 구하는 일을 탁발托鉢이라고 하지요. 이때 발鉢은 바리때, 즉 스님들이 식사하는 그릇을 가리킵니다. 이 표현에서 無를 빼고 나면 의탁依託이란 단어가 나오는군요. 남에게 의존하고 의뢰한다는 말이죠.

무 궁 무 진
無窮無盡 없을 무, 다할 궁, 없을 무, 다될 진

한도 없고 끝도 없음.

다함도 없고 다됨도 없으니 끝이 없이 이어질 것은 당연한 이치군요.
이 표현은 분해하면 무궁無窮과 무진無盡이 됩니다. 다함이 없다는 무

궁은 무궁화無窮花에 쓰이는군요. 무궁과 마찬가지 뜻인 무진은 무진장無盡藏, 즉 아무리 파내도 끝이 없이 묻혀 있다는 단어에 쓰입니다.

悲憤慷慨
비 분 강 개

슬플 비, 분할 분, 강개할 강, 분개할 개

슬프고 분하여 마음이 북받침.

심心(마음 심)이나 心의 부수 형태인 忄이 들어간 글자들은 모두 마음의 움직임과 연관되는 뜻을 갖습니다. 이 네 글자에는 모두 들어 있군요. 그러니 이 표현 역시 마음의 움직임을 나타내겠죠.

이 표현은 둘로 나누면 비분悲憤과 강개慷慨, 중간 글자를 빼내면 자주 쓰는 분개憤慨라는 단어도 나타나는군요.

四分五裂
사 분 오 열

넉 사, 나눌 분, 다섯 오, 찢을 렬

네 개로 나뉘고 다섯 개로 찢김.
즉, 이리저리 찢어지고 나누어진 모습.

여러 갈래로 분열된 모습 또는 천하가 어지럽게 분열되어 다투는 모습 등을 가리킬 때 쓰는 표현입니다.
이 표현에는 분열分裂이 숨어 있군요.

^사 ^통 ^팔 ^달

四通八達 <small>넉 사, 통할 통, 여덟 팔, 통달할 달</small>

사방으로 통하고 팔방으로 닿아 있음.
즉, 길이나 통신망이 막힘없이 통하는 모습.

통신망이나 교통망이 잘 발달되어 있는 곳을 가리켜 사통팔달이라고
하지요. 사통오달四通五達도 같은 뜻입니다.
한편 통달通達은 도나 사물의 이치에 정통한 것을 가리킬 때도 씁니다.

^남 ^정 ^북 ^벌

南征北伐 <small>남녘 남, 칠 정, 북녘 북, 칠 벌</small>

남쪽을 공격하고 북쪽을 침.

남북으로 종횡무진縱橫無盡(p177) 정벌에 나선 모습을 가리키는 표
현입니다.
그러니 분해하면 당연히 남북南北과 정벌征伐이 나타나지요.

^동 ^분 ^서 ^주

東奔西走 <small>동녘 동, 달릴 분, 서녘 서, 달릴 주</small>

동쪽 서쪽으로 분주히 달려 나감.

이번에는 동쪽과 서쪽으로 분주奔走히 움직이는군요. 그냥 분주한 것
만으로는 만족하지 못하나보네요. 우리 속담 '동에 번쩍 서에 번쩍'은
상대방이 놀랄 만큼 빠르고 분주하게 움직이는 모습을 가리키니까 이
와 비슷하죠.
분해하면 동서東西와 분주奔走.

淸廉潔白 <small>청 렴 결 백</small>

맑을 청, 검소할 렴, 깨끗할 결, 흰 백

맑고 검소하며 깨끗하고 순수함.

성품이 고결하고 욕심이 없으며
순수한 인품을 가리키는 표현
입니다.
분해하면 청렴淸廉과 결백潔白.

荒淫無道 <small>황 음 무 도</small>

거칠 황, 음란할 음, 없을 무, 길 도

거칠고 음란한 행동을 일삼으면서 인간의 도리를 행하지 않음.

황荒은 '거칠다'라는 뜻을 갖죠. 황야荒野, 황무지荒蕪地와 같은 표현
에 쓰입니다. 분해하면 황음荒淫과 무도無道.
이에 버금가는 악한을 가리키는 표현이 또 있군요.

殘忍無道 <small>잔 인 무 도</small>

해칠 잔, 잔인할 인, 없을 무, 길 도

잔학무도(P339)

인정이 없고 모질며 도리에 어긋나는 짓을 서슴지 않음.

분해하면 잔인殘忍과 무도無道. 두 단어 모두 좋지 않은 뜻을 가지고
있군요.

_{애 매 모 호}

曖昧模糊 <small>가릴 애, 새벽 매, 법 모, 풀칠할 호</small>

희미하여 분명하지 못함.

애매는 앞을 가리거나 새벽의 어두운 모습을 나타내는 표현입니다. 모호 또한 분명하지 않고 흐릿한 모습을 가리키는 표현이니까 애매모호는 정말 분명하지 않음을 나타내겠군요. 분해하면 당연히 애매曖昧＋모호模糊.

_{불 요 불 급}

不要不急 <small>아니 불, 구할 요, 아니 불, 급할 급</small>

필요하지도 급하지도 않음.

요要는 '긴요하다, 필요하다, 구하다'라는 뜻을 갖습니다. 그런데 앞에 불不을 붙였으니 썩 필요하지도 않고 급하지도 않은 상태 또는 물건을 가리킬 때 쓰는 표현입니다.

급急이 나왔으니 급할 때 쓸 만한 단어 하나 살펴보겠습니다. 눈썹이 타들어 간다는 뜻의 초미지급焦眉之急<small>(p525)</small>, 그리고 이와 비슷한 화급火急입니다. 불이 나서 급한 것은 마찬가지지요.

이번에는 비슷한 뜻을 갖는 글자가 모여 이루어진 표현입니다.

_{경 세 제 민}

經世濟民 <small>날 경, 세상 세, 구할 제, 백성 민</small>

세상을 다스리고 백성을 구함.

우리가 자주 쓰는 단어인 경제經濟라는 말이 이 표현의 준말입니다.

그만큼 뜻도 중요하고 쓰임새도 많은 좋은 말이죠. 경經은 '날줄'이라는 의미인데, 그 뜻이 확대되어 세상을 구한다는 의미도 갖게 되었죠.

경 국 제 세
經國濟世   날 경, 나라 국, 구할 제, 세상 세

나라를 다스리고 세상을 구함.

경세제민經世濟民(p411)과 썩 다르지 않습니다. 그러니까 앞서 살펴본 경제經濟는 경세제민의 준말이기도 하고 경국제세의 준말이기도 하겠지요. 경국經國은 '나라를 다스리다'라는 의미로 조선시대의 기본 법전으로 오랫동안 사용된 것이 《경국대전經國大典》이죠. 성종 때 완성되었으며, 내용은 크게 육전六典으로 구성되어 있습니다.

29

귀신이
산다!

목 욕 재 계
沐浴齋戒 머리감을 목, 목욕할 욕, 재계할 재, 경계할 계

목욕을 하여 몸을 정갈히 하고 마음을
가다듬어 부정을 피함.

이 표현에서 주의할 글자는 재齋
(공경하고 삼가다)입니다. 자칫하
면 '제'라고 읽기 쉽거든요. 제사
祭祀 지낼 때는 재계齋戒해야 한
다는 사실, 알아두시면 간단합니다.

의 심 암 귀
疑心暗鬼 의심할 의, 마음 심, 어두울 암, 귀신 귀

의심하는 마음이야말로 어두운 귀신을 낳음.

암暗은 '어둡다'라는 뜻이죠. 어둡다는 뜻은 또한 '어리석음, 좋지 않음'을 뜻하기도 합니다. 밝다는 뜻의 명明이 좋은 뜻을 갖는 것과 대비되죠. 그래서 명군明君은 정사에 밝은 지혜로운 군주, 암군暗君은 '정사에 어두운 어리석은 군주'를 가리킵니다.

神出鬼沒 귀신 신, 날 출, 귀신 귀, 가라앉을 몰

귀신처럼 나타났다가 귀신처럼 사라지는 모습.

자유자재로 홀연히 나타났다가 홀연히 사라져서 그 변화를 헤아릴 수 없을 때 쓰는 표현입니다. 홍길동이나 손오공이 신출귀몰하는 대표적 인물이죠.

怪力亂神 기이할 괴, 힘 력, 어지러울 란, 귀신 신

괴이한 일과 엄청난 힘, 난리와 귀신.
즉, 합리적인 이성으로 설명이 불가능한 존재나 현상.

세상에는 인간의 이성으로 설명이 안 되는 일이 너무나 많습니다. 지금처럼 과학이 발전한 시대에도 그러한데 하물며 예전에는 어떠했겠습니까? 그래서 웬만하면 괴이한 일, 귀신의 소행으로 여겼지요. 그런데 이 말은 아이러니하게도 이런 것을 믿지 않는 사람에 의해 탄생했는데요, 《논어》에 나오는 다음 말에서 비롯됩니다.

공자께서는 괴력난신에 대해 말씀하지 않으셨다.

奇談怪說

_{기 담 괴 설}

기이할 기, 이야기 담, 기이할 괴, 말씀 설

기이하고 괴상한 이야기.

'기괴奇怪하다'라는 말 아시죠? 외관이나 분위기가 괴상하고 기이한 경우에 쓰는 말입니다.

魂飛魄散

_{혼 비 백 산}

넋 혼, 날 비, 넋 백, 흩어질 산

넋이 허공으로 날아 흩어짐.

넋은 곧 정신이죠. 따라서 너무 놀라 정신을 잃을 지경인 상태를 가리키는 표현입니다.
한편 인간의 상식으로 이해하기 힘든 일이 벌어지면 우리는 눈에 보이지 않는 존재, 즉 귀신 등을 떠올립니다.

駭怪罔測

_{해 괴 망 측}

놀랄 해, 기이할 괴, 없을 망, 잴 측

하도 놀랍고 기이하여 그 정도를 헤아릴 수 없음.

도저히 이해할 수 없을 만큼 이상한 것을 가리킬 때 쓰는 표현입니다.
이번에는 귀신이 개입한 듯 인간이 상상할 수 없는 일이 벌어졌을 때 사람들이 짓는 표정을 살펴볼까요?

啞然失色
<small>아 연 실 색</small>

벙어리 아, 그러할 연, 잃을 실, 낯빛 색

뜻밖의 일에 놀라서 말을 잃고 얼굴빛이 변함.

하도 어이가 없는 일을 당하면·말도 하지
못하게 되지요. 바로 그런 모습을 가
리킵니다.

茫然自失
<small>망 연 자 실</small>

아득할 망, 그러할 연, 스스로 자, 잃을 실

정신을 잃고 멍하여 우두커니 있음.

인간의 상식으로 도저히 받아들일 수 없는 놀라운 일이 벌어졌다면
정신이 아득해져 기절하게 되지요. 바로 그런 모습을 가리키는 표현
입니다.
이번에는 정말 겉과 속이 다른 귀신 이야기군요.

鬼面佛心
<small>귀 면 불 심</small>

귀신 귀, 낯 면, 부처 불, 마음 심

얼굴은 귀신의 형상이지만 마음은 부처와 같음.

보이는 모습과는 전혀 다른 훌륭한 인품을 표현할 때 씁니다.

30

부부관계가
복잡하다

동 방 화 촉
洞房華燭 골동, 방방, 꽃화, 촛불촉

혼례를 치르고 나서 첫날밤에 신랑이 신부 방에서 자는 의식.

말뜻 그대로는 '동방에 비치는 환한 촛불'이죠. 촛불은 혼례를 치른 첫
날밤 신부 방에 켜 놓은 촛불을 가리킵니다. 그래서 신랑이 신부 방에
서 자는 의식을 이르는 말로 쓰이죠. '화촉을 밝히다'라는 표현도 바로
이로부터 유래했습니다. 부부관계의 출발을 이르는 표현입니다.

조 강 지 처
糟糠之妻 술지게미조, 쌀겨강, 조사지, 아내처

술지게미와 쌀겨로 끼니를 이어 가며 함께 고생한 아내.

술지게미란 막걸리를 거르고 난 찌꺼기를 가리킵니다. 쌀겨는 벼를 찧
어 벗겨 낸 껍질이고요. 그러니 다 버리는 것들인데 이를 식량으로 삼
았다니 얼마나 고생을 했는지 알 만하군요.

후한시대 인물인 송홍이란 이의 말에서 유래했는데, 앞서 269쪽에서 살펴보았지요.

조강지처만큼 아름다운 부부를 나타내는 표현도 여럿 있습니다.

偕老同穴 함께 해, 늙을 로, 함께 동, 구멍 혈
해 로 동 혈

함께 늙어 같은 구멍에 들어감.
즉, 죽는 날까지 함께한 부부를
가리키는 말.

함께 살다 함께 죽는 부부가 얼마
나 되겠어요? 그래서 죽는 날까
지 함께하자는 맹세의 의미로 자
주 쓰이는 표현입니다.

해로동혈이란 표현이 어렵다면 다음 표
현을 쓰세요.

百年偕老 일백 백, 해 년, 함께 해, 늙을 로
백 년 해 로

백 년 동안 함께 살아감.

백 년을 함께 산다면 해로동혈偕老同穴할 것은 당연하겠군요. 결혼
식장에서 주례 선생님이 자주 하시는 말씀이지요.

천 정 배 필
天定配匹 <small>하늘 천, 정할 정, 아내 배, 짝 필</small>

하늘이 정해 준 짝. 잘 어울리는 부부를 가리킴.

예전에는 얼굴도 안 보고 혼인을 했다고 하더군요. 부모님께서 정해 준 대로 말이죠. 그래서 자기 짝을 하늘이 정해 주었다고 여기고 행복하게 살려고 노력했습니다. 그런데 요즘은 자기들끼리 정해서 사는데도 왜 이리 불만이 많은지 알다가도 모르겠습니다. 이 표현은 천생배필 **天生 配匹**이라고도 합니다.

천 생 연 분
天生緣分 <small>하늘 천, 날 생, 인연 연, 나눌 분</small>

날 때부터 정해진 인연.

자주 쓰는 이 말은 하 늘이 정해 준 상대방이 란 뜻입니다. 천정배필 **天定配匹**은 역시 천 생연분이겠지요.

연 모 지 정
戀慕之情 <small>사모할 연, 그리워할 모, 조사 지, 뜻 정</small>

이성을 사모하고 그리워하는 정.

연모한다고 하면 사랑한다는 말보다 조금 더 깊이감이 느껴지죠. 바로 그런 정을 가리키는 표현입니다.

雲雨之情
운 우 지 정

구름 운, 비 우, 조사 지, 뜻 정

남녀간에 나누는 육체적 사랑.

부부간에 날마다 말로만 사랑을 나누어서야 되겠습니까? 그래서 남녀 간의 육체적인 사랑을 나타내는 표현이 없을 리 없습니다. 바로 이 표현이지요. 구름이 녹아 비가 될 만큼 뜨거운 사랑을 나누는 행동을 가리키는 말입니다.

그 외에 이런 표현도 있습니다.

琴瑟相和
금 슬 상 화

거문고 금, 비파 슬, 서로 상, 화합할 화

거문고와 비파가 서로 조화를 이루듯 사이좋게 살아가는 부부.

'금슬이 좋은 부부' 또는 '금슬이 좋구나' 따위의 말 자주 쓰죠? 이때 금슬이란 표현은 바로 금슬상화에서 유래한 것입니다. 거문고와 비파 소리가 잘 어울리는 데서 나온 표현이지요.

한편 금슬은 우리말로 변하는 과정에서 금실이라고도 씁니다. 그래서 '금실이 좋다'고 해도 틀린 말이 아닙니다.

夫唱婦隨
부 창 부 수

남편 부, 노래 창, 아내 부, 따를 수

남편이 노래하면 아내가 따라 함.

남편이 어떤 일을 하고 나서면 아내는 그 일을 도와 가며 서로 협동하고 화합하는 부부를 가리키는 말입니다. 뜻이 잘 맞거나 행동이 일치하는 부부를 가리키기도 하지요.

그런가 하면 이런 표현도 있습니다.

^가 ^빈 ^사 ^양 ^처
家貧思良妻 집 가, 가난할 빈, 생각 사, 착할 량, 아내 처

집이 가난하면 착한 아내를 떠올린다.

집이 가난해져서야 착한 아내를 떠올리다니!
우리 속담에 '부부간에 정만 있으면 도토리 하나 먹고도 산다'는 말이
있는데, 아내에게 잘합시다.
또 이런 말도 있습니다.

^사 ^가 ^망 ^처
徙家忘妻 옮길 사, 집 가, 잊을 망, 아내 처

이사 가면서 아내를 잊고 감.

무엇이든 잘 잊는 것을 가리키는 말. 하기야 아무리 사이가 좋지 않더
라도 이사 가면서 아내나
남편을 두고 가지는 않겠
죠. 그래서 이 표현은
부부 사이가 나쁜 것이
아니라 건망증이 심한
것을 가리킬 때 쓰는
표현입니다.

31

태평성대가
있으면
가혹한 시대도
있으니

太平聖代 <small>태 평 성 대</small>
클 태, 평탄할 평, 성스러울 성, 시대 대

어진 군주가 다스리는 태평한 시대.

아하! 태평성대란 표현이 이런
뜻이었군요. 그렇다면 민주주의
시대에는 안 어울리는 것 아닌
가요? 그렇지 않습니다. 관용
적 표현은 그 속에 담긴 의
미를 봐야지 글자 뜻 그대
로를 보면 곤란하죠.
그렇다면 태평성대의 진정
한 모습은 어떤 것일까요?

與民同樂

여 민 동 락

줄 여, 백성 민, 함께 동, 즐길 락

임금과 백성이 함께 즐김.

임금이 백성을 잘 다스려 백성과 더불어 즐기는 것이야말로 태평성대의 참된 모습 아니겠습니까? 임금은 좋은 옷에 좋은 음식을 즐기는데 백성들은 헐벗고 굶주린다면 이는 폭정이라고 하겠죠.

여與는 '주다, 베풀다, 함께'와 같은 뜻을 갖는데, 베푼다는 뜻에서 권력을 잡은 사람을 가리키기도 합니다. 정권을 잡은 정당을 가리켜 여당與黨이라고 하는 것도 같은 이치입니다. 그렇다면 정권을 잡지 못한 정당은? 야당野黨. 들판에서 왕궁을 바라보면서 살아간다고 해서 야당이라고 하나 보죠.

康衢煙月

강 구 연 월

평안할 강, 네거리 구, 연기 연, 달 월

태평한 시대의 평화로운 거리 풍경.

본래 뜻은 '평안한 거리와 굴뚝에서 밥하는 연기가 피어오르는 세월'입니다. 멋지죠? 당연히 태평하고 풍족한 시대를 가리키는 표현이네요.
이와 같은 표현으로 태평연월太平烟月이 있습니다.

太平烟月

태 평 연 월

클 태, 평평할 평, 연기 연, 달 월

태평한 시대에 피어오르는 굴뚝 연기.

연烟은 연煙과 같은 글자입니다.

길재(1353~1419)라는 분을 아시나요? 고려 말 삼은三隱 가운데 한 분이죠. 고려가 멸망하고 조선이 건국되자 낙향하여 은둔에 들어간 분인데 이런 시조를 남겼습니다.

> 오백 년 도읍지를 필마匹馬(한 필의 말)로 돌아드니
> 산천은 의구依舊한데(옛날과 같은데) 인걸은 간 데 없다
> 어즈버, 태평연월太平烟月이 꿈이런가 하노라.

멸망한 고려를 돌아보며 사라진 조국을 그리는 멋진 노래입니다.

鼓腹擊壤
고 복 격 양
두드릴 고, 배 복, 칠 격, 땅 양

온 백성들이 배부르고 평화롭게 지내는 태평성대.

본래 뜻은 '밥을 배불리 먹고 배를 두드리고 춤을 추며 땅을 발로 울린다.' 지금도 배불리 먹고 나면 배 두드리는 사람이 많지요. 신나게 놀 때는 발을 구르기도 하고요. 바로 그 모습을 그린 표현입니다.

含哺鼓腹
함 포 고 복
머금을 함, 먹을 포, 두드릴 고, 배 복

백성들이 배불리 먹는 태평성대.

본래 뜻은 '입에 먹을 걸 가득 물고 배를 두드린다.' 참 생각만 해도 평화롭고 아무 걱정 없는 모습이죠.

暖衣飽食 _{난 의 포 식}
따뜻할 난, 옷 의, 배부를 포, 먹을 식

따뜻한 옷을 입고 배불리 먹는 편안한 삶.

앞서 살펴본 표현들에 비해 오히려 더 편안해 보이는군요. 포식난의**飽食暖衣**라고 거꾸로 써도 뜻은 같습니다.

高枕而臥 _{고 침 이 와}
높을 고, 베개 침, 말이을 이, 누울 와

베개를 높이 베고 누워 편안한 시간을 보냄.

그 모습을 상상해 보면 역시 태평성대를 가리키지요.

중국 전국시대에 활동한 인물 장의가 위魏나라 애왕에게 베개를 높이 베고 걱정을 없애기 위해서는 연횡책을 채택해야 한다고 설득하면서 쓴 표현입니다. 고침안면**高枕安眠**(베개를 높이 베고 편안히 잠을 잔다)도 같은 의미입니다.

그런데 베개를 높이 베고 자면 정말 편안할까요?

高枕短命 _{고 침 단 명}
높을 고, 베개 침, 짧을 단, 목숨 명

높은 베개를 베고 자면 일찍 죽음.

건강 측면에서 보면 베개는 낮을수록 좋답니다. 그래서 이런 표현이 생겨났지요. 옛사람들도 이런 사실을 알고 있었을 텐데 왜 고침안면**高枕安眠**이란 표현을 만들었는지 모르겠군요.

^구^태^민^안
國泰民安 나라 국, 편안할 태, 백성 민, 편안할 안

나라는 태평하고 백성은 편안함.

나라와 백성 모두 편안한 상태를 나타내는 표현으로, 이상적인 나라의 모습을 그릴 때 쓰면 좋습니다.

그러나 세상에 태평성대만 있는 건 아니죠. 그래서 그런 시대를 나타내는 표현도 당연히 있습니다. 아니, 많지요.

^가^렴^주^구
苛斂誅求 가혹할 가, 거둘 렴, 책망할 주, 구할 구   **탐관오리**(p108)

가혹하게 세금을 거두고 백성을 들볶는 정치 또는 관리.

가렴주구 하면 가장 먼저 떠오르는 관리가 누구인가요? 저한테는 동학 농민운동을 촉발시킨 조병갑입니다.

조병갑은 영의정 조두순의 조카임을 앞세워 여러 곳의 수령을 거쳐 1892년 4월 고부 군수가 되었습니다. 그때부터 그는 농민들에게 면세를 약속하면서 황무지 개간을 허가해 준 후 추수 때가 되면 강제로 세금을 부과하였고, 재산이 있는 백성들은 잡아들여 불효자니 음행을 일삼느니 놀음을 하느니 하며 2만 냥의 재산을 압수했습니다. 그뿐이 아니지요. 제

아비의 공덕비를 세운다고 천 냥 이상을 거두어들였고, 멀쩡한 저수지인 만석보를 파손되었다고 우기며 새로운 저수지를 쌓은 후 700석이 넘는 수세를 거두었습니다. 그러자 농민들은 지역에서 신임이 높았던 전봉준을 찾아가 하소연하였고, 전봉준은 다른 농민들과 함께 조병갑에게 진정서를 제출합니다. 물론 진정을 받아줄 조병갑이 아니죠.

결국 전봉준을 앞세운 농민군은 봉기를 일으키게 되고 조병갑은 달아나 전주에 머물던 관찰사 김문현에게 농민군의 봉기를 고합니다. 이에 김문현은 조병갑의 학정이 농민군 봉기의 직접 원인임을 파악하고 정부에 조병갑의 죄를 물을 것을 건의하죠. 그리하여 조병갑은 의금부에 압송된 후 섬으로 귀양가게 됩니다.

輔國安民 도울 보, 나라 국, 편안할 안, 백성 민

나랏일을 돕고 백성을 편안하게 함.

바람직한 관리라면 당연히 이렇게 행동해야 할 터인데, 이런 관리보다는 가렴주구苛斂誅求하는 관리가 많았던 탓일까요? 조병갑의 학정에 못 이겨 궐기한 동학 농민군은 보국안민을 기치로 내걸었다고 하죠.

除暴救民 제거할 제, 포악할 폭, 구할 구, 백성 민

폭도를 제거하고 백성을 구함.

보국안민과 더불어 동학 농민군이 내건 기치 가운데 하나가 제폭구민입니다.

苛政猛於虎

가 정 맹 어 호

가혹할 가, 다스릴 정, 사나울 맹, 조사 어, 호랑이 호

가혹한 정치는 호랑이보다 사나움.

옛날 호환虎患이 얼마나 무서웠는지 아시죠? 시도 때도 없이 나타나 사람에게 피해를 주던 호랑이. 그런 호랑이보다 더 무서운 게 바로 가혹한 정치란 표현입니다. 재미있지 않습니까? 이 표현은 네 글자로 줄여서 가정맹호苛政猛虎라고도 합니다.

언젠가 공자가 제자들과 함께 태산 기슭을 지나고 있었습니다. 그때 어디선가 여자의 울음소리가 들려왔습니다. 이에 공자는 자로를 보내 무슨 연유인지 알아보도록 하였지요. 자로가 울음소리 나는 곳을 찾아가 보니 한 여인이 세 개의 무덤 앞에서 흐느껴 우는 것이었습니다. 이에 자로가 물었습니다.

"무슨 걱정이 있어 이리도 슬피 우십니까?"

그러자 울던 여인이 대답하지요.

"몇 년 전 저희 아버님이 호환을 당해 세상을 떠나셨는데, 지난해에는 남편마저 호랑이에게 목숨을 잃었습니다. 그리고 이번에는 아들이 호환을 당하고 말았습니다."

그러자 의아하게 생각한 자로가 물었습니다.

"그런데 어찌하여 이곳을 떠나지 않으십니까?"

이에 여인은 울음을 그치고 대답하였습니다.

"그렇지만 이곳에는 가렴주구苛斂誅求는 없습니다. 그래서 떠나지 않는 것입니다."

자로는 돌아와 스승에게 이 내용을 전하였고, 이 말을 들은 공자가
제자들에게 말했지요.
"잘 알아두거라. 가혹한 정치는 호랑이보다 무섭다는 것을."

炮烙之刑
포 락 지 형
구을 포, 지질 락, 조사 지, 형벌 형

굽고 지지는 형벌.

본래 뜻은 '굽고 지지는 형벌'인데, 가혹한 통치자가 무고한 백성을 괴
롭히는 것을 가리킵니다. 이 형벌은 구리기둥에 기름을 바른 후 이를
불로 달구고 죄인들로 하여금 그 위를 걸어가도록 한 것입니다. 생각만
해도 끔찍한데, 정말 당한 사람들은 어떠했겠어요? 그래서 잡히기 전
에 자살하는 것이 일반적이었다는군요.
이 형벌은 역사에 길이 남는 폭군인 중국 은나라 주왕紂王이 창시한
것입니다. 그러니 결국 강태공의 보좌를 받은 주나라 무왕武王에 의해
멸망하고 말지요.
그렇다면 다음 형벌과 비교해 어떤 것이 더 잔혹했을까요?

陵遲處斬
능 지 처 참
큰언덕 릉, 늦을 지, 처할 처, 벨 참

죄인의 머리와 팔다리를 각각 베어 죽임.

이렇게 잔인한 형벌을 아무에게나 내릴 리는 없었습니다. 그래서 가장
무거운 대역죄를 지은 죄인에게 내리는 형벌이었죠.

이 글자가
궁금하다

家 집 가

家家户户
집 가, 집 가, 지게 호, 지게 호

집집마다, 모든 집에

호户는 본래 지게 모양을 본떠 만든 글자인데, 그 모습이 문을 닮아 '문'이란 뜻도 갖게 되었습니다. 그리고 문이 있으면 반드시 집이 있으므로, 집이라는 뜻으로도 쓰이죠.

그렇다면 호户와 문門의 차이는? 호户가 한 짝으로 된 문을 나타낸다면 문門은 두 짝으로 된 문을 가리킵니다. 그러니까 문門이 호户보다 큰 문을 가리키는 것은 당연합니다.

위 표현에는 집 네 채가 연이어 나오는군요. 따라서 뜻은 '집집마다, 한 집도 빼지 않고 모든 집에.'

家給人足 가 급 인 족 집 가, 넉넉할 급, 사람 인, 족할 족

집집마다 넉넉하고 사람들은 풍족함.

모든 것이 풍요롭고 평화로운 태평성대太平聖代(p422)를 가리키는 표현이군요.

족足은 '발 족'으로 유명한데 여기서는 '풍족하다, 충분하다'라는 뜻으로 쓰였습니다.

그럼 족足이 '풍족하다'는 의미로 쓰인 다른 표현을 더 알아볼까요?

自給自足 자 급 자 족 스스로 자, 공급할 급, 스스로 자, 족할 족

자기에게 필요한 것은 스스로 공급하여 충당함.

'스스로 공급하는 것으로 스스로 충분하다'라는 뜻이군요. 자신에게 필요한 것을 스스로 공급하는 것은 원시시대에나 가능한 일입니다. 요즘에는 분업화分業化가 잘 이루어져 있어서 자기가 쓰는 물건을 자기 스스로 만들어 사용하는 것은 언감생심焉敢生心(p434) 꿈도 꾸지 못할 일이죠.

충분한 것은 풍족豊足, 가득 차지 못한 것은 부족不足, 가득 차서 부족함이 없는 것은 만족滿足입니다.

아! 본문 가운데 나온 언감생심에 대해 알아보기로 하겠습니다.

433

焉敢生心 _{어찌 언, 감히 감, 날 생, 마음 심}
^{언 감 생 심}

어찌 감히 그런 마음을 품을 것인가?

감히 그런 마음을 품을 수도 없다는 뜻을 강조한 표현이군요. 부사적으로 쓰이는 게 일반적입니다. 이렇게 말이죠.
"언감생심 내 앞에서 정권을 빼앗겠다는 말을 하다니!"(말도 안 된다.)
이처럼 부정적인 의미로 쓰이는 표현이 또 있습니다.

抑何心情 _{누를 억, 어찌 하, 마음 심, 뜻 정}
^{억 하 심 정}

대체 무슨 생각으로 그리 하는지 그 마음을 헤아릴 수 없음.

이 표현은 상대방에게 왜 그러느냐고 따지거나 부정적인 질문을 할 때 자주 쓰는 표현입니다. 다음 사례를 보시죠.
"무슨 억하심정으로 내게 그런 행동을 하는 거요?"
이번에는 족足이 '발'이란 뜻으로 쓰인 경우입니다.

足脫不及 _{발 족, 벗을 탈, 아니 불, 미칠 급}
^{족 탈 불 급}

발을 벗고 뛰어도 미치지 못함.
즉, 능력과 힘이 부족하여 아무리 노력해도 이룰 수 없음.

빨리 뛰려면 신을 벗어야지 왜 발을 벗는지 궁금하군요. 여하튼 무엇이 되었건 벗고 뛰면 조금이라도 빨라지겠죠. 우리 속담 '뛰어봤자 벼룩' 이란 말과 의미가 비슷하군요.

家貧孝子出
가 빈 효 자 출

집 가, 가난할 빈, 효도 효, 자식 자, 날 출

가난한 집에서 효자 나온다.

그러니까 '효도는 재산 순이 아니다'라는 말이군요. 그렇습니다. 아이들을 풍요롭게 키우면 풍요로운 게 당연하다고 여겨 오히려 부모님의 고마움을 모른다는군요.

東家食西家宿
동 가 식 서 가 숙

동녘 동, 집 가, 먹을 식, 서녘 서, 집 가, 잘 숙

동쪽 집에서 식사를 하고, 서쪽 집에서 잠을 청함.
즉, 일정한 거처 없이 이곳저곳을 떠돌아다님.

이때 집은 그러니까 자기 집이 아니겠군요. 그런데 이 표현이 나오게 된 동기를 알고 나면 어이가 없으실 겁니다.

옛날 중국에 예쁜 처녀 하나가 살고 있었습니다. 그런데 어느 날 두 집안에서 동시에 청혼이 들어왔지요. 한 사람은 부자인데 인물이 별 볼일 없었고, 다른 사람은 인물이 좋았으나 가난했습니다. 그러자 처녀의 부모가 물었습니다. "네 뜻을 알아보아야겠구나. 동쪽 총각이 좋으면 오른손, 서쪽 총각이 좋으면 왼손을 들어라."
잠시 머뭇거리던 처녀는 두 손을 다 드는 것이 아니겠습니까?
"아니 어쩌겠다는 말이냐, 두 손을 다 들다니!"
처녀가 대답했습니다.
"동쪽 총각네 가서 식사를 하고, 서쪽 총각네 가서 잠을 자면 안 될까요?"

이 처녀 일석이조 一石二鳥 (p469), 일거양득 一擧兩得 (p470)을 노렸군요. 그런데 이런 표현도 있습니다. 잘 비교해 보세요.

可東可西
가할 가, 동녘 동, 가할 가, 서녘 서

이렇게 할 만도 하고 저렇게 할 만도 함.

본래는 가이동가이서可以東可以西, 즉 동쪽도 가하고 서쪽도 가하다는 뜻인데 줄여서 가동가서라고 씁니다. 위의 처녀가 들으면 좋아할 표현이지요.

傳家之寶
전할 전, 집 가, 조사 지, 보물 보

집에 대대로 전해 내려오는 보물.

우리가 자주 쓰는 가보家寶, 즉 집안의 보물이란 단어는 이 표현이 줄어서 된 것입니다. 이와 유사한 표현으로 '전가傳家의 보도寶刀'라는 말이 있습니다. '집안에 대대로 내려오는 귀한 칼'이란 뜻이죠. 그런데 이 말은 부정적으로 쓰이는 경우가 많습니다. 이렇게 말이죠.
"걸핏하면 자기 아버지를 들먹이네. 아버지가 장관이라는 게 무슨 전가의 보도인가?"
이번에는 전가지보보다 더 값이 나가는 보물을 알아봅시다.

無價之寶
없을 무, 가격 가, 조사 지, 보물 보

가격을 매길 수 없을 만큼 소중한 보물.

본래 진짜 소중한 것은 가격을 매길 수 없는 법입니다. 따라서 이런 표현이 나오면 값이 없는 것이 아니라 측정할 수 없을 만큼 값이 많이 나간다는 사실, 기억해 둡시다.

적 선 지 가 필 유 여 경
積善之家 必有餘慶
쌓을 적, 착할 선, 조사 지, 집 가, 반드시 필, 있을 유, 남을 여, 경사 경

선행을 쌓은 집안에는 반드시 기쁜 일이 있음.

그렇습니다. 돈이란 쓰기 위해 버는 것이죠. 재산을 집안 창고에 가득 쌓아두기만 하려면 무엇 때문에 버는 겁니까? 그래서 '돈을 버는 것보다 쓰는 게 중요하다'라는 말도 있지요.

가 화 만 사 성
家和萬事成 집 가, 화목할 화, 일만 만, 일 사, 이룰 성

집이 화목하면 모든 일이 잘 이루어진다.

이 표현을 모르는 분 없을 겁니다. 오래된 가게나 집안에 들어서면 액자에 써 있는 것을 자주 볼 수 있으니까요.

만사萬事는 '온갖 일'을 말합니다. 그럼 만사가 들어간 표현 하나 더 알아보겠습니다.

人間萬事
사람 인, 사이 간, 일만 만, 일 사

인간 사회에 일어나는 온갖 일 또는 사건.

인간만사란 사람이 사는 곳에서 일어나는 모든 일을 가리킵니다. 집안이 화목하지 못하고 늘 불화에 시달린다면 무슨 일인들 잘되겠습니까? 그러니 가화만사성家和萬事成(p437)이란 참으로 옳은 말입니다. 다음 표현은 가화만사성이 좀 더 확대된 개념이군요.

修身齊家 治國平天下
닦을 수, 몸 신, 가지런할 제, 집 가, 다스릴 치, 나라 국, 평평할 평, 하늘 천, 아래 하

몸을 닦고 집을 안정시킨 후 나라를 다스리며 천하를 평정함.

유교에서 강조하는 올바른 선비의 길입니다. 먼저 자기 몸을 바르게 가다듬은 후 가정을 돌보고, 그 후 나라를 다스리며, 그런 다음 천하를 경영해야 한다는 의미죠. 선비가 세상에서 해야 할 일의 순서를 알려주는 표현이라고 하겠습니다.

사서삼경 가운데 하나인 《대학》에 나오는 말인데요, 본문은 이렇습니다.

'사물의 본질을 꿰뚫은 후에 알게 된다. 알게 된 후에 뜻이 성실해진다. 성실해진 후에 마음이 바르게 된다. 마음이 바르게 된 후에 몸이 닦인다. 몸이 닦인 후에 집안이 바르게 된다. 집안이 바르게 된 후에 나라가

다스려진다. 나라가 다스려진 후에 천하가 태평해진다. 그러므로
천자로부터 일개 서민에 이르기까지 모두 몸을 닦는 것을 근본으로 삼는
것이다.'

諸子百家
제 자 백 가

모든 제, 아들 자, 일백 백, 집 가

수많은 뛰어난 스승과 온갖 학파.

이때 가家는 집이 아니라 학파란 의미로 쓰였군요. 자子도 아들이란
뜻이 아니라 뛰어난 스승이란 의미로 쓰였고요. 그래서 위대한 스승이
라면 공자, 맹자, 한비자처럼 성 뒤에 자子를 붙여 부르는 것이 중국에
서는 일반적이었습니다.

自手成家
자 수 성 가

스스로 자, 손 수, 이룰 성, 집 가

혼자 힘으로 집안을 일으켜 세우거나 큰 성과를 이루어 놓음.

남의 도움이나 부모의 도움 없이
스스로 집안을 일으켜 세우는
것 또는 그런 사람을 가리키
는 표현입니다. 돈도 권력
도 없는 집안에서 태어나
큰 성과를 거두는 사람을
가리킬 때 이 표현을 쓰죠.
'개천에서 용 났다'라는 우리
속담이 이와 비슷하군요.

와!
집안을 일으켜
세우고 있다

또 일상에서 자주 쓰는 표현 가운데 '입지전立志傳적 인물'이란 말이 있습니다. 스스로 뜻을 세울 만큼 혼자 힘으로 큰 성과를 거둔 사람을 가리키는 표현이죠.

반면에 다음 가문 출신들은 자수성가와는 정반대로 살게 됩니다.

名門巨族
명 문 거 족
이름 명, 문 문, 클 거, 겨레 족

이름이 난 큰 가문.

대대로 명성이 높고 소유한 권력과 재산이 큰 가문을 가리키는 표현입니다. 이런 가문에서 태어난 인물은 고생을 별로 모르고 크기 마련이지요. 명문세족名門世族도 같은 표현입니다.

그렇다면 이러한 가문에서 난 자식을 가리켜 뭐라고 할까요? 명문자제 名門子弟죠. 그런데 이런 집안도 자칫하면 사라지게 됩니다.

敗家亡身
패 가 망 신
깨트릴 패, 집 가, 망할 망, 몸 신

집안을 망가뜨리고 자기 몸까지 망함.

자수성가自手成家(p439)와는 정반대의 뜻이군요. 잘되어 가던 집안을 망가뜨리는 것만으로도 부족해서 스스로도 망하고 마는 모습을 나타냅니다.

그런데 한 집안만 망하게 하는 것은 아무것도 아닙니다. 다음 표현을 보세요.

亡國之音
망 국 지 음

망할 망, 나라 국, 조사 지, 가락 음

음란하고 사치하여 나라를 망하는 길로 이끄는 음악 또는 풍습.

나라가 망하려면 그에 앞서 군주와 백성 모두가 사치와 낭비, 향락에 빠지기 마련입니다.

滅門之禍
멸 문 지 화

없어질 멸, 문 문, 조사 지, 재난 화

가문이 사라지는 재난.

옛날 사람들에게는 자신의 목숨보다 가문의 명예가 더 중요했습니다. 그런데도 가문이 사라질 정도의 재난이라니! 얼마나 심각한 상황이겠습니까. 그래서 멸문지화는 대부분 반역의 죄를 지었을 때 당하게 됩니다. 반역의 죄를 범하면 3족, 즉 부모, 형제, 처자(또는 부계, 모계, 처가)를 모두 없애니까 가문이 사라지게 되지요.

한편 집안이 멸문지화를 당하면 그 후손은 이렇게 됩니다.

破落戶
파 락 호

깨질 파, 떨어질 락, 집 호

놀고먹는 건달이나 불량배.

본래는 행세깨나 하던 집안이 풍비박산風飛雹散(p183)난 후 방탕하게 된 자손을 가리킵니다. 그런데 이런 인물들은 대부분 놀고먹다가 끝나지요. 그래서 이런 의미로 쓰인답니다.

호戶는 본래 '집안'을 뜻하는데, 여기서는 '사람'이란 의미로 쓰였군요.

金 쇠금, 성김

02

금 과 옥 조
金科玉條 쇠금, 과정과, 옥옥, 가지조

금으로 만든 법과 옥으로 만든 조항.
즉, 소중히 여기고 반드시 지켜야 할 법이나 교훈.

과科와 조條는 '법 또는 조항'과 같은 뜻으로 자주 쓰입니다. 금으로 새긴 법, 옥으로 만든 조항이니 얼마나 귀하고 또 지켜야 할 가치가 있겠어요?

금 성 탕 지
金城湯池 쇠금, 성성, 끓을탕, 연못지

쇠로 만든 성 주위를 둘러싸고 흐르는 끓는 연못.
즉, 적의 침략을 허용치 않을 만큼 견고하게 쌓은 성을 가리킴.

옛날 성을 보면 성 앞에 연못을 파 놓습니다. 적이 성벽을 오르지 못하도록 만들어 놓은 시설로 이를 해자垓字라고 하지요. 위 표현에 나오

442

는 탕지湯池, 즉 끓는 물이 흐르는 연못은 바로 이 해자를 가리킵니다. 쇠로 만든 성 주위를 끓는 물이 흐른다, 생각만 해도 공격할 엄두가 나지 않는군요.

이런 성을 부르는 다른 표현이 또 있습니다.

鐵甕城 철옹성
쇠철, 단지옹, 성성

쇠로 옹기를 만들듯이 튼튼히 쌓아 올린 성.
결코 무너지지 않을 만큼 단단한 대상.

금성탕지金城湯池보다 더 단단해 보이지 않습니까? 그래서 아무리 공략해도 무너지지 않는 강력한 상대를 가리킬 때 쓰는 표현입니다.

金玉滿堂 금옥만당
쇠금, 옥옥, 찰만, 집당

제제다사(p102)

금과 옥이 집에 가득함. 귀한 신하가 조정에 가득함을 이르는 표현.

자칫 말 그대로 해석해서 금은보화가 가득한 부잣집을 나타낸다고 생각하면 잘못입니다. 조정에 훌륭하고 뛰어난 신하가 가득한 모습을 가리키는 표현이니까요.

금옥金玉은 금과 옥이란 뜻이지만 금과 옥처럼 귀한 사물이나 사람이라는 뜻도 있습니다. 그래서 몸가짐이 바르고 훌륭한 인물을 가리켜 금옥군자金玉君子라고 하지요.

金枝玉葉 쇠금, 가지지, 옥옥, 잎사귀엽

금으로 만든 가지와 옥으로 만든 잎.
즉, 세상에 둘도 없이 귀한 자손을 가리키는 말.

가지와 잎은 나무줄기로부터 나오지요. 그래서 자식을 가리킬 때 자주 쓰는 비유적 표현입니다. 금지옥엽은 아주 귀한 자손, 즉 왕이나 고관의 자손 또는 집안의 귀한 자손을 가리키지요.
한편 금金이 꼭 보물이나 금속을 뜻하기만 하는 것은 아닙니다. 그렇다면 무슨 의미? 예, 돈이라는 의미로도 자주 쓰이죠. 금전金錢, 일금一金처럼 말이죠. 그래서 이런 표현도 생겨났답니다.

一攫千金 한일, 붙잡을확, 일천천, 쇠금

한 번에 천금을 얻다. 즉, 단 한 번에 큰 재산이나 이익을 얻는 것.

천千이란 숫자는 단순히 1000을 나타낸다기보다는 아주 큰 숫자를 가리키는 것이 일반적이죠. 그래서 천릿길 하면 대단히 먼 길을 뜻하고, 천추千秋 하면 천 번의 가을, 즉 오랜 세월을 가리키고, '몸이 천근같다'라는 표현은 피곤해서 몸을 움직이기 힘들 만큼 무겁다는 뜻입니다. 그 외에도 천길 낭떠러지, 천고千古의 세월, 천리안千里眼(p311) 같은 표현이 있습니다. 천금千金은 당연히 큰 재산을 가리키고요.

一字千金

일 자 천 금

한 일, 글자 자, 일천 천, 쇠금

한 글자에 천금. 즉, 대단히 소중하고 뛰어난 글 또는 글씨를 이르는 말.

전국시대 말 여불위라는 인물이 있었습니다. 그는 자초란 진秦나라
왕자가 조나라에 인질로 와 있음을 알고는 그에게 접근, 후원자가
되었습니다. 결국 자초는 여불위의 계략에 힘입어 후에 진나라 왕위에
오르죠. 당연히 여불위는 진나라의 실권자가 되고, 자초, 즉 장양왕이
일찍 죽고 그의 아들 진시황이 왕위에 오르자 국부로 추대됩니다.
이때부터 진나라는 여불위의 수중에 놓인 것과 다름없었는데, 그러다
보니 수천 명의 추종자들이 그의 휘하에
모여들었지요. 이때 여불위는
그들을 동원, 지금까지도
전해오는 백과사전적 저작물
《여씨춘추》를 집필하도록
합니다. 후에 이 책이
완성되자 여불위는 책을
진나라 수도에 진열한 후
이렇게 공포합니다. "이
책에 한 글자라도 덧붙이거나
틀린 것을 찾아내는 자에게 천금을 주겠다."

이것이 일자천금 **一字千金**의 유래죠.
한편 여불위가 처음 자초를 만나고 와서 했다는 말 또한 유명한 고사성
어가 되어 전해지고 있습니다.

奇貨可居

기 화 가 거

기묘할 기, 재물 화, 옳을 가, 차지할 거

귀한 재화는 차지하는 것이 옳다.
훗날 소중한 보물이 될 만한 물건을 가리킴.

여불위가 어느 날 아버지에게 이렇게 묻습니다. "농사를 지으면 그
이익이 얼마나 됩니까?" "한 열 배 될 게다." "그럼 장사를 하면 얼마나
됩니까?" "백 배는 되겠지." "그렇다면 임금을 사 두면 그 이익이 얼마나
될까요?" "그거야 계산할 수도 없을 것이다." 이에 여불위는 이렇게
말합니다.

"저는 작은 장사꾼이 아니라 큰 장사꾼이 되겠습니다. 큰 장사꾼으로
만들어 줄 가치 있는 물건이라면 전 재산을 바쳐서라도 사 두어야 할
것입니다. 저는 그런 물건을 사 두겠습니다."

그렇게 해서 여불위는 전 재산을 털어 자초를 후원하였고, 자초는 결국
왕위에 오르게 된 것입니다.

그렇지만 이렇게 천하를 얻은 여불위도 비
참한 최후를 맞이하게 됩니다. 여불위
는 애첩까지 자초에게 바쳤고, 그런
까닭에 자초의 아들로 왕위에 오
른 진시황은 사실은 여불위의 아
들이었습니다. 그러다 보니 여불
위의 전횡은 도를 넘어섰고, 이를
보다 못한 진시황은 자신의 권력
기반이 형성되자 여불위를 제거하였
던 것이지요.

03

많을 다 多

多事多難 _{많을 다, 일 사, 많을 다, 어려울 난}

일도 많고 어려움도 많음.

한 해가 저물 연말이 되면 늘 듣게 되
는 표현이 바로 다사다난이죠.
다사다단 多事多端도 비슷한 뜻으
로 쓰입니다.

多種多樣 _{많을 다, 씨 종, 많을 다, 모양 양}

종류도 많고 모양도 여러 가지.
즉, 각기 다른 수많은 종류와 모양을 가리키는 표현.

'다양하다'라는 표현은 많이 쓰죠. 그 말과 같은 뜻입니다. 가지각색,

각양각색 各樣各色(p80)이라는 표현과 비슷합니다.

類類相從 _{유 유 상 종} 무리 류, 무리 류, 서로 상, 좇을 종

같은 무리끼리 서로 따르고 좇음.
같은 성격이나 성품을 가진 무리끼리 모이고 사귀는 모습.

같은 집단끼리 서로 따르고 사귄다는 뜻이죠. 그런데 실제로 이 표현은
썩 좋은 의미로 쓰이는 것 같지는 않습니다. 선비들이 서로 사귀는 모
습을 보고 유유상종이라고 하는 경우는 별로 본 적이 없거든요. 반대로
"쳇, 끼리끼리 노는군. 유유상종이라더니!" 하는 식으로 자주 쓰입니다.

草綠同色 _{초 록 동 색} 풀 초, 초록빛 록, 같을 동, 빛 색

풀빛과 초록은 같은 색임.

풀이 초록빛임은 누구나 아는 사실이죠. 그래서 이 표현은 같은 무리끼
리 어울린다는 의미를 갖기도 하고, 이름은 다르나 따지고 보면 한가지
또는 같은 무리라는 뜻도 가지고 있습니다.

多才多能 _{다 재 다 능} 많을 다, 재주 재, 많을 다, 능할 능

재주도 많고 능력도 뛰어남.

뛰어난 능력을 갖춘 사람을 가리키는 표현이지요.

사람의 능력을 표현하는 말은 이 외에도 많습니다. 한번 살펴볼까요.

博學多識 _{넓을 박, 배울 학, 많을 다, 알 식}

(박학다식)

많이 배우고 아는 것이 많음.

학문 또는 지식이라는 측면
에서 사람의 능력을 나타
내는 표현입니다. 많이
배웠으니 아는 것이 많음
은 당연하겠죠.

와! 지식이
뚝뚝 떨어진다

多聞博識 _{많을 다, 들을 문, 넓을 박, 알 식}

(다문박식)

들은 것이 많고 학식이 넓음.

박학다식博學多識에 버금가는 사람이 바로 다문박식한 사람입니다.

博而不精 _{넓을 박, 그러할 이, 아니 불, 정교할 정}

(박이부정)

학문의 폭은 넓지만 하나하나를 깊이 알지 못함.

박사博士는 '넓게 아는 선비'란 뜻으로 현재의 교육제도에서는 가장
높은 수준의 학위죠. 그런데 위의 표현에서는 넓게 아는 것이 썩 좋게

여겨지지 않는군요. 모든 분야에 익숙하다 보면 깊이는 좀 떨어지기 마련이라는 말이니까요.

이와 관련해서 꼭 알아두어야 할 표현이 천학비재淺學菲才입니다.

淺學菲才 _{얕을 천, 배울 학, 엷을 비, 재주 재}

배운 게 적어 재주가 보잘것없음.

기억해 두셔야 할 것은 이 표현이 박학다식의 반대되는 표현이 아니라는 것입니다. 왜 그럴까요? 이 표현은 남이 무식하고 재주가 없음을 가리키는 게 아니라, 겸손의 의미에서 자신을 낮추어 부르는 표현이거든요. 즉, 자신을 남에게 소개할 때 "천학비재한 ○○○"라고 하는 것입니다. 그래서 잘 살펴보면 오히려 박학다식博學多識(p449)과 비슷한 말이라고 해도 될 만큼, 배운 게 많은 사람이 쓰는 표현이랍니다.

才勝薄德 _{재주 재, 이길 승, 엷을 박, 덕 덕}

재주는 많으나 덕이 부족함.

아는 것이나 능력은 뛰어나나 인품이 부족한 사람을 가리킬 때 씁니다. 이때 알아두어야 할 글자가 박薄(엷을 박)입니다. '엷다, 얇다'라는 의미로 '의지가 박약薄弱하다', '천박淺薄하다'와 같은 단어에 쓰입니다. 반면에 앞서 박학다식博學多識(p449)에서 나온 박博(넓을 박)은 뜻이 반대죠. '넓고 많다'는 뜻이니까요.

박薄을 쓰는 표현이 또 있습니다.

薄利多賣
박 리 다 매

薄利多賣　엷을 박, 이익 리, 많을 다, 팔 매

이익을 적게 보면서 많이 판매함.

하나하나의 이익은 적게 보는 대신 물량을 많이 팔아서 큰 이익을 남기려는 정책을 가리킵니다. 반대로 하나하나를 비싸게 하여 적게 팔아도 큰 이익을 남기는 방법으로는 고가정책高價政策이 있습니다. 값을 비싸게 매기는 것이지요.

多情多感
다 정 다 감

多情多感　많을 다, 뜻 정, 많을 다, 느낄 감

정이 많고 감정도 풍부함.

다른 사람을 마음으로부터 배려해 주고 풍부한 감성을 갖춘 사람을 가리키는 표현입니다. 이와는 조금 다른 표현 가운데 다정다한多情多恨이 있습니다. 정도 많고 한도 많다는 뜻이니까 미운정 고운정이 깊이 든 모습을 가리킨다고 할 수 있죠.

多情佛心
다 정 불 심

多情佛心　많을 다, 뜻 정, 부처 불, 마음 심

정이 부처님 마음처럼 깊고 넓음.

정이 깊은 착한 마음씨를 가리키는 표현입니다.

잠아야
하느니라~

451

호 사 다 마

好事多魔 좋을 호, 일 사, 많을 다, 마귀 마

좋은 일에는 방해되는 요소도 많이 따라옴.

마魔는 악귀, 마술같이 인간의 힘으로 어찌할 수 없는 나쁜 일이라는 의미를 가지고 있습니다. 따라서 이 말은 좋은 일이 일어난다 해도 방심하지 말라는 표현이죠.

하늘 천 天

천 양 지 차
天壤之差
하늘 천, 흙 양, 조사 지, 차이 차

하늘과 땅만큼의 차이.
즉, 대단히 큰 차이를 이르는 말.

옛사람들에게 하늘과 땅 사이의 거리는 가장 먼 거리였죠. 그래서 도저히 가까워질 수 없는 커다란 차이를 가리킵니다.

청 천 백 일
靑天白日
푸를 청, 하늘 천, 흰 백, 날 일

맑은 하늘에 떠 있는 빛나는 해. 즉, 환하게 밝은 대낮을 가리킴.

말 그대로의 뜻은 해가 밝게 빛나는 대낮입니다. 대낮이란 깨끗하고 비밀이 없으며 거짓이 없는 정직함을 의미합니다. 그래서 '밝고 거짓이 없는 세상'을 가리키기도 합니다.

그런데 푸른 하늘이 밝고 맑기만 한 것은 아닙니다.

<ruby>靑<rt>청</rt></ruby><ruby>天<rt>천</rt></ruby><ruby>霹<rt>벽</rt></ruby><ruby>靂<rt>력</rt></ruby>

푸를 청, 하늘 천, 벼락 벽, 벼락 력

마른 하늘에 날벼락.
평화로운 상황에서 벌어지는 뜻밖의 사건을
가리킴.

우리 속담 '마른 하늘에 날벼락'의 한
자 편입니다. 아무 일도 없는 평화로
운 순간에 갑자기 벌어지는 큰 사건 또
는 충격적인 일을 가리키지요.

<ruby>天<rt>천</rt></ruby><ruby>井<rt>정</rt></ruby><ruby>不<rt>부</rt></ruby><ruby>知<rt>지</rt></ruby>

하늘 천, 우물 정, 아니 불, 알 지

끝이 어디인지 알 수가 없음.
즉, 가치나 값 등이 한없이 오르는 모습을 가리킴.

천정天井이란 집의 위를 가리키는 천장의 한자어입니다. 그러니까 천
정부지는 끝을 알 수 없다는 뜻이고, 그 뜻이 변해서 물건 값이 계속 오
르기만 하고 떨어질 줄 모를 때 이 표현을 씁니다. 이렇게 말이죠.
"장마가 계속되자 과일 값이 천정부지로 치솟고 있습니다."
부지不知는 '알지 못하다'는 뜻인데, 이 말이 들어간 표현은 또 있습
니다.

454

^생 ^면 ^부 ^지
生面不知 <small>날 생, 얼굴 면, 아니 불, 알 지</small>

한 번도 본 적이 없어 도저히 모르는 사람.

생면生面은 '처음으로 대하다'라는 뜻입니다. 그러니 처음 만나 알지 못하는 사람을 가리키는 말이지요.

^부 ^지 ^불 ^식 ^간
不知不識間 <small>아니 불, 알 지, 아니 불, 알 식, 사이 간</small>

생각지도 알지도 못하는 사이.

'자신도 모르는 사이'라는 말과 같군요. 따라서 '부지불식간에 일어난 일'이라고 하면 자기도 모르는 사이에 갑자기 발생한 사건을 뜻합니다.

^천 ^방 ^지 ^축
天方地軸 <small>하늘 천, 사방 방, 땅 지, 굴대 축</small>

못난 사람이 사방으로 날뛰는 모습.

방향을 잡지 못하고 함부로 날뛰는 모습을 가리키는 표현인데, 천방지 방千方地方이라고도 합니다.

이런 모습을 가리키는 표현은 또 있습니다.

跋扈 _{발 호} 밟을 발, 창궐할 호

세차고 사나워서 통제할 수 없을 만큼
날뜀.

앞에 걸리는 어떤 것도 밟아 버
리고 창궐한다는 뜻입니다.
그래서 불의의 집단 또는 반
역의 무리, 탐관오리, 도적 등
이 나서 백성들을 괴롭힐 때 쓰는 표현입니다.
이런 사태가 오면 인간과 하늘이 노하게 되죠. 다음과 같이 말이에요.

天人共怒 _{천 인 공 노} 하늘 천, 사람 인, 함께 공, 화낼 로

하늘과 사람이 함께 화를 냄.

하늘과 사람이 함께 화를 낸다니 누구나 분노할 정도요, 도저히 용납할
수 없는 것을 가리킵니다.

驚天動地 _{경 천 동 지} 놀랄 경, 하늘 천, 움직일 동, 땅 지

하늘을 놀라게 만들고 땅을 움직이게 함.

세상을 뒤흔들 만큼 놀랄 만한 일이나 사건을 가리키는 표현입니다.

天眞爛漫
천 진 난 만

하늘 천, 참 진, 흐드러질 란, 질펀한 만

아무런 꾸밈이 없이 말과 행동이 순수한 그대로임.

하늘에서 타고난 그대로 핀 꽃과 같다는 데서 이런 뜻이 나왔습니다. 생각할수록 아름다운 표현입니다. 실제로는 앞부분만 떼어 '천진스럽다'라고도 많이 씁니다.

다음 표현도 이에 못지않게 꾸밈이 없군요.

純眞無垢
순 진 무 구

순수할 순, 참 진, 없을 무, 때 구

마음이 꾸밈이 없고 참되며 아무런 죄도 없이 깨끗함.

무구無垢는 말 그대로 '때가 없이 깨끗하다'라는 말인데, 나아가 죄가 없이 깨끗함을 뜻하기도 합니다.

至高至純
지 고 지 순

이를 지, 높을 고, 이를 지, 순수할 순

가장 고결하고 가장 순수함.

이를 데 없이 깨끗하고 맑은 것을 가리키는 표현입니다. 지고至高와 지순至純은 독립적으로도 자주 쓰이죠. '지고의 가치' 하면 가장 높은 가치를 가리키고, '지순한 사랑' 하면 가장 순수한 사랑을 가리킵니다.

自 ~에서부터 자, 스스로 자

등 고 자 비
登高自卑 오를 등, 높을 고, 어조사 자, 낮을 비

높은 곳을 오르기 위해서는 낮은 곳에서부터
시작해야 한다.
즉, 모든 일은 순서와 단계에 따라 이루어지는 것임.

우리 속담에 '천 리 길도 한 걸음부터'라는 말이 있는데 이와 비슷한 표
현이군요.

자 초 지 종
自初至終 스스로 자, 처음 초, 이를 지, 나중 종

처음부터 끝까지.

일의 처음부터 끝까지의 전체 과정을 가리키는 말입니다.

다음에는 '스스로, 나 자신'이란 의미로 쓰인 표현입니다.

自問自答 _{자 문 자 답} 스스로 자, 물을 문, 스스로 자, 답할 답

스스로 묻고 스스로 대답함.

자기 스스로 묻고 자기가 대답하는 모습을 가리킵니다. 그러니까 독백獨白이나 마찬가지군요.

自力更生 _{자 력 갱 생} 스스로 자, 힘 력, 다시 갱, 날 생

스스로의 힘으로 새롭게 거듭 태어남.

남의 도움 없이 스스로 어려움에서 벗어나 새로운 삶을 일굴 때 쓰는 표현입니다. 이때 주의할 글자가 갱更입니다. 이 글자는 '경'과 '갱'의 두 가지로 발음되는데, '다시 갱', '고칠 경, 시각 경'으로 읽습니다. 그래서 갱신更新(새로 다시 만듦), 갱생更生(새로운 삶을 살아감), 변경變更(고침), 삼경三更(시각의 단위)처럼 구분되어 쓰이지요.

自畫自讚

자 화 자 찬
自畫自讚 스스로 자, 그릴 화, 스스로 자, 칭찬할 찬

스스로 그리고 스스로 칭찬함.

자기가 그린 그림을 자기가 칭찬하다니! 자기가 한 일을 스스로 자랑한 다는 뜻이군요.

자 업 자 득
自業自得 스스로 자, 업 업, 스스로 자, 얻을 득

자신이 저지른 일의 결과를 자신이 감수함.

자기가 저지른 일의 결과에 대해서는 누구도 아닌 스스로가 져야 한다 는 표현입니다. 이 표현은 열심히 노력해서 성공했거나 성과를 거두었 을 때는 쓰지 않고, 실패하면 "자업자득이지. 누구를 원망하겠어"라고 말합니다.

이런 표현은 또 있습니다. 모든 일은 자신이 한 행동의 결과니까 말이 지요.

자 승 자 박
自繩自縛 스스로 자, 새끼 승, 스스로 자, 묶을 박

자기가 꼰 새끼로 자기를 묶음.

자기가 만든 새끼줄로 자기 자신을 묶는다. 그러니까 자기의 마음 씀씀 이나 행동으로 인해 자신에게 피해가 돌아오는 경우를 가리킵니다. 이 표현도 긍정적으로 쓰지 않는다는 점에서 자업자득**自業自得**과 비슷 합니다.

自激之心
_{자 격 지 심}

스스로 자, 물결 부딪힐 격, 조사 지, 마음 심

자신이 이룬 일의 결과에 대해 <u>스스로</u> 미흡하게 여기는 마음.

자격지심은 스스로 부딪치는 마음, 즉 자기 자신이 자신을 괴롭힌다는 뜻입니다.

이와는 조금 다른 이런 표현도 있습니다.

自愧之心
_{자 괴 지 심}

스스로 자, 부끄러워할 괴, 조사 지, 마음 심

<u>스스로</u> 부끄러이 여기는 마음.

자괴심自愧心이라고도 하는 이 표현은 자신이 스스로를 부끄럽게 생각할 때 사용합니다.

아~
창피해

自家撞着
_{자 가 당 착}

스스로 자, 집 가, 부딪칠 당, 붙을 착

<u>스스로</u> 부딪치기도 하고 붙기도 함.
한 사람의 말과 행동이 서로 앞뒤가 맞지 않는 모습.

<u>스스로</u> 싸우기도 하고 붙기도 한다면 도대체 어떤 게 진실일까요? 그래서 모순된 상황을 표현하는 말이 되었습니다.

矛盾
모 수

창모, 방패 순

창과 방패. 말이나 행동이 앞뒤가 맞지 않는 모습.
또는 이론이나 상태, 행동 등이 서로 배치되는 모습을 이르는 말.

모순을 모르면 고사성어는 아는 것이 하나도 없다고 할 만큼 유명하고
또 자주 쓰이는 표현입니다.

초나라 때의 일입니다. 한 장사꾼이 방패와 창을
늘어놓고 떠들기를 "이 창으로 말씀드리면
세상 어느 방패도 꿰뚫을 만큼 강합니다"라고
하였습니다. 그 후 다시 방패를 들고는 "이 방패로
말씀드리면 세상 어느 창도 뚫을 수 없을 만큼
강합니다"라고 하였습니다. 그러자 이를 구경하던
한 사람이 "과연 당신의 창과 방패는 놀라운
것인데, 그렇다면 당신의 창으로 당신의 방패를
찌르면 어찌 될지 궁금하구려." 그러자 장사꾼은 아무
말도 못 하고 그만 자리를 떴다는군요.

二律背反
이 율 배 반

두 이, 법률 률, 등 배, 뒤집을 반

두 가지 율법이 서로 대립됨.

두 가지 법이 서로 대립하면 과연 어떤 법에 따라야 합니까? 그래서
이론이나 법률 사이에는 서로 대치되는 구절이 있어서는 안 됩니다.
특히 이 표현은 이론이나 법의 한 쪽이 틀렸고 다른 쪽이 맞은 게 아니
라, 모두 타당성을 가지고 있으면서도 서로 모순矛盾되는 경우를 가
리킵니다.

대 경 실 색
大驚失色 큰 대, 놀랄 경, 잃을 실, 빛 색

아연실색 (p416)

너무 크게 놀라 얼굴이 하얗게 변하는 모습.

우리나라 사람이나 중국인이나 놀라면 얼굴이 하얗게 되는 것은 마찬가지인 모양이군요.

대 기 만 성
大器晚成 큰 대, 그릇 기, 늦을 만, 이룰 성

큰 그릇은 늦게 만들어진다.
즉, 크게 될 인물의 참모습은
시간이 지난 후에 비로소
드러남.

노자의 《도덕경》에 나오는
말인데, 별로 뛰어나지 않은

자식을 둔 부모님, 그리고 별로 뛰어나지 않은 사람들이 좋아하는 말이군요.

그릇이 나왔으니 또 다른 그릇 하나 살펴보겠습니다.

君子不器 _{임금 군, 사람 자, 아니 불, 그릇 기}

군자는 형태가 고정된 그릇과 같지 않아서 모든 분야에 원만하게 적응할 수 있음.

옛날 중국에서는 그릇을 사람의 품성이나 나라에 비유한 경우가 많았습니다. 대기만성**大器晚成**도 마찬가지죠. 위의 표현에서도 그릇을 나타내는 기器가 그런 의미로 쓰였습니다. 역시 훌륭한 그릇은 쉽게 만들어지는 것이 아니군요.

그런데 그릇을 잘 만들어 놓아도 잘못 쓰면 말짱 도루묵입니다. 다음 표현을 볼까요?

大器小用 _{큰 대, 그릇 기, 작을 소, 쓸 용}

큰 그릇을 작게 씀.

큰 곳에 써야 할 그릇을 작은 곳에 쓰는 것은 결코 바람직하지 않습니다. 능력이 출중한 사람을 비천한 직위에 임명하는 것도 바람직하지 않죠.

大道無門

大道無門 큰 대, 길 도, 없을 무, 문 문

큰 길에는 문이 없다. 즉, 옳은 길을 가는 데는 거칠 것이 없다는 뜻.

큰 길은 '바른 길, 옳은 길, 정당한 길'이라는 의미를 담고 있습니다. 그러니까 '옳은 길을 가는 데는 거칠 것이 없다'라는 뜻이죠.

大書特筆

大書特筆 큰 대, 쓸 서, 특별할 특, 붓 필

특별한 붓으로 크게 씀. 즉, 중요한 사건을 두드러지게 써서 알림.

언론 특히 신문에서 중요한 사건을 크게 다루는 모습을 가리킵니다. 본래 뜻은 '큰 글씨를 특별한 붓으로 쓰다', '헤드라인을 장식하다'라는 표현이 이 말과 비슷하군요. 헤드라인은 우리말로 머리글.

大聲痛哭

大聲痛哭 큰 대, 소리 성, 아플 통, 울 곡

큰 소리를 내어 비통하게 울부짖음.

목 놓아 큰 소리로 우는 모습을 가리키는 표현입니다.

大喝一聲

大喝一聲 큰 대, 외칠 갈, 한 일, 소리 성

크게 한 번 소리침.

크게 외쳐 꾸짖는 소리를 가리킵니다. 그러니까 칭찬하거나 응원할 때

내는 큰소리를 가리켜 대갈일성이라고는 하지 않지요.

大逆無道
대 역 무 도

큰 대, 배반할 역, 없을 무, 길 도   **극악무도**(p339), **간악무도**(p339)

도리에 어긋나는 커다란 배신행위.

도道는 길이란 뜻 외에 '도리'란 의미로도 자주 씁니다. 앞서 본 대도무문**大道無門**(p465)의 '도'도 바른 도리란 의미죠. 대역무도란 표현은 친구 사이에 배신하거나 깡패들 사이에 배신하고 고발하는 것 등에는 사용하지 않습니다. 임금이나 나라에 대한 배신처럼 심각하고도 중대한 행위에 쓰는 표현이지요.

大義滅親
대 의 멸 친

큰 대, 옳을 의, 없앨 멸, 친할 친   **멸사봉공**(p104)

큰 정의를 위해서 사사로운 친근함을 무시함.

나라 또는 더 중요한 정의나 목적을 위해서 개인적 감정이나 친근함 따위를 포기하는 것을 가리킵니다. 가족을 버리고 전쟁터에 나간 계백 장군, 부모의 품을 벗어나 해외로 독립운동을 떠난 수많은 애국지사愛國志士들에게 해당되는 표현입니다.

大義名分 대 의 명 분 큰 대, 의로울 의, 이름 명, 나눌 분

큰 뜻을 펼치기 위해 지켜야 할 본분이나 도리.

대의명분은 실질적인 내용이라기보다는 세상을 향해 내세우는 명분이라는 뜻이 강하죠. 그래서 혁명이나 전쟁을 일으키는 사람들이 자신의 정당함을 알리기 위해 내세우는 이념이나 철학을 대의명분이라고 합니다.

尊王攘夷 존 왕 양 이 높일 존, 임금 왕, 물리칠 양, 오랑캐 이

임금을 숭상하고 오랑캐를 물리침.

예로부터 중국에서는 한족漢族, 즉 중국 원주민을 제외하고 모두 오랑캐라고 불렀죠. 그래서 뭇 제후들은 왕을 숭상하고 외부의 오랑캐를 배척하는 것을 가장 중요한 대의명분大義名分으로 삼았습니다.

衛正斥邪
위 정 척 사

지킬 위, 바를 정, 물리칠 척, 간사할 사

바른 것을 지키고, 옳지 못한 것을 물리친다는 유교 정치 사상.

존왕양이尊王攘夷(p467)가 중국인들의 대의명분大義名分(p467)이었다면, 조선시대 후기 유학자들의 대의명분은 위정척사衛正斥邪, 즉 바른 것을 지키고 옳지 못한 것을 물리치는 것이었죠. 이때 바른 것은 조선 선비들이 추구하던 학문이요 전통 사상이고, 옳지 못한 것은 서양 제국주의이자 서양 종교와 학문이었습니다.

大明天地
대 명 천 지

큰 대, 밝을 명, 하늘 천, 땅 지

사방이 환하게 밝은 세상.

아무런 비밀이나 어두운 구석도 없는 세상을 가리킬 때 쓰는 표현입니다. 그러니까 맑은 날씨를 가리킬 때는 이 표현을 잘 쓰지 않지요.
"이런 대명천지에 어찌 그런 일이 벌어질 수 있단 말인가?"

一石二鳥
일 석 이 조

한 일, 돌 석, 두 이, 새 조

돌 하나를 던져 두 마리 새를 잡음.

적은 노력으로 큰 성과를 거두는 경우를 가리키는 대표적인 표현입니다. 돌 하나로 두 마리 새를 잡다니! 이와 비슷한 우리 속담으로는 '도랑치고 가재 잡는다'가 있죠.

그런데 이 정도로도 만족하지 못하는 분들은 이렇게 잡는군요.

一網打盡
일 망 타 진

한 일, 그물 망, 칠 타, 다할 진

그물 하나로 모든 물고기를 다 잡음. 즉, 상대를 한 번에 모두 없애 버림.

한꺼번에 모조리 붙잡는 모습을 가리키지요. 비슷한 표현으로 소탕掃蕩이란 말도 있습니다. '밀수꾼을 일망타진했다'라고도 하고 '적을 소탕했다'라고도 하지요.

一脈相通
일 맥 상 통
한 일, 줄기 맥, 서로 상, 통할 통

사고방식, 상태, 성질 따위가 서로 통하거나 비슷해짐.

하나의 줄기가 서로 통한다는 말이니, 그 뜻을 알 만하지요. 두 문장이
전하는 의미가 비슷할 때도 이 표현을 씁니다.

一擧兩得
일 거 양 득
한 일, 들 거, 두 량, 얻을 득

한 번 몸을 들어 두 가지를 얻음.

한 번 움직여 두 가지를 얻는다는
뜻이니 일석이조一石二鳥(p469)
와 같군요.
거擧가 쓰이는 다른 표현을 알아
볼까요.

꿩 먹고
알 먹고

一擧手一投足
일 거 수 일 투 족
한 일, 들 거, 손 수, 한 일, 던질 투, 발 족

손을 한 번 들고, 발을 한 번 내딛는 모습.
즉, 모든 동작이나 행동을 가리킴.

사소한 행동이라도 빠짐없이 가리킬 때 쓰는 표현입니다. "저 자의 일
거수일투족을 감시해라" 하면 모든 행동을 빠짐없이 관찰하라는 말
이죠.

일 편 단 심
一片丹心 한 일, 조각 편, **붉을 단**, 마음 심

한 조각의 붉은 마음. 즉, 결코 변하지 않을 충성되고 참된 마음.

붉은 마음이란 참된 마음, 충성심처럼 변치 않는 마음을 가리킵니다.
따라서 예전 선비들은 이러한 마음을 매우 소중하게 여겼지요.
그럼 고려 말의 충신 정몽주 선생의 시조 한 편을 감상해 볼까요.

> 이 몸이 죽고 죽어 일백 번 고쳐 죽어
> 백골白骨이 진토塵土되어 넋이라도 있고 없고
> 임 향한 일편단심이야 가실 줄이 있으랴.

백골白骨은 사람이 죽어 시간이 지나 뼈가 하얗게 변한 것이고, 진토
塵土는 흙먼지란 뜻이죠. 그러니까 죽은 지 오랜 시간이 흘러 뼈가 먼
지로 변한다는 말입니다.
그렇다면 정몽주 선생만 일편단심을 가졌을까요?

> 까마귀 눈비 맞아 희는 듯 검노매라
> 야광명월이 밤인들 어두우랴
> 임 향한 일편단심이야 고칠 줄이 이시랴

사육신 가운데 한 분인 박팽년(1417~1456)의 시조입니다. 역시 일편단
심은 임을 향한 마음이죠?

一目瞭然 한일, 눈목, 밝을 료, 그러할 연
일 목 요 연

한눈에 알아볼 수 있게 밝고 뚜렷함.

한 번만 보면 분명하게 알 수 있다는 뜻이죠. 나아가 한눈에 알아볼 수 있게 잘 정돈되고 조리 있게 만들어진 것을 가리키기도 합니다.

一罰百戒 한일, 죄벌, 일백백, 경계할 계
일 벌 백 계

한 사람을 벌주어 백 사람에게 경계함. 즉, 한 사람 또는 한 가지 죄에 대해 강한 벌을 내림으로써 주위 모든 사람에게 경각심을 불러일으킴.

다른 모든 사람에게 경각심警覺心을 불러일으키기 위하여 본보기로 한 사람에게 엄한 벌을 내리는 경우를 가리킵니다.
"부대의 질서를 확고히 다지기 위해 이번 사건은 일벌백계로 다스릴 수밖에 없다."

一瀉千里 한일, 쏟을 사, 일천천, 거리 리
일 사 천 리

한번 흐르기 시작한 강이 거침없이 천리를 감.

어떤 일이 거침없이 빠르게 진행되는 모양을 가리킵니다. 그 외에 문장이나 말이 막힘없이 유창하게 이어질 때도 이 표현을 쓰지요.
이처럼 화끈한 표현은 또 있습니다.

一刀兩斷 한일, 칼도, 두량, 끊을단

칼을 한 번 휘둘러 단번에 둘로 나누듯이 일이나 행동에 대한 결정을
선뜻 내리는 모습.

이 표현은 칼을 시원스레 휘둘러 단번에 자르는 모습을 가리키기도 하
고, 그로부터 어떤 결정을 머뭇거리지 않고 선뜻 내리는 경우에도 씁
니다.
이와 비슷한 표현 가운데 칼이 들어가는 것이 또 있군요.

快刀亂麻 상쾌할 쾌, 칼 도, 어지러울 란, 삼베 마

어지럽게 얽힌 삼베를 한 칼에 잘라 버림.
대상이 되는 문제를 명확하면서도 빠른 시간에 해결하는 모습.

어지럽게 얽히고설킨 문제를 빠르고 명쾌하게 처리하는 모습을 가리키
는 표현입니다. 삼베처럼 가는 실들이 복잡하게 얽힌 것을 푸는 방법은
역시 자르는 것 아니겠어요?

一葉片舟 한일, 잎엽, 조각편, 배주

물 위를 떠가는 작은 나뭇잎 같은 조각배를 이르는 표현.

일엽편주는 호수나 시냇가에 떠 있는 배에는 거의 쓰지 않습니다. 주로
망망대해 茫茫大海(p239)처럼 넓은 바다에 상대적으로 작은 배가 떠 있
을 때 쓰는 표현이죠.

一葉知秋 _{일 엽 지 추} 한 일, 잎 엽, 알 지, 가을 추

한 잎의 낙엽을 보고 가을이 왔음을 알 수 있음.

낙엽이 한 잎 떨어지면 어느 새 가을이 왔음을 느끼게 되죠. 이렇게 한 가지 일이나 사건을 보고 전체 상황을 짐작할 때 쓰는 표현입니다.

一衣帶水 _{일 의 대 수} 한 일, 옷 의, 띠 대, 물 수

한 줄기 띠와 같이 좁게 흐르는 강물이나 바닷물.

한 벌 옷의 띠와 같은 물이라니 참 재미있는 표현입니다.

一陣狂風 _{일 진 광 풍} 한 일, 줄 진, 미칠 광, 바람 풍

한바탕 부는 사나운 바람.

진陣은 '대열, 줄'을 가리키는데, 군사의 진영을 가리키기도 합니다. 그래서 배수진背水陣(p519)은 물을 등에 지고 자리를 잡는 진陣, 화우지진火牛之陣은 소꼬리에 불을 달고 공격하는 진陣을 가리킵니다.

一絲不亂 _{일 사 불 란} 한 일, 실 사, 아니 불, 어지러울 란

한 가닥의 실도 풀어지지 않음. 전체가 하나처럼 행동함.

이 표현은 질서가 잘 잡혀 있어 조금도 어지럽거나 혼란이 없는 모습,

질서정연秩序整然보다 더욱 정교한 모습을 나타내는 듯하군요. 전체가 하나처럼 움직이는 모습이니까요.

실이란 글자가 들어간 표현도 여럿입니다. 실은 엉키면 문란한 상태를 가리키는 반면 가지런하면 정돈된 모습을 뜻하니까요.

風紀紊亂
풍 기 문 란
바람 풍, 벼리 기, 어지러울 문, 어지러울 란

풍속이나 기율이 제대로 서지 못하고 대단히 어지러움.

풍기風紀는 풍속과 기강을 뜻하지요. 그러니까 풍속과 기강이 실이 엉킨 것처럼 엉망인 모습을 가리키는 표현입니다.

그런데 문란한 것이 풍기만은 아니군요.

秩序紊亂
질 서 문 란
차례 질, 차례 서, 어지러울 문, 어지러울 란

순서가 어지럽고 체계가 잡혀 있지 않은 모습.

질서가 바르지 않고 어지러운 모습을 가리키는 표현입니다.

그렇다면 질서문란의 반대말은? 쉽습니다.

秩序整然
질 서 정 연
차례 질, 차례 서, 가지런할 정, 그럴 연

순서가 가지런하고 정돈되어 있음.

질서문란秩序紊亂과는 정반대되는 뜻이군요.

08

九 아홉 구

구 곡 간 장
九曲肝腸 아홉 구, 굽을 곡, 간 간, 창자 장

굽이굽이 서린 창자. 시름과 한이 가득 찬 마음속을 일컫는 말.

굽이굽이 이어진 창자를 가리키는데, 비유
적으로 한과 시름이 쌓여 꼬일 대로 꼬
인 마음속을 뜻하기도 합니다. 구곡이
라고 하면 아홉 번 굽었다는 뜻이죠.
그래서 굽이굽이 이어진 고갯길을
가리킬 때도 씁니다.

구 절 양 장
九折羊腸 아홉 구, 꺾을 절, 양 양, 창자 장

아홉 번 굽은 양의 창자.
대단히 구불구불하고 험한 산길을 가리키는 말.

사람의 간장이 아홉 번 굽으면 맺힌 한을 나타내는데, 양의 간장이 아홉 번 굽으면 험한 산길을 가리키는군요. 양의 창자가 사람의 그것보다 더 긴가봅니다. 물론 이 표현 또한 구곡간장**九曲肝腸**처럼 어려운 세상살이를 가리킬 때도 쓰입니다.

이처럼 장腸은 여러 번 굽은 상태 때문에 고통스럽거나 슬픔, 한이 깊을 때 자주 사용하는데요, 다음 표현은 더욱 고통스럽습니다.

단 장
斷腸 끊길 단, 창자 장

창자가 끊어질 정도의 슬픔.

우리 옛 노래 가운데 〈단장의 미아리 고개〉라는 것이 있습니다. 한국전쟁 때 남편과 이별하는 아내의 아픔을 노래한 것인데, 이때 단장이란 바로 창자가 끊어질 만큼 슬픈 모습을 가리킵니다.

구 중 궁 궐
九重宮闕 아홉 구, 거듭 중, 집 궁, 대궐 궐

아홉 번 거듭 쌓은 담 안에 자리한 대궐.
접근하기 어려울 만큼 깊이 자리한 궁궐을 가리킴.

우리나라의 궁궐을 가 보아도 임금의 처소는 접근하기 어려울 만큼 깊은 곳에 자리 잡고 있지요.

이와 비슷한 표현이 또 있습니다.

九重深處 _{구 중 심 처} 아홉 구, 거듭 중, 깊을 심, 곳 처

아홉 겹으로 둘러싸인 깊은 곳.

이 또한 깊은 곳에 자리한 궁궐을 가리키는 표현입니다. 궁궐 대신 '깊
은 처소'라는 뜻의 심처深處를 썼군요. 이항복(1556~1618)이란 분 아
시죠? 오성과 한음으로 유명한데, 그분이 지은 시조 가운데 이런 것이
있습니다.

> 철령 높은 봉에 쉬어 넘는 저 구름아
> 고신원루孤臣冤淚를 비삼아 떼어다가
> 임 계신 구중심처九重深處에 뿌려본들 어떠리.

광해군 치하에서 인목대비의 폐모를 반대하다가 함경도로 귀양 가면서
지은 시조입니다. 고신원루孤臣冤淚는 임금으로부터 버림받아 외로
운 신하가 흘리는 통한의 눈물이지요.

九十春光 _{구 십 춘 광} 아홉 구, 열 십, 봄 춘, 빛 광

석 달에 이르는 봄의 화창한 날씨.

한 달이 30일이니까 석 달은 90일이죠. 그래서 봄의 화창함을 가리키
는 표현입니다. 또한 이 뜻이 확대되어 아흔 살인데도 봄빛처럼 건강한

모습을 가리키기도 합니다.

청나라 때의 시인 오석기吳錫麒(1746~1818)란 사람이 쓴 시 가운데 나오는 표현인데, 시를 한번 볼까요.

落花飛絮滿煙波 낙화비서만연파
九十春光去如梭 구십춘광거여사
蹤跡年年何處覓 종적연년하처멱
一回白髮一回多 일회백발일회다

낙화 떨어지고 솜 날며 안개 물 속에 가득한데
구십 일 봄빛은 베틀 북처럼 지나는구나
그 자취 해마다 어느 곳에서 찾아야 할지 모르겠고
해마다 흰머리만 늘어가는구나

시의 제목은 〈봄을 보내며〉.

三旬九食 석삼, 열흘순, 아홉구, 먹을식
삼 순 구 식

삼십일 동안 아홉 끼를 먹음. 집안이 매우 가난함.

순旬은 열흘 동안을 가리킵니다. 그래서 한 달을 상순上旬(또는 초순初旬), 중순中旬, 하순下旬의 세 부분으로 나누지요. 삼십일 동안 아홉 끼면 삼일에 한 끼네요. 정말 어려운 살림살이군요.

九牛一毛

_{구 우 일 모}

아홉 구, 소 우, 한 일, 터럭 모

아홉 마리 소 가운데서 뽑은 터럭 하나. 즉, 대단히 하찮은 것을 가리킴.

한 마리 소에서 터럭 하나를 뽑아도 알아볼 사람 하나 없을 텐데 하물며 아홉 마리 가운데서 터럭 하나를 뽑는다고요? 당연히 아무도 신경쓰지 않을 만큼 하찮은 일이겠지요. 이 표현은 《사기》를 집필한 불후의 역사가 사마천의 편지에서 유래하였습니다.

滄海一粟

_{창 해 일 속}

푸를 창, 바다 해, 한 일, 조 속

푸른 바다에 떨어진 조 한 알.
즉, 아주 많거나 넓은 것 가운데
대단히 하찮은 부분이나 작은 것.

중국 북송시대의 유명한 문인인 소식의 〈전적벽부前赤壁賦〉에 나오는 표현입니다. 마루에 떨어진 조 한 알도 찾기가 힘든데 바다 한가운데 떨어진 조 한 알이라니!

牛溲馬勃 소 우, 오줌 수, 말 마, 똥 발

우 수 마 발

소의 오줌과 말의 똥. 하찮고 형편없는 것.

우수와 마발은 쇠오줌과 말똥을 가리킵니다. 그래서 하찮고 별 가치 없는 것을 가리키는 표현이 되었습니다.

그렇다면 우리 조상들은 이렇게 하찮거나 작은 것을 어떻게 표현했을까요? '고양이 죽은 데 쥐 눈물.' 역시 우리 속담은 재미있다니까요. 고양이가 죽었는데 쥐가 문상 와서 눈물을 흘리는군요. 얼마나? 보나마나죠.

다음 표현은 동작의 결과가 너무 미미할 때 씁니다.

漢江投石 한수 한, 강 강, 던질 투, 돌 석

한 강 투 석

한강에 돌을 던짐.
즉, 실시한 내용이 너무나 미미해 아무런 효과를 거두지 못하는 상황.

한강에 돌 하나 던지면 어떤 결과가 나타날까요? 던진 사람 외에는 누구도 알지 못할 정도로 미미하겠죠. 이렇게 일을 하기는 했지만 그 결과가 너무 미미하여 효과를 거두지 못하는 상황을 가리킬 때 쓰는 표현입니다.

이번에는 오히려 양이 너무 많아 하찮게 여겨지는 경우입니다.

車載斗量

거 재 두 량

수레 거, 실을 재, 말 두, 헤아릴 량

제제다사(p102)

수레에 싣고 말로 될 만큼 양이 너무 많음.

양이 너무 많아서 귀한 줄을 모르는 경우 또는 소홀히 다루어지는 경우를 가리키는 표현입니다.

《삼국지》에 나오는 이야기입니다.

유비가 두 아우, 즉 관우와 장비를 잃은 후 복수를 위해 오나라 공격에 나섭니다. 그러자 오나라 황제 손권은 조자를 위나라에 사신으로 보내 힘을 합쳐 촉을 공격하자고 청하지요. 한편 조조의 뒤를 이어 황제에 오른 조비는 조자의 뛰어난 웅변과 판단력에 감탄하여 묻습니다. "오나라에 그대와 같은 인물이 얼마나 되는가?" 이에 오자가 대답하지요.
"저보다 총명하고 능력이 뛰어난 인물만 해도 팔구십 명이요. 나 같은 인물은 수레에 싣고 말로 될 만큼 많아 셀 수가 없습니다."

非一非再

비 일 비 재

아닐 비, 한 일, 아닐 비, 거듭 재

하나도 아니요. 둘도 아니다.
즉, 하나 둘이 아니라 수두룩함을 가리킴.

하나도 아니고 둘도 아니다. 따라서 수없이 많다는 뜻이지요. 이와 비

숱한 말로 '무수無數하다' 란 말이 있습니다. 글자 뜻은 '수가 없다'인데, 셀 수 없을 만큼 많은 것 을 가리키는 표현입니다.

우 후 죽 순
雨後竹筍 비우, 뒤후, 대나무죽, 죽순순

비온 뒤에 솟아나는 죽순처럼 한때에 무성하게 생기거나 일어나는 모습.

죽순은 대나무 땅속줄기에서 솟아나는 연한 순을 가리킵니다. 그런데 비가 오고 나면 이 죽순이 순식간에 널리 퍼져 솟아나거든요. 그래서 이런 표현이 생겼습니다.

09

百 일백 백

百家爭鳴
백 가 쟁 명

일백 백, 집 가, 다툴 쟁, 울 명

수많은 학자나 학파가 자신들의 사상을 자유로이 논쟁함.

세계 역사상 유래를 찾아보기 힘들 만큼 다양한 국가와 문화, 인물과 철학이 다툰 시대가 바로 중국의 춘추전국시대인데, 이때 활동한 학파와 학자들을 가리켜 제자백가諸子百家(p439)라고 하지요. 또한 이렇게 다양한 학문과 철학의 분파가 토론하고 경쟁하는 모습을 일컬어 백가쟁명이라고 합니다.

대표적인 학파로는 공자가 중심인 유가儒家, 노자와 장자가 중심인 도가道家, 한비자와 순자가 중심인 법가法家, 묵자가 중심인 묵가墨家, 그 외에 계절의 변화와 만물의 순환을 주장하는 음양가陰陽家, 명분과 논리를 중시하는 명가名家 등이 있었습니다.

百花齊放
백 화 제 방
일백 백, 꽃 화, 가지런할 제, 놓을 방

온갖 꽃이 만발함. 수많은 학설이 자유롭게 발전하며 발표되는 모습.

백가쟁명 百家爭鳴과 비슷한 뜻이군요. 모든 학문이 골고루 발전하기 위한 선결 과제는 학문의 자유입니다. 학문의 자유가 보장되지 못하면 누구도 자신의 주장이나 이론을 발표할 수 없잖아요.

百年佳約
백 년 가 약
일백 백, 해 년, 아름다울 가, 약속 약

백 년 동안 함께하자고 맺는 아름다운 약속.

혼인하여 평생을 함께할 것을 맺는 약속이란 뜻이죠. 그래서 '백년가약을 맺는다'라고 하면 혼인한다는 의미입니다.

百年之客
백 년 지 객
일백 백, 해 년, 조사 지, 손님 객

영원한 손님. 늘 손님처럼 대한다는 뜻으로, 사위를 가리키는 말.

예로부터 사위는 장인과 장모, 즉 아내의 부모에게는 손님처럼 어려운 존재였습니다. 귀한 딸이 사위의 집으로 시집을 가므로, 딸이 편안하기 위해서는 사위가 잘 대해 주어야 했기 때문이지요. 우리말로는 '백년손님'이라고 합니다.

百弊俱存

_{백 폐 구 존}

일백 백, 폐단 폐, 갖출 구, 있을 존

온갖 폐단이 모두 존재함.

아무런 개선도 이루어지지 않은
채 예로부터 내려오는 모든 폐
단이 그대로 존재하는 한심한
상황을 나타내는 표현이군요.

百聞不如一見

_{백 문 불 여 일 견}

일백 백, 들을 문, 아니 불, 같을 여, 한 일, 볼 견

백 번 듣는 것이 한 번 보는 것만 같지 못함.

전해 듣는 것, 즉 소문은 아무리 들어도 자신이 확인하지 않는 한 믿을
수가 없지요. 그래서 이런 표현이 나왔는데, 너무나 유명해서 모르는
분이 없을 겁니다.

전한前漢시대 때 북방 오랑캐가 한나라를 공격하는 일이 벌어졌습니다.
이에 조정에서는 일흔이 넘은 노장 조충국을 사령관에 임명하고
토벌군을 파견하기로 하였습니다. 그러자 당시 황제 선제가 조충국에게
물었습니다.
"병사가 얼마나 필요할 것 같소?"
"백 번 듣는 것보다 한 번 보는 것이 낫습니다. 멀리서 벌어지는
일을 이곳에서 뭐라 말씀드리기는 어렵습니다. 가서 직접 확인한 후
말씀드리겠습니다."
이후 국경지대로 출전한 조충국이 오랑캐를 물리쳤음은 두말할 나위가
없습니다.

百發百中 일백 백, 쏠 발, 일백 백, 가운데 중

백 발을 쏘아 백 발을 모두 명중시킴.

활이나 총 따위를 잘 쏠 때 이 표현을 쓰는 것은 당연하지요. 그 외에
예상이나 계획 등이 제대로 맞아 떨어질 때도 쓰는 표현입니다.

百戰不殆 일백 백, 싸울 전, 아니 불, 위태할 태

백 번 싸워도 위험하지 않음. 즉, 싸울 때마다 이길 만큼 뛰어남.

일반적으로는 백전백승百戰百勝이라고 하지요. 《손자병법》에 나오
는 유명한 구절입니다. '지피지기知彼知己면 백전불태百戰不殆',
즉 '적을 알고 나를 알면 백 번 싸워도 위험하지 않다'라는 구절에서 비
롯되었군요. 지피지기知彼知己도 자주 쓰는 표현입니다. '적을 알고
나를 알다'라는 뜻이죠.

10

千 일천 천

천 리 타 향
千里他鄉 일천 천, 거리 리, 다를 타, 시골 향

고향에서 천 리나 떨어져 있는 타지.

옛날 어른들께서 즐겨 듣던 유행가 가사에 자주 나오는 표현입니다. 고향을 떠나와 타향에서 살아가는 사람들이 느끼던 외로움을 강하게 표현할 때 쓰는 말이죠.

천 군 만 마
千軍萬馬 일천 천, 군사 군, 일만 만, 말 마

천 명의 군사와 만
마리의 말.
대단히 강력한 군사력을
가리킴.

천千과 만萬은 반드시

숫자 1000과 10000을 가리키는 것이 아님은 아시죠? 매우 강력한 군사력을 가리키는 표현입니다.

萬乘之國 _{만 승 지 국} 일만 만, 탈 승, 조사 지, 나라 국

수레 만 대를 동원할 만큼 강대한 국가. 천자의 나라를 일컫는 말.

옛날 전쟁은 기병과 수레가 좌우했습니다. 뒤에 병사가 타는 수레 말이죠. 요즘 같으면 탱크라고 할 수 있는데, 수레가 많으면 강대한 국가였습니다. 만승지국, 즉 수레가 만 대에 이르는 나라는 오직 천자의 나라밖에 없다는 의미에서 이런 표현이 생겨났습니다.

천승지국千乘之國이란 표현도 자주 쓰는데, 이는 만승지국보다 작은 나라(춘추전국시대의 작은 제후국)를 가리킵니다.

천千과 만萬을 이용해 만든 표현은 이 외에도 많이 있습니다.

千變萬化 _{천 변 만 화} 일천 천, 변할 변, 일만 만, 될 화

변화가 끝이 없음. 천만 가지 변화를 일컫는 말.

천 번 변하고 만 번 바뀐다는 뜻이니 얼마나 변화무쌍變化無雙한 상태를 가리키는지 알 만합니다.

千差萬別
_{천 차 만 별}

일천 천, 어긋날 차, 일만 만, 나눌 별

모든 사물들 사이에는 차이가 있고
구별이 있음.

세상에 어떤 사물, 사람도 같
은 것은 없지요. 얼핏 보면
같아 보이지만 잘 살펴보면
다릅니다. 따라서 이 표현은
세상 만물이 서로 다름을 강
조할 때 사용합니다.

千態萬象
_{천 태 만 상}

일천 천, 모양 태, 일만 만, 모양 상

모든 사물의 모양이 제각각임.

천차만별이 세상 만물의 차이를 강조했다면 이 표현은 각각의 생김생
김을 강조했군요.
이런 뜻을 가진 표현은 또 있습니다. 왜? 세상 만물이 모두 다르니까요.

各人各色
_{각 인 각 색}

각기 각, 사람 인, 각기 각, 빛 색

각양각색(p80)

각각의 사람은 각각의 특색을 가지고 있음.

세상 사람들은 모두 저만의 색상을 띠고 있다는 이 말을 떠올려 보면
아무리 세상에 많은 사람이 있다 해도 그들을 단순히 한 집단으로 치부
해서는 안 된다는 사실, 아시겠죠?

그렇다고 세상 만물이 다 다른 것은 아닙니다. 다음 표현을 보실까요.

大同小異 _{큰 대, 같을 동, 작을 소, 다를 이}
대 동 소 이

큰 부분은 같으나 작은 부분에는 차이가 있다.
전체적으로는 같으면서 사소한 차이가 있는 것을 나타냄.

대부분은 같으나 사소한 차이가 있을 때 쓰는 표현입니다. 그래서 이
표현은 같다는 것을 강조하는 것이지 다른 것을 강조하는 것이 아니라
는 사실도 알아두세요.
다음 표현은 정말 같군요.

千篇一律 _{일천 천, 책 편, 한 일, 가락 률}
천 편 일 률

천 권의 책이 모두 한 가지 가락으로 이루어져 있음.
모든 사물이나 글에 차이점이 없이 똑같음.

내용이 다 비슷하잖아~

한두 권도 아니고 천 권의 책이 모두 같은
내용이라니! 보는 독자는 얼마나 지겹겠
습니까? 그래서 이 표현은 대부분
부정적으로 쓰인답니다.
"네 작품은 모두 천편일률적이
야. 작품 하나하나의 개성이 엿
보이지 않아."

不遠千里

_{불 원 천 리} 아니 불, 멀 원, 일천 천, 거리 리

천 리를 멀게 여기지 아니함.

천 리는 옛날부터 먼 거리의 대명사로 쓰였습니다. 그래서 '천 리 길도 한 걸음부터'라는 속담도 있잖아요. 그렇게 먼 거리를 멀게 여기지 않는다는 말이니, 마음이나 의지, 염원이나 그리움이 강할 때 쓰는 표현이겠죠.

"이몽룡은 춘향이가 있는 남원까지 불원천리하고 한달음에 내달았다."

千載一遇

_{천 재 일 우} 일천 천, 실을 재, 한 일, 만날 우

천 년에 한 번 만날 만한 기회.
다시 오기 힘든 좋은 기회를 일컫는 말.

바랄 나위없이 좋은 기회를 가리키
는 말이지요.
이렇게 좋은 기회를 가리키는 표
현은 또 있습니다.

勿失好機

_{물 실 호 기} 말 물, 잃을 실, 좋을 호, 기회 기

결코 잃을 수 없는 절호의 기회. 또는 절호의 기회를 잃지 않음.

물勿은 '말다, 아니다'라는 뜻을 갖는 부정사입니다. 그러니까 물실勿失은 잃을 수 없다는 뜻이죠.

^{만 무 일 실}
萬無一失 _{일만 만, 없을 무, 한 일, 잘못 실}

결코 실패하지 않음.
실패하거나 실수할 염려가 조금도 없는 상태.

만에 하나도 잘못이 없다. 즉, 어떤 경우에도 실수가 없음을 가리키는
말입니다. 백무일실**百無一失**도 같은 뜻입니다.

^{천 려 일 실}
千慮一失 _{일천 천, 근심 려, 한 일, 잃을 실}

천 번 생각하다 보면 한 번쯤 실수를 함.
아무리 뛰어난 사람도 실수를 할 때가 있음.

천 가지 일을 추진하다 보면 한 번쯤 실수는 있는 거죠. 그래서 '한 번
실수는 병가지상사**兵家之常事**'라는 옛말도 있습니다.

^{병 가 상 사}
兵家常事 _{군사 병, 집 가, 항상 상, 일 사}

병법에선 일상적인 일임. 실수나 패전은 싸우다 보면 늘 있는 일이므로
낙심하거나 절망할 일이 아님.

한자 뜻만 보면 병가, 즉 병법에 일상적으로 있는 일이란 뜻인데, 사실
은 '한 번 실수는 병가에서 흔히 있는 일'이란 의미가 포함된 것이죠.

千慮一得

천 려 일 득

일천 천, 근심 려, 한 일, 얻을 득

천 번 생각하다 보면 한 번쯤 얻는 게 있음.

아무리 모자란 사람도 가끔 뛰어난 성과를 거둘 때가 있음.

분명 좋은 의미의 글자가 들어 있는데도 별로 기분 좋은 표현은 아니군요.

그렇지만 다음 표현보다는 훨씬 낫습니다.

百無一取

백 무 일 취

일백 백, 없을 무, 한 일, 취할 취

백 개 가운데 취할 만한 것이
하나도 없음.

무엇 하나 쓸 만한 것이 없거나
도움 되는 것이 없는 경우에
쓰는 표현입니다. 이 표현의
대상이 되는 사람이나 사물
은 정말 안 됐군요.

아니 불 不

不可思議

불 가 사 의

아니 불, 가할 가, 생각 사, 의논할 의

사람의 생각으로는
미루어 헤아릴 수 없이
이상함.

생각하고 의논함이
불가능하다, 즉 도
저히 사람의 판단
력으로는 이해가
되지 않는 것을 가리
키는 말입니다.

이와 비슷한 말로 불가해**不可解**가 있습니다. '이해할 수 없음, 해결할
수 없음'이란 뜻이죠.
약간 의미가 다른 이런 표현도 있습니다.

不可抗力
불 가 항 력

아니 불, 가할 가, 막을 항, 힘 력

사람이 저항할 수 없는 힘. 즉, 인간으로서는 어찌할 수 없는 힘.

대표적인 불가항력이 천재지변天災地變이나 자연재해自然災害입니다. 이러한 것들은 인간의 노력으로 그 피해를 줄일 수는 있겠지만 완벽히 예방하거나 없앨 수는 없지요. 지진이나 해일, 태풍, 가뭄, 장마 등이 불가항력에 속합니다.

天災地變
천 재 지 변

하늘 천, 재앙 재, 땅 지, 변할 변

하늘의 재앙과 땅의 움직임. 즉, 자연 현상에서 비롯된 재앙이나 변고.

대표적인 불가항력이 천재지변인데, 천재天災가 장마, 가뭄, 태풍 등이라면 지변地變은 지진, 해일 등을 가리키겠군요.

不問可知
불 문 가 지

아니 불, 물을 문, 가할 가, 알 지

묻지 않아도 알 수 있음.

누구나 알 수 있는 명약관화明若觀火한 일을 가리키는 표현입니다.
"둘이 사귄다는 사실은 불문가지야." 세상 사람이 모두 아는 사실이군요.

명약관화를 모르신다고요? 그럼 배우고 넘어가야죠.

^{명 약 관 화}
明若觀火 밝을 명, 같을 약, 볼 관, 불 화

불을 보듯 분명함.

밝게 빛나는 불을 보듯 분명한 사실을 가리키는데, '불을 보듯 뻔하다'
라는 우리 속담도 있지요.

^{불 문 곡 직}
不問曲直 아니 불, 물을 문, 굽을 곡, 곧을 직

옳고 그름을 묻지 아니함.

어떤 것이 옳고 그른지 묻지 않고 무작정 자신의 판단을 실행에 옮길
때 자주 사용하는 표현입니다. "변사또는 부임하자마자 불문곡직하고
죄인들 곤장부터 치기 시작했다." 아, 나쁜 사또군요.

^{불 구 대 천 지 수}
不俱戴天之讎 아니 불, 함께 구, 일 대, 하늘 천, 조사 지, 원수 수

하늘을 함께할 수 없는 원수.
즉, 나와 상대방 둘 가운데 하나는 죽어 없어져야만 하는 원수 사이.

하늘을 함께 질 수 없다는
뜻은 결국 누군가 한
사람은 이 세상에서
사라져야 한다는 것
이죠. 줄여서 불구
대천不俱戴天이
라고도 합니다. 불

공대천不共戴天도 같은 뜻입니다.

《예기》에 나오는 내용, '부모의 원수와는 한 하늘 아래 살 수 없고, 형제의 원수에게는 뽑은 칼을 다시 넣지 않으며, 친구의 원수와는 한 나라에 살지 않는다'에서 비롯되었습니다.

이런 정도의 원수 사이라면 다음 표현도 어울리겠는데요.

氷炭不相容
_{빙 탄 불 상 용} 얼음 빙, 숯 탄, 아니 불, 서로 상, 허용할 용

얼음과 숯은 서로 용납하지 않음.

얼음과 숯이 함께 있으면 서로에게 해만 될 뿐이지요.

그래서 서로에게 해를 주는 사이를 가리킬 때 쓰는 표현입니다.

不事二君
_{불 사 이 군} 아니 불, 일 사, 두 이, 임금 군

두 임금을 섬기지 아니함.

본래는 충신불사이군忠臣不事二君인데, 《사기》에 나오는 왕촉이란 인물이 한 말에서 유래한 표현입니다.

왕촉은 그 무렵 제나라에서 벼슬을 하고 있었습니다. 그런데 그의 인물됨은 널리 알려져 있었지요. 언젠가 연나라가 제나라를 공격했습니다. 승승장구하며 제나라로 쳐들어간 연나라 장수는 왕촉을 찾아 연나라에 입조하라고 권유합니다. 그러나 왕촉은 고개를 저으며 이렇게 말하죠. "충신은 두 임금을 섬기지 아니하고 열녀는 두 남편을 섬기지 않습니다."

이로부터 유래한 말이 충신불사이군忠臣不事二君 열녀불경이부烈女不更二夫입니다.

名不虛傳 _{명 불 허 전}

名不虛傳 이름 명, 아니 불, 빌 허, 전할 전

전해지는 명성이 빈말이 아님.
즉, 명성이 전해오는 데는 그만한 까닭이 있음.

이름이 전해오는 것이 빈말이 아니다. 즉 어떤 사람의 명성이 높은 데는 다 그만한 이유가 있다는 말입니다. 명불허득名不虛得도 비슷한 뜻입니다. 명성은 쉽게 얻어지는 것이 아니라는 뜻이거든요.

不偏不黨 _{불 편 부 당}

不偏不黨 아니 불, 치우칠 편, 아니 불, 무리 당

어떤 무리나 당파에도 치우치지 않음.

어떤 이념, 어떤 편, 어떤 무리에도 치우치지 않고 중도적 입장을 지킨다는 뜻입니다. 조심해야 할 것은 앞의 불不은 '불'로 읽고, 뒤의 불不은 '부'로 읽는다는 점입니다. 그래서 '불편부당'이라고 합니다.

身土不二 _{신 토 불 이}

身土不二 몸 신, 흙 토, 아니 불, 두 이

사람의 몸과 땅은 서로 나뉠 수 없음.

'우리 몸에는 우리 농산물'이란 표어에 꼭 등장하는 말이지요. 사람의 몸은 그 몸이 태어나고 자라는 땅과 떼려야 뗄 수 없는 밀접한 관계를 맺고 있다는 뜻입니다.

目不忍見 _{목 불 인 견} 눈 목, 아니 불, 참을 인, 볼 견

눈으로 차마 참고 볼 수 없음.

눈으로 볼 수 없을 정도로 비참하거나 안타까운 모습을 가리킬 때 쓰는 표현이죠. 또한 하도 어이가 없어 참고 볼 수 없는 아니꼬운 모습을 가리킬 때도 씁니다.
"저 잘난 체하는 모습이라니! 정말 목불인견이군."

人事不省 _{인 사 불 성} 사람 인, 일 사, 아니 불, 깨달을 성

자신에게 일어나는 일조차 알 수 없을 만큼 정신을 잃은 모습.

인사불성은 정신을 잃어 의식이 없는 상태를 가리키지요. 특별한 경우가 아니라면 술을 많이 마신 사람들에게 자주 일어나는 일입니다.

能書不擇筆
^능^서^불^택^필

능할 능, 글 서, 아니 불, 가릴 택, 붓 필

명필은 붓을 가리지 않는다.

당나라 때의 명필 구양순이 붓을 가리지 않고 글을 썼다는 데서 유래한 표현입니다. 뛰어난 목수는 연장 탓을 하지 않지요. 이처럼 어떤 분야에 진정으로 뛰어난 사람은 상황에 따라 실력이 들쑥날쑥하지 않습니다. 우리 속담에도 '목수가 연장 탓만 한다'라는 게 있는데, 진정한 목수라면 연장 탓을 하면 안 되겠군요.

無不干涉
무 불 간 섭

없을 무, 아니 불, 범할 간, 이를 섭

자기와는 상관없는 일에 공연히 간섭하고 참견함.

무無와 불不이 모두 부정적인 뜻이니까 부정의 부정은 긍정이죠. 그래서 모든 일에 간섭한다는 뜻이 된 것입니다.
그렇다면 옆에서 일어나는 일에 아무런 관심도 기울이지 않을 때는 어떤 표현을 쓸까요?

袖手傍觀
수 수 방 관

소매 수, 손 수, 곁 방, 볼 관

팔짱을 끼고 보고만 있음.

소매에 손을 넣는 것, 즉 팔짱을 끼는 것이죠. 그래서 자신은 뒤로 빠진채 되어 가는 모습을 바라만 보는 것을 가리킵니다. 이런 사람들은 대부분 '굿이나 보고 떡이나 먹자'라는 생각을 품고 있지요.

度外視 _{법도 도, 바깥 외, 볼 시}
도 외 시

한도를 벗어나는 것에 대해서는 쳐다보지 않음. 안중에 두지 않고 무시함.

어떤 것에 대해 상관하지 아니하거나 무시하는 모습을 가리키는 표현입니다.

이와 유사한 표현이 또 있습니다.

置之度外 _{둘 치, 이것 지, 법도 도, 바깥 외}
치 지 도 외

한도 밖에 둔다.

앞의 표현과 별반 다르지 않지요. 한도를 벗어나는 곳에 둔다는 뜻이니까 자신이 필요로 하는 것 외에는 쳐다보지 않는다는 말입니다.

吾不關焉 _{나 오, 아니 불, 관련될 관, 어찌 언}
오 불 관 언

나는 관여하지 않는다. 즉, 어떤 일에 상관하지 않고 모른 체함.

옆에서 일어나는 일에 모른 척하는 모습을 가리키는 표현입니다. 이런 식으로 쓰이죠. "그는 우리가 겪고 있는 고통에 대해 오불관언의 태도를 취하였다." 수수방관袖手傍觀(p501)과 비슷하군요.

白眼視
백 안 시
흴 백, 눈 안, 볼 시

흰자위로 사람을 쳐다봄. 즉, 흘겨보는 행동.

눈을 위로 치켜뜨며 흘겨보면 자연스럽게 흰자위가 커집니다. 이런 모습을 나타낸 표현이 바로 백안시죠. 상대방을 업신여기거나 못마땅하여 흘겨보는 것을 말합니다. 반대말은 청안시靑眼視입니다. 상대방 눈을 정면으로 바라봄, 즉 기꺼운 마음으로 남을 바라보는 모습이죠.

敵對視
적 대 시
원수 적, 대할 대, 볼 시

상대방을 적을 대하듯 바라봄.

백안시白眼視보다 더욱 좋지 않은 모습이군요. 업신여기는 것을 넘어 원수처럼 대하다니 말이에요.

無不通達
무 불 통 달
없을 무, 아니 불, 통할 통, 도달할 달

통하고 닿지 않는 것이 없음.
즉, 세상 어떤 것에도 통할 만큼 뛰어남.

통한다는 것은 이치를 깨달았다는 뜻이니까 거의 도사 수준이군요.
이와 비슷한 표현으로 무불통지無不通知가 있습니다. 지知(알 지)를 썼으니까 세상에 통하고 알지 못하는 것이 없다는 표현이죠.

출전에 따른 고사성어

복 수 불 반 분
覆水不返盆 엎을 복, 물 수, 아니 불, 되돌릴 반, 동이 분

엎어진 물은 그릇에 다시 담을 수 없다.
한번 저질러진 일은 되돌릴 수 없음.

엎어진 물을 다시 담을 수 없음을 모르는 분은 없겠지요. 그런데 이 말을 처음 쓴 사람이 누구인지 아는 분은 별로 없을 걸요. 바로 강태공姜太公입니다.

강태공은 본래 이름이 여상呂尙인데 젊은 시절 공부만 할 뿐 살림을 돌보지 않았으며, 나이 칠십이 넘어서야 문왕과 주나라 건국시조 무왕을 모셨습니다. 무왕은 주나라를 건국한 후 태공망 여상의 공적을 인정해 그를 제나라에 봉했지요. 한편 여상이 제나라에 봉해졌다는 소문이 퍼지자 젊은 시절 그를 버리고 집을 나갔던 부인이 돌아와 함께 살고 싶다고

말했습니다. 이에 여상은 물 한 그릇을 가져와 바닥에 쏟아 붓고는 "저 물을 다시 이 그릇에 담아 보시오"라고 하였습니다. 당연히 부인은 할 수 없었고, 이에 여상은 "그렇소. 한번 쏟은 물은 다시 담을 수 없고, 한번 떠난 사람과는 다시 살 수 없다오"라고 하였습니다.

복배지수覆杯之水란 표현도 이와 같은 뜻입니다. 엎질러진 물은 다시 담을 수 없으니까요.
그런데 다음 표현을 알았다면 강태공이 이렇게 어려운 말을 만들지는 않았을 터인데.

破鏡 깰 파, 거울 경

거울이 깨짐. 즉, 부부가 이혼하는 것을 가리킴.

예전에 한 부부가 이별을 하면서 거울을 둘로 깬 후 한 쪽씩 나누어 가졌습니다. 후에 이를 증표로 만나기 위해서였죠. 그런데 두 사람이 헤어져 산 지 얼마 후 외로움을 이기지 못한 아내가 불륜을 저질렀습니다. 그러자 나누어 가진 거울이 갑자기 까치로 변하여 하늘로 날아갔습니다. 까치는 먼 길을 날아 남편에게 날아갔고, 이로써 부부의 인연은 끊기고 말았습니다.

이때부터 파경이란 단어는 부부의 이별 또는 이혼을 뜻하게 되었습니다.

遠交近攻 _{원 교 근 공} 멀 원, 사귈 교, 가까울 근, 칠 공

멀리 있는 나라와는 사귀고, 가까운 나라는 공격함.

전국시대의 유명한 정치가 범수가 제안한 책략입니다. 지금도 마찬가지지만 그 무렵에도 이웃 나라와는 사귀고 멀리 있는 나라를 치는 것이 일반적이었지요. 그러나 범수는 멀리 있는 나라는 쳐서 정복한다 해도 자신의 통제 하에 두기가 어렵고 다스려도 실익이 없는 반면, 가까이 있는 나라를 점령한다면 즉시 통치 지역이 확대되는 성과를 거둘 수 있다고 주장했습니다.
원교근공이 전국시대 진秦나라의 외교정책이라면 조선의 외교정책은 무엇일까요?

事大交隣 _{사 대 교 린} 일 사, 큰 대, 사귈 교, 이웃 린

큰 나라는 섬기고 이웃과는 사귐.

사대事大라고 하면 큰 나라, 즉 중국을 섬긴다는 뜻이죠. 이웃은 일본, 여진족 등 한반도를 둘러싼 여러 민족을 가리킵니다. 그래서 큰 나라를 종주국으로 받드는 이념을 가리켜 사대주의事大主義라고 합니다.

誹謗之木 _{비 방 지 목} 헐뜯을 비, 헐뜯을 방, 조사 지, 나무 목

불만을 이야기하는 나무.

역사상 가장 어진 군주 가운데 한 사람으로 꼽히는 요 임금은 궁궐 다리에 나무로 기둥을 세워 놓고 이를 비방지목이라고 불렀습니다. 누구든 왕과 조정에 불만이 있는 사람은 그 나무에 비방하는 글을 새기라는 것이었죠. 또 궁궐 문 앞에 큰 북을 달아 놓고 누구든 불만이 있는 사람이라면 북을 치도록 하였습니다. 그러니까 우리나라의 신문고申聞鼓와 비슷하군요.

<ruby>中<rt>중</rt></ruby><ruby>石<rt>석</rt></ruby><ruby>沒<rt>몰</rt></ruby><ruby>鏃<rt>촉</rt></ruby> 가운데 중, 돌 석, 파묻힐 몰, 화살촉 촉

돌 가운데 화살촉이 박힘.
온 힘을 다하여 일을 추진하면 놀라운
결과를 거둘 수 있음을 가리키는 말.

전한前漢의 장수 가운데 이광이란
인물이 있었는데, 그는 동생 이채와
더불어 용맹한 장수로 이름이 높았습니다.
그 무렵 황제는 한고조 유방의 아들인 효문제였습니다. 이광의 장수됨을 높이 평가한 효문제는 "그대는 시대를 잘못 태어났군. 만일 그대가 아버님 시대에 태어났다면 만호를 다스리는 제후쯤은 문제도 아니었을 텐데…" 하고 말했습니다. 장수는 전쟁 때 큰 공을 세우기 마련이니까요.
한편 이광이 사냥을 나갔을 때였습니다. 갑자기 몇 발 앞 풀밭에 커다란 호랑이가 웅크리고 있는 게 아닙니까? 깜짝 놀란 이광은 얼른 화살을 날렸습니다. 그러자 호랑이는 그 자리에서 꼼짝도 하지 않았습니다. 겨우 한시름 놓은 이광이 가까이 다가가 보자 그것은 호랑이가 아니라 큰 바위였고, 자신이 쏜 화살이 바위에 꽂혀 있는 것이었습니다. 깜짝 놀란 이광은 다시 바위를 향해 화살을 날려보았으나 이후 다시는 바위에 꽂히지 않았답니다.

桃李不言 下自成蹊

도 리 불 언 　 하 자 성 혜

복숭아 도, 오얏 리, 아니 불, 말씀 언, 아래 하, 스스로 자, 이룰 성, 지름길 혜

복숭아나 오얏은 아무 말을 하지 않지만 그 아래로는 저절로 길이 남.
뛰어난 인격을 갖춘 사람 주위에는 많은 사람들이 모여 명성이
높아진다는 뜻.

옛말에 '그 몸이 올바르면 명령을 내리지 않아도 행해지고, 몸이 바르지
않으면 명령을 내려도 아무도 따르지 않는다'라고 하였는데, 참으로 이광
장군 같은 사람을 두고 하는 말이다. 나는 그를 직접 보았는데, 소박한
시골 출신인 것 같은 그는 별로 말도 하지 않았다. 그가 세상을 떠나던
날 모든 세상 사람들이 애도를 표하였다. 그의 충심을 세상 사람들이
받아들였기 때문이다. 옛말에 '복숭아나 오얏은 아무 말을 하지 않지만 그
아래로는 저절로 길이 난다'라고 하는데, 그를 두고 한 말이다.

앞서 살펴본 이광 장군을 평한《사기》의 작가 사마천의 글입니다.

逆鱗

역 　 린

거스를 역, 비늘 린

용의 목에 거꾸로 난 비늘.
즉, 군주가 노여워하는 군주만의 약점 또는 노여움 자체를 가리키는 말.

전국시대의 유명한 법가사상가 가운데 한비자란 사람이 있습니다. 그
가 쓴 글을 접한 진시황이 "그를 만날 수만 있다면 한이 없겠다"라고
할 만큼 뛰어난 인물이었죠. 지금도 그가 쓴 글이 전하고 있는데, 책 이
름은《한비자》입니다. 그 가운데 역린과 관련된 글이 있는데, 글의 소
제목은〈세난說難〉입니다. '유세의 어려움'이란 뜻이죠. 글이 워낙 뛰

어나니까 조금 길게 인용해 보
겠습니다.

옛날 미자하란 미소년이
위衛나라 왕의 총애를 받고
있었다. 어느 날 어머니의 병이
위중하다는 말을 들은 미자하는 임금의 명을 사칭하여 임금의 수레를
타고 집에 다녀왔다. 위나라 법에 따르면 이는 다리 절단에 해당하는
죄였다. 그러나 후에 이 사실을 안 왕은 이렇게 말하였다. "미자하의
효성이 얼마나 지극한가! 그는 자신의 다리보다 어머니를 더 중하게
여겼도다." 또 어느 날인가는 임금이 복숭아밭에 산책을 갔는데,
미자하가 먹던 복숭아를 왕에게 바쳤다. 그러자 왕이 말했다. "미자하가
나를 사랑하는 마음이 지극하구나. 자신이 먹던 것이란 사실조차 잊고
내게 바치다니!"

그 후 세월이 흘러 미자하의 용모가 쇠하고 임금의 사랑 또한 식게
되었다. 그러자 왕은 이렇게 말하였다. "미자하는 내 명령을 사칭하고
내 수레를 훔쳐 탔을 뿐 아니라 제가 먹던 복숭아를 나에게 준 녀석이다.
용서할 수 없다."

미자하의 행동은 처음과 나중이 다르지 않았으나 처음에는 칭찬을 받았고
후에는 벌을 받았으니 이는 군주의 사랑이 변한 까닭이다. 신하가 군주의
총애를 받을 때는 그의 지혜 또한 군주의 마음에 들 것이지만 총애가
사라지고 나면 뛰어난 지혜마저도 벌을 받게 된다. 왕에게 유세를 하고자
할 때는 우선 왕의 마음을 살펴야 한다. 용은 길들이면 타고 다닐 수도
있다. 그러나 그 목에는 역린逆鱗이라 해서 거꾸로 난 비늘이 있으니
그것을 만지는 자가 있으면 반드시 죽음에 이르게 된다. 군주에게도
역린이 있으니 그에게 유세하고자 하는 자는 역린을 건드리지 않도록
각별히 조심해야 한다. 그렇게만 한다면 유세는 대체로 성공할 것이다.

餘桃之罪
여 도 지 죄

남을 여, 복숭아 도, 조사 지, 허물 죄

남은 복숭아를 권한 죄란 의미로, 앞서 살펴본 미자하의 경우를 일컫는 말.

미자하가 복숭아를 왕에게 권한 것은 처음에는 사랑받을 행동이었지만 훗날 이것이 죄가 되어 벌을 받았지요. 바로 그런 경우를 가리키는 표현입니다.

囊中之錐
낭 중 지 추

주머니 낭, 가운데 중, 조사 지, 송곳 추

주머니 속의 송곳. 즉, 언젠가 능력을 발휘하게 될 숨은 인재.

지금은 세상이 알아주지 않지만 언젠가는 드러나게 될 숨은 인재를 가리킵니다. 뛰어난 인재를 가리킬 때 쓰기도 하지요.

전국시대 조나라의 수상이자 전국 4공자 가운데 하나인 평원군이 진秦나라의 침략을 받은 초나라에 지원을 떠나면서 수행원을 선발할 때였습니다. 19명을 선정한 후 나머지 한 명으로 누굴 뽑을지 망설이고 있을 때 모수라는 사람이 자원하며 나섰습니다. 이에 평원군은 "인재는 주머니 속 송곳과 같아 튀어나오기 마련입니다. 그러나 당신은 지금까지 이름을 빛낸 적이 없으니 송곳이라 할 수 없습니다" 하며 거절하였지요. 그러자 모수는 이렇게 말했습니다. "저는 이제까지 주머니 속에 들어간 적도 없었습니다. 만일 저를 주머니에 넣어주신다면 송곳처럼 뚫고 나오는 것은 물론 아예 통째로 주머니 밖으로 튀어 나오겠습니다." 이리하여 모수는 수행원에 선발되었고, 이후 큰 공을 세워 이름을 빛내게 됩니다.

주머니 속과 관련된 표현 하나 더 알아볼까요.

囊中取物
^{낭 중 취 물}

주머니 낭, 가운데 중, 취할 취, 물건 물

주머니 속 물건을 취하듯 손쉬운 일.

우리 속담 가운데 '누워서 떡
먹기'란 말이 있는데 그와 유
사한 표현입니다.
모수란 인물이 나왔으니 그와 관
련된 표현 하나 더 배우고 갑시다.

毛遂自薦
^{모 수 자 천}

털 모, 이를 수, 스스로 자, 천거할 천

모수가 스스로를 천거함. 즉, 인재가 스스로를 천거한다는 의미.

앞서 살펴본 대로 모수가 스스로를 인재로 천거한 데서 유래한 고사성
어죠.
이렇게 스스로 천거하는 얼굴 두꺼운 사람이 또 있습니다.

先始於隗
^{선 시 어 외}

먼저 선, 시작할 시, 조사 어, 이름 외

먼저 곽외로부터 시작하라.
인재를 쓰고자 한다면 나 곽외부터 등용하라는 말로, 인재가 스스로를
천거함.

전국시대 연나라 소왕이 국가 부흥을 위해 인재를 널리 모집했습니다.
그러나 한 명도 지원하는 자가 없었습니다. 그때 처음으로 곽외란 자가

지원하고 나섰습니다. 그러자 반가운 마음에 소왕이 물었습니다.

"그래 귀하의 능력은 무엇이오?"

"저의 특기는 구구단입니다."

곽외의 답변을 들은 소왕이 불쾌한 빛으로 "아니 겨우 구구단을 특기라 하며 등용되기를 바라다니!" 하고 말하자 곽외가 말했습니다.

"지금 군왕께서 인재를 구하고자 하나 아무도 지원하지 않습니다. 이때 구구단이 특기인 곽외를 등용했다는 소문이 나면 저보다 나은 능력을 가진 많은 인재들이 구름처럼 몰려들 것입니다. 그러니 먼저 저 곽외부터 등용하십시오."

그럴 듯하다 여긴 소왕은 곽외를 등용했고, 그때부터 전국의 인재가 연나라 조정으로 모여든 것은 당연한 일이었죠.

인재를 모으는 방법으로는 참 새롭군요. 그런데 곽외는 인재를 구하는 더 재미있는 방법도 알려 줍니다.

死馬骨五百金 죽을 사, 말 마, 뼈 골, 다섯 오, 일백 백, 쇠 금

죽은 말의 뼈를 오백 금에 사다.

스스로를 천거해 벼슬에 오른 곽외는 임금에게 인재를 구하는 방법에 대해 다시 이야기했습니다.

"옛날 어떤 왕이 천리마를 구하고자 천 냥의 현상금을 걸었습니다. 그러나 아무리 기다려도 한 마리도 구할 수 없었습니다. 이때 한 신하가 나서며 '제가 구해오겠습니다' 하고는 천 냥을 하사받은 후 길을 떠났지요. 얼마 후 신하는 죽은 말뼈를 포대에 담아 돌아와 이렇게 고했습니다. '제가 죽은 천리마 뼈를 오백 냥에 구해 왔습니다.' 이 말을

들은 왕이 노발대발怒發大發(p131)한 것은 당연했고 '나는 산 천리마를
구하고자 하였다. 그런데 죽은 말뼈라니! 이 자를 당장 처형하여라!'
하고 명하였습니다. 그러자 그 신하가 이렇게 말했습니다. '왕께선 너무
노여워하지 마십시오. 제가 죽은 말뼈조차 오백 냥에 샀다는 소문이
세상에 전해지면 이제 세상의 천리마를 가진 자들은 큰돈을 바라며 모두
이 궁으로 달려올 것입니다.' 결국 임금은 자신의 명령을 거두었고, 과연
얼마 후 여러 마리의 천리마가 궁으로 모여들었습니다."

그러나 무엇보다도 인재 등용의 첫째 기준은 바로 이것이 되어야 하
겠죠.

適材適所
적 재 적 소
適材適所 적당한 적, 재목 재, 적당한 적, 바 소

적절한 재목을 적절한 곳에 사용함. 마땅한 인재를 그에 적절한 지위에
등용함.

재材는 재목材木이라는 의미 외에 인재人材라는 의미로 자주 쓰입니
다. 그래서 이 표현도 적당한 인재를 그에 합당한 지위에 임명하여 담
당토록 한다는 의미를 담고 있습니다.

泰山北斗
태 산 북 두
泰山北斗 클 태, 메 산, 북녘 북, 별이름 두

태산과 북두칠성.
즉, 지구상의 태산과 하늘 위의 북두칠성처럼 가장 위에 자리한 인물
또는 권위자.

태산은 중국에서 예로부터 가장 크고 높은 성산聖山으로 추앙받는 산이죠. '태산이 높다 하되 하늘 아래 메이로다'로부터 시작해서 숱한 표현이 태산을 소재로 삼고 있습니다. 또한 북두칠성은 그 주인별인 북극성과 함께 지구 북반부에서는 대표적인 별로 여겨지지요. 따라서 태산과 북두칠성이 만나면 당연히 최고를 가리킨다고 하겠습니다. 이 말이 줄어서 태두泰斗라는 표현도 만들어졌는데, 그 뜻은 '첫손에 꼽을 만큼 권위 있는 인물.'

그럼 이번에는 태산이 들어간 재미있는 표현 하나 알아볼까요.

泰山不辭土壤 클 태, 메 산, 아니 불, 사양할 사, 흙 토, 흙 양

태산은 한 줌의 흙도 사양하지 않는다.
즉, 뛰어난 지도자는 어떤 의견이나 인물도 받아들여 큰 뜻을 이룬다는 뜻.

진시황(기원전 259~210)이 중국 역사상 최초로 천하통일을 이루기까지는 이사라고 하는 인물이 큰 역할을 하였습니다. 이사는 본래 초나라 출신이었는데 진나라에 와서 재상까지 지내게 되었습니다. 그런데 진나라 조정에서 외국 출신 인물들이 너무 많다는 논의가 진행되었고, 결국 외국인들을 벼슬에서 내쫓기로 결정하였습니다. 그러자 이사가 상소문을 올려 이에 반대했는데, 그때 사용된 문장이 바로 '태산은 한 줌의 흙도 사양하지 않고 황하는 작은 물줄기도 거부하지 않는다'라는 것이었습니다. 결국 진시황은 외국인 배척법을 포기하였고, 벼슬을 유지할 수 있었던 이사는 천하통일의 밑거름이 되었습니다.

그런데 역사에 남을 군주 진시황이지만 그의 업적만큼이나 악명도 높은데요, 그 가운데 가장 유명한 것이 다음 사건입니다.

焚書坑儒 불태울 분, 책 서, 묻을 갱, 선비 유

책을 불태우고 선비를 산 채로 묻어 죽임.
학문과 선비의 뜻을 가혹하게 탄압하는 폭정을 가리키는 말.

중국 역사상 최초로 천하통일을 이룩한 진시황은 탁월한 능력만큼이나
독단적이고 자기과시적인 인물이기도 했습니다.

진시황은 유명한 재상 이사가 이전의 봉건적 제도를 버리고 새로운
중앙집권적 전제국가 체제를 주장하자 그의 의견에 따르기로 하였습니다.
이에 여러 신하들이 옛 서적을 근거로 봉건국가 체제를 주장하자 이사는
이렇게 말했습니다.
"옛 서적은 아무런 쓸모가 없는 이론에 불과합니다.
의약·농사·천문·기술 등에 관한 책 외에는 모두 불살라 없애는 것이
좋습니다."
이 말을 들은 진시황은 즉시 모든 서적을 태울 것을 지시했습니다.
그 후 불사不死(죽지 않음)를 꿈꾸던 진시황은 노생과 후생이라는 도인을
불러 장생불사長生不死(p518)의 비법을 배우고자 하였습니다. 그러나
두 사람은 이론의 허황함을 이미 알고 있었기에 금은보화만을 챙긴 후
도망쳤습니다. 그러자 많은 선비들이 진시황을 비판하고 나섰고, 화가 난
진시황은 자신을 비판한 선비들을 산 채로 묻어 버리라고 명령했습니다.
이에 오백여 명에 이르는 선비들이 땅속에 묻히고 말았습니다.

이로부터 전제군주의 폭정을 일컬어 분서갱유라고 부르게 되었습니다.

長生不死
장 생 불 사
길 장, 날 생, 아니 불, 죽을 사

영원히 오래도록 살며 죽지 아니함.

진시황의 꿈 가운데 하나가 터무니없게도 바로 이 장생불사였습니다. 그래서 온갖 사람과 보물을 동원하여 불사약不死藥(죽지 않는 약)과 불로초不老草(늙지 않는 약초)를 구하도록 하였는데, 당연히 실패로 돌아갔죠.

敗軍之將 不可以言勇
패 군 지 장 불 가 이 언 용
질 패, 군사 군, 조사 지, 장수 장, 아니 불, 가할 가, 써 이, 말씀 언, 날쌜 용

군사에서 패한 장수는 용맹에 대해 말할 자격이 없음.

전쟁에서 패한 장수는 전쟁이나 전술에 대하여 말할 자격이 없다는 뜻이죠. 패배를 솔직히 받아들이는 장수의 겸손함이 깃든 표현입니다.

후에 유방을 도와 천하통일의 대업을 이룬 한신이 한창 세력을 넓혀갈 무렵의 일입니다. 당시 조나라 군대는 강력한 세력을 형성하고 있어 한신에게도 부담스러운 존재였습니다. 그러나 조나라를 정복해야 했던 한신은 위험을 무릅쓰고 조나라로 가는 통로인 정경을 지나가야 했습니다. 그곳은 폭이 좁은 길이어서 조나라의 기습을 받으면 꼼짝없이 당할 수밖에 없었지요. 그러나 조나라 군사의 공격이 없을 것임을 첩자를 통해 확인한 한신은 재빨리 통과, 조나라를 기습해 승리를 거둘 수 있었습니다. 한편 조나라에서는 이좌거라는 장수가 정경에서 기습할 것을 주장했으나 대장군 진여가 그의 제안을 받아들이지 않았습니다. 기습은 군자가 할 도리가 아니라는 이유에서였죠. 결국 진여는 패했고 이좌거는 한신의 군사에게 사로잡히고 말았습니다. 이좌거가 끌려오자

극진히 대접하며 한신이 말했습니다. "나는 북으로 연나라, 동으로 제나라를 공격하고자 합니다. 좋은 계책을 알려주십시오." 그러자 이좌거가 말합니다. "예로부터 '패장은 용기를 말할 수 없고, 망한 나라의 대부는 국가의 보존을 꾀하지 않는다'라고 했습니다. 어찌 포로가 나라의 계책을 말할 수 있겠습니까?" 그러자 한신이 다시 말하지요. "그건 그렇지 않습니다. 진여가 당신의 제안을 받아들였다면 지금 당신과 나는 자리를 바꾸어 앉았을 것입니다. 사양 말고 계책을 말씀해 주십시오." 결국 이좌거는 한신에게 자신이 생각하는 계략을 이야기했고, 한신은 그의 책략에 따라 두 나라를 정복할 수 있었습니다.

머리 박어

패하고 온 주제에... 말이 많어!

시정 하겠습니다

背水陣 _{등 배, 물 수, 진영 진}
배 수 진

물을 등지고 진을 침.
즉, 이기지 못하면 모두 강에 빠져 죽을 각오로 싸움에 임하는 모습.

이 이야기도 유명한 장수 한신에게서 비롯되었습니다.

한신이 조나라와 싸울 때의 일입니다. 강력한 조나라 군사에 비해 한신의 군사는 오합지졸烏合之卒 (p58)에 불과했습니다. 이에 한신은 병서兵書에서는 물을 뒤로하면 안 된다고 하였는데도 배수진을 치기로 결정합니다. 결국 죽음을 각오하고 싸운 한신의 군대는 막강한 조나라 군대를 물리치기에 이릅니다. 전투가 끝난 후 부하들이 배수진을 친 까닭을 묻자 그는 "우리 병사는 오합지졸에 불과하다. 병서에는 죽을 땅에 몰린 병사만이 죽기를 각오하고 싸운다는 말이 있다. 나는 오늘 그 이론을 배수진으로 실천에 옮긴 것이다" 하고 말했습니다.

이와 비슷한 표현이 또 있습니다.

破釜沈船 _{깨트릴 파, 가마 부, 가라앉을 침, 배 선}

가마솥을 깨트리고 배를 가라앉힌 후 전투에 임함.

배수진背水陣(p519)이나 다를 바가 없군요. 아니 더한 것 아닌가요? 도망칠 배도 모두 가라앉히고 이기지 못하면 밥도 안 먹겠다는 각오로 싸우니 말이에요.

累卵之危 _{포갤 루, 알 란, 조사 지, 위태할 위}   **풍전등화(p522)**

달걀을 포개 놓은 듯 위험한 상태.

달걀을 쌓아 본 적 있으신가요? 하나만 다루어도 위험한 달걀을 여럿 쌓아 놓는 것은 참으로 위험한 행동이지요.

앞서 원교근공遠交近攻(p508)을 주장하던 범수는 본래 위나라 출신이었습니다. 그런데 하도 가난해 유세 길에 나설 노잣돈조차 없었습니다. 이에 중대부 수가를 섬기기로 했지요. 언젠가 제나라에 사신으로 떠나는 수가를 수행한 범수는 그곳에서 제나라 양왕의 선물을

받게 되었습니다. 그의 사람됨이 뛰어나다는 말을 들은 왕이 범수의
환심을 사기 위해 보냈던 거죠. 그러나 범수는 선물을 사양했습니다.
자신이 위나라 신하였기 때문이었지요. 한편 이 소식을 들은 수가는
범수가 조국 위나라의 기밀을 누설한 대가로 선물을 받았다고 판단,
위나라로 돌아오자 범수를 고발했습니다. 결국 온몸이 피투성이가
될 때까지 맞은 범수는 죽은 체하여 가까스로 벗어날 수 있었지요.
구사일생九死一生(p199)으로 조정을 탈출한 범수는 마침 그 무렵
진秦나라에서 온 사신 왕계를 따라 진나라로 들어가게 되었습니다.
그곳에서 범수는 왕계를 통해 이런 말을 왕에게 전하도록 했습니다.
"지금 진나라는 달걀을 겹쳐 쌓아 놓은 것처럼 위태합니다만 신의 유세를
들으신다면 평안을 찾으실 수 있을 것입니다."
이 말을 들은 진나라 왕이 즉시 범수를 부르지는 않았지만 1년여가 지난
후 왕을 만난 범수는 자신의 계책을 유세하였고, 원교근공遠交近攻(p508)
같은 정책을 통해 진나라를 강대국으로 성장시키는 데 큰 역할을 합니다.

다음 표현과 누란지위累卵之危를 비교한다면 어떤 것이 더 위험할까
요?

여 리 박 빙
如履薄氷　같을 여, 밟을 리, 엷을 박, 얼음 빙

얇은 얼음 위를 걷는 것과 같음.

얇게 언 얼음 위를 걷는 것은 곧 물에 빠지는 것과 같지요. 그러니 달걀
을 쌓는 것과는 비교가 안 되겠는데요. 《시경》에 나오는 표현인데, 334
쪽을 찾아보세요.

風前燈火

風前燈火 바람 풍, 앞 전, 등잔 등, 불 화

바람 앞의 등불.

말 안 해도 알 만큼 유명한 표현입니다.
그런데도 위험은 끝이 없군요. 다음 표현을 보세요.

危若朝露 위태로울 위, 같을 약, 아침 조, 이슬 로

위여조로 (p298)

아침 이슬처럼 위태로움.
즉, 언제 사라질지 모를 위험에 노출되어 있는 모습.

풍전등화風前燈火와 비슷하군요. 풀잎에 맺힌 이슬은 아침이 되면
언제 있었는지 싶게 사라지니까요.

상앙은 진秦나라를 천하통일로 이끈 인물로, 진나라를 부유하고 강대하게
만드는 데 큰 공을 세웠습니다. 그러나 개혁을 추진하는 데는 예나
지금이나 기득권 세력이 강력하게 반발하기 마련이죠. 상앙 또한 기득권
세력의 반발에 부딪혔는데, 그때마다 임금 효공의 지원을 받아 개혁을
추진할 수 있었습니다. 그렇게 10여 년의 세월이
흘렀습니다. 그러자 상앙에 대한
원성은 하늘을 찌를 듯했는데 그
무렵 조량이란 인물이 상앙을
찾아와 이렇게 말합니다.
"백성을 교화로써 다스리는
것은 법으로 다스리는 것보다
효과적이며, 더 좋은 방법은
왕이 모범을 보이는 것입니다.

그러나 당신은 잘못된 방법으로 눈에 보이는 것만을 바꾸려고 하니 올바른 길이 아닙니다. 또한 당신은 진나라 공자들을 억눌러 그들의 원성을 사고 있습니다. 제가 보기에 당신은 지금 아침 이슬처럼 위태로운 처지에 놓여 있습니다. 지금이라도 모든 재산을 내놓고 은둔한다면 모르지만 계속 자신의 권세를 누리려 한다면 마지막 순간이 언제 올지 알 수 없습니다."

그러나 상앙은 그의 말을 듣지 않습니다. 그로부터 5개월 후 효공은 죽고 그 뒤를 이어 태자가 즉위하자 조량의 말대로 상앙의 시대는 끝이 납니다. 태자는 이전에 상앙의 법을 어겼다는 이유로 형을 받은 적이 있었으니까요. 결국 상앙은 도피했으나 잡혀 거열형(수레에 사지를 묶어 찢어 죽이는 형벌)에 처해지고 맙니다.

命在頃刻 목숨 명, 있을 재, 기울 경, 새길 각

목숨이 경각에 달려 있음.
즉, 목숨이 눈 깜짝할 동안에 사라질 수도 있는 위험한 상황.

우리말로는 '목숨이 경각에 달려 있다'라고 하는데, 이 말의 한자 표현인 셈이군요. 명재조석命在朝夕이라고도 합니다.
이 표현보다 더 생생한 표현도 있습니다.

釜中之魚 가마 부, 가운데 중, 조사 지, 물고기 어

가마솥 안의 물고기. 즉, 대단히 위험한 상태에 놓여 있음.

가마솥 안에 물고기가 놓여 있다면 곧 매운탕이나 생선찜을 먹게 되겠지요. 그러니 물고기 목숨이 경각에 달린 상태임은 분명하군요.

魚遊釜中 _{어 유 부 중}
魚遊釜中　물고기 어, 노닐 유, 가마 부, 가운데 중

물고기가 가마솥 안에서 놀고 있음.

가마솥 안에서 노는 물고기라. 그 즐거움이 얼마나 갈지 의문이군요.
그런데 이런 물고기도 있습니다. 뜻은? 전혀 다릅니다.

釜中生魚
釜中生魚　가마 부, 가운데 중, 날 생, 물고기 어

가마솥에서 물고기가 태어날 만큼 가마솥을 쓸 일이 없는 가난한
살림살이.

가마솥에서 물고기가 놀 정도라면 그 가마솥은 이미 솥이 아니라 어항
이죠. 밥 할 일이 없는 가난한 살림살이를 가
리키는 표현 치고는 참 재미있습니다.

百尺竿頭
百尺竿頭　일백 백, 자 척, 장대 간, 머리 두

백 척이나 되는 장대 끝에 선 모습.

생각만 해도 오금이 저리군요. 제 생각에는
가장 위험한 모습인 듯합니다.

危機一髮
^{위 기 일 발}

위험할 위, 기회 기, 한 일, 터럭 발

머리털 하나로 묶인 물건을 들어 올리듯 위험한 상황.

머리털 하나로 물건을 묶어서 들어 올린다면 단 한 순간도 위험하지 않은 때가 없겠군요.

一觸卽發
^{일 촉 즉 발}

한 일, 닿을 촉, 곧 즉, 쏠 발

한 번 닿기만 하면 터져 버릴 듯 위험한 상황.

조금만 닿아도 즉시 폭발하고 말 듯한 모습을 가리킵니다. '일촉즉발의 위기'라는 표현으로 자주 쓰이는 말인데, 시한폭탄이 떠오르는군요.

焦眉之急
^{초 미 지 급}

그을릴 초, 눈썹 미, 조사 지, 급할 급

눈썹이 탈 만큼 급함.

불이 붙어 눈썹까지 왔으면 다 온 셈이네요. 그만큼 위급한 상황이란 말인데, 앞서 살펴본 모든 경우보다 더 위험한 것 같죠? 실제로는 초미焦眉라는 표현이 자주 쓰입니다. "이번 협상은 국민 모두가 주시하는 초미의 관심사다."

^{철 부 지 급}
轍鮒之急 <small>바퀴자국 철, 붕어 부, 조사 지, 급할 급</small>

수레바퀴 자국 안에 놓인 붕어. 즉, 다급한 처지에 놓여 있음.

붕어가 바퀴자국 안에 고인 물속에 놓여 있으니 살아날 확률이 거의 없다고 봐야죠.

^{호 구}
虎口 <small>범 호, 입 구</small>

범의 아가리라는 뜻으로, 매우 위태로운 처지나 형편을 이르는 말.

그런데 이 무서운 용어가 최근 들어서는 '어수룩하여 이용해 먹기 좋은 사람'을 비유적으로 이를 때 자주 사용됩니다. "넌 언제까지 사람들 호구 노릇이나 할래? 그만큼 이용당했으면 깨달을 때도 되었잖아."

^{사 면 초 가}
四面楚歌 <small>넉 사, 낯 면, 초나라 초, 노래 가</small>

사방에서 초나라 노래가 들려옴.
즉, 사방을 적이 포위하고 있는 위험한 상황.

천하통일을 이룬 진나라가 의외로 급속히 멸망의 길로 들어서자 이곳저곳에서 반란군이 깃발을 높이 들었는데, 그 무렵 가장 강력한 세력을 형성한 것이 유방과 항우였습니다. 처음에는 초나라 명문가 출신으로 장사인 항우가 이끄는 무리가 강성해 천하의 패권을 손에 쥐게 되었습니다. 그러나 유명한 고사성어 '금의환향錦衣還鄕'을 남기고 고향으로 돌아가면서 천하의 패권이 오리무중五里霧中_(p70)이 되고 맙니다. 유방이 뛰어난 지휘관들과 더불어 권토중래捲土重來(p132)하여 급격히 세력을 키웠기 때문이지요. 그리고 결국 유방의 세력에 밀려 항우는 점차 쇠퇴, 급기야는 몇 안 되는 군사와 더불어 유방의 군사에게 포위되고 맙니다. 이때 유방 진영에서는 항우의 고향인 초나라 출신 병사들을 동원하여 초나라 노래를 부르게 합니다. 결국 항우 진영의 병사들은 고향 노래를 들으며 슬픔에 잠겨 전의를 상실하고 말지요. 다음날 항우는 홀로 적진에 뛰어들어 자신의 용맹을 보여 준 후 자결하여 최후를 맞이하고, 이로써 유방이 건국한 한나라가 천하를 통일하게 됩니다.

그럼 금의환향錦衣還鄕에 얽힌 이야기도 알아보기로 할까요.

錦衣還鄕 비단 금, 옷 의, 돌아올 환, 고향 향

비단옷을 입고 고향으로 돌아옴.
즉, 성공을 거둔 후 사람들의 환영을 받으며 고향으로 개선하는 모습.

항우를 비롯한 반란군들이 진나라 수도 관중에 진입함으로써 진나라는 종말을 고합니다. 그러자 반군 지휘관들은 항우를 가장 높은 자리에 추대합니다. 그의 힘과 세력이 가장 강했으니까요. 이때 항우의 참모 한생이란 자가 간하고 나섰습니다. "관중은 뛰어난 요충지이자 비옥한 곳입니다. 이곳을 근거로 하면 천하를 통일할 수 있습니다." 그러자 항우가 대답합니다. "성공하고도 고향으로 돌아가지 않는다면 비단옷을 입고 밤길을 가는 것과 무엇이 다르겠느냐? 비단옷을 입었으면 고향으로 돌아가는 것이 마땅하다."
이 말을 들은 한생이 중얼거립니다. "초나라 촌놈들은 원숭이에게 관을

씌운 꼴로 머리를 쓸 줄
모른다고 하더니 그 말이
과연 맞는 말이군."
화가 머리끝까지
솟은 항우는 한생을
즉시 죽이고 자신의
군대를 이끌고 고향으로
향합니다. 초나라는 중국
남부에 위치해, 중심인
북부에서는 한참 떨어진
곳입니다. 따라서 고향으로

귀국한 항우의 이 행동이야말로 천하를 유방에게 넘겨주는 결정적
계기가 되고 맙니다. 항우가 귀국한 후 유방은 관중 서쪽의 파와 촉 땅을
근거지로 세력을 키우며 관중으로 진격하게 되니까요.

여하튼 항우의 이 말에서 금의환향과 금의야행錦衣夜行이란 표현이
비롯되었습니다.

<ruby>錦<rt>금</rt></ruby><ruby>衣<rt>의</rt></ruby><ruby>夜<rt>야</rt></ruby><ruby>行<rt>행</rt></ruby> 비단 금, 옷 의, 밤 야, 갈 행

비단옷을 입고 밤길을 걸어감.
즉, 훌륭한 성과를 거두고도 세상으로부터 인정을 받지 못함.

비단옷을 입었으면 밝은 대낮에 걸어야 번쩍번쩍 빛이 나 사람들이 인
정을 해 주지요. 밤길을 걷는다면 누가 알아주겠습니까? 항우가 제대
로 판단한 것 같기는 하군요.
하나 더! 수의야행繡衣夜行도 같은 뜻이랍니다.

비단은 예로부터 귀하디 귀한 옷감이었지요. 그래서 그런지 이 외에도 여러 표현에 쓰입니다.

錦繡江山 _{금 수 강 산} 비단 금, 수놓을 수, 내 강, 메 산

비단처럼 아름다운 강산.

우리나라를 가리키는 표현이지요. 금錦과 수繡가 모여 비단으로 수놓은 옷감을 뜻합니다. 그러니 더욱 아름다울 수밖에요.

錦上添花 _{금 상 첨 화} 비단 금, 위 상, 더할 첨, 꽃 화

비단 위에 꽃을 더함.
좋은 것에 더 좋은 것을 첨가하여 가장 뛰어난 것을 만듦.

금상첨화라는 말은 자주 들어보셨을 겁니다. 좋은 것이 겹쳐질 때 쓰는 표현이지요. 설상가상雪上加霜(p120)과 정반대네요.

綺羅星 _{기 라 성} 비단 기, 그물 라, 별 성

밤하늘에 빛나는 별이 비단그물처럼 빽빽이 들어선 모습.
신분이 높거나 권력, 명예 따위를 가진 사람들이 많이 모여 있는 것을 이름.

비단을 나타내는 글자가 금錦만 있는 게 아니군요. 기綺(비단 기)도 비단을 뜻하는 글자입니다.

沐猴而冠 머리감을 목, 원숭이 후, 말 이을 이, 갓 관

원숭이가 갓을 씀. 즉, 겉모습은 갖추었으나 내면은 사람답지 못하거나 매우 부족한 사람을 가리키는 말.

앞서 한생이 항우를 비난할 때 사용한 표현이지요. 목후沐猴는 '원숭이'를 뜻하는데, 성질이 난폭한 사람을 가리키기도 합니다.

衣食足則知榮辱
옷 의, 먹을 식, 족할 족, 곧 즉, 알 지, 영화 영, 수치 욕

의식이 풍족한 연후에야 영화로움과 수치를 알게 마련임.

인간이라면 먹고 살기에 부족함이 없어야 인간으로서의 존엄성도 지키게 되고 수치가 무엇인지도 안다는 말입니다. 먹고살기에도 힘겨우면 자존심이니 수치심도 다 버리게 되죠.

춘추시대 최초의 패자霸者는 제나라 환공입니다. 그 환공을 도와 패자의 자리에까지 오르게 만든 인물이 바로 관포지교管鮑之交(p267)의 주인공 관중管仲이죠. 관중은 "창고에 곡식이 가득 차야 예절을 알기 마련이고, 의식이 풍족해야 명예와 수치를 알기 마련이다"라고 하여 경제의 중요성을 강조하며 나라를 부강하게 이끌었습니다.

先則制人

^선 ^즉 ^제 ^인 먼저 선, 곧 즉, 다스릴 제, 사람 인

먼저 행하면 상대방을 제압할 수 있다.

《사기》〈항우본기〉에 나오는 말인데, 본래는 '선즉제인先則制人 후
즉인제後則人制(먼저 나서면 상대를 제압하고 뒤에 서면 상대방에게 제압당한
다)'란 표현이죠. 이는 진시황 사후 곳곳에서 봉기한 반란군 가운데 은
통이란 자가 항우의 삼촌 항량에게 봉기를 제안하면서 한 말입니다. 항
량은 초나라 명문가 출신으로 사람들의 신망을 얻고 있었으니까요. 그
러나 이 말은 항량이 은통에게 하고 싶었던 말이죠. 결국 항량은 은통
을 제압하기로 하고 조카 항우에게 밀명을 내렸고, 항우는 단칼에 은통
을 베어 버립니다.

不足置齒牙間

^부 ^족 ^치 ^치 ^아 ^간 아니 불, 족할 족, 둘 치, 이 치, 어금니 아, 사이 간

이빨 사이에 두기에도 부족함. 즉, 거론할 가치가 없음.

참 기발한 표현인데요, 거론할 가치가 없다거나 신경 쓸 필요가 없다고
하면 될 것을 이빨 사이에 두기에도 부족
하다니요. 분명 말솜씨가 뛰어난 사
람의 표현일 겁니다.
진시황이 죽고 난 후 진나라가
혼란에 빠진 것은 앞서도 살펴보
았지요.

　　진시황의 뒤를 이어 황제에 오른
　　2세황제 호해는 본래 자신의 형에게 가야

할 황제의 자리를 불법적으로 강탈한 인물인데, 즉위하자마자 사치와 방탕을 일삼으며 정사에는 신경도 쓰지 않습니다. 그러자 각지에서 수많은 인물들이 거병하게 되었고, 급기야 조정에서도 이 문제가 도마 위에 오릅니다. 이에 여러 대신들이 반란군이 거병하였으므로 하루빨리 토벌해야 한다고 말하자 2세황제는 눈살을 찌푸립니다. 그때 숙손통이란 인물이 나서며 말하지요. "지금은 태평성대太平聖大(p422)인데 반란군이라니요? 당치도 않습니다. 다만 좀도둑들이 있을 뿐인데 이들은 이빨 사이에 두기에도 족하지 않습니다. 아무 걱정 마십시오." 그러자 2세황제는 생기를 되찾고 숙손통에게 상을 내립니다.

이처럼 아유구용阿諛苟容(p313)을 일삼은 숙손통은 어떤 인물일까요?

2세황제 앞에서 물러나온 관리들이 숙손통을 비웃으며 말합니다. "당신은 어찌 그리도 천연덕스럽게 아부를 잘하시오?" 그러자 숙손통이 말하죠. "당신들은 모를 것이오. 나는 지금 막 호랑이 입속에서 빠져나왔다오." 말을 마친 숙손통은 그길로 관직을 버리고 도망쳐 유방 휘하에 들어갑니다. 그리고 한나라가 천하를 통일한 후 한나라의 관제와 법도를 제정하는 데 큰 공을 세우지요.

法三章 법法, 석삼, 문장장

세 가지 법. 즉, 간략하고 단순하여 누구든 지키기 쉬운 법을 가리킴.

진시황이 죽고 나자 중국 최초로 천하통일을 이룩한 진秦나라도 혼란에 빠지고 맙니다. 그러자 진승을 비롯한 수많은 영웅호걸英雄豪傑(p180)들이 각지에서 진나라의 폭정에 저항해

궐기합니다. 그때 궐기한 인물 가운데는 후에 한漢나라를 건국한 유방도 있었습니다. 유방은 기원전 206년, 궐기한 인물들 가운데 가장 먼저 진나라 수도 함양에 입성합니다. 그러고는 이렇게 선포하지요.

"진나라의 복잡한 법들은 백성들을 폭압에 시달리게 했습니다. 나는 진나라의 모든 법을 폐지하겠습니다. 대신 세 가지 법만을 시행하겠습니다. 즉, 살인자는 사형에 처하고 다른 사람을 다치게 한 자는 처벌하며, 도둑질한 자는 그에 따른 벌을 내리겠습니다."

이때부터 백성들을 위해 간략하게 만든 법을 가리켜 법삼장이라 부르게 되었지요.

吮疽之仁 _{연 저 지 인} 빨 연, 등창 저, 조사 지, 어질 인

병사의 종기를 직접 빨아 주는 어진 마음.

장수가 병사의 종기에 맺힌 고름을 직접 빨아 준다면 어떻게 되겠습니까? 그래서 병사를 아끼는 장수의 어진 마음을 가리키는 표현입니다. 춘추전국시대에 활약하던 병법가 가운데 가장 유명한 사람은 《손자병법》을 저술한 손무죠. 그런데 그에 버금갈 만큼 큰 활약을 보인 인물이 오자吳子라고 불리는 오기吳起 장군입니다.

오기는 늘 병사들과 같이 자고 같이 먹으며 자신의 옷은

손수 빨래를 했습니다. 어느 날이었습니다. 한 병사가 종기로 고통을
받자 오기는 손수 그의 종기를 빨아 고름을 빼냈습니다. 이 모습을
본 병사들은 장군의 태도에 감명을 받았고, 그 소문은 병사의 어머니
귀에까지 들어갔습니다. 그러자 어머니가 땅을 치며 통곡했습니다. 이에
이웃사람들이 이상히 여겨 물었습니다.

"일개 병졸에 지나지 않는 아들의 고름을 장군님이 직접 빨아 주었는데 왜
그리 우는 거요?"

이 말을 들은 어머니가 울음을 그치고는 대답하였습니다.

"작년에 그 애 아버지가 전장에 나가 오기 장군 밑에서 싸웠다오. 그때
그이에게 종기가 나자 장군이 직접 고름을 빨아 주었소. 그 후 전투가
시작되자 그이는 장군의 은혜에 보답하기 위해 앞장서 싸우다가 결국
죽고 말았다오. 이제 우리 아이의 고름을 장군이 빨아 주었으니 그 아이의
운명 또한 뻔한 것 아니겠소? 그래서 슬픔을 억누를 수가 없다오."

오기와 관련된 표현은 또 있습니다.

在德不在險

^{재 덕 부 재 험}
在德不在險 있을 재, 덕 덕, 아니 불, 있을 재, 험할 험

나라의 안전은 험준한 지리적 환경에 있는 것이 아니라 덕으로 다스림에
있음.

오기를 등용한 위나라 문후가 죽고 난 후 무후가 즉위한 뒤의 일입니다.
무후는 서하 태수로 있던 오기와 함께 서하에서 배를 타고 강가 경치를
바라보고 있었습니다. 이윽고 무후가 오기를 바라보며 말했습니다.

"정말 훌륭하오. 이리도 험한 산과 강이 있으니 우리나라의 보배라 아니할
수 없겠소."

그러자 오기가 말했습니다.
"그렇지 않습니다. 나라의 보배란
험난한 지형에 있는 것이 아닙니다.
군주의 덕이야말로 나라의
보배입니다. 하나라 걸왕은 왼쪽에
황하와 제수, 오른쪽에 태산과
화산, 남쪽에 이궐, 북쪽에
양장이라는 험한 지형을 품고
있었는데 어진 정치를 펼치지
않았기에 은나라에 멸망당하고 말았습니다.
그러므로 나라의 보배는 지형이 아니라 위정자의 덕임이 분명합니다."
무후는 고개를 끄덕일 수밖에 없었습니다.

前倨後恭 _{전 거 후 공} 앞 전, 거만할 거, 뒤 후, 공손할 공

처음에는 거만하나 나중에는 공손히 대함.
즉, 상대방의 지위 변화에 따라 그를 대하는 태도가 변하는 모습.

소진은 친구 장의와 함께 귀곡자란 스승 밑에서 공부를 했는데,
공부가 끝났지만 어느 나라에서도 등용되지 못했습니다. 결국
빈털터리가 되어 집에 돌아온 소진은 무위도식無爲徒食(p263)하며
세월을 보내고 있었습니다. 그러자 가족은 물론 형수, 아내마저
자신을 비웃는 것이었습니다. 이에 크게 반성한 소진은 그날부터
두문불출杜門不出(p564)하며 공부에 열중하였습니다. 이후 소진은
연나라에 등용된 후 합종책을 이용, 조·제·초·위·한의 여섯 나라를 묶어
진秦나라와 대항하도록 하였습니다. 결국 소진은 여섯 나라의 재상을

겸하게 되었고, 그 후 고향을 지나게 될 때 소진의 행렬은 왕에 비길
정도였습니다. 이윽고 소진이 집에 당도하자 가족들은 모두 무릎걸음으로
나와 얼굴도 제대로 들지 못하였습니다. 이에 소진이 형수에게
말했습니다. "예전엔 그리도 거만하게 구시더니 지금은 어찌 이리도
공손히 구시는지요?" 그러자 형수가 엎드려 말했습니다. "시아우님의
지위가 높고 재산이 많기 때문입니다." 이 말을 들은 소진이 탄식하며
말했지요. "나는 변함이 없는 소진인데도 부귀하게 되자 가족마저
두려움에 떨며 공경하고, 가난해지면 업신여기고 거만을 떠니 하물며
세상 사람들이야 말해서 무엇 하랴? 내 과거에 집 부근에 얼마만큼의
농토만 있었다 해도 지금의 이 자리에 오를 생각은 하지 않았을 것이다."

전교후공前驕後恭도 같은 표현입니다.

宋襄之仁 _{나라 송, 도울 양, 조사 지, 어질 인}

송 양 지 인

송나라 양공의 어짊. 제 분수도 모르면서 남을 동정하는 어리석은 어짊을
일컬음.

춘추시대에 송宋나라는 꽤 강력한 제후국이었습니다. 특히 양공이 다

536

스릴 무렵 송나라는 융성했는데, 이에 고무된 양공은 내친 김에 패자霸
者의 자리에 오르고자 하였습니다.

송 양공은 패자가 되고자 노력했으나 초나라의 반대로 번번이
무산되었습니다. 결국 두 나라는 전면전을 벌이게 되었습니다. 홍수라는
강을 사이에 두고 두 나라가 대치할 무렵이었습니다. 송나라가 먼저 진을
치고 기다릴 무렵 초나라 군사가 강을 건너기 시작하자 공자 목이가 즉시
공격할 것을 주장했습니다. 그러나 양공은 "상대가 미처 준비를 하기 전에
기습하는 것은 인仁의 군대가 할일이 아니다" 하며 공격을 반대했습니다.
이어 초나라 군대가 강을 건너 진을 치기 시작하자 다시 공자 목이가
공격을 주장했습니다. 그러나 이때도 양공은 같은 이유로 공격 명령을
내리지 않았습니다. 이윽고 초나라 군대가 전열을 갖추자 그때서야 공격
명령을 하달했고, 병력이 약한 송나라는 대패하고 말았으며 양공 또한
부상을 입은 후 병세가 악화되어 목숨을 잃고 말았습니다.

이때부터 자신의 처지도 모르면서 베푸는 어짊을 가리켜 세상 사람들
은 송양지인宋襄之仁이라고 부르며 비웃었습니다. 그러나 후에 맹자
는 이러한 양공의 자세야말로 진정 어진 이의 표상이라며 양공을 춘추
오패에 선정하였습니다.

순 망 치 한
脣亡齒寒 입술 순, 망할 망, 이 치, 찰 한

입술이 없어지면 이가 시림.
즉, 서로 의지하고 있어 한쪽이 사라지면 다른 쪽도 안전을 확보하기
어려운 관계를 나타내는 말.

춘추시대 강대국 가운데 하나인
진晉나라 헌공이 우나라에
사신을 보내, 괵나라를
치고자 하니 길을
빌려달라고 요청했습니다.
약소국인 우나라 군주는

당연히 승낙하고자 하였습니다. 그러자
궁지기라는 신하가 반대를 하고 나섰습니다. "괵나라는 우리나라의
앞면과 같습니다. 따라서 괵나라가 망하면 우리 또한 같은 처지가 될
것입니다. 옛말에 '입술이 없어지면 이가 시리다'고 했으니 이야말로
괵나라와 우리나라를 가리키는 말입니다. 괵이 없어지고 나면 그 화살은
곧 우리를 향할 것입니다."
그러나 군주는 그의 말을 무시했고 궁지기는 우나라를 떠났습니다.
괵나라를 병합한 진이 우나라를 친 것은 당연한 귀결이었지요.

하나 더! 진晉나라가 괵나라에게 길을 빌려달라고 한 후 멸망시킨 이
사건은 가도멸괵假途滅虢, 즉 '길을 빌려 괵나라를 멸망시키다'라는
고사성어가 되었습니다.

요 령 부 득

要領不得 구할 요, 목 령, 아니 불, 얻을 득

말이나 사물의 핵심을 구하지 못함.
즉, 말이나 글, 사건의 중심을 찾아내지 못하는 모습.

요령要領이란 사물의 중요하고 으뜸 되는 것 또는 그 줄거리를 가리
키는데, 이 의미가 점차 확대되어 요즘에는 '어떤 일을 잘 해낼 수 있
는 지식이나 방안'을 가리키기도 합니다. 이렇게 말이죠. "저 친구는 일

의 요령을 알고 있군." 그런데 도가 지나쳐 또 다른 뜻으로까지 확대되었는데, 뜻이 썩 좋지 않군요. '적당히 꾀를 부리는 방법'을 나타내니까요. 이렇게 말이죠. "요령 피우지 말고 열심히 공부하거라."

日暮途遠
일 모 도 원
날 일, 저물 모, 길 도, 멀 원

날은 저물고 갈 길은 멀다.
즉, 해야 할 일은 많은데 남은 시간이 없는 상황을 가리킴.

춘추시대 초나라 평왕 시대였습니다. 태부로 있던 오사와 소부 비무기는 사이가 좋지 않았습니다. 두 사람 모두 태자를 보필하던 직위에 있었는데, 언젠가 비무기가 태자의 신부를 외국으로부터 호위해 오게 되었습니다. 그런데 신부를 만나보니 참으로 예뻤습니다. 이에 왕에게 아첨을 하기로 마음먹은 비무기는 이 사실을 왕에게 알렸고, 평왕은 며느릿감을 자신의 첩으로 맞이하였습니다. 물론 아들에게는 다른 여자를 붙여 주었죠.

이때부터 비무기는 태자가 자신을 원망할 것이라 여겨 틈만 나면 태자를 헐뜯기 시작했고, 강직한 오사는 이 사실을 왕에게 간하였습니다. 그러나 소용이 없었습니다.

결국 태자는 죽음을 피해 다른 나라로 망명하였고, 비무기의 모함을 당한 오사는 잡히는 몸이 되고 말았습니다. 또한 비무기는 후환을 없애기 위해 오사를 인질로 그의 두 아들, 오상과 오자서마저 잡아들이도록 하였습니다. 왕의 명령을 받은 오상은 순순히 끌려왔지만 오자서는 "가면 모두 죽어 세상의 웃음거리가 되고 말 것입니다. 나는 살아 아버지의 원수를 갚겠습니다" 하고 이웃 오나라로 망명합니다. 물론 오사와 오상은 죽임을 당하였죠.

이때부터 오자서는 자나 깨나 부친과 형의 원수를 갚고자 절치부심切齒腐心(p139)합니다. 그리고 장수 손무 즉,《손자병법》의 저자와 함께 활약해 오나라를 남방의 강국으로 성장시킵니다. 그런 후 드디어 초나라를 공략, 도성까지 진입하지만 원수 평왕은 이미 죽은 후였지요. 이에 오자서는 평왕의 무덤을 파 시신을 꺼낸 후 매질을 3백 번이나 가합니다. 그러자 신포서라는 초나라의 충신이 산으로 피했다가 사람을 보내 오자서에게 이렇게 전합니다.

"그대의 복수가 너무 지나치다. 때로는 많은 사람이 하늘을 이길 수 있다고 하나 결국은 하늘이 사람을 이긴다고 했다. 그대는 본래 평왕의 신하였는데, 이제 그 시신에 모욕을 가하니 이보다 더 하늘을 거역하는 일이 어디 있단 말인가?"

그러자 오자서가 이를 갈며 이렇게 말합니다.

"당장 가서 신포서에게 전하라. 날은 저물고 갈 길은 멀어 다른 방법을 생각할 겨를이 없다고 말이다."

오 비 삼 척
吾鼻三尺 나오, 코비, 석삼, 자척

내 코가 석 자.

'내 코가 석 자'는 내가 처한 상황이 너무 위급해서 다른 사람의 처지를 이해해 주기 힘들다는 표현이죠. 오자서가 일모도원日暮途遠(p539)이 란 말을 쓸 때의 심정이 바로 이렇지 않았을까요?

剖棺斬屍 쪼갤 부, 널 관, 벨 참, 주검 시

관을 부수어 시신을 꺼낸 다음 다시 벰.

오자서가 한 행동이 바로 부관참시와 비슷하지요. 이미 죽어 뼈만 남은 시신에 매를 때리는 거나 칼로 베는 거나 다를 바가 없으니까요. 오자서와 관련된 표현은 또 있습니다.

동 병 상 련

同病相憐 같을 동, 질병 병, 서로 상, 불쌍히 여길 련

같은 병을 앓고 있는 이끼리 서로 불쌍히 여김.

우리 속담에 '과부 사정은 홀아비가 안다'라는 게 있는데, 비슷한 뜻입니다.

오자서가 오나라에 망명해 아버지와 형의 원수를 갚기 위해 절치부심切齒腐心(p139)하고 있을 무렵 백비란 인물도 오나라에 망명해 옵니다. 그러자 피리란 대신이 오자서에게 말하지요. "백비는 믿을 만한 인물이 아닙니다. 그의 관상을 보건대 공은 자신이 독차지하면서 상대방에 대해서는 잔인하기 그지없는 인물입니다. 가까이하지 않는 게 좋겠습니다."

그러나 오자서는 그의 조언을 무시하며 말합니다.

"나와 백비는 같은 병을 앓고 있는 처지요. 어찌 그를 믿지 못한단 말이오?"

그러나 피리의 예언은 적중하여 훗날 오자서는 백비의 참언을 받아들인 오왕 부차에게 죽음을 당하고 맙니다.

酒池肉林 주 지 육 림 술 주, 연못 지, 고기 육, 수풀 림

술이 연못을 이루고 고기가 숲을 이룸.
즉, 향락이 극에 달한 방탕한 생활을 이르는 말.

중국 역사상 가장 악명 높은 폭군이라면 고대 하夏나라 걸桀왕과 은殷나라 주紂왕을 꼽을 수 있습니다. 특히 걸왕은 말희라고 하는 미인에게 빠져 나라를 멸망의 구렁텅이에 빠트렸고, 결국 은나라 탕湯왕에게 죽임을 당하고 맙니다. 주지육림은 걸왕이 말희와 함께 술과 방탕한 생활에 빠져 살 무렵 인공으로 만든 정원을 가리키는 말입니다. 연못에는 술이 가득했고, 그 둘레에는 고기 안주로 숲을 만들어 놓은 후 수백의 미소년소녀들과 발가벗고 음란한 놀이를 계속했다는군요.

長夜之飮 장 야 지 음 길 장, 밤 야, 조사 지, 마실 음

온밤을 새워 술을 마심.

앞서 살펴본 주지육림酒池肉林에서는 당연히 밤새 마셨을 테니까 이 표현 또한 방탕한 생활을 가리키는 표현입니다.

杯盤狼藉 배 반 낭 자 잔 배, 소반 반, 어지러울 랑, 깔 자

잔과 그릇들이 이곳저곳에 어지러이 깔려 있는 모습.
술자리의 어지러운 뒤끝을 가리키는 표현.

온밤을 새워 주지육림酒池肉林에서 술을 마시다 보면 당연히 배반낭자가 되겠죠.

《사기》〈골계열전〉에 나오는 표현입니다. 골계滑稽란 익살스러운 말로 웃음을 자아내는 것을 가리킵니다. 따라서 재미있는 일화를 모아 놓은 것이 〈골계열전〉이죠.

전국시대 제나라에 순우곤이란 대신이 있었습니다. 언젠가 그가 나라에 큰 공을 세우자 왕이 그에게 술을 하사하였습니다. 그러면서 이렇게 묻습니다.

"선생은 술을 얼마나 마시면 취합니까?"

이에 순우곤이 답하지요.

"대왕께서 제게 술을 내려주실 때 곁에 관원과 어사가 자리하고 있다면 두려운 마음에 엎드려 술을 마시니 한 말도 채 마시기 전에 취하고 말 것입니다. 만일 제 어버이께 귀한 손님이 오셔 옷깃을 여미고 꿇어 앉아 술을 대접하게 되면 두 말을 채 넘기지 못하고 취할 것입니다. 만일 친한 벗이 오랜만에 찾아와 담소를 즐기는 자리라면 다섯 말은 족히 마셔야 취할 것입니다. 만일 마을에 모임이 있어 남녀가 섞여 술을 주고받고 손을 잡고 노니는 자리라면 여덟 말은 족히 마셔야 취할 것입니다. 날이 저물어 남녀가 함께 자리하고 신발은 서로 뒤섞이며 술잔과 그릇이 어지러이 흩어지고 촛불은 꺼진 채 여주인의 엷은 비단옷에 손이 닿으면 향기가 진동을 합니다. 이런 자리라면 한 섬을 마셔도 취하기 힘들 것입니다. 따라서 '술이 극도에 이르면 어지럽고, 즐거움이 극에 이르면 슬픔에 닿는다'라고 하는데 모든 일이 이와 같다고 할 것입니다."

순우곤의 말에 크게 깨달은 왕은 대답하지요.

"모든 사물이 극에 달하면 안 된다는 공의 말씀에 깊이 공감하는 바요."

傍若無人
방 약 무 인

겯 방, 만일 약, 없을 무, 사람 인

곁에 사람이 없는 것처럼 행동함.

즉, 주위 사람을 의식하지 않고 제멋대로 행동하는 것.

전국시대 말기, 중국이 진秦나라를 중심으로 통일되려고 할 무렵
연燕나라 태자 단은 진왕 정(후의 진시황)에게 원한을 품고 있었습니다.
어린 시절에는 함께 조나라에 인질로 잡혀 있었던 두 사람이었지만, 후에
강대국이 된 진나라의 제위에 오른 정이 단을 인질로 잡는 등 수모를
주었기 때문이었지요. 단은 그때부터 정을 처치하기 위해 온갖 노력을
기울였는데, 그런 와중에 만나게 된
것이 바로 형가였습니다. 형가는
당시 축이란 악기를 잘
다루는 친구 고점리와
날마다 악기를 연주하고
술을 마시며 세월을
보내고 있었습니다. 그들이
놀 때는 곁에 누구도 없는
것처럼 행동했다고 합니다.

眼下無人
안 하 무 인

눈 안, 아래 하, 없을 무, 사람 인

눈 아래 사람이 아무도 없는 것처럼 행동함.

방약무인傍若無人과 흡사하군요. 우리 속담 가운데 '고삐 풀린 망아
지'란 표현이 있는데 무례하고 버릇이 없는 것은 비슷하군요.
이런 행동을 하는 사람들은 틀림없이 이런 행동도 할 겁니다.

高聲放歌 <small>높을 고, 소리 성, 놓을 방, 노래 가</small>

큰 소리로 밖에서 노래를 부름.

아무리 큰 소리로 노래를 불러도 남에게 피해를 주지 않는다면 뭐가 문제겠습니까? 고성방가는 그래서 남에게 피해를 줄 만큼 아무 곳에서나 고래고래 소리 지르는 것을 의미합니다.

敖慢放恣 <small>거만할 오, 거만할 만, 놓을 방, 방자할 자</small>

남을 업신여기며 제멋대로 행동함.

오만하다(젠체하며 남을 업신여김)와 방자하다(삼가는 태도가 없이 교만하고 제멋대로임)가 합쳐져 만들어진 표현입니다. 그러니 얼마나 무례한 행동이겠습니까?
오만불손傲慢不遜(남을 업신여기며 겸손하지 아니함)도 비슷한 뜻이군요.

氣高萬丈 <small>기운 기, 높을 고, 일만 만, 길이 장</small>

기운이 만 길에 이를 만큼 치솟음.

이 표현 또한 오만방자敖慢放恣와 비슷합니다.
다음 표현도 기고만장과 썩 다르지 않군요. 왜 이리 사람들은 잘난 체를 하는 것일까요?

意氣揚揚

의 기 양 양
意氣揚揚 뜻 의, 기운 기, 오를 양, 오를 양

뜻한 바를 이루어 만족한 마음이 얼굴에 가득 나타나는 모양.

뜻한 바가 이루어져 그 기운이 치솟는다는 표현입니다.
의기意氣가 들어가는 표현은 그 외에도 여럿 있는데요, 다음 표현은
뜻이 정반대네요.

의 기 소 침
意氣銷沈 뜻 의, 기운 기, 흩어질 소, 가라앉을 침

기운이 사라져 버림.
즉, 뜻한 바가 이루어지지 않아
기운이 없고 풀이 죽은 모습.

의기양양意氣揚揚의 반대되
는 표현이군요. 그렇지만 세상
일은 새옹지마塞翁之馬(p203)요,
전화위복轉禍爲福(p202)이니까 그
렇게 실망할 필요는 없겠지요.

의 기 투 합
意氣投合 뜻 의, 기운 기, 던질 투, 합할 합

뜻과 기운을 던져 서로 합침.
즉, 마음과 뜻이 서로 맞는 모습.

마음과 뜻이 서로 잘 맞아 함께하는 모습을 가리킬 때 쓰는 표현이죠.
의기상투意氣相投도 같은 뜻을 갖습니다.

血氣旺盛
혈 기 왕 성
피 혈, 기운 기, 성할 왕, 채울 성

힘을 쓰는 기운이 한창 융성함.

혈기血氣란 힘을 쓰고 활동하게 하는 기운입니다. 피가 들어간 단어치고 힘차고 적극적이지 않은 것은 없지요. 왕성旺盛은 '한창 성하다'란 뜻입니다.

覇氣滿滿
패 기 만 만
패권 패, 기운 기, 찰 만, 찰 만

패기로 가득 참.

패기란 패권을 잡으려는 기운, 패자의 늠름한 기상을 나타냅니다. 그런 패기로 가득 차 있으니까 그 모습이 어떤지는 쉽게 이해가 가시죠? 그렇다면 여유로 가득 찬 모습은? 당연히 여유만만餘裕滿滿입니다.

誇大妄想
과 대 망 상
자랑할 과, 큰 대, 거짓 망, 생각할 상

자신의 능력이나 재산 등을 과장하며 스스로도 이를 사실로 착각함.

이 표현에서 가장 중요한 점은 스스로 자신이 뛰어나다고 여긴다는 사실이죠.

斗酒不辭
두 주 불 사

말 두, 술 주, 아니 불, 사양할 사

말술이라도 사양하지 않음. 즉, 주량이 대단함.

아무리 많은 술이라 해도 사양하지 않을 만큼 주량이 큰 사람을 가리키는 표현인데, 여기에는 얽힌 이야기가 있습니다.

진나라 말기, 당시 거병한 장수들 사이에는 진나라 도읍 함양에 가장 먼저 진입한 사람이 왕위에 오르기로 약조가 맺어져 있었습니다. 이에 유방이 진나라 수도 함양에 먼저 진입했다는 소식을 들은 항우는 크게 노하여 유방을 치고자 합니다. 그러자 항우에 비해 세력이 약하던 유방은 항우에게 사과하고 용서를 빌지요. 결단력이 부족한 항우는 이를 받아들인 후 홍문에서 화해의 술자리를 마련하는데, 이 모임이 유명한 홍문지회鴻門之會, 즉 홍문의 모임입니다.

한편 술자리가 무르익자 항우의 부하 범증이 항우에게 유방을 없앨 것을 청합니다. 그러나 항우는 모른 체하지요. 다급해진 범증은 유방을 없애기 위해 기회를 엿봅니다. 밖에서 이러한 잔칫상의 긴급한 상황을 보고받은 유방의 참모 장량은 장군 번쾌를 들여보내지요. 번쾌는 술자리에 들어서자마자 큰소리를 칩니다.

"이게 무슨 짓이오? 우리 주군께서는 함양에 먼저 들어서고서도 장군에게 그 자리를 양보하였습니다. 그런데 이렇게 위협하다니!"

이에 깜짝 놀란 항우가 번쾌에게 소리칩니다.

"너는 누구인데 이런 무례를 저지르느냐?"

"저는 유방의 부하 번쾌라고 합니다."

그러자 항우가 장수답게 외칩니다.

"참으로 장수라 할 만하다. 이 자에게 술과 고기를 갖다 주어라."

이윽고 술 한 말과 생돼지고기 다리 하나가 번쾌 앞에 놓였습니다. 번쾌는 거리낌 없이 술 한 말을 다 들이마시고 돼지고기 다리를 찢어 먹었습니다.

"더 마시겠는가?"

항우가 묻자 번쾌가 대답합니다.

"죽음도 두려워하지 않는 저올시다. 어찌 술 몇 말을 사양하겠습니까?"

두 사람이 말술을 주고받는 틈을 타 홍문을 빠져나온 유방은 그 길로 자신의 진영으로 돌아가 목숨을 구할 수 있었지요.

이렇게 하여 번쾌는 유방의 목숨을 구하고, 항우는 천하를 얻을 절호의 기회를 놓치고 맙니다.

한편 이때 항우가 취한 행동에 절망한 범증은 즉시 벼슬을 내놓고 낙향하고 맙니다. 그러면서 남긴 말이 이 말입니다.

걸   해   골
乞骸骨   빌 걸, 뼈 해, 뼈 골

해골을 구걸함. 즉, 조정에서 물러나겠다는 청원을 드림.

신하는 모든 것을 임금과 백성을 위해 바치기 때문에, 물러날 때 남은 것이라곤 해골밖에 없음을 비유적으로 나타낸 표현입니다. 항우 휘하에서 벼슬을 하던 범증이 항우의 한심한 행동에 실망하고 물러나면서 한 말입니다.

力拔山氣蓋世

_{역 발 산 기 개 세}

힘 력, 뺄 발, 메 산, 기운 기, 덮을 개, 세상 세

힘은 산을 뽑을 만하고 기운은 세상을 덮을 만함.
세상을 뒤엎을 정도로 강한 힘과 기운을 일컫는 말.

진나라 말 전국에서 일어난 영웅호걸 가운데 가장 강력했던 항우는 앞서
살펴본 것처럼 여러 기회를 놓치고 마침내 쓸쓸히 최후를 맞이하게
됩니다. 이때 항우는 패배를 인정하고 다음과 같은 시를 짓습니다.

力拔山氣蓋世 **역발산기개세**

時不利兮騅不逝 **시불리혜추불서**

騅不逝兮可奈何 **추불서혜가내하**

虞兮虞兮奈若何 **우혜우혜내약하**

힘은 산을 뽑을 만하고, 기운 또한 세상을 덮을
만하나
때와 운이 불리하니 추 또한 달리지 못하는구나.
추가 달리지 못하니 어찌 해야 한단 말인가?
우여, 우여, 그대를 어떻게 하면 좋단 말이냐?

'역발산기개세'는 바로 이 시의 첫 구절입니다. 한편 이 표현으로부터
개세영웅蓋世英雄이라는 말도 생겨났는데, '세상을 덮을 만한 영웅'
이란 뜻이죠. 또 개세지기蓋世之氣라고 하면 바로 '역발산기개세'를
줄인 뜻입니다. 세상을 뒤엎을 기세란 뜻이니까요. 모두 항우 같은 희
대의 영웅을 가리키는 표현입니다.
추騅는 항우가 타고 달리던 유명한 말인데, 항우가 자결하기 전에 그의
손에 최후를 맞고 맙니다. 그리고 우는 항우의 애인 우희를 가리킵니

다. 우희 또한 항우의 손에 최후를 맞이하지요.

한편 역발산기개세에 버금가는 기세가 또 있습니다.

席卷之勢
석 권 지 세

자리 석, 말 권, 조사 지, 기세 세

무서운 힘으로 세력을 넓혀 나가는 기세.

일반적으로는 줄여서 석권席卷이라고 쓰지요. 이렇게 말이죠. "우리 학교 야구팀의 기세는 정말 놀랍지? 올해 전국대회를 모두 석권했을 정도니까."

兼人之力
겸 인 지 력

겸할 겸, 사람 인, 조사 지, 힘 력

여러 사람을 당해 낼 만한 강한 힘.

항우 같은 장사를 가리키는 표현은 또 있는데요, 혼자서 여러 사람을 당해 낼 만한 장사를 가리키는 말입니다.

季布一諾
계 포 일 락

막내 계, 베 포, 한 일, 승낙할 락

계포가 한번 한 약속. 즉, 결코 번복되지 않는 믿음직한 약속을 가리킴.

초나라 항우 밑에서 활약하던 계포는 뛰어난 용맹으로 이름을 날렸습니다. 그러나 항우가 유방에게 패해 죽자 졸지에 쫓기는 몸이

되었지요. 결국 이리저리 숨어 지내던
계포는 주가라는 인물의 도움을 받아 다시
한나라에 등용될 수 있었습니다. 그 후
계포는 아첨꾼으로 이름이 난 조구생이란
자를 공개적으로 비판하였습니다. 이에
조구생이 그를 찾아와 "우리 고향 속담에 '황금 백
근보다 계포의 한 번 승낙이 더욱 값지다'라는 말이 있습니다. 어떻게
하면 이런 명성을 지니게 되는지 알고 싶습니다. 나는 당신과 같은
초나라 출신입니다. 내가 천하를 다니며 당신의 명성을 널리 알린다면
그대 이름은 천하에 떨치게 될 것입니다. 그런데도 어찌하여 나를 그리
거절하시는 겁니까?" 하고 말합니다. 이때부터 계포는 조구생을 상객으로
대하였고, 계포의 명성은 날로 높아만 갔습니다.

한편 계포만큼이나 사람들의 신망이 높은 사람이 또 있습니다.

季札繫劍 <small>막내 계, 패 찰, 맬 계, 칼 검</small>
<small>제 찰 제 검</small>

오나라의 계찰이 죽은 서나라의 왕 무덤 앞 나무에 자신의 칼을
걸어두어서 약속을 지킨 일. 즉, 신의를 소중히 여김.

계찰이 다른 나라에 사신으로 가다가 서나라에 들러 임금을 알현했을
때의 일입니다. 계찰을 만난 임금은 그가 찬 칼을 부러워하였지요. 이에
계찰은 서나라 임금에게 자신의 칼을 바치고자 하였습니다. 그러나
사신으로 가던 길이었기에 임무를 마친 후 돌아오는 길에 바치기로
결심했습니다. 사신의 임무를 마치고 돌아오던 계찰은 서나라에 들렀으나
임금은 이미 사망한 후였습니다. 이에 계찰은 자신과의 약속을 지키기

위해 서나라 임금의 묘에 들러 칼을 걸어 놓고 귀국하였습니다.

계찰괘검**季札掛劍**이라고도 합니다.
이런 약속을 가리키는 표현이 또 있습니다.

金石盟約 금석맹약 <small>쇠 금, 돌 석, 맹세할 맹, 약속 약</small>

쇠와 돌처럼 결코 변치 않는 약속.

계찰이 한 약속이 바로 금석맹약이었군요. 금석지약**金石之約**이라고
도 하는 이 말은 아무리 오랜 세월이 지나도 변치 않는 금과 돌처럼, 굳
은 약속을 가리킵니다.

伯樂一顧 백락일고 <small>맏 백, 즐길 락, 한 일, 돌아다볼 고</small>

백락이 한 번 돌아봄으로써 가치가 올라감.
즉, 신용이 높은 인물이 관심을 갖는 대상은 그 자체만으로도 가치가
올라감을 뜻함.

고사성어 어부지리**漁父之利**_(p67)를 처음 사용한 것으로 유명한 소대
가 만든 또 하나의 고사성어입니다.

> 연나라에서 사신으로 제나라에 사신으로 파견된 소대는 제나라 임금의
> 신뢰를 받고 있던 순우곤이라는 관리를 찾아갑니다. 그러고는 이렇게
> 말하지요.
> "좋은 말을 팔려는 사람이 저자거리에 사흘 동안이나 말을 묶어 놓았으나

누구도 거들떠보지 않았습니다. 그러자 그는 백락을 찾아가 '원컨대 선생께서 제 말을 한번 돌아보시기만 하면 사례를 해 드리겠습니다' 하고 말했지요. 백락은 그의 말대로 말을 이리저리 돌아보고는 돌아갔습니다. 이 소문이 퍼지자 아무도 거들떠보지 않던 말값이 열 배로 뛰었습니다. 저는 이 준마와 같아서 아무도 알아보지 못하는 값진 계략을 품고 있습니다. 선생께서 저를 위해 백락이 되어주시지 않겠습니까? 말먹이로 백옥 한 쌍과 황금 천 냥을 드리겠습니다."

순우곤은 즉시 왕에게 소대를 천거했고, 소대는 죽은 형인 소진을 대신해 합종론을 설파하여 연나라와 동맹을 맺도록 하였습니다.

그런가 하면 행동이 너무 가볍 고 믿음이 가지 않는 경우도 있지요.

경 조 부 박
輕佻浮薄 가벼울 경, 방정맞을 조, 뜰 부, 엷을 박

가볍고 방정맞으며 물 위에 뜰 만큼 행동이 가벼움.

'경박輕薄하다'란 표현 자주 쓰죠. 바로 이 말의 준말이랍니다. 그러니 까 행동이나 말을 함부로 하여 전혀 믿음이 가지 않는 경우에 쓰는 표 현입니다.

그런 행동을 나타내는 표현은 또 있습니다.

輕擧妄動
경 거 망 동

가벼울 경, 일어날 거, 망령될 망, 움직일 동

쉽게 일어나고 망령된 행동을 일삼음.

경조부박輕佻浮薄보다 한술 더 뜨는군요. 걸핏하면 나서는데, 행동에 전혀 진실됨이 없이 거짓되고 망령되니 말이에요. 줄여서 '경망輕妄스럽다'라고 자주 씁니다.

道不拾遺
도 불 습 유

길 도, 아니 불, 주울 습, 남길 유

길에 떨어진 물건을 줍지 않음.
즉, 나라의 법이 엄격하고 질서 있게 다스려져 길가에 떨어진 물건을 줍는 사람이 없는 모습.

앞서 살펴본 상앙이 진나라에 등용되었을 때의 일입니다.

상앙은 당시 군주인 효공과 며칠 동안 이야기를 나눈 후 중용되었죠. 상앙은 등용되자마자 엄격한 법을 시행하기 시작했습니다. 법의 주요 내용은 연좌제, 징병제, 신상필벌, 귀족에 대한 특권 박탈 등이었습니다. 그러다 보니 법 시행 초기에 기득권 세력의 반발 또한 여간 큰 것이 아니었습니다. 그러나 효공의 지원을 받은 상앙은 법을 밀어부쳤고, 시간이 지나자 진나라에서는 길에 떨어진 물건을 줍는 사람이 없을 정도로 질서가 잡히고 남의 물건을 탐내는 사람이

사라졌습니다. 그리고 이러한 공로를 인정받아 상앙은 상 지방을 받기에 이릅니다.

移木之信
이 목 지 신
옮길 이, 나무 목, 조사 지, 믿을 신

나무를 옮기는 일로부터 비롯한 신용. 한번 내건 약속은 반드시 지킴.

상앙은 법을 통해서만이 세상의 질서와 발전을 이룰 수 있다는 법가사 상가였습니다.

상앙은 백성들이 법률을 준수하도록 하는 다양한 방법을 썼는데, 그 가운데 당근 요법을 활용한 것이 있습니다.

그는 수도의 남문 앞에 큰 나무를 심어 놓고 이런 팻말을 걸어 놓았습니다. '이 나무를 북문으로 옮기는 자에게 금 열 냥을 내리겠다.' 그러나 그런 하찮은 일에 금 열 냥을 걸 리 없다고 생각한 사람들은 누구도 나무를 옮기지 않았습니다. 이에 상앙은 상금을 오십 냥으로 올려 다시 내걸었습니다. 그러자 한 건달이 심심파적으로 나무를 옮겼습니다. 이에 나라에서는 그에게 금 오십 냥을 내렸습니다. 그때부터 이 소문이 퍼져 나가 모든 사람들이 나라에서 공포한 법에 대해서는 철석같이 믿게 되었습니다.

그런데 세상에는 이런 믿음뿐만이 아니라 다음에 보듯 어리석은 믿음 도 있군요.

尾生之信

미 생 지 신

꼬리 미, 날 생, 조사 지, 믿을 신

미생의 신의. 답답할 정도로 우직하고 고지식한 믿음을 가리키는 말.

옛날 노나라에 미생이라는 순박한 청년이 있었습니다. 그는 융통성이라곤 눈을 씻고 봐도 없는 정직한 사람이었죠. 어느 날 그는 한 여인을 다리 밑에서 만나기로 약속하였고, 시간에 맞춰 나가 여인을 기다리고 있었습니다. 그런데 그날따라 여인은 약속 시간에 나갈 수 없었습니다. 그러는 중에 비가 와 다리 밑 개울물이 불기 시작했습니다. 그러나 미생은 약속 장소를 떠나지 않았고, 급기야 미생의 몸마저 물속에 잠기기 시작했습니다. 그런데도 피하지 않은 미생은 물에 빠져 죽고 말았습니다.

이때부터 우직한 믿음을 가리켜 미생지신이라 부르게 되었죠.

多多益善

다 다 익 선

많을 다, 많을 다, 더할 익, 착할 선

많으면 많을수록 좋다.

어느 날 유방이 한신에게 묻습니다. "짐이 지휘할 수 있는 군사의 규모는 얼마나 된다고 보는가?" "10만을 넘지는 않을 것입니다." 기분이 상한 유방이 다시 묻습니다. "그렇다면 귀관이 지휘할 수 있는 규모는 얼마나 되는가?" "저에게는 많으면 많을수록 좋습니다." 어이가 없어진 유방이 또 묻습니다. "그런데 그렇게 뛰어난 귀관은 어찌 내 아래에서 일하고 있는가?" "그건 폐하께서 장수를 잘 다스리기 때문입니다."

사실 유방이 천하를 통일하고 한漢나라를 건국할 수 있었던 것도 한신의 도움이 있었기 때문일 정도로 한신이란 인물은 너무나 뛰어났습니다. 그런 탓에 한신과 관련된 이야기가 참 많고 그와 관련된 고사성어도 여럿입니다.
다음은 한신의 인물됨을 나타내는 표현입니다.

_{구 사 무 쌍}
國士無雙 _{나라 국, 선비 사, 없을 무, 쌍 쌍}

군계일학(p36), 백미(p37)

나라의 인물은 둘이 있을 수 없다.
즉, 나라를 대표하는 최고의 인물을 가리키는 표현.

유방이 항우와 주도권을 다툴 때의 일입니다. 항우의 힘이 워낙 강해 유방 진영이 점차 어려움을 겪게 되었습니다. 그러자 유방 진영에서는 장수와 병사를 막론하고 이탈자가 하루가 다르게 늘어나고 있었습니다. 그러던 어느 날, 유방의 고향 친구이자 오른팔인 소하마저 사라졌습니다.

유방이 "이제 나는 끝이로구나!" 하며 낙담하고 있는데, 소하가 돌아왔습니다. 유방은 반가운 기색을 감추며 "너마저 이럴 수가 있단 말인가!" 하고 화를 냈습니다. 그러자 소하는 "전 세상에 둘도 없는 소중한 인물을 찾아 나갔다 왔습니다. 다른 모든 인물을 잃는다

해도 이 사람만 있으면 천하를 손에 쥘 수 있습니다" 하는 것이었지요.
궁금해진 유방이 "그게 도대체 누구란 말인가?" 하고 묻자 소하는
"한신입니다"라고 하였습니다. 당시 한신은 말단 지휘관에 불과했으므로
유방은 어이가 없었습니다. 그러나 소하는 뜻을 굽히지 않고 간언하였죠.
"한신을 등용하십시오. 그야말로 천하에 둘도 없는 인재입니다." 결국
유방은 소하의 말대로 한신을 대장군에 등용하였고, 그때부터 한신은
유방이 천하통일로 가도록 길을 닦았습니다.

그런데 세상에 둘도 없는 것이 또 있군요.

대 담 무 쌍
大膽無雙 큰 대, 쓸개 담, 없을 무, 쌍 쌍

세상에 둘도 없을 만큼 담력이 대단함.

줄여서 '대담하다'라는 말을 자주 하죠. 겁이 없고 용감하거나 담력이
강하여 두려움이 없는 경우에 쓰는 표현입니다.

걸 구 폐 요
桀狗吠堯 왜 걸, 개 구, 짖을 폐, 요 임금 요

걸왕의 개가 요 임금을 보고
짖는다.
아랫사람은 자기
주인만을 알아본다는 말.

무슨 말일까요? 걸왕은
중국 고대국가인 하나라

의 폭군으로 하나라를 멸망으로 이끈 임금입니다. 반면에 요 임금은 중국에서 이상적인 군주로 일컬어지는 성군聖君이죠. 따라서 어떤 경우든 아랫사람은 자신이 모시는 주인 편을 들게 됨을 비유적으로 가리키는 말입니다.

狡兔死走狗烹 교활할 교, 토끼 토, 죽을 사, 달릴 주, 개 구, 삶을 팽

교활한 토끼가 죽으면 사냥개를 삶아 먹는다.

토끼 사냥을 할 때는 반드시 필요한 사냥개지만, 토끼가 사라져 사냥할 기회가 사라지면 필요 없어 삶아 먹는다는 뜻이죠. 우리 속담 가운데 '달면 삼키고 쓰면 뱉는다'라는 말과 같군요. 유방을 도와 한나라 건국에 큰 공을 세운 한신이 후에 역적으로 몰려 죽으며 남긴 말입니다. 유방은 천하의 성군聖君으로 추앙받는데도 이런 일을 저지른 것을 보면 권력이란 역시 냉엄한 것이군요. 이 표현은 일반적으로 토사구팽兔死狗烹으로 줄여 사용합니다.

이와 비슷한 표현이 또 있습니다.

甘吞苦吐 달 감, 삼킬 탄, 쓸 고, 토할 토

달면 삼키고 쓰면 뱉음.

우리 속담에 '달면 삼키고 쓰면 뱉는다'라는 말이 있는데 그 말의 한자 표현이군요.

이렇게 속 보이는 행동을 가리키는 표현이 또 있습니다.

炎凉世態
염 량 세 태

불탈 염, 서늘할 량, 세상 세, 모양 태

문전작라(p562)

뜨거워졌다가 금세 식어 버리는 세상 인심.

더우면 금세 옷을 다 벗어 버리지만 조금만 추워지면 온갖 옷을 꺼내 입는 인심처럼, 권세 있는 자에게는 아부하다가도 권세를 잃고 나면 모두 떠나 버리는 세상 인심을 일컫는 말입니다.

得魚忘筌
득 어 망 전

얻을 득, 물고기 어, 잊을 망, 통발 전

물고기를 얻고 나면 그물을 잊음.

이 표현도 앞의 표현들과 본질적으로 다르지 않습니다. 목적을 이루고 나면 그때까지 사용하던 도구나 도와준 사람을 잊는 것은 예나 지금이나 같은 모양이죠?

門前成市
문 전 성 시

문 문, 앞 전, 이룰 성, 저자 시

문 앞이 시장을 이룸.
권력이나 재산을 가진 집안에 늘 많은 사람이 찾는 모습을 이름.

요즘도 마찬가지인데, 유명 인사나 부잣집에는 늘 많은 사람들이 찾아 가지요. 물론 마음으로 존경하거나 볼일이 있어서가 아니라 그 사람들이 가진 권력이나 재산에 눈독을 들여서죠.
문전여시門前如市, 즉 문 앞이 시장과 같다는 말도 같은 뜻입니다.
다음에는 문전門前이 들어가는 표현들을 살펴볼까요.

門前雀羅
문 전 작 라

문 문, 앞 전, 참새 작, 그물 라

문 앞에 참새 그물을 칠 만큼 드나드는 사람이 없음.

바로 어제까지만 해도 문턱이 닳을 만큼 드나들던 사람들도 주인의 감투가 떨어졌다고 하면 오늘부터 발길을 뚝 끊습니다. 참새 그물을 칠 만큼 말이지요.

門前乞食
문 전 걸 식

문 문, 앞 전, 빌 걸, 먹을 식

문 앞에서 음식을 구걸함.

이집 저집을 다니면서 밥을 구걸하는 모습을 가리킵니다.

流離乞食
유 리 걸 식

흐를 류, 헤어질 리, 빌 걸, 먹을 식

이리저리 떠돌면서 음식을 구걸함.

문전걸식門前乞食과 별 차이가 없는 표현입니다.

門前沃畓
문 문, 앞 전, 기름질 옥, 논 답

문 앞의 비옥한 논.

집 가까이에 있는 비옥한 논, 즉 아주 귀한 재산을 의미하는 말입니다.
그렇다면 문 아래에는 무엇이 있을까요?

門下
문 문, 아래 하

스승의 밑. 권세가의 집 또는 그 사람의 아래.

이때의 문은 그냥 문이 아니라 스승이나 권세가를 뜻합니다. 그래서 문
하라고 하면 자기의 스승이나 높은 사람의 아래를 가리키지요.
그럼 문하생門下生은? 스승 밑에서 배우는 사람 또는 권력자의 집에
드나들거나 그 아래에서 일하는 사람입니다.

同門受學
같을 동, 문 문, 받을 수, 배울 학

같은 스승 밑에서 함께 배움.

한 문하門下에서 함께 공부
하는 것 또는 함께 공부한
사람들을 가리키는 표현
입니다. 수修(닦을 수)를
써서 동문수학同門修
學이라고도 합니다.

門外漢

문 외 한

門外漢 문 문, 바깥 외, 사나이 한

전문 지식이 없거나 그와 관련이 없는 인물.

문 바깥에 있는 사람이란 뜻인데, 전문적인 지식이나 학문과 상관이 없는 사람을 가리킵니다.

두 문 불 출

杜門不出 닫을 두, 문 문, 아니 불, 날 출

문을 닫고 밖으로 나가지 않음.
즉, 집에만 박혀 있으면서 결코 바깥출입을 하지 않는 모습.

고향에 머물면서 관직에 나아가지 않고 은거하는 선비의 모습을 이를 때도 사용합니다.

02

유교와
공자

^{덕 불 고 필 유 린}
德不孤 必有隣
덕 덕, 아니 불, 외로울 고, 반드시 필, 있을 유, 이웃 린

덕은 외롭지 않고 반드시 이웃이 있다.

덕을 베푸는 사람은 외롭지 않고 반드시 알아주는 이, 뜻을 같이 하는
이가 있다는 뜻이죠.
《논어》에 나오는 공자님 말씀입니다.

^{극 기 복 례}
克己復禮 이길 극, 나 기, 돌아올 복, 예의 례

자신의 욕망을 이기고 예의범절을 실현함.

세상에서 가장 무거운 것이 무엇인지 아시나요? 부처님이 말씀하셨는
데, 자기 눈꺼풀이랍니다. 졸릴 때 아무리 들어 올리려고 해도 안 올라
가는 눈꺼풀 말이죠. 그렇다면 이기기 가장 어려운 것은? 역시 자신의

욕망, 욕심 아닐까요?
《논어》에 나오는 표현으로 제자
안회가 인仁에 대해 묻자 공자
께서 "극기복례克己復禮가 인
仁이니라" 하고 대답한 데서 유
래하였습니다.

過猶不及 지날 과, 같을 유, 아니 불, 미칠 급

지나침은 미치지 못함과 같음. 즉, 지나침은 부족함과 마찬가지라는 뜻.

지나치지도 않고 부족하지도 않은 적절한 상태를 가리켜 중용中庸이
라고 하는데, 공자는 중용을 매우 소중한 가치로 여겼습니다. 그래서
사서삼경 가운데 《중용》이란 책이 포함되어 있지요.

> 공자에게 제자 자공이 물었습니다.
> "스승님, 자장과 자하 가운데 누가 낫습니까?"
> 자장과 자하 모두 공자의 제자였습니다.
> "자장은 지나치고 자하는 미치지 못하지."
> 이에 자공이 반문하죠.
> "그럼 자장이 낫습니까?"
> 그러자 공자가 대답합니다.
> "지나침은 미치지 못함과 같으니라."

지나치면 안 되는 경우를 하나 더 볼까요.

^{과 공 비 례}
過恭非禮 지날 과, 공손할 공, 아닐 비, 예절 례

지나친 공손은 예의가 아님.

공손함도 지나치면 예의에 벗어나는 것이라는 말이죠. 그러니까 누군가 자신을 칭찬하거나 천거하면 적당한 선에서 겸손함을 표현해야지 도가 지나치면 상대방에게 무례를 저지르는 것이나 마찬가지란 말입니다.
과過는 '지나치다'라는 뜻 외에 '잘못, 과실'이란 뜻도 있는데 다음 표현을 보시죠.

^{개 과 천 선}
改過遷善 고칠 개, 틀릴 과, 옮길 천, 착할 선

잘못된 점을 고쳐 착한 사람으로 바뀜.

음, 이때 과過는 과실過失이라는 뜻으로 쓰였군요. 천遷은 '수도를 옮기다'는 뜻의 천도遷都에 쓰는 글자인데, 여기서는 '변하다'라는 뜻으로 쓰였습니다.

^{과 즉 물 탄 개}
過則勿憚改
과실 과, 곧 즉, 아닐 물, 꺼릴 탄, 고칠 개

잘못임을 깨달았다면
고치기를 꺼리지 마라.

자신의 행동이나 말이 잘못임
을 알게 되면 즉시 고치라는
말로, 《논어》에 나오는 말입니

다. 이 표현이 들어가는 문장의 뜻을 간추리면 이렇습니다.

> 공자 가라사대, "군자가 무겁지 않으면 위엄을 잃고, 배우면 고집스럽지
> 않다. 충성과 성심을 다하고, 나보다 못한 이와는 벗을 하지 말라. 그리고
> <u>스스로 과실을 알았다면 고치기를 꺼리지 마라.</u>"

欲速不達 _{하고자 할 욕, 빠를 속, 아니 불, 미칠 달}

빨리하려고 욕심을 내면 오히려 미치지 못함.

우리 속담에도 '아무리 바빠도 바늘허리 매어 못 쓴다'라는 말이 있지
요. 빨리하고자 욕심을 내다가는 오히려 더 시간이 걸릴
수도 있음을 나타내는 말입니다.

크게, 멀리
보아야 하느니라

> 제자 자하가 한 마을의 읍장이 되어 공자에게
> 어떻게 다스려야 할지 묻습니다. 그러자
> 공자가 말하지요. "빨리하려고 하지 말고
> 작은 이익에 눈을 주지 말아라. 서두르면
> 이루지 못할 것이요. 작은 이익을 보면 큰일을
> 이룰 수 없느니라."

春秋筆法 _{봄 춘, 가을 추, 붓 필, 법 법}

공자가 저술한 역사서《춘추》의 기술 방법처럼 역사적 사실의 옳고
그름을 분명히 따져 기술하는 것.

《춘추》는 공자가 춘추시대 제후국인 노나라의 역사를 편년체編年體(역사적 사실을 일어난 순서대로 기술하는 방법)로 기술한 책입니다. 역사 서술의 기준을 마련한 것으로 유명하죠. 공자가 《춘추》를 저술할 때 스스로 세운 원칙은 명분을 바로잡음과 공功과 과過를 분명히 기록함이었습니다. 춘추필법이란 이렇게 개인의 사사로운 이해나 감정에 의하지 않고 객관적이고 공정하게 기술하는 저술 방법을 가리킵니다.

공자의 역사 서술 방법을 알려주는 표현은 또 있습니다.

述而不作 서술할 술, 말 이을 이, 아니 불, 지을 작

서술해서 전할 뿐 스스로 짓지는 않음.

공자가 역사서 《춘추》를 저술할 때 세워 놓은 역사 서술 원칙으로, 《논어》에 나오는 표현입니다. 전해 오는 사실을 기록할 뿐 자신의 의견을 내세워 창작하지 않는다는 말입니다.

後生可畏 뒤 후, 날 생, 옳을 가, 두려워할 외

나중에 오는 후배가 더욱 두려워할 만함.

후배들 가운데 선배를 능가할 인물들이 많이 나올 수 있기 때문에 한시도 배움을 게을리해서는 안 된다는 말로 《논어》에 나옵니다. 우리 속담에도 이런 표현이 있죠. '나중 난 뿔이 우뚝하다.'

이와 비슷한 표현 가운데 유명한 것이 있습니다.

青出於藍 청 출 어 람 푸를 청, 날 출, 조사 어, 쪽 람

쪽에서 나온 물감이 오히려 더욱 푸름.
스승에게 배운 제자의 학문이나 실력이 스승을 능가함.

'쪽'이란 마디풀과의 한해살이 풀로서, 잎으로 남빛 물감을 만듭니다.
그래서 옛날에는 이를 이용해 옷감에 염색을 했습니다. 쪽을 찧어 물에
담가 놓으면 염색에 쓸 푸른 물이 나오는데, 이 색이 원래 쪽빛보다 더
욱 파랗습니다. 그래서 이런 표현이 나왔지요. 이 말을 처음 쓴 사람은
법가사상가로 유명한 순자인데, 그는 맹자의 성선설에 대하여 성악설
性惡說을 주장한 것으로 유명하죠.

> 學不可以已 학불가이이
> 青取之於藍 而青於藍 청취지어람 이청어람
> 氷水爲之 而寒於水 빙수위지 이한어수

학문을 그쳐서는 안 된다.
푸른 빛은 쪽에서 취했지만 그보다 더욱 푸르고
얼음은 물이 변해 되었으나 물보다 더욱 차다.

570

朝聞道 夕死可矣
조 문 도 석 사 가 의

아침 조, 들을 문, 길 도, 저녁 석, 죽을 사, 가할 가, 어조사 의

아침에 도를 들으면 저녁에 죽어도 좋다.

《논어》에 나오는 말로, 공자가 한 말입니다. 도를 깨치는 일이 얼마나 어렵고, 참된 인간이 되는 길이 얼마나 어려운지를 비유적으로 나타낸 말이지요.

身體髮膚 受之父母
신 체 발 부 수 지 부 모

몸 신, 몸 체, 터럭 발, 살갗 부, 받을 수, 조사 지, 아버지 부, 어머니 모

몸이란 부모님으로부터 받은 것이므로 소중히 여겨야 함.

신체발부는 몸과 피부, 머리카락을 가리키니까 온몸을 말하죠. 공자님께서 하신 말씀으로, '몸과 머리털, 피부는 부모님으로부터 받은 것이니, 감히 다치지 않는 것이 효의 시작이니라' 하는 내용입니다. 《효경》에 나옵니다.

그러니 머리털 하나라도 함부로 해서야 되겠습니까? 이렇게 말이에요.

蓬頭亂髮
봉 두 난 발

쑥 봉, 머리 두, 어지러울 란, 터럭 발

아무렇게나 자란 쑥처럼 더부룩하고 헝클어진 머리.

우리말 가운데 쑥대머리란 표현이 있는데, 채가 긴 머리털이 마구 흐트러져 어지럽게 된 머릿결을 가리킵니다. 봄이 되면 여기저기 피어나는 쑥은 그 맛이 일품인데도 아무렇게나 어지럽혀진 모습에 비유됩니

다. 그래서 '쑥밭' 하면 모든 것이 무너지고 빈터만 남은 거친 땅을 가리키지요.

四大六身 _{넉 사, 큰 대, 여섯 육, 몸 신}

두 팔, 두 다리, 머리, 몸뚱이라는 뜻으로, 온몸을 이르는 말.

신체의 모습을 표현하고 있군요. 두 팔과 두 다리를 합쳐 사대四大라면 육신은 사대＋머리＋몸인가요? 그렇다는군요. 여하튼 "사대육신이 멀쩡한 녀석이 남의 도움이나 바라다니 한심하구나" 하는 말 듣지 않게 열심히 일합시다.
그렇다면 우리 몸속은 어떻게 생겼을까요?

五臟六腑 _{다섯 오, 내장 장, 여섯 육, 장부 부}

다섯 개의 내장과 여섯 개의 몸속 기관.

우리 몸의 중요한 기관을 가리키는 표현인데, 오장五臟은 심장心臟(염통), 간장肝臟(간), 신장腎臟(콩팥), 비장脾臟(지라), 폐장肺臟(허파)을 가리킵니다.
육부六腑는 위장胃臟(밥통), 담낭膽囊(쓸개), 방광膀胱(오줌통), 삼초三焦(한방에서 일컫는 부분으로, 상초는 심장 위, 중초는 위에 딸린 경락, 하초는 오줌통 위를 가리킴), 대장大腸(큰창자), 소장小腸(작은창자)을 가리킵니다.

三人行 必有我師
삼 인 행 필 유 아 사

석 삼, 사람 인, 갈 행, 반드시 필, 있을 유, 나 아, 스승 사

세 사람이 길을 가면 그 가운데 반드시 나의 스승이 될 만한 사람이 있다.

《논어》에 나오는 문장으로 공자가 한 말이지요. 이는 세 사람 가운데 나보다 더 나은 사람이 한 사람 이상 있다는 말이 아 니라, 나보다 못한 사람에게서도 배울 점이 있다는 말입니다. 그러니까 사람은 누구한테서나 배워야 한다는 말이죠. 이와 비슷한 말 가운 데 유명한 것이 있죠.

他山之石
타 산 지 석

다를 타, 메 산, 조사 지, 돌 석

다른 산에 있는 돌이라 해도 나의 옥을 가는 데 큰 도움이 됨. 즉, 다른 사람의 사소한 언행이나 실수라도 나에게는 커다란 교훈이나 도움이 될 수 있음.

타산지석은 '다른 산의 돌'이죠. 이 표현이 유래한 시를 읽어 보면 그 뜻이 분명해집니다.

鶴鳴于九皋 학명우구고

聲聞于天 성문우천

魚在于渚 어재우저

或潛在淵 혹잠재연

樂彼之園 낙피지원

爰有樹檀 원유수단
其下維穀 기하유곡
他山之石 타산지석
可以攻玉 가이공옥

학이 높은 언덕에서 우니
하늘에서도 그 울음 들리는구나
물고기 또한 물가에 머물다가
가끔 연못 속에 숨는구나
즐거운 저 동산에
박달나무 심어 놓으니
그 아래 닥나무 자라는구나
다른 산 보잘것없는 돌이라도
옥을 갈 수 있음이로다.

타산지석他山之石 역할을 하는 사람을 가리키는 말이 또 있습니다.

反面教師 반대 반, 면 면, 가르칠 교, 스승 사

스승은 스승인데 반대의 가르침을 주는 스승.
즉, 다른 사람의 잘못된 일과 실패를 거울삼아 나의 가르침으로 삼는다는
뜻.

그러니까 스승이 되는 것은 좋은 일이지만 절대 반면교사가 되어서는
안 되겠군요.

前車覆轍
전 거 복 철

앞 전, 수레 거, 뒤집힐 복, 바퀴자국 철

앞의 수레가 뒤집힌 자국. 즉, 앞서 실패한 사례를 가리킴.

앞에 가던 수레가 뒤집힌 자국이 있으면 뒤따라가던 수레는 당연히 조심하겠지요. 그래서 앞의 실패를 교훈 삼아 실패를 되풀이하지 말라는 의미로 자주 쓰입니다. 실제로는 줄여서 전철前轍이라고 많이 씁니다. "선배들이 실패한 전철을 밟지 마라"처럼 말이죠.

그런데 이런 사람보다 더 훌륭한 인물을 가리키는 표현이 있습니다.

不恥下問
불 치 하 문

아니 불, 부끄러워할 치, 아래 하, 물을 문

아랫사람에게 묻는 것을 부끄러워하지 않음.

하나를 배우면 열을 아는 것보다 더욱 뛰어난 능력은 바로 불치하문하는 마음입니다. 자기보다 아랫사람이라 하더라도 배워야 할 것은 배우려는 노력과 자세만 있으면 못 이룰 것이 없겠지요. 《논어》에 나오는 표현으로, 공자가 한 말입니다.

良藥苦於口 _{어질 량, 약 약, 쓸 고, 어조사 어, 입 구}

좋은 약은 입에 씀.

자신에게 도움이 되는 충고나 조언은 듣기에는 귀에 거슬리지만 인격 형성이나 발전에는 이롭다는 뜻이죠. 그러니까 충신의 간언諫言이 입에는 쓰지만 좋은 약이라면, 간신의 아첨阿諂은 입에는 달지만 몸에는 나쁜 불량과자에 해당되겠네요.

줄여서 양약고구良藥苦口라고도 씁니다.

忠言逆於耳 _{충성 충, 말씀 언, 거스를 역, 어조사 어, 귀 이}

충성스런 말은 귀에 거슬림.

입에 쓴 약이 좋은 약이듯이 충신의 간언은 귀에 거슬리는 법입니다. 그러나 입에 쓴 약을 좋아하는 사람 없듯이 충신의 간언을 듣기 좋아하는 군주 또한 드뭅니다. 그래서 이런 말이 생겨났지요.

三省吾身 _{석 삼, 살필 성, 나 오, 몸 신}

하루에 세 번씩 자신의 몸을 살핌.

하루에 세 번씩 자신의 몸가짐을 살피고 반성한다는 의미로, 참된 선비의 몸가짐, 마음가짐을 이르는 표현입니다. 《논어》에 나오는 문장에서 비롯된 표현인데 공자의 제자 증자가 한 말입니다.

이 표현보다 더 자주 사용하는 것이 일일삼성一日三省입니다. 하루에 세 번 반성하고 살핀다는 뜻이죠.
그러고 보니 충신의 간언을 가리키는 좋은 표현이 또 있군요.

藥石之言
약 석 지 언

약 약, 돌 석, 조사 지, 말씀 언

약과 침처럼 병을 고칠 만한 말.
남의 잘못을 지적하여 그를 바로잡는 데 도움을 주는 말.

위에서 석石은 돌이라는 뜻이 아니라 한방에서 말하는 침을 가리킵니
다. 그러니까 약석藥石이라고 하면 약과 침, 즉 사람을 살리기 위한 치
료법을 말하지요.
그런데 이런 말을 들어도 한 귀로 듣고 다른 귀로 흘려보내는 사람들이
많죠.

馬耳東風
마 이 동 풍

말 마, 귀 이, 동녘 동, 바람 풍

봄바람이 말의 귀를 스쳐감.
남의 말을 유심히 듣지 않고 흘려보내는 모습.

아무리 애를 쓰며 뜻이나 충고를 전하려 해도 전혀 들으려고 하지 않는
상대를 가리킵니다. 당나라의
유명한 시인 이백의 시에 나
오는 내용인데, 봄바람이
말의 귀를 스치며 봄소식을
전해 주어도 말은 알지 못
하고 흘려버린다는 내용에서

비롯된 말입니다.

마이동풍이 되어 남의 충고나 조언, 간언諫言을 무시하면 어떻게 될까요? 그 결과를 봅시다.

萬事休矣 _{만 사 휴 의} 일만 만, 일 사, 쉴 휴, 조사 의

모든 일이 끝났음.
즉, 모든 시도가 실패로 돌아가 어찌 해 볼 수 없음.

모든 일이 실패로 돌아갔을 때 사람들은 이렇게 말하죠. "만사휴의로군." 모든 일이 쉰다, 즉 모든 일이 수포로 돌아감을 가리킵니다.
그에 반해 입에 쓴 약을 열심히 먹으면 이렇게 됩니다.

萬事亨通 _{만 사 형 통} 일만 만, 일 사, 형통할 형, 통할 통

모든 일이 뜻한 대로 이루어짐.

이번에는 뜻이 반대입니다. 모든 일이 아무 걸림돌 없이 잘 이루어짐을 가리키는 말이군요. 형통亨通은 '뜻대로 잘되어감'을 의미합니다.

萬事如意
만사여의 　일만 만, 일 사, 같을 여, 뜻 의

세상 모든 일이 뜻대로 됨.

만사형통과 비슷한 뜻을 갖습니다.

萬不得已
만부득이 　일만 만, 아니 불, 얻을 득, 이미 이

부득이를 강조한 말.

부득이, 즉 어쩔 수 없이를 강조해서 사용할 때 만부득이를 쓰지요. 만 萬 대신 막莫(없을 막)을 쓴 막부득이莫不得已도 같은 뜻입니다.

溫故知新
온고지신 　배울 온, 옛 고, 알 지, 새 신

옛 것에서 배워 새로운 것을 깨닫는다.

지나간 과거로부터 미래를 준비하는 깨달음을 얻는다는 말입니다.《논어》에 나오는 구절인데, 본문은 이렇습니다. '온고이지신溫故而知新 가이위사의可以爲師矣.' 즉, 옛것을 다시 배워 새로운 것을 깨닫는다면 다른 사람의 스승이 될 수 있다.
이와 비슷한 표현은 또 있습니다.

法古創新
^{법 고 창 신}
法古創新 법 법, 옛 고, 비롯할 창, 새 신

옛 법을 새로운 것으로 거듭나게 함.

옛 법을 바탕으로 새로운 것을 창
안해 낸다는 말로, 옛것의 소중
함과 아울러 새것의 필요성을
동시에 표현한 말입니다.

^{사 무 사}
思無邪 생각할 사, 없을 무, 간사할 사

생각에 간사함이 없음.

간사한 생각이 없다면 그 사람은 분명 어진 사람일 것입니다. 공자님
말씀인데, 본문은 이렇습니다. '자왈子曰 시삼백詩三百 일언이폐지왈
一言以蔽之曰 사무사思無邪(공자 말씀하시길 《시경》에 실린 300편의 시에
는 한마디로 간사한 생각이 없다).'
하나 더! 위 문장에 나오는 일언이폐지一言以蔽之 또한 자주 쓰는
표현인데요, '길게 말할 것 없이 한마디로'라는 의미입니다.

^{격 물 치 지}
格物致知 바로잡을 격, 만물 물, 이를 치, 알 지

사물의 본질이나 이치를 끝까지 연구하여 지식을 달성함.

유교의 교의를 담고 있는 《대학》에 나오는 문장입니다. 세상의 사물이
나 현상 속에 담겨 있는 궁극적인 이치를 탐구하여 온전한 지식을 이룬

다는 뜻이죠.

濫觴 넘칠 람, 잔 상

술잔에 넘칠 정도인 작은 양의 물. 세상 만물의 시초나 근원을 가리킴.

얼핏 보면 충분하다, 풍요롭다는 뜻을 가질 듯한데 전혀 다르죠. 거기에는 다 이유가 있습니다.

> 공자의 제자 가운데 자로란 이가 있었습니다. 그는 남보다 나서기를 좋아하여 늘 공자를 안타깝게 하였습니다. 어느 날 자로가 또다시 화려한 옷차림을 하고 으스대자 공자가 말했습니다.
> "세상을 안고 흐르는 양자강도 처음에는 술잔에 넘칠 정도의 작은 양에서 시작되었다. 네가 그런 모습으로 남을 업신여기니 누가 너에게 작은 충고를 전해 주겠느냐?"

이 말을 들은 자로가 자신의 태도를 바꾼 것은 당연했습니다.
이와 비슷한 의미를 갖는 단어도 여럿 있습니다.

嚆矢 울릴 효, 화살 시

화살을 쏘아 시작을 알림. 어떤 일의 시작을 가리킴.

옛날 전쟁터에서는 대장군의 화살을 허공에 쏘아올림으로써 공격 등

시작!

행동의 시작을 알렸습니다. 그래서 화살을 쏜다는 뜻의 효시는 중요한
일의 시작을 가리키게 되었습니다.

鼻祖 _{비 조} 코 비, 할아버지 조

어떤 일을 가장 먼저 시작한 사람.

사람이 엄마 뱃속에서 형성될 때 어디가 가장 먼저 생겨날까요? 옛사
람들은 코가 가장 먼저 만들어진다고 여겼습니다. 그래서 비조라고 하
면 어떤 일을 가장 먼저 시작한 사람을 뜻한답니다. 요즘 식당에서 자
주 쓰는 표현으로는 원조元祖라고 할 수 있지요.

破天荒 _{파 천 황} 깨트릴 파, 하늘 천, 거칠 황

아무도 하지 못한 일을 처음으로 이룸.

당나라 때 형주라는 지역은 매우 낙후된 곳이었습니다. 그래서 그런지
과거 시험 합격자를 하나도 배출하지 못했습니다. 그때부터 형주는
천황天荒, 즉 하늘이 내린 황무지라고 불리게 되었지요. 그러다 유세란
인물이 처음으로 과거에 합격하였습니다. 그러자 사람들은 천황을
처음으로 깨트렸다며 유세를 가리켜 파천황破天荒이라 불렀습니다.

또 이런 표현도 있습니다.

미 증 유
未曾有 아닐 미, 일찍 증, 있을 유

일찍이 없었음.

일찍이 없었으니까 처음 하는 것, 처음 나타난 것, 처음 생각한 것이겠군요. 그래서 '미증유의 사건'과 같은 표현에 씁니다.

전 대 미 문
前代未聞 앞 전, 시대 대, 아닐 미, 들을 문

이전까지 들어보지 못함.

이전까지는 전혀 들어본 적이 없는 놀라운 사건이나 새로운 일을 가리키는 표현입니다. "이야말로 전대미문의 사건이야. 작년 꼴찌가 일등을 꺾고 우승을 거두다니!"

전 인 미 답
前人未踏 앞 전, 사람 인, 아닐 미, 밟을 답

이전까지 아무도 밟지 않음.

처음 가는 길, 처음 시도하는 행동 등을 일컫는 표현입니다. 아무도 밟은 적이 없는 곳으로 가니, 처음 일어난 사건이나 처음으로 이루어 낸 성과겠죠.

空前絶後 _{공 전 절 후} 빌 공, 앞 전, 끊길 절, 뒤 후

앞서도 없었고 뒤에도 없을 것임. 즉, 비교할 만한 것이 이전에도 없었고 이후에도 없을 만큼 탁월한 것을 가리키는 말.

언론에서 자주 쓰는 표현 가운데 '공전의 히트'라는 말이 있습니다. 이전에는 결코 없었던 인기를 끌 때 쓰는 말이죠.

前無後無 _{전 무 후 무} 앞 전, 없을 무, 뒤 후, 없을 무

이전에도 없었고 이후에도 없음.

이전에도 없었고 앞으로도 경험하기 어려운 대단히 놀랍고 뛰어난 것을 가리키는 표현입니다.
"김경수 선수가 기록한 높이뛰기 기록 3미터 58센티미터는 전무후무합니다. 우리나라 육상계에 신기원新紀元을 이룩했다고 하겠습니다."
또 유일무이唯一無二(둘도 없는 오직 하나)는 세상에 둘도 없이 오직 하나뿐인 것을 가리킵니다.
이와 비슷한 표현이 '독보적獨步的'이란 말입니다. '홀로 걸어갈 정도', 즉 '아무도 따라올 수 없을 만큼 뛰어남 또는 귀함'을 뜻하죠.

殺身成仁 _{살 신 성 인} 죽일 살, 몸 신, 이룰 성, 어질 인

자신의 몸을 희생하여 인을 달성함.

공자에게 있어 인仁, 즉 어짊은 인간이 달성해야 할

가장 소중한 가치 가운데 하나였습니다. 그래서 이런 표현까지 나온 것이지요. 《논어》에 나오는 내용인데, 큰 뜻 또는 다른 사람을 위해 자신을 희생한다는 뜻입니다.

教學相長
교 학 상 장

가르칠 교, 배울 학, 서로 상, 길 장

가르침과 배움은 다 같이 스스로를 성장시킴.

그렇습니다. 배우는 것만이 자신을 성장시키는 것이 아니고 가르치는 과정에서 스승 또한 제자로부터 배우고 그로 인하여 성장하게 되는 것입니다. 《예기》에 나오는 표현인데 참으로 멋지군요.

良禽擇木
양 금 택 목

어질 량, 새 금, 가릴 택, 나무 목

어진 새는 나무를 가려 둥지를 튼다.
즉, 뛰어난 사람은 자신을 알아줄 만한 인물을 찾아 모신다는 뜻.

공자가 위衛나라에 머물 때의 일이었습니다. 어느 날 대신 공문자가 공자를 찾아와 전쟁에서 어떻게 하면 이길 수 있는지 물었습니다. 그러자 공자가 대답했습니다.
"저는 제사 지내는 일이라면 드릴 말씀이 있으나 전쟁에 대한 것은 아는 바가 없어 드릴 말씀이 없습니다."
한편 공문자를 만나고 나온 공자는 제자들에게 서둘러 떠날 준비를 하라고 일렀습니다. 그러자 이를 이상하게 여긴 제자 하나가 물었습니다.

"대신이 스승님을 찾아왔는데 어찌 떠나려 하십니까?"

이에 공자가 대답했습니다.

"어진 새는 나무를 가려서 둥지를 트는 법이다. 현명한 신하 또한 훌륭한 군주를 모셔야 한다."

음, 예절보다는 전쟁에 관심을 기울이고 있는 군주를 모실 수 없다는 말이군요.

歲寒松柏 해 세, 찰 한, 소나무 송, 잣나무 백

추운 시절의 소나무와 잣나무.
즉, 어지러운 시대에도 변치 않는 선비의 굳은 지조와 절개.

계절이 추워지면 모든 나무가 잎을 떨어뜨리고 변합니다. 그러나 소나무와 잣나무 같은 상록수는 변치 않고 늘 푸르름을 간직하죠. 그래서 선비의 변치 않는 지조와 절개를 그 푸름에 비유한 말입니다.

공자님 말씀에서 나온 표현인데, 본문은 이렇습니다. "날씨가 추워진 후에라야 소나무와 잣나무의 푸름을 비로소 알 수 있다."

그런데 공자와 관계 있다고 해서 늘 멋진 것만은 아니네요. 다음 표현을 보실까요?

喪家之狗 죽을 상, 집 가, 조사 지, 개 구

상갓집 개. 즉, 누구의 배려도 받지 못한 채 버려진 존재.

지금 사람이 죽어서 정신이 없는데, 누가 그 집 개를 돌보겠습니까? 그래서 이런 표현이 나왔지요.

공자는 일생에 걸쳐 벼슬에 오른 기간보다는 벼슬을 찾아 이곳저곳을
유랑하던 기간이 훨씬 길었습니다. 언젠가 공자가 정나라에 갔을 때의
일입니다. 그곳 출신 인사가 공자의 제자 자공에게 이렇게 말했습니다.
"동문 근처에 한 사람이 있는데 그의 이마는 요 임금을 닮았고 목은
고요를 닮았으며 어깨는 자산과 같습니다. 그러나 아랫도리는 우 임금에
세 치 못 미치고, 그 지친 모습이 꼭 상갓집 개와 같았습니다."
이 말을 들은 자공이 돌아와 공자에게 이실직고以實直告(p222)하자
공자가 웃으며 말했습니다. "내 모습이 그렇다 하더라도
상갓집 개라는 말은 좀 그렇구나."

공자의 직접적인 제자는 아니지만 유학을 부흥
시킨 주요한 인물이 맹자죠. 이렇게 직접
배우지는 않았지만 마음속으로 사모
하고 그를 본받아 스승으로 모시는
경우를 가리키는 표현이 있습니다.

^사 ^숙
私淑 사사로울 사, 사모할 숙

직접 가르침을 받지는 않았으나 마음속으로 그 사람을 본받아서 도나
학문을 닦음.

따라서 맹자는 공자께 사숙한 셈이죠.
이번에는 맹자와 관련된 표현을 알아볼까요.

仁者無敵

인 자 무 적

어질 인, 사람 자, 없을 무, 적 적

어진 사람에게는 대적할 자가 없음.

《맹자》에 나오는 이 표현은 모든 사람에게 어질게 대하는 사람에게는
적이 없다는 뜻과 더불어 인仁보다 강한 무기는 없다는 뜻도 갖습니다.

> 양나라 혜왕이 맹자에게 묻습니다. "예전에는 천하를 호령하던
> 진晉나라가 지금에 이르러서는 주위 나라들에게 땅을 빼앗기는 수모를
> 겪고 있습니다. 과인은 이를 수치로 여겨 그들을 물리치고자 합니다.
> 방법이 없겠습니까?"
> 이에 맹자가 말하지요.
> "만일 대왕께서 어진 정치를 베푼다면 이 땅의 모든 사내들은 몽둥이밖에
> 든 것이 없다 할지라도 갑옷을 입고 칼을 든 적군을 물리칠 것입니다.
> 옛말에 '어진 사람에게는 대적할 자가 없다'라고 한 것은 바로 이런
> 경우를 일컫습니다."

孟母三遷之教

맹 모 삼 천 지 교

맏 맹, 어머니 모, 석 삼, 옮길 천, 조사 지, 가르칠 교

맹자 어머니께서 교육을 위해 세 번씩 이사함.
어머니의 지극한 교육열을 뜻함.

이 고사를 모르는 분이 안 계실 것입니다만 간단히 말씀드리면 이렇습니다. 처음에 맹자네 집은 공동묘지 근처에 있었는데, 맹자는 날마다 장사지내는 모습을 흉내 내며 놀았습니다. 이에 안 되겠다 판단한 맹자 어머니는 다른 곳으로 이사했습니다. 그런데 그 동네 또한 시장 근처여서 맹자는 날마다 장사놀이를 하는 것이었습니다. 그러자 어머니는 다시 서당 부근으로 이사했습니다. 그곳에서 맹자가 날마다 공부놀이를

했음은 물론이지요. 줄여서 삼천지교 三遷之教라고도 합니다.
그 외에 맹자 어머니의 교육열을 나타내 주는 표현이 또 있습니다.

斷機之戒 끊을 단, 베틀 기, 조사 지, 경계할 계

베틀 위의 베를 끊어 경계함. 학문에 게으름을 경계토록 하는 모습.

맹자는 후에 학문을 연마하기 위해 길을 떠나 공부했습니다. 그러던 어느 날 맹자가 집을 찾았습니다. 그러나 어머니께서는 반가워하기는커녕 이렇게 물었습니다. "그래, 공부는 다 했느냐?" 맹자는 "열심히 하다가 왔습니다" 하고 대답했지요. 그러자 베틀에 앉아 짜고 있던 베를 가위로 싹둑 잘라 버린 어머니께서 말씀하셨습니다. "공부를 하다가 중도에 그만둠은 짜던 베의 중간을 잘라 버린 것과 마찬가지다." 맹자는 그길로 다시 학당으로 발길을 돌렸습니다.

어디서 많이 들어본 이야기라 생 각했는데, 아하! 한석봉 어머 니께서 떡을 쓰시던 그 가르침과 비슷하군요. 단기지교 斷機之教 라고도 합니다. 베틀 위의 베를 잘라 가르 침을 준다는 뜻이죠.

浩然之氣 넓을 호, 그럴 연, 조사 지, 기운 기

천지간에 가득 차 있는 넓고 큰 기운.

젊은이는 호연지기를 길러야 한다는 말을 자주 듣습니다. 이때 말하는
호연지기란 과연 무엇일까요? 맹자의 설명을 들어봅시다.

> "나는 나의 호연지기를 잘 기른다."
> "호연지기란 무엇입니까?"
> "말로 표현하기란 어렵지. 그 기운은 지극히 크고 강하며 바르게 길러
> 해가 없으며 천지간에 가득 차게 된다. 그 기운은 의와 도에 걸맞고
> 이것이 없으면 굶주리게 된다. 이 기운은 마음속에 의로움을 모아
> 길러지는 것으로 밖에서 의를 주워 취할 것이 아니다."

맹자가 제자 공손추와 나눈 대화입니다.

君子三樂 임금 군, 자식 자, 석 삼, 즐길 락

군자의 세 가지 즐거움.

《맹자》에 이런 내용이 나옵니다.
'군자에게는 세 가지 즐거움이 있으니, 첫째는 부모님이 모두 살아계시
고 형제가 무고한 즐거움이요, 둘째는 하늘에 부끄럽지 않고 사람에게
부끄럽지 않은 즐거움이며, 셋째는 천하의 뛰어난 인재를 가르치는 즐
거움이다.'
다음 표현은 공자를 비조鼻祖(p582)로 모시는 유교와 관련이 있는 표현
입니다.

斯文亂賊
사 문 난 적

쪼갤 사, 글 문, 어지러울 란, 도둑 적

교리에 어긋나는 언행으로 유교의 질서와 학문을 어지럽히는 사람.

사문斯文은 문장을 쪼갠다, 갈라놓는다는 뜻이니까 당연히 학문을 어지럽히는 행동이군요. 난적亂賊은 나라와 사회를 어지럽히는 도적입니다.

유학의 근본에 어긋나는 이단적인 학설 또는 정통에 어긋나는 학설을 주장하는 사람들을 가리킬 때 쓰는 표현이죠.
그렇다면 유교에서 정통으로 인정하는 경전經典은 무엇일까요?

四書三經
사 서 삼 경

넉 사, 책 서, 석 삼, 다스릴 경

네 권의 책과 세 권의 경전.

유교에서 경전으로 삼는 책으로《논어》,《맹자》,《중용》,《대학》을 사서, 《시경》,《서경》,《역경(주역)》을 삼경이라고 합니다. 그 외에《예기》와 《춘추》를 더해 사서오경四書五經이라고도 하지요.
그럼 그 책들이 어떤 것인지 하나하나 살펴볼까요.

> **《논어論語》**: 공자와 그 제자들의 언행을 기록한 책으로, 공자 사상의 중심이 되는 효孝와 충忠, 인仁과 도道에 관해 설명하고 있습니다.
>
> **《맹자孟子》**: 맹자의 제자들이 맹자의 언행을 기록한 책입니다.

《중용中庸》: 공자의 손자인 자사子思가 지은 것으로, 중용의 덕과 인간의 본성인 성性에 대해 설명하였습니다. 본래 《예기》 가운데 한 편이었는데 후에 북송시대의 성리학자 정호(1032~1085), 정이(1033~1107) 형제가 사서에 편입시켰습니다.

《대학大學》: 공자의 유서遺書라는 설과 자사 또는 증자의 저서라는 설이 있습니다. 이 책 또한 본래 《예기》의 일부분이었는데, 후에 송나라 사마광이 따로 떼어 《대학광의》라는 책으로 만들었고 이를 주자朱子가 교정을 보아 현재의 형태로 만들었습니다.

《시경詩經》: 중국에서 가장 오래된 시집으로 공자가 편찬했다고 하는데 분명하지는 않습니다. 주나라 초기부터 춘추시대에 이르는 동안의 시 311편을 수록하였는데 현재는 305편이 전해지고 있습니다. 《시전詩傳》이라고도 하지요.

《서경書經》: 공자가 요순 임금으로부터 주나라에 이르는 동안의 정사政事에 관한 문서를 수집, 편찬한 책입니다. 중국에서 가장 오래된 경전이죠.

《역경易經》: 고대 중국의 철학서로, 삼라만상森羅萬象(p241)을 음양의 이원으로 설명하였습니다. 그 으뜸을 태극이라 하고 그로부터 64괘를 만들었는데, 이에 따라 철학, 윤리, 정치적 해석을 덧붙였습니다. 주나라 건국의 아버지인 문왕이 만들었다고 전해집니다. 《주역周易》이라는 이름으로 널리 알려져 있지요.

《예기禮記》: 예禮의 이론과 실제를 기록한 책으로 한나라 무제 때 헌왕이 공자와 그 제자들이 지은 책 131편을 모아 정리한 뒤 선제 때 유향劉向이 214편으로 엮었습니다. 의례의 해설과 음악·정치·학문에 걸쳐 예의 근본정신이 수록되어 있습니다.

《춘추春秋》: 공자가 노나라 은공으로부터 애공에 이르는 242년간(기원전 722~481)의 역사를 편년체로 기록한 역사서입니다. _ **춘추필법**(p568)

利用厚生

이 용 후 생

이로울 리, 쓸 용, 두터울 후, 날 생

사람들이 사용하는 기구를 편리하게 만들고 먹을 것과 입을 것을
넉넉하게 하여, 국민의 생활을 향상시킴.

《서경》에 나오는 말입니다. 이용利用이란 백성들이 사용하기에 편리한
각종 기구와 수단을, 후생厚生이란 입을 것과 먹을 것 등을 풍족하게
하여 백성의 삶을 풍요롭게 만드는 것입니다.

元亨利貞

원 형 이 정

으뜸 원, 형통할 형, 이로울 리, 곧을 정

사물의 근본이 되는 도리.

《주역》에 나오는 내용인데, 천도天道의 네 가지 원리를 가리킵니다.
즉, 원元은 봄으로 만물의 시초, 형亨은 여름으로 만물의 성장, 이利는
가을로 만물의 완성 그리고 정貞은 겨울로 만물의 수확을 말합니다. 한
편 원은 인仁, 형은 예禮, 이는 의義, 정은 지智를 뜻하기도 합니다.

惻隱之心

측 은 지 심

슬퍼할 측, 숨길 은, 조사 지, 마음 심

불쌍히 여겨 괴로워하는
마음.

인간의 심성을 설명하는 성
리학의 개념 가운데 사단칠
정四端七情(p594)이라는 게

있습니다. 측은지심은 사단四端 가운데 한 가지로 상대를 불쌍히 여겨 괴로워하는 마음을 말합니다.

그렇다면 나머지는 무엇일까요?

四端七情 _{사 단 칠 정} 넉 사, 실마리 단, 일곱 칠, 뜻 정

인성을 설명하는 성리학의 주요 개념.

맹자가 주장한 성선설性善說의 근거가 되는 것이 바로 사단四端입니다. 그러니까 인간이 품고 있는 선하고 바른 심성을 가리키지요. 사단은 앞서 살펴본 측은지심과 불의를 부끄러워하고 악을 미워하는 마음인 수오지심羞惡之心, 사양할 줄 아는 마음인 사양지심辭讓之心, 옳은 것과 그른 것을 가릴 줄 아는 시비지심是非之心을 말합니다. 이러한 사단은 곧 인의예지仁義禮智의 실마리가 된다는 점에서 매우 중요한 개념이지요.

그렇다면 칠정七情은 무엇일까요? 칠정은 《예기禮記》〈예운禮運〉 편에 나오는 개념으로 희喜(기쁠 희), 노怒(노할 노), 애哀(슬플 애), 구懼(두려울 구), 애愛(사랑 애), 오惡(미워할 오), 욕欲(바랄 욕)의 일곱 가지 감정을 가리킵니다.

仁義禮智 _{인 의 예 지} 어질 인, 옳을 의, 예도 예, 슬기 지

인간의 심성을 표현하는 네 가지 실마리.

성리학에서 중요하게 생각하는 네 가지 개념이죠. 즉, 어짊과 옳음, 예의와 지혜의 네 가지를 가리킵니다.

한편 유학은 이후 수천 년 동안 중국을 포함한 동양의 주요 사상이 됩니다. 다음 표현은 후대의 유학 가운데 한 갈래인 양명학에서 주장하는 내용입니다.

知行合一
지 행 합 일

알 지, 행할 행, 합할 합, 한 일

아는 것과 행하는 것이 하나임.

주자학의 창시자인 남송 대의 유학자 주희(1130~1200)는 아는 것이 먼저요, 행하는 것은 나중이라는 선지후행설先知後行說을 주장했고, 후에는 아는 것과 행하는 것을 함께해야 한다는 지행병진설知行竝進說을 내놓기도 했습니다.

그러나 명나라 때의 유학자 왕양명(1472~1528)은 지행합일설知行合一說을 주장했는데, 그 내용은 아는 것과 행동하는 것이 분리될 수 있는 게 아니라 본래부터 하나라는 것입니다. 그러니까 주희에 비해 실천을 중시한다고 할 수 있죠. 왕양명은 양명학의 시조가 되어 유학에 새로운 추세를 도입한 것으로도 유명합니다.

삼국지 三國誌

03

反骨 반 골
되돌릴 반, 뼈 골

세상의 일이나 권위 따위에 순종하지 않고 반항하는 기질.

옳고 그름을 떠나 일반적인 권위나 방식, 관습 등에 맹종하기보다는 자신의 방식을 고집하거나 비판과 반항을 일삼는 기질을 가리킵니다. 그래서 좋을 수도 있고 나쁠 수도 있지요.

촉나라 장수 가운데 위연이란 인물이
있었습니다. 그는 유비의 총애를
받았으나 제갈공명은 그를 좋게
여기지 않았습니다. 오만한 품성도
마음에 들지 않았을 뿐 아니라
그의 뒤통수가 심하게 튀어나왔기
때문이었지요. 제갈공명은 그 모습을 보고
모반의 뜻을 품을 것이라고 여겼습니다.
결국 유비와 제갈공명이 죽은 후 위연은 모반을

하였습니다만 이를 미리 예견한 제갈공명이 유언으로 남긴 계략에 빠져 죽음을 맞았습니다.

存亡之秋 있을 존, 망할 망, 조사 지, 가을 추

존속이냐 멸망이냐의 갈림길에 놓여 있는 상황.

유비를 도와 촉나라를 위해 일하던 제갈량은 유비가 죽자 그 아들 유선을 모시며 촉의 부흥을 꾀하지요. 그리고 위魏나라 공격에 나서면서 황제 유선에게 글을 한 편 올리는데, 그것이 바로 유명한 〈출사표出師表 (p598)〉입니다. 이 글은 전쟁터에 나가면서 자신이 다시는 돌아오지 못할 것이라 여기고 황제에게 바치는 유서와도 같습니다. 그런 까닭에 제갈량의 〈출사표〉를 읽고서 눈물을 흘리지 않으면 충신이라 할 수 없다는 말이 전할 정도로 명문장입니다.

바로 여기에 존망지추라는 표현이 나옵니다.

그럼 출사표 가운데 중요한 부분을 살펴보겠습니다.

출사표出師表

선제께서는 창업을 이루던 중에 돌아가셨습니다. 지금 천하는 위, 오, 촉의 셋으로 나뉘고, 촉의 도읍 익주는 쇠약해졌으니 지금이야말로 참으로 국가의 존망이 위기에 처한 때입니다.

그런데도 폐하를 모시는 신하들은 부지런하고 충신들은 조정 밖에서 스스로를 돌보지 않고 일함은, 선제의 기억을 잊지 않고 폐하께 보답하고자 하기 때문입니다.

온 힘을 다하여 폐하께서는 귀를 열고 들으시어 선제의 유덕을 빛내시고 뜻있는 선비들의 기개를 키우시는 한편 자신의 부족함을 잊고 의로움을 잃으심으로써 충신의 간언이 들어오는 길을 막아서는 아니 될 것입니다. 폐하와 신하가 한 몸이 되어 상과 벌을 줌에 있어서는 모두에게 같아야 합니다. 간신이건 충신이건 관리로 하여금 상벌을 정하도록 하여 폐하의 공평하고도 밝은 다스림을 드러내야 할 것이요, 편견과 사사로움에 따라 안팎으로 법을 다르게 적용하면 안 될 것입니다.

저는 이 순간에도 선제께 받은 은혜를 잊지 못해 감읍하면서, 이제 먼 길을 떠나며 바칠 표를 앞에 두고 보니 눈물이 흘러 감히 아무 말씀도 드릴 수가 없습니다.

건흥5년 평북대도독 승상 무향후
영익주목 지내외사 제갈량

한편 이때부터 출사표出 師表란 말은 다음과 같은 의미를 갖게 되었습니다.

황제폐하~ 출정나가면 읽어 보세요

아이~ 몰라

出師表 _{날출, 스승사, 표표}
출 사 표

출병하면서 자신의 뜻을 적어 임금에게 올리는 글.

이 의미가 시간이 흐르면서 확대되어, 주요한 일에 임하면서 심경을 발표하는 것 또는 중요한 일에 임하는 것 자체를 출사표라고 하게 되었습니다.

제갈량과 관계된 고사성어 가운데 가장 유명한 것은 뭐니 뭐니 해도 바로 이것이죠.

三顧草廬 석 삼, 돌아볼 고, 풀 초, 오두막집 려

초가집을 세 번 찾아감.
즉, 훌륭한 인물을 모시기 위해 최선을 다하는 모습.

어느 날 서서라는 자가 유비를 찾아와 제갈공명을 추천합니다. 그러자
유비가 말하지요. "당신이 그 사람을 모시고 오시오." 그러나 서서는
고개를 젓습니다. "그분을 만나 볼 수는 있겠지만 부르기는 어려울
것입니다. 직접 가서 만나 보십시오."
이에 유비는 제갈공명의 누추한 초가집을 찾습니다. 그러나 그는 집에
없었고, 이후 다시 찾았으나 역시 집에 없었습니다. 관우와 장비는
불만을 내뱉었으나 유비는 며칠 후 다시 그의 집을 찾아갑니다. 유비의
정성에 감동한 제갈공명은 그의 군사軍師가 되기로 결심하였고, 이후
제갈공명은 큰 공을 세우게 됩니다.

이 말은 삼고지례三顧之禮라고도 하는데,
'세 번 찾아가는 예의'란 뜻이군요.
그런데 역사적으로는 인재를 모
시기 위해 삼고초려보다 더
정성을 들인 사람이 있습
니다.

우씨~
매일 없어!

吐哺握發
토할 토, 머금을 포, 잡을 악, 터럭 발

입속에 먹던 것을 뱉고, 감던 머리를 잡은 채 인재를 맞이함.

은나라 주왕을 물리치고 주나라를 건국한 무왕이 세상을 떠나자 그 뒤를 이어 어린 성왕이 즉위하였습니다. 그러자 무왕의 아우 주공은 자신의 나라인 노魯나라에 가는 대신 주나라 조정에 남아 성왕을 보좌합니다. 대신 아들 백금을 노나라에 보내는데, 그때 이렇게 말하지요. "나는 머리를 감다가도 손님이 찾아오면 머리를 잡고 대접하였는데, 한 번 머리 감을 때 세 번까지 나아갔다. 또한 밥을 먹다가 손님이 찾아오면 입안의 음식을 뱉어내고 손님을 맞았으니, 이는 천하의 선비를 잃을 것이 걱정되었기 때문이다. 너 또한 겸손한 자세로 선비들을 대하여야 할 것이다."

이렇게 겸손하고 성실한 주공이었기에 역사에 길이 남는 충신이요, 어진 군주가 되었겠죠.
이번에는 제갈량이 눈물을 흘리는 이야기입니다.

泣斬馬謖
울 읍, 벨 참, 말 마, 일어날 속

울면서 마속의 목을 벰.
즉, 공정한 업무 처리와 법 적용을 위해 사사로운 정을 포기함을 가리킴.

제갈량이 위나라를 공격할 무렵의 일입니다. 제갈량의 공격을 받은 조조는 명장 사마의를 보내 방비토록 하였습니다. 사마의의 명성과 능력을 익히 알고 있던 제갈량은 누구를 보내 그를 막을 것인지

고민합니다. 이에 제갈량의 친구이자 참모인 마량의 아우 마속이 자신이 사마의의 군사를 방어하겠다고 자원합니다. 마속 또한 뛰어난 장수였으나 사마의에 비해 부족하다고 여긴 제갈량은 주저하였습니다. 그러자 마속은 실패하면 목숨을 내놓겠다며 거듭 자원합니다. 결국 제갈량은 신중하게 처신할 것을 권유하며 전략을 내립니다. 그러나 마속은 제갈량의 명령을 어기고 다른 전략을 세웠다가 대패하고 말지요. 결국 제갈량은 눈물을 머금으며 마속의 목을 벨 수밖에 없었습니다. 엄격한 군율이 살아 있음을 전군에 알리기 위해서는 어쩔 수 없는 일이었지요.

누참마속淚斬馬謖이라고도 하는데, 이때 누淚는 '눈물 흘리다, 눈물'이란 의미를 갖습니다.
제갈량 또한 고사성어 제 조기라고 할 만한데, 그의 탁월한 지략을 나타내는 다 음과 같은 표현이 있습니다.

사 공 명 능 주 생 중 달
死孔明能 走生仲達
죽을 사, 성공, 밝을 명, 능할 능, 달릴 주, 날 생, 버금 중, 미칠 달

죽은 공명이 산 중달을 달아나게 만듦.

'죽은 공명이 산 중달을 이긴다'라는 말로 자주 쓰는 표현인데, 제갈공

명의 지략이 얼마나 뛰어났는지를 대변하는 말입니다.

54세를 일기로 죽음을 맞이한 공명은 죽기 전 촉나라 병사들에게 사마의(중달)의 공격에 대비하는 계책을 알려 줍니다. 이때 사마의는 천문을 살펴 제갈공명의 죽음을 확인하였지만 혹시나 하여 머뭇거리죠. 그러나 오장원이 텅 빈 사실을 확인한 사마의는 촉나라를 공격하였고, 이에 촉군은 제갈공명이 타던 수레에 공명의 모습을 본떠 만든 나무인형을 태우고 대응합니다. 이 모습을 본 사마의는 제갈공명이 살아 있다고 여기고는 혼비백산魂飛魄散(p415) 도망치고 맙니다. 후에 제갈공명이 죽었다는 보고를 받은 사마의는 "나는 공명이 살아 있다고 생각했다"라며 한탄합니다.

이번에는 제갈량이 적을 가지고 논 이야기입니다.

七縱七擒
칠 종 칠 금

七縱七擒 일곱 칠, 풀 종, 일곱 칠, 사로잡을 금

일곱 번 풀어 주고 일곱 번 사로잡음.
마음만 먹으면 언제든지 할 수 있는 능란함을 가리키는 말.

제갈량이 남쪽 지방의 작은 부족장 맹획을 일곱 번 잡았다가 일곱 번 풀어줌으로써 그를 마음으로부터 복속시킨 데서 유래한 말입니다. 어떤 일을 제 뜻대로 할 수 있는 능력을 가리키는 말이죠.
이와 비슷한 표현은 또 있습니다.

如反掌 같을 여, 뒤집을 반, 손바닥 장

손바닥을 뒤집듯 쉬움.

손바닥 한번 뒤집어 보세요. 어렵나요? 이보다 쉬울 순 없죠. 그래서 이런 말이 생겨났습니다. 우리 속담 '누워서 떡 먹기'와 같은데, 누워서 떡 먹기보다 훨씬 쉬운 게 손바닥 뒤집기죠.

刮目相對 비빌 괄, 눈 목, 서로 상, 대할 대

눈을 비비고 상대방을 대함.
즉, 학문이나 기술 등이 예전에 비해서 깜짝 놀랄 만큼 발전한 모습을 가리키는 말.

저 사람이 예전 그 사람인지 언뜻 분간이 가지 않을 만큼 변한 모습을 가리키는 표현입니다. 《삼국지》에 나오는 손권의 부하 가운데 여몽이란 장수가 있었습니다.

무력은 뛰어났으나 아는 것이 적은 여몽에게 손권은 학문을 권했지요. 이 말에 자극을 받은 여몽은 그 후 틈만 나면 책을 잡았습니다. 어느 날 여몽의 친구이자 유비의 스승이기도 한 노숙이 여몽을 찾아왔습니다. 함께 이야기를 나누던 노숙은 여몽의 학문이 대단히 깊어진 것을 보고 놀라 어찌 된 영문인지 물었습니다. 그러자 여몽은 "선비란 헤어진 지 사흘만 지나면 눈을 비비고 다시 바라볼 정도로 달라지는 법이지" 하고 말했습니다.

그럼 다음 표현은 어떨까요?

日就月將 일 취 월 장 날 일, 이룰 취, 달 월, 장차 장

하루가 지나면 새로운 것을 이룩하고 한 달이 지나면 크게 앞으로 나아감.

세월이 지날수록 크게 발전하는 모습을 나타낸 표현입니다. 그러니 일취월장 하는 상대는 당연히 괄목상대刮目相對 (p603)해야겠지요.

괄목상대해야 할 대상은 또 있습니다.

心機一轉 심 기 일 전 마음 심, 틀 기, 한 일, 구를 전

이제까지의 마음 자세를 돌려 새롭게 가다듬는 것.

심기心機, 참 멋진 말이네요. '마음의 틀'이라니 말이에요.
이렇게 심기일전한 사람들은 어떤 일을 도모할 때 빈틈이 없습니다.

用意周到 용 의 주 도 쓸 용, 뜻 의, 두루 주, 이를 도

뜻이 미치지 않는 곳이 없어 빈틈이 없음.

어떤 일을 행함에 있어 빈 틈이 없이 꼼꼼히 신경을 쓰는 모습을 가리킵니다.

周到綿密
주 도 면 밀

두루 주, 이를 도, 이어질 면, 빽빽할 밀

주의가 두루 미쳐 세밀하고 빈틈이 없음.

어떤 일을 빈틈없이 처리하는 모습을 가리키는 표현입니다. 앞서 살펴
본 용의주도用意周到와 별반 다르지 않군요.
심기일전心機一轉하고 용의주도用意周到한 사람들은 다음과 같이
나날이 발전하게 되지요.

日進月步
일 진 월 보

날 일, 나아갈 진, 달 월, 걸음 보

나날이 발전하는 모습.

하루하루 나아가고 달이 갈수록 앞으로 걸어가니 어찌 발전하지 않을
수 있겠습니까? 그래서 영원히 발전해 가는 모습을 나타냅니다. 일취
월장日就月將과 썩 다르지 않네요.
이와는 조금 다르지만 이런 표현도 알아두어야 합니다.

日新又日新
일 신 우 일 신

날 일, 새 신, 또 우, 날 일, 새 신

날이 갈수록 새로워짐.

이 표현은 일취월장 日就月將(p604)과 그 느낌이 약간 다르지만 날이 갈수록 새롭게 발전하는 모습을 나타낼 때 쓰는 표현입니다. 일신일신우일신 日新日新又日新이라는 표현으로도 자주 쓰이는데요, 이는 은나라 시조인 성탕成湯 임금의 반명盤銘에 새겨져 있는 다음 글귀에서 비롯된 것입니다. '구일신苟日新 일일신日日新 우일신又日新(언젠가 한때 새로워진다면 나날이 새로워질 것이고 또한 새로워질 것이다).' 반명이란 대야에 새겨 놓고 좌우명으로 삼은 문장을 말합니다.

換骨奪胎
환 골 탈 태

바꿀 환, 뼈 골, 빼앗길 탈, 아기 밸 태

뼈를 바꾸고 탯줄을 바꿈.
즉, 이전과는 비교도 할 수 없을 만큼 변한 모습.

이전과는 모습이 전혀 새롭게 바뀌었을 때 쓰는 표현입니다. 또한 다른 사람의 작품을 수정, 보완하여 자신의 작품으로 새롭게 만들었을 때도 이 말을 씁니다. 요즘 말로는 패러디 또는 리메이크라고나 할까요.
그렇다면 시간이 지나도 늘 그 모양인 경우를 나타내는 표현은

없을까요? 당연히 있습니다.

<ruby>舊<rt>구</rt></ruby> <ruby>態<rt>태</rt></ruby> <ruby>依<rt>의</rt></ruby> <ruby>然<rt>연</rt></ruby>

舊態依然 옛 구, 모양 태, 의지할 의, 그럴 연

옛 모습 그대로임.

이 표현은 부정적인 의미를 갖고 있습니다. 시간은 흘러가는데 전혀 발전도 없고 변화도 없는 모습을 가리키는 표현이죠.

04 노자와
장자

천 장 지 구
天長地久 하늘 천, 길 장, 땅 지, 오랠 구

하늘과 땅은 영원함. 또는 하늘과 땅처럼 영원토록 변함이 없음.

하늘과 땅의 영원함에 빗대어 세상의 이치를 나타내거나, 장수를 빌 때
쓰는 표현으로《노자》에 나오는 말입니다.

망 양 지 탄
望洋之嘆 바랄 망, 바다 양, 조사 지, 탄식할 탄

넓은 바다를 바라보며 탄식함.
자신보다 뛰어난 인물을 보면서
부족함을 탄식하는 모습.

어흑~ 저 자식
너무 잘생겼어

황하를 지키는 물의 신 하백은
늘 자신의 힘에 도취되어

으스대었습니다. 그러던 어느 날 황하를 일주하며 자신의 힘을
확인하고자 하였습니다. 얼마를 내려가자 이윽고 새로운 세상이
펼쳐지는 것이었습니다. 그런데 그곳은 너무나 넓어 사방을 둘러보아도
끝이 보이질 않았습니다. 그제야 자신이 세상의 큰 모습에 비해 얼마나
초라한지를 확인하고 탄식했습니다.

이로부터 유래한 표현이 바로 망양지탄입니다.
그런데 인간이기 때문에 후회와 반성을 거듭하는 것은 당연하다고 할
것입니다. 하는 일이 완벽하고 평생 후회와 반성할 일이 없다면 그게
어디 인간인가요? 그래서 충신도 탄식을 멈추지 않습니다.

麥秀之嘆
맥 수 지 탄

보리 맥, 빼어날 수, 조사 지, 탄식할 탄

보리 싹이 피어남을 보고 탄식함. 멸망한 조국을 그리며 탄식하는 표현.

중국 역사상 가장 악명 높은 폭군인 은나라 주紂왕이 사라진 후 그 밑
에서 충언을 그치지 않던 기자가 폐허를 돌아보며 지었다는 시에서 유
래한 표현입니다.

麥秀漸漸兮 **맥수점점혜**

禾黍油油兮 **화서유유혜**

彼狡童兮 **피교동혜**

不與我好兮 **불여아호혜**

보리 싹은 차츰 자라고
벼와 기장은 윤기가 흐르는구나.
저 교활한 철부지야

내 말을 듣지 않았구나.

기회를 그냥 흘려보내고 후회하는 것은 모든 사람에게 해당되는 것이라 이런 표현도 생겼습니다.

晚時之歎 만 시 지 탄 늦을 만, 때 시, 조사 지, 탄식할 탄

때늦은 탄식. 이미 기회를 잃은 후 한탄하는 모습.

탄歎(탄식할 탄, 읊을 탄)은 앞서 본 탄歎과 글자 형태가 다르지만 뜻은 마찬가지로 '탄식하다'입니다.

이번에는 장수의 탄식입니다.

髀肉之嘆 비 육 지 탄 넓적다리 비, 고기 육, 조사 지, 탄식할 탄

넓적다리 살이 찌는 것을 탄식함. 즉, 장수가 싸움터에 나가지 못해 다리 살이 찌는 것을 바라보며 공을 세우지 못하고 세월만 보냄을 탄식함.

말을 타면 넓적다리 살이 빠지나 보군요. 옛날 장수들이 뛰면서 싸울

리는 없으니까요. 《삼국지》에 나오는 표현으로 유비가 자신의 모습을
되돌아보며 한 말입니다.

胡蝶之夢 오랑캐 호, 나비 접, 조사 지, 꿈 몽

나비의 꿈. 즉, 사물과 내가 한 몸이 되는 경지를 가리키는 말.

어느 날 장자가 꿈을 꾸었습니다. 꿈속에서 자신은 나비가 되어 꽃밭을
날아다니는 것이었지요. 그런데 꿈을 깨어보니 자신은 장자라는
사람이었습니다. 그
순간 장자는 '나
장자가 나비의
꿈을 꾼 것인가,
나비가 장자라는
인간이 되는 꿈을 꾸고 있는
것인가?' 하는 의문을 품게
되었고, 이로부터 꿈과 현실을 구분
짓는 것 자체가 의미 없음을 깨닫게
되었습니다.

이야말로 도가사상의 핵심이 되는 것이지요. 그래서 장자가 꾼 이 꿈을
장주지몽莊周之夢이라고도 부릅니다. 장주蔣周는 장자의 이름이지
요. 또 자신을 잊는 그 경지를 가리켜 무아지경無我之境이라고도 합
니다.
다음 표현도 이와 비슷하죠.

物心一如
물 심 일 여
만물 물, 마음 심, 한 일, 같을 여

물질과 정신이 하나임.

이는 세상과 나, 물질과 정신을 나누어 생각하는 이분법적 사고를 지양하고 대신 세상과 나, 물질과 정신, 꿈과 현실이 곧 하나라는 뜻을 담고 있습니다.

物我一體
물 아 일 체
만물 물, 나 아, 한 일, 몸 체

물질과 내가 한 몸임.

앞서 살펴본 표현들과 다른 게 별로 없지요.

鵬程萬里
붕 정 만 리
큰새 붕, 단위 정, 일만 만, 거리 리

큰 새가 만 리를 날아감.
즉, 머나먼 노정 또는 전도가 양양한 장래를 가리킴.

붕鵬은 큰새를 뜻하는데, 《장자》〈소요유〉편에 나옵니다. 어떤 새인지 궁금하시죠? 날개 길이가 1200킬로미터에 달해 한 번 펴면 하늘을 덮고, 한 번 치면 3만 6000킬로미터를 날아가며 한 번 날면 반 년을 난다고 합니다. 그런 새가 만 리를 날아가니 얼마나 멀고도 환한 앞날 이겠습니까?

고사
성어

찾아
보기

ㄱ

가가대소呵呵大笑 112

가가호호家家戶戶 432

가급인족家給人足 433

가담항설街談巷說 214

가도멸괵假途滅虢 538

가동가서可東可西 436

가렴주구苛斂誅求 426

가롱성진假弄成眞 160

가무음곡歌舞音曲 401

가빈사양처家貧思良妻 421

가빈효자출家貧孝子出 435

가이동가이서可以東可以西 436

가인박명佳人薄命 91

가정맹어호苛政猛於虎 428

가정맹호苛政猛虎 428

가화만사성家和萬事成 437

각고면려刻苦勉勵 127

각골난망刻骨難忘 143

각골명심刻骨銘心 143

각골통한刻骨痛恨 146

각양각색各樣各色 80

각인각색各人各色 490

각자무치角者無齒 73

각주구검刻舟求劍 45

각축角逐 56

간난신고艱難辛苦 122

간뇌도지肝腦塗地 215

간담상조肝膽相照 269

간목수생乾木水生 163

간악무도奸惡無道 339

간어제초間於齊楚 325

간장막야干將莫耶 184

갈이천정渴而穿井 323

갈택이어竭澤而漁 65

감개무량感慨無量 306

감언이설甘言利說 220

감지덕지感之德之 344

감탄고토甘呑苦吐 560

갑남을녀甲男乙女 74

갑론을박甲論乙駁 211

강구연월康衢煙月 423

강천모설江天暮雪 395

개과천선改過遷善 567

개권유익開卷有益 385

개세영웅蓋世英雄 550

개세지기蓋世之氣 550

객반위주客反爲主 174

거두절미去頭截尾 223

거안사위居安思危 143

거안제미擧案齊眉 278

거자필반去者必反 208

거재두량車載斗量 482

건곤일척乾坤一擲 162

걸구폐요桀狗吠堯 559

걸해골乞骸骨 549

격물치지格物致知 580

격세지감隔世之感 169

격주동량擊柱動樑 86

격화소양隔靴搔癢 287

견강부회牽强附會 222

견득사의見得思義 103

견리망의見利忘義 104

견리사의見利思義 103

견마지로犬馬之勞 38

견문발검見蚊拔劍 34

견물생심見物生心 305

견원지간犬猿之間 43

견위수명見危授命 103

견위치명見危致命 103

견인불발堅忍不拔 132

견인지종堅忍至終 132

견토지쟁犬兎之爭 68

결자해지結者解之 157

결초보은結草報恩 143

겸사겸사兼事兼事 344

겸인지력兼人之力 551

겸인지용兼人之勇 76

겸지겸지兼之兼之 344

경거망동輕擧妄動 555

경국제세經國濟世 412

경국지사經國之士 99

경국지색傾國之色 87

경국지재經國之才 99

경세제민經世濟民 411

경이원지敬而遠之 158

경자유전耕者有田 254

경적필패輕敵必敗 184

경전하사鯨戰蝦死 324

경조부박輕佻浮薄 554

경중미인鏡中美人 328

경천동지驚天動地 456

경천애인敬天愛人 95

경천위지經天緯地 100

계구우후鷄口牛後 29

계란유골鷄卵有骨 31

계륵鷄肋 30

계명구도鷄鳴狗盜 31

계무소출計無所出 290

계찰계검季札繫劍 552

계찰괘검季札掛劍 553

계포일락季布一諾 551

고각대루高閣大樓 218

고고지성呱呱之聲 343

고관대작高官大爵 373

고굉지신股肱之臣 100

고군분투孤軍奮鬪 201

고담준론高談峻論 213

고대광실高臺廣室 218

고량진미膏粱珍味 98

고루거각高樓巨閣 218

고립무원孤立無援 77

고목발영枯木發榮 140

고목생화枯木生花 140

고복격양鼓腹擊壤 424

고색창연古色蒼然 80

고성낙일孤城落日 78

고성방가高聲放歌 545

고식지계姑息之計 286

고신원루孤臣冤淚 478

고육지책苦肉之策 288

고육지계苦肉之計 288

고장난명孤掌難鳴 201

고진감래苦盡甘來 206

고침단명高枕短命 425

고침안면高枕安眠 425

고침이와高枕而臥 425

고희古稀 368

곡학아세曲學阿世 312

골육상쟁骨肉相爭 190

공론공담空論空談 48

공리공론空理空論 48

공명정대公明正大 106

공사다망公私多忙 106

공수래공수거空手來空手去 299

공전절후空前絶後 584

공존공영共存共榮 190

공중누각空中樓閣 217

공평무사公平無私 105

과공비례過恭非禮 567

과대망상誇大妄想 547

과반수過半數 151

과실상규過失相規 405

과유불급過猶不及 566

과전불납리瓜田不納履 58

과즉물탄개過則勿憚改 567

관존민비官尊民卑 379

관포지교管鮑之交 267

관혼상제冠婚喪祭 398

괄목상대刮目相對 603

광대무변廣大無邊 239

광풍제월光風霽月 235

괴력난신怪力亂神 414

교각살우矯角殺牛 36

교병필패驕兵必敗 184

교언영색巧言令色 220

교외별전敎外別傳 359

교우이신交友以信 404

교주고슬膠柱鼓瑟 46

교칠지교膠漆之交 275

교토사주구팽狡兎死走狗烹 560

교토삼굴狡兎三窟 44

교학상장敎學相長 585

구곡간장九曲肝腸 476

구마지심狗馬之心 39

구만리장천九萬里長天 240

구밀복검口蜜腹劍 40

구복지계口腹之計 289

구사일생九死一生 199

구상유취口尚乳臭 60

구수회의鳩首會議 59

구십춘광九十春光 478

구우일모九牛一毛 480

구절양장九折羊腸 476

구중궁궐九重宮闕 477

구중심처九重深處 478

구태의연舊態依然 607

구한봉감우久旱逢甘雨 140

국사무쌍國士無雙 558

국태민안國泰民安 426

군계일학群鷄一鶴 36

군신유의君臣有義 405

군웅할거群雄割據 180

군위신강君爲臣綱 405

군자대로행君子大路行 246

군자불기君子不器 464

군자삼락君子三樂 590

궁무소불위窮無所不爲 171

궁서설묘窮鼠嚙猫 52

궁여지책窮餘之策 288

권모술수權謀術數 292

권불십년權不十年 381

권상요목勸上搖木 42

권선징악勸善懲惡 159

권토중래捲土重來 132

귀면불심鬼面佛心 416

귤화위지橘化爲枳 384

극기복례克己復禮 565

극락왕생極樂往生 355

극락정토極樂淨土 360

극악무도極惡無道 339

근검역행勤儉力行 129

근묵자흑近墨者黑 382

근주자적近朱者赤 383

근하신년謹賀新年 372

금과옥조金科玉條 442

금란지교金蘭之交 274

금상첨화錦上添花 529

금석맹약金石盟約 553

금석지감今昔之感 169

금석지약今昔之約 553

금성탕지金城湯池 442

금수강산錦繡江山 529

금슬상화琴瑟相和 420

금옥만당金玉滿堂 443

금의야행錦衣夜行 528

금의옥식錦衣玉食 335

금의환향錦衣還鄉 527

금지옥엽金枝玉葉 444

기고만장氣高萬丈 545

기군망상欺君罔上 56

기기묘묘奇奇妙妙 331

기담괴설奇談怪說 415

기라성綺羅星 529

기사회생起死回生 198

기세등등氣勢騰騰 338

기세양난其勢兩難 19

기승전결起承轉結 399

기암괴석奇巖怪石 237

기우杞憂 117

기진맥진氣盡脈盡 266

기호지세騎虎之勢 18

기화가거奇貨可居 446

길상선사吉祥善事 191

길흉화복吉凶禍福 399

ㄴ

낙락장송落落長松 243

낙양지가洛陽紙價 393

낙양지귀洛陽紙貴 393

낙점落點 27

낙화유수落花流水 256

난공불락難攻不落 185

난상공론爛商公論 213

난상토의爛商討議 213

난신적자亂臣賊子 108

난의포식暖衣飽食 425

난형난제難兄難弟 194

남가일몽南柯一夢 294

남귤북지南橘北枳 383

남대문입납南大門入納 46

남부여대男負女戴 77

남상濫觴 581

남아수독오거서男兒須讀五車書 388

남아필독오거서男兒必讀五車書 388

남전북답南田北畓 254

남정북벌南征北伐 409

남존여비男尊女卑 281

낭자야심狼子野心 17

낭중지추囊中之錐 512

낭중취물囊中取物 513

낭패불감狼狽不堪 18

내우외환內憂外患 117

노갑이을怒甲移乙 184

노류장화路柳墻花 94

노마십가駑馬十駕 128

노마지지老馬之智 82

노발대발怒發大發 131

노생지몽盧生之夢 296

노소동락老少同樂 160

노심초사勞心焦思 301

노익장老益壯 83

녹림綠林 250

녹수청산綠水靑山 248

녹양방초綠楊芳草 236

녹음방초綠陰芳草 248

녹의홍상綠衣紅裳 250

논공행상論功行賞 192

농단壟斷 376

농락籠絡 377

뇌성벽력雷聲霹靂 257

누란지위累卵之危 520

누참마속淚斬馬謖 601

능서불택필能書不擇筆 501

능운지지陵雲之志 381

능지처참陵遲處斬 429

ㄷ

다기망양多岐亡羊 69

다다익선多多益善 557

다문박식多聞博識 449

다반사茶飯事 289

다사다난多事多難 447

다사다단多事多端 447

다사다망多事多忙 106

다사제제多士濟濟 102

다수결多數決 151

다재다능多才多能 448

다정다감多情多感 451

다정다한多情多恨 451

다정불심多情佛心 451

다종다양多種多樣 447

단금지계斷金之契 275

단기지계斷機之戒 589

단기지교斷機之敎 589

단기필마單騎匹馬 50

단도직입單刀直入 223

단사표음簞食瓢飮 260

단순호치丹脣皓齒 89

단장斷腸 477

단장취의斷章取義 223

단표누항簞瓢陋巷 261

담대심소膽大心小 397

담소자약談笑自若 301

당구풍월堂狗風月 327

당동벌이黨同伐異 159

당랑거철螳螂拒轍 63

당랑규선螳螂窺蟬 63

당랑재후螳螂在後 64

당랑지부螳螂之斧 63

당연지사當然之事 301

대갈일성大喝一聲 465

대경실색大驚失色 463

대기만성大器晩成 463

대기소용大器小用 464

대담무쌍大膽無雙 559

대대손손代代孫孫 343

대도무문大道無門 465

대동단결大同團結 150

대동소이大同小異 491

대명천지大明天地 468

대서특필大書特筆 465

대성통곡大聲痛哭 465

대언장담大言壯談 351

대역무도大逆無道 466

대우탄금對牛彈琴 309

대의멸친大義滅親 466

대의명분大義名分 467

대자대비大慈大悲 353

대한자우大旱慈雨 38

덕불고 필유린德不孤 必有隣 565

덕업상권德業相勸 405

도로무익徒勞無益 168

도리불언 하자성혜桃李不言 下自成蹊 510

도불습유道不拾遺 555

도삼이사桃三李四 253

도외시度外視 502

도원결의桃園結義 252

도원경桃源境 252

도청도설道聽塗說 215

도탄지고塗炭之苦 216

독보적獨步的 584

독불장군獨不將軍 353

독서망양讀書亡羊 71

독서백편의자현讀書百遍義自見 386

독서삼도讀書三到 386

독서삼매讀書三昧 385

독서삼여讀書三餘 386

독수공방獨守空房 281

독안룡獨眼龍 28

독야청청獨也靑靑 242

동가식서가숙東家食西家宿 435

동가홍상同價紅裳 250

동고동락同苦同樂 152

동공이곡同工異曲 148

동량지재棟梁之材 100

동문서답東問西答 147

동문수학同門受學 563

동문수학同門修學 563

동방화촉洞房華燭 417

동병상련同病相憐 541

동분서주東奔西走 409

동빙한설凍氷寒雪 241

동상이몽同床異夢 148

동서고금東西古今 169

동이불화同而不和 138

동정추월洞庭秋月 395

동족방뇨凍足放尿 287

동족상잔同族相殘 189

동주상구同舟相救 136

두동미서頭東尾西 213

두문불출杜門不出 564

두주불사斗酒不辭 548

득롱망촉得：望蜀 304

득어망전得魚忘筌 561

득의만만得意滿滿 115

득의만면得意滿面 115

등고자비登高自卑 458

등루거제登樓去梯 42

등용문登龍門 379

등하불명燈下不明 329

등화가친燈火可親 392

620

ㅁ

마각노출 馬脚露出 52
마부작침 磨斧作針 125
마이동풍 馬耳東風 577
마중지봉 麻中之蓬 384
막무가내 莫無可奈 194
막부득이 莫不得已 579
막상막하 莫上莫下 193
막역지우 莫逆之友 276
만경창파 萬頃蒼波 237
만고불변 萬古不變 256
만고절색 萬古絶色 88
만고풍상 萬古風霜 256
만구성비 萬口成碑 210
만년지계 萬年之計 283
만리장설 萬里長舌 225
만리장천 萬里長天 240
만무일실 萬無一失 493
만부득이 萬不得已 579
만사여의 萬事如意 579
만사형통 萬事亨通 578
만사휴의 萬事休矣 578
만산홍엽 滿山紅葉 233
만수무강 萬壽無疆 348
만승지국 萬乘之國 489
만시지탄 晩時之歎 610
만신창이 滿身瘡痍 288
만장일치 滿場一致 149

만장홍진 萬丈紅塵 255
만조백관 滿朝百官 374
만학천봉 萬壑千峰 233
만화방창 萬化方暢 248
망국지음 亡國之音 441
망망대해 茫茫大海 239
망백 望百 369
망양보뢰 亡羊補牢 321
망양지탄 望洋之嘆 608
망양지탄 亡羊之歎 71
망연자실 茫然自失 416
망우보뢰 亡牛補牢 321
망운지정 望雲之情 317
망중한 忙中閑 106
망지소조 罔知所措 303
매관매직 賣官賣職 376
매염봉우 賣鹽逢雨 205
매점매석 買占賣惜 376
맥수지탄 麥秀之嘆 609
맹귀부목 盲龜浮木 204
맹모삼천지교 孟母三遷之教 588
맹완단청 盲玩丹靑 52
맹인직문 盲人直門 204
면벽구년 面壁九年 128
면종복배 面從腹背 41
멸문지화 滅門之禍 441
멸사봉공 滅私奉公 104
명경지수 明鏡止水 300

명명백백 明明白白 332

명문거족 名門巨族 440

명문세족 名門世族 440

명문자제 名門子弟 440

명불허득 名不虛得 499

명불허전 名不虛傳 499

명산대찰 名山大刹 361

명실상부 名實相符 350

명약관화 明若觀火 497

명재경각 命在頃刻 523

명재조석 命在朝夕 523

명주암투 明珠暗投 158

명철보신 明哲保身 312

모사재인 성사재천 謀事在人 成事在天 264

모수자천 毛遂自薦 513

모순 矛盾 462

목불식정 目不識丁 307

목불인견 目不忍見 500

목욕재계 沐浴齋戒 413

목후이관 沐猴而冠 530

몽매지간 夢寐之間 142

몽중설몽 夢中說夢 226

묘두현령 猫頭縣鈴 329

묘항현령 猫項懸鈴 329

무가내하 無可奈何 194

무가지보 無價之寶 436

무간지옥 無間地獄 355

무골호인 無骨好人 349

무궁무진 無窮無盡 407

무남독녀 無男獨女 76

무념무상 無念無想 356

무릉도원 武陵桃源 252

무망지복 毋望之福 204

무망지인 毋望之人 204

무미건조 無味乾燥 347

무병장수 無病長壽 347

무불간섭 無不干涉 501

무불통달 無不通達 503

무불통지 無不通知 503

무사안일 無事安逸 111

무소기탄 無所忌憚 172

무소부재 無所不在 172

무소부지 無所不知 172

무소불위 無所不爲 171

무실역행 務實力行 49

무아지경 無我之境 611

무용지물 無用之物 346

무용지용 無用之用 346

무위도식 無爲徒食 263

무위자연 無爲自然 262

무의무탁 無依無托 407

무주공산 無主空山 347

무지막지 無知莫知 309

무지몽매 無知蒙昧 308

묵묵부답 默默不答 230

문경지교 刎頸之交 270

문경지우刎頸之友 272

문무겸비文武兼備 374

문무겸전文武兼全 374

문무백관文武百官 374

문방사우文房四友 401

문외한門外漢 564

문일지십聞一知十 310

문전걸식門前乞食 562

문전성시門前成市 561

문전여시門前如市 561

문전옥답門前沃畓 563

문전작라門前雀羅 562

문정경중問鼎輕重 227

문즉병 불문약聞則病 不聞藥 310

문하門下 563

물실호기勿失好機 492

물심일여物心一如 612

물아일체物我一體 612

미관말직微官末職 373

미봉책彌縫策 285

미망인未亡人 182

미사여구美辭麗句 221

미생지신尾生之信 557

미수米壽 369

미인박명美人薄命 92

미증유未曾有 583

미풍양속美風良俗 406

ㅂ

박람강기博覽强記 390

박리다매薄利多賣 451

박이부정博而不精 449

박장대소拍掌大笑 113

박주산채薄酒山菜 97

박학다식博學多識 449

반골反骨 596

반근착절盤根錯節 116

반면교사反面敎師 574

반서갱동飯西羹東 213

반식재상伴食宰相 110

반신반의半信半疑 193

반의지희斑衣之戲 315

반포보은反哺報恩 316

반포지효反哺之孝 316

발본색원拔本塞源 108

발분망식發憤忘食 131

발호跋扈 456

방년芳年 369

방방곡곡坊坊曲曲 333

방약무인傍若無人 544

방장부절方長不折 382

방휼지쟁蚌鷸之爭 68

배반낭자杯盤狼藉 542

배수진背水陣 519

배은망덕背恩忘德 144

배중사영杯中蛇影 118

백가쟁명百家爭鳴 484

백계무책百計無策 290

백골난망白骨難忘 143

백구과극白駒過隙 298

백년가약百年佳約 485

백년대계百年大計 284

백년지객百年之客 485

백년하청百年河淸 165

백년해로百年偕老 418

백두여신白頭如新 277

백락일고伯樂一顧 553

백면서생白面書生 83

백무일실百無一失 493

백무일취百無一取 494

백문불여일견百聞不如一見 486

백미白眉 37

백발백중百發百中 487

백발삼천장白髮三千丈 303

백수白壽 369

백아절현伯牙絶絃 272

백안시白眼視 503

백약무효百藥無效 290

백의종군白衣從軍 379

백전노장百戰老將 82

백전백승百戰百勝 487

백전불태百戰不殆 487

백절불굴百折不屈 134

백중지세伯仲之勢 194

백척간두百尺竿頭 524

백팔번뇌百八煩惱 356

백폐구존百弊俱存 486

백해무익百害無益 168

백화제방百花齊放 485

법고창신法古創新 580

법삼장法三章 532

변화무쌍變化無雙 489

별유천지비인간別有天地非人間 251

병가상사兵家常事 493

병입고황病入膏肓 260

보국안민輔國安民 427

보원이덕報怨以德 145

복배지수覆杯之水 507

복수불반분覆水不返盆 506

복지부동伏地不動 109

본말전도本末顚倒 174

봉두난발蓬頭亂髮 571

부관참시剖棺斬屍 541

부국강병富國强兵 179

부마駙馬 375

부마도위駙馬都尉 375

부부유별夫婦有別 405

부위부강夫爲婦綱 405

부위자강父爲子綱 405

부인지인婦人之仁 76

부인지정婦人之情 76

부자유친父子有親 405

부전자전 父傳子傳 342

부정부패 不正腐敗 108

부족치치아간 不足置齒牙間 531

부중생어 釜中生魚 524

부중지어 釜中之魚 523

부지불식간 不知不識間 455

부지하세월 不知何歲月 165

부창부수 夫唱婦隨 420

부화뇌동 附和雷同 137

북망산천 北邙山川 209

북풍한설 北風寒雪 241

분골쇄신 粉骨碎身 132

분기충천 憤氣沖天 131

분기탱천 憤氣撑天 131

분서갱유 焚書坑儒 517

불가근불가원 不可近不可遠 158

불가사의 不可思議 495

불가항력 不可抗力 496

불가해 不可解 495

불공대천 不共戴天 497

불구대천지수 不俱戴天之 497

불립문자 不立文字 358

불문가지 不問可知 496

불문곡직 不問曲直 497

불비불명 不飛不鳴 228

불사이군 不事二君 498

불요불굴 不撓不屈 134

불요불급 不要不急 411

불원천리 不遠千里 492

불입호혈 부득호자 不入虎穴 不得虎子 322

불입호혈 언득호자 不入虎穴 焉得虎子 322

불철주야 不撤晝夜 129

불초 不肖 318

불치하문 不恥下問 575

불편부당 不偏不黨 499

불혹 不惑 367

붕우유신 朋友有信 405

붕정만리 鵬程萬里 612

비몽사몽 非夢似夢 176

비방지목 誹謗之木 508

비분강개 悲憤慷慨 408

비육지탄 髀肉之嘆 610

비일비재 非一非再 482

비조 鼻祖 582

빈자일등 貧者一燈 357

빈천지교 貧賤之交 268

빙탄불상용 氷炭不相容 498

ㅅ

사가망처 徙家忘妻 421

사고 四苦 398

사고무친 四顧無親 78

사공명능 주생중달 死孔明能 走生仲達 601

사군이충 事君以忠 404

사군자 四君子 402

사단칠정 四端七情 594

사대교린 事大交隣 508

사대육신 四大六身 572

사리사욕 私利私慾 111

사마골오백금 死馬骨五百金 514

사면초가 四面楚歌 526

사무사 思無邪 580

사문난적 斯文亂賊 591

사발통문 沙鉢通文 394

사복 私腹 111

사분오열 四分五裂 408

사사건건 事事件件 331

사상누각 砂上樓閣 217

사생결단 死生決斷 162

사생취의 捨生取義 104

사서삼경 四書三經 591

사서오경 四書五經 591

사소취대 捨小取大 66

사숙 私淑 587

사실무근 事實無根 218

사양지심 辭讓之心 594

사이비 似而非 313

사자후 獅子吼 354

사제사초 事齊事楚 326

사족 蛇足 71

사주팔자 四柱八字 371

사직지신 社稷之臣 101

사친이효 事親以孝 404

사통오달 四通五達 409

사통팔달 四通八達 409

사필귀정 事必歸正 205

사해동포 四海同胞 95

사해형제 四海兄弟 95

사회부연 死灰復燃 200

사후약방문 死後藥方文 320

삭탈관직 削奪官職 378

산시청람 山市晴嵐 395

산자수명 山紫水明 233

산전수전 山戰水戰 193

산천경개 山川景槪 236

산천초목 山川草木 240

산해진미 山海珍味 98

살기등등 殺氣騰騰 338

살생유택 殺生有擇 404

살신성인 殺身成仁 584

살풍경 殺風景 242

삼강오륜 三綱五倫 404

삼고지례 三顧之禮 599

삼고초려 三顧草廬 599

삼라만상 森羅萬象 241

삼매경 三昧境 385

삼삼오오 三三五五 80

삼성오신 三省吾身 576

삼수갑산 三水甲山 234

삼순구식 三旬九食 479

삼십육계 三十六計 291

삼익우 三益友 404

삼인성호 三人成虎 15

삼인행 필유아사 三人行 必有我師 573

삼종지도 三從之道 280

삼종지의 三從之義 280

삼척동자 三尺童子 81

삼천지교 三遷之敎 588

상가지구 喪家之狗 586

상부상조 相扶相助 406

상의하달 上意下達 177

상전벽해 桑田碧海 253

상탁하부정 上濁下不淨 320

상풍고절 霜風孤節 244

상하사불급 上下寺不及 155

새옹지마 塞翁之馬 203

생구불망 生口不網 321

생로병사 生老病死 398

생면부지 生面不知 455

생불여사 生不如死 156

생자필멸 生者必滅 207

생존경쟁 生存競爭 189

서방정토 西方淨土 360

서시빈목 西施矉目 136

석권지세 席卷之勢 551

선견지명 先見之明 311

선공후사 先公後私 105

선남선녀 善男善女 74

선발제인 先發制人 185

선시어외 先始於隗 513

선우후락 先憂後樂 246

선제공격 先制攻擊 185

선즉제인 先則制人 531

설부화용 雪膚花容 89

설상가상 雪上加霜 120

설왕설래 說往說來 210

섬섬옥수 纖纖玉手 89

성년부중래 盛年不重來 363

성동격서 聲東擊西 181

성자필쇠 盛者必衰 207

세세연년 歲歲年年 362

세속오계 世俗五戒 404

세월부대인 歲月不待人 363

세한고절 歲寒孤節 402

세한삼우 歲寒三友 401

세한송백 歲寒松柏 586

소문만복래 笑門萬福來 114

소상야우 瀟湘夜雨 395

소이부답 笑而不答 114

소탐대실 小貪大失 65

속수무책 束手無策 291

속전속결 速戰速決 186

솔선수범 率先垂範 107

송구영신 送舊迎新 372

송도삼절 松都三絶 403

송무백열 松茂柏悅 276

송백지조 松柏志操 276

송양지인 宋襄之仁 536

송죽매松竹梅 402

수간모옥數間茅屋 261

수구초심首丘初心 21

수렴청정垂簾聽政 107

수미상접首尾相接 154

수미쌍관법首尾雙關法 154

수미일관首尾一貫 153

수복강령壽福康寧 348

수불석권手不釋卷 388

수서양단首鼠兩端 53

수수방관袖手傍觀 501

수신제가 치국평천하修身齊家 治國平天下 438

수어지교水魚之交 274

수오지심羞惡之心 594

수의야행繡依夜行 528

수인사대천명修人事待天命 263

수적천석水滴穿石 126

수전노守錢奴 85

수주대토守株待兔 45

수즉다욕壽則多辱 348

수청무대어水淸無大魚 326

숙맥불변菽麥不辨 308

순망치한脣亡齒寒 537

순진무구純眞無垢 457

술이부작述而不作 569

승승장구乘勝長驅 187

시기상조時機尙早 371

시비지심是非之心 594

시시비비是是非非 330

시위소찬尸位素餐 110

시의적절時宜適切 372

시종여일始終如一 153

시종일관始終一貫 153

시행착오試行錯誤 393

식언食言 219

식자우환識字憂患 310

신기원新紀元 584

신상필벌信賞必罰 192

신언서판身言書判 399

신체발부 수지부모
身體髮膚 受之父母 571

신출귀몰神出鬼沒 414

신토불이身土不二 499

실사구시實事求是 49

실소失笑 114

실우보옥失牛補屋 321

심기일전心機一轉 604

심모원려深謀遠慮 284

심복지인心腹之人 102

심사숙고深思熟考 285

심산유곡深山幽谷 234

십벌지목十伐之木 320

십시일반十匙一飯 406

십중팔구十中八九 199

쌍벽雙璧 195

아미蛾眉 90

아비규환阿鼻叫喚 355

아연실색啞然失色 416

아유구용阿諛苟容 313

아전인수我田引水 254

악전고투惡戰苦鬪 181

안거위사安居危思 143

안불망위安不忘危 352

안분지족安分知足 262

안빈낙도安貧樂道 262

안심입명安心立命 263

안중지정眼中之釘 327

안하무인眼下無人 544

암중모색暗中摸索 70

앙급지어殃及池魚 66

앙앙불락怏怏不樂 306

앙천대소仰天大笑 114

애매모호曖昧模糊 411

애지중지愛之重之 344

야단법석野壇法席 356

야심만만野心滿滿 337

약관弱冠 368

약석지언藥石之言 577

약육강식弱肉强食 188

양금택목良禽擇木 585

양두구육羊頭狗肉 39

양상군자梁上君子 85

양약고어구良藥苦於口 576

양춘가절陽春佳節 247

양호유환養虎遺患 14

어동육서魚東肉西 212

어두육미魚頭肉尾 69

어두일미魚頭一味 69

어로불변魚魯不辨 308

어변성룡魚變成龍 29

어부지리漁父之利 67

어불성설語不成說 217

어유부중魚遊釜中 524

어촌석조漁村夕照 395

억만창생億萬蒼生 79

억조창생億兆蒼生 79

억하심정抑何心情 434

언감생심焉敢生心 434

언비천리言飛千里 328

언어도단言語道斷 216

언중유골言中有骨 229

언즉시야言則是也 222

언행일치言行一致 221

엄동설한嚴冬雪寒 241

엄이도령掩耳盜鈴 64

엄처시하嚴妻侍下 282

여도지죄餘桃之罪 512

여리박빙如履薄氷 521

여민동락與民同樂 423

여반장如反掌 603

여불비례餘不備禮 397

여유만만餘裕滿滿 547

여좌침석如坐針席 303

역린逆鱗 510

역발산기개세力拔山氣蓋世 550

역지사지易地思之 345

연년세세年年歲歲 362

연년익수延年益壽 362

연모지정戀慕之情 419

연목구어緣木求魚 164

연부역강年富力强 366

연사만종煙寺晚鐘 395

연작안지홍곡지지燕雀安知鴻鵠之志 60

연저지인吮疽之仁 533

연하고질煙霞痼疾 260

열녀불경이부烈女不更二夫 498

염량세태炎凉世態 561

염화미소拈華微笑 359

염화시중拈華示衆 359

영고성쇠榮枯盛衰 400

영수領袖 61

영수회담領袖會談 61

영웅호걸英雄豪傑 180

예속상교禮俗相交 405

오곡백과五穀百果 101

오리무중五里霧中 70

오만방자傲慢放恣 545

오만불손傲慢不遜 545

오매불망寤寐不忘 141

오불관언吾不關焉 502

오비삼척吾鼻三尺 540

오비이락烏飛梨落 57

오상고절傲霜孤節 244

오십보백보五十步百步 196

오월동주吳越同舟 136

오장육부五臟六腑 572

오체투지五體投地 360

오합지졸烏合之卒 58

오합지중烏合之衆 58

옥골선풍玉骨仙風 92

옥상가옥屋上架屋 375

옥상옥屋上屋 375

옥석구분玉石俱焚 167

옥석혼효玉石混淆 167

온고지신溫故知新 579

와각지쟁蝸角之爭 73

와신상담臥薪嘗膽 135

와우각상쟁蝸牛角上爭 73

완벽完璧 270

왈가왈부曰可曰否 212

왈리왈시曰梨曰枾 212

왕후장상영유종호王侯將相寧有種乎 61

외강내유外剛内柔 178

외유내강外柔内剛 177

외화내빈外華内貧 351

요령부득要領不得 538

요산요수樂山樂水 257

요조숙녀窈窕淑女 87

요지부동搖之不動 54

욕속부달欲速不達 568

용두사미龍頭蛇尾 25

용맹정진勇猛精進 128

용의주도用意周到 604

용호상박龍虎相搏 196

우공이산愚公移山 125

우문현답愚問賢答 148

우수마발牛溲馬勃 481

우여곡절迂餘曲折 123

우왕좌왕右往左往 54

우유부단優柔不斷 54

우이독경牛耳讀經 309

우행호시牛行虎視 22

우화등선羽化登仙 93

우후죽순雨後竹筍 483

욱일승천旭日昇天 188

운수소관運數所關 207

운우지정雲雨之情 420

울울창창鬱鬱蒼蒼 332

원교근공遠交近攻 508

원입골수怨入骨髓 145

원포귀범遠浦歸帆 395

원형이정元亨利貞 593

월만즉휴月滿卽虧 208

위기일발危機一髮 525

위약조로危若朝露 522

위여조로危如朝露 298

위위구조圍魏救趙 336

위인설관爲人設官 375

위정척사衛正斥邪 468

위편삼절韋編三絶 387

위풍당당威風堂堂 332

유구무언有口無言 352

유능제강柔能制剛 178

유리걸식流離乞食 562

유명무실有名無實 350

유방백세流芳百世 323

유비무환有備無患 352

유야무야有耶無耶 349

유언비어流言蜚語 214

유유상종類類相從 448

유유자적悠悠自適 259

유일무이唯一無二 584

유종지미有終之美 25

육적회귤陸積懷橘 314

육지행선陸地行船 166

은인자중隱忍自重 245

음풍농월吟風弄月 258

읍참마속泣斬馬謖 600

의기상투意氣相投 546

의기소침意氣銷沈 546

의기양양意氣揚揚 546

의기투합意氣投合 546

의식족즉지영욕 衣食足則知榮辱 530

의심암귀 疑心暗鬼 413

이구동성 異口同聲 149

이도살삼사 二桃殺三士 293

이란투석 以卵投石 166

이립 而立 367

이목지신 移木之信 556

이순 耳順 367

이실직고 以實直告 222

이심전심 以心傳心 358

이열치열 以熱治熱 335

이용후생 利用厚生 593

이율배반 二律背反 462

이이제이 以夷制夷 335

이전투구 泥田鬪狗 43

이하부정관 李下不整冠 57

이합집산 離合集散 157

이현령비현령 耳懸鈴鼻懸鈴 319

익자삼우 益者三友 404

인간도처 유청산 人間到處 有靑山 249

인간만사 人間萬事 438

인과응보 因果應報 354

인면수심 人面獸心 340

인명재천 人命在天 265

인사불성 人事不省 500

인산인해 人山人海 79

인생무상 人生無常 294

인생여구과극 人生如驅過隙 298

인생여조로 人生如朝露 298

인심난측 人心難測 305

인의예지 仁義禮智 594

인자무적 仁者無敵 588

인자요산 지자요수

仁者樂山 知者樂水 257

인지상정 人之常情 306

일각여삼추 一刻如三秋 366

일간명월 一竿明月 235

일거수일투족 一擧手一投足 470

일거양득 一擧兩得 470

일구월심 日久月深 142

일구이언 一口二言 219

일기당천 一騎當千 181

일도양단 一刀兩斷 473

일망무제 一望無際 239

일망타진 一網打盡 469

일맥상통 一脈相通 470

일모도원 日暮途遠 539

일목요연 一目瞭然 472

일벌백계 一罰百戒 472

일부종사 一夫從事 280

일사불란 一絲不亂 474

일사천리 一瀉千里 472

일석이조 一石二鳥 469

일소일소일로일로

一笑一少一怒一老 113

일신우일신 日新又日新 606

일심동체 一心同體 150

일어탁수 一魚濁水 319

일언반구 一言半句 224

일언이폐지 一言以蔽之 580

일언지하 一言之下 224

일엽지추 一葉知秋 474

일엽편주 一葉片舟 473

일의대수 一衣帶水 474

일이관지 一以貫之 153

일일부독서 구중생형극

一日不讀書 口中生荊棘 387

일일삼성 一日三省 576

일일여삼추 一日如三秋 366

일일난재신 一日難再晨 364

일자무식 一字無識 307

일자천금 一字千金 445

일장일단 一長一短 151

일장춘몽 一場春夢 297

일조일석 一朝一夕 364

일진광풍 一陣狂風 474

일진월보 日進月步 605

일진일퇴 一進一退 119

일촉즉발 一觸卽發 525

일촌광음 불가경 一寸光陰 不可輕 365

일취월장 日就月將 604

일치단결 一致團結 149

일파만파 一波萬波 238

일패도지 一敗塗地 215

일편단심 一片丹心 471

일필휘지 一筆揮之 394

일확천금 一攫千金 444

일희일비 一喜一悲 175

일희일우 一喜一憂 175

임기응변 臨機應變 286

임시방편 臨時方便 285

임시변통 臨時變通 286

임전무퇴 臨戰無退 404

입도매매 立稻賣買 378

입도선매 立稻先賣 377

입신양명 立身揚名 380

ㅈ

자가당착 自家撞着 461

자강불식 自强不息 129

자격지심 自激之心 461

자괴지심 自愧之心 461

자급자족 自給自足 433

자력갱생 自力更生 459

자문자답 自問自答 459

자손만대 子孫萬代 343

자수성가 自手成家 439

자승자박 自繩自縛 460

자업자득 自業自得 460

자연도태 自然淘汰 189

자연재해 自然災害 469

자의반타의반 自意半他意半 205

자자손손子子孫孫 342

자중지란自中之亂 191

자초지종自初至終 458

자포자기自暴自棄 24

자화자찬自畵自讚 460

작심삼일作心三日 219

잔인무도殘忍無道 339

잔학무도殘虐無道 339

잠식蠶食 214

장광설長廣舌 225

장구지계長久之計 283

장삼이사張三李四 75

장생불사長生不死 518

장야지음長夜之飮 542

장유유서長幼有序 405

장주지몽莊周之夢 611

재덕부재험在德不在險 534

재승박덕才勝薄德 450

재자가인才子佳人 93

적대시敵對視 503

적반하장賊反荷杖 174

적서승금積書勝金 389

적선지가 필유여경積善之家 必有餘慶 437

적소성대積小成大 321

적수공권赤手空拳 78

적자생존適者生存 188

적재적소適材適所 515

적토성산積土成山 321

전가지보傳家之寶 436

전거복철前車覆轍 575

전거후공前倨後恭 535

전광석화電光石火 186

전교후공前驕後恭 536

전대미문前代未聞 583

전도양양前途洋洋 341

전도요원前途遙遠 342

전도유망前途有望 341

전무후무前無後無 584

전문거호 후문진랑前門据虎 後門進狼 120

전심전력全心全力 265

전인미답前人未踏 583

전전긍긍戰戰兢兢 334

전전반측輾轉反側 302

전철前轍 575

전화위복轉禍爲福 202

절차탁마切磋琢磨 124

절치부심切齒腐心 139

점입가경漸入佳境 258

정문일침頂門一鍼 230

정신일도 하사불성

精神一到 何事不成 322

정저지와井底之蛙 324

정정당당正正堂堂 331

정족지세鼎足之勢 195

정중지와井中之蛙 324

제자백가諸子百家 439

제제다사濟濟多士 102

제폭구민除暴救民 427

제행무상諸行無常 361

조강지처糟糠之妻 417

조동율서棗東栗西 213

조령모개朝令暮改 172

조문도 석사가의朝聞道 夕死可矣 571

조변석개朝變夕改 173

조삼모사朝三暮四 292

조족지혈鳥足之血 328

조화신공造化神功 236

족탈불급足脫不及 434

존망지추存亡之秋 597

존왕양이尊王攘夷 467

종심從心 367

종심소욕從心所欲 368

종횡무진縱橫無盡 177

좌고우면左顧右眄 53

좌불안석坐不安席 302

좌우명座右銘 200

좌정관천坐井觀天 324

좌지우지左之右之 171

좌천左遷 109

좌충우돌左衝右突 177

주객전도主客顚倒 173

주경야독晝耕夜讀 130

주도면밀周到綿密 605

주마가편走馬加鞭 51

주마간산走馬看山 51

주마등走馬燈 51

주석지신柱石之臣 102

주야장천晝夜長川 130

주위상책走爲上策 291

주지육림酒池肉林 542

죽림칠현竹林七賢 245

죽마고우竹馬故友 275

죽장망혜竹杖芒鞋 261

중과부적衆寡不敵 182

중구난방衆口難防 211

중상모략中傷謀略 291

중석몰촉中石沒鏃 509

중언부언重言復言 224

중우정치衆愚政治 151

중원축록中原逐鹿 56

중인환시衆人環視 81

증삼살인曾參殺人 16

지고지순至高至純 457

지란지교芝蘭之交 274

지록위마指鹿爲馬 55

지리멸렬支離滅裂 216

지상담병紙上談兵 48

지상명령至上命令 190

지성감천至誠感天 265

지어지앙池魚之殃 66

지음知音 273

지지부진遲遲不進 119

지척지지 咫尺之地 198

지천명 知天命 367

지피지기 知彼知己 487

지학 志學 367

지행합일 知行合一 595

지호지간 指呼之間 198

진수성찬 珍羞盛饌 99

진인사대천명 盡人事待天命 263

진충보국 盡忠報國 103

진퇴양난 進退兩難 118

진퇴유곡 進退維谷 119

질서문란 秩序紊亂 475

질서정연 秩序整然 475

질풍노도 疾風怒濤 238

ㅊ

차도살인 借刀殺人 41

차일피일 此日彼日 170

창업이수성난 創業易守成難 155

창졸지간 倉卒之間 186

창해일속 滄海一粟 480

천간지지 天干地支 370

천고마비 天高馬肥 49

천군만마 千軍萬馬 488

천려일득 千慮一得 494

천려일실 千慮一失 493

천리안 千里眼 311

천리타향 千里他鄉 488

천방지방 千方地方 455

천방지축 天方地軸 455

천변만화 千變萬化 489

천산만학 千山萬壑 233

천생배필 天生配匹 419

천생연분 天生緣分 419

천석고황 泉石膏肓 259

천승지국 千乘之國 489

천양지차 天壤之差 453

천우신조 天佑神助 200

천의무봉 天衣無縫 396

천인공노 天人共怒 456

천장지구 天長地久 608

천재일우 千載一遇 492

천재지변 天災地變 496

천정배필 天定配匹 419

천정부지 天井不知 454

천지개벽 天地開闢 255

천진난만 天眞爛漫 457

천차만별 千差萬別 490

천태만상 千態萬象 490

천편일률 千篇一律 491

천학비재 淺學菲才 450

철두철미 徹頭徹尾 155

철면피 鐵面皮 84

철부지급 轍鮒之急 526

철옹성 鐵甕城 443

철천지원수 徹天之怨讐 145

철천지한徹天之恨 145

첩첩산중疊疊山中 121

첩첩수심疊疊愁心 121

청렴결백淸廉潔白 410

청백리淸白吏 96

청산녹수靑山綠水 248

청산유수靑山流水 226

청안시靑眼視 503

청운지사靑雲之士 381

청운지지靑雲之志 381

청일점靑一點 87

청천백일靑天白日 453

청천벽력靑天霹靂 454

청출어람靑出於藍 570

청풍명월淸風明月 232

초근목피草根木皮 97

초록동색草綠同色 448

초미지급焦眉之急 525

초야우생草野愚生 259

초지일관初志一貫 154

촌철살인寸鐵殺人 229

추고마비秋高馬肥 49

추풍낙엽秋風落葉 182

춘래불사춘春來不似春 242

춘추필법春秋筆法 568

춘치자명春雉自鳴 62

출가외인出嫁外人 278

출사표出師表 598

충신불사이군忠臣不事二君 498

충언역어이忠言逆於耳 576

취사선택取捨選擇 170

취생몽사醉生夢死 176

취중진담醉中眞談 176

측은지심惻隱之心 593

치지도외置之度外 502

칠거지악七去之惡 279

칠신탄탄漆身呑炭 139

칠전팔기七顚八起 133

칠종칠금七縱七擒 602

침소봉대針小棒大 160

침어낙안沈魚落雁 90

ㅋ

쾌도난마快刀亂麻 473

ㅌ

타산지석他山之石 573

타초경사打草驚蛇 72

탁상공론卓上空論 48

탄탄대로坦坦大路 340

탈토지세脫兎之勢 44

탐관오리貪官汚吏 108

탕탕평평蕩蕩平平 333

태산명동서일필泰山鳴動鼠一匹 24

태산불사토양泰山不辭土壤 516

태산북두泰山北斗 515

태연자약 泰然自若 301
태평성대 太平聖代 422
태평연월 太平烟月 423
토사구팽 兎死狗烹 560
토포악발 吐哺握發 600
통관규천 通管窺天 324
퇴고 推敲 395

ㅍ

파경 破鏡 507
파락호 破落户 441
파란만장 波瀾萬丈 122
파렴치 破廉恥 84
파부침선 破釜沈船 520
파사현정 破邪顯正 159
파안대소 破顔大笑 112
파죽지세 破竹之勢 187
파천황 破天荒 582
팔괘 八卦 390
팔방미인 八方美人 94
패가망신 敗家亡身 440
패군지장 불가이언용
敗軍之將 不可以言勇 518
패기만만 霸氣滿滿 547
평사낙안 平沙落雁 395
평지풍파 平地風波 237
폐포파립 弊袍破笠 97
포락지형 炮烙之刑 429

포류지자 蒲柳之姿 349
포류지질 蒲柳之質 349
포복절도 抱腹絶倒 113
포식난의 飽食暖衣 425
포정해우 庖丁解牛 34
포호빙하 暴虎馮河 22
표리부동 表裏不同 43
표사유피 豹死留皮 323
풍기문란 風紀紊亂 475
풍마우불상급 風馬牛不相及 50
풍비박산 風飛雹散 183
풍성학려 風聲鶴唳 329
풍수지탄 風樹之嘆 317
풍전등화 風前燈火 522
풍찬노숙 風餐露宿 123
필마단기 匹馬單騎 50
필부지용 匹夫之勇 75
필부필부 匹夫匹婦 75
필사즉생 必死卽生 200
필유곡절 必有曲折 134

ㅎ

하도낙서 河圖洛書 390
하로동선 夏爐冬扇 175
하마평 下馬評 28
하석상대 下石上臺 287
하의상달 下意上達 176
학수고대 鶴首苦待 37

한강투석漢江投石 481

한단지몽邯鄲之夢 296

한단지보邯鄲之步 296

한우충동汗牛充棟 388

할계언용우도割鷄焉用牛刀 33

함포고복含哺鼓腹 424

함흥차사咸興差使 231

해괴망측駭怪罔測 415

해로동혈偕老同穴 418

해어화解語花 90

허례허식虛禮虛飾 343

허송세월虛送歲月 364

허심탄회虛心坦懷 341

허장성세虛張聲勢 351

허허실실虛虛實實 333

헌헌장부軒軒丈夫 92

현두자고懸頭刺股 127

현하구변懸河口辯 227

현하지변懸河之辯 226

혈기왕성血氣旺盛 547

혈혈단신孑孑單身 77

형설지공螢雪之功 391

형이상학形而上學 392

형이하학形而下學 392

호가호위狐假虎威 19

호각지세互角之勢 196

호구虎口 526

호구지책糊口之策 289

호랑지심虎狼之心 17

호부호모呼父呼母 161

호부호형呼父呼兄 161

호사다마好事多魔 452

호사유피 인사유명虎死留皮 人死留名 323

호시우행虎視牛行 22

호시탐탐虎視眈眈 21

호언장담豪言壯談 220

호연지기浩然之氣 590

호의호식好衣好食 334

호접지몽胡蝶之夢 611

호형호제呼兄呼弟 161

혹세무민惑世誣民 313

혼비백산魂飛魄散 415

혼연일체渾然一體 150

혼정신성昏定晨省 315

홍동백서紅東白西 212

홍범구주洪範九疇 391

홍익인간弘益人間 95

홍일점紅一點 86

화광동진和光同塵 246

화룡유구畵龍類狗 24

화룡점정畵龍點睛 26

화무십일홍花無十日紅 380

화부단행禍不單行 121

화사첨족畵蛇添足 71

화서지몽華胥之夢 299

화용월태花容月態 89

화우지진火牛之陣 474

화이부동和而不同 138

화이부실華而不實 350

화조풍월花鳥風月 234

화중지병畵中之餠 327

화호유구畵虎類狗 24

확고부동確固不動 55

환갑還甲 370

환골탈태換骨奪胎 606

환난상휼患難相恤 405

황구유취黃口乳臭 59

황음무도荒淫無道 410

회자정리會者定離 208

횡설수설橫說竪說 225

효시嚆矢 581

후생가외後生可畏 569

후안무치厚顔無恥 84

흥망성쇠興亡盛衰 400

흥진비래興盡悲來 206

희로애락喜怒哀樂 400

희수喜壽 369